国家社科基金“精准扶贫视域下生态扶贫机制创新与效果评估研究”（17BJY131）
湖南省发展和改革委员会创新研发项目“湖南省普惠金融创新与风险防控研究”（湘发改投资〔2019〕875号）

中国普惠金融
发展的时空差异、三维效应与内生推进路径研究

刘亦文 等 著

Research on spatio-temporal differences,
Three-dimensional effects and endogenous promotion paths of
China's inclusive finance development

中国经济出版社
CHINA ECONOMIC PUBLISHING HOUSE
·北 京·

图书在版编目（CIP）数据

中国普惠金融发展的时空差异、三维效应与内生推进路径研究／刘亦文等著．--北京：中国经济出版社，2022.4

ISBN 978-7-5136-6839-2

Ⅰ.①中… Ⅱ.①刘… Ⅲ.①金融事业-经济发展-研究-中国 Ⅳ.①F832

中国版本图书馆 CIP 数据核字（2022）第 039584 号

责任编辑　孙晓霞
责任印制　马小宾
封面设计　任燕飞设计工作室

出版发行　中国经济出版社
印 刷 者　北京中石油彩色印刷有限责任公司
经 销 者　各地新华书店
开　　本　710mm×1000mm　1/16
印　　张　21.75
字　　数　360 千字
版　　次　2022 年 4 月第 1 版
印　　次　2022 年 4 月第 1 次
定　　价　88.00 元
广告经营许可证　京西工商广字第 8179 号

中国经济出版社　**网址** www.economyph.com　**社址** 北京市东城区安定门外大街 58 号　**邮编** 100011
本版图书如存在印装质量问题，请与本社销售中心联系调换（联系电话：010-57512564）

序

著名经济学家西奥多·舒尔茨在其1979年诺贝尔经济学奖获奖演说中说："世界上大多数人是贫穷的，所以如果懂得穷人的经济学，我们也就懂得了许多真正重要的经济学原理；世界上大多数穷人以农业为主，因而如果我们懂得农业经济学，我们也就懂得许多穷人的经济学。"

农业、农村、农民问题是个世界性难题，只是各个国家的表现形式不同。相比较而言，发展中国家和地区的矛盾最为突出。解决好"三农"问题在中华民族走向伟大复兴的新的历史征程中处于极其重要的位置，发挥着不可或缺的基础和保障作用。习近平总书记明确要求：坚持把解决好"三农"问题作为全党工作重中之重，举全党全社会之力推动乡村振兴，促进农业高质高效、乡村宜居宜业、农民富裕富足。

作为支撑农村实体经济的重要组成部分，农村金融为农村的可持续发展提供金融动员和金融资源配置，成为促进我国农村经济繁荣兴旺的重要保证。中国的改革首先是从农村开始的，中国货币化进程从农村制度变迁开始，使得农村贸易条件大为改善，农业产出迅速增长，农民收入大幅提高，农村金融剩余以较快的速度增加；农村经济结构和农业组织形式的演变，对农村金融体制又提出了更高的要求。

改革开放以来，党中央、国务院高度重视农村金融改革发展，制定了一系列方针、政策，把农村金融的改革探索始终贯穿于农村经济社会发展进程中来，农村金融的发展创新对落实国家支农惠农政策和保持农村经济社会稳定发挥了重要作用。2004年至2021年，连续18年发布以"三农"

为主题的一号文件都强调要加快农村金融体制改革和创新，提高农村金融服务质量和水平。党的十七届三中全会通过的《中共中央关于推进农村改革发展若干重大问题的决定》明确提出：建立现代农村金融制度，要创新农村金融体制，放宽农村金融准入政策，加快推动商业性金融、合作性金融、政策性金融的结合，构建资本充足、功能健全、服务完善、运行安全的新型农村金融体系。党的十八届三中全会通过的《中共中央关于全面深化改革若干重大问题的决定》明确指出：发展普惠金融，鼓励金融创新，丰富金融市场层次和产品。这是在党的纲领性文件中第一次提出普惠金融的概念，是在普惠金融理念、行动上的一次质的飞跃，为今后惠及更多客户的金融改革指明了方向。党的十九届五中全会通过的《中共中央关于制定国民经济和社会发展第十四个五年规划和二〇三五年远景目标的建议》更加重视“三农”问题，提出“全面实施乡村振兴战略”，并明确通过“健全农村金融服务体系”，打通金融服务乡村振兴的“最后一公里”，为金融更好服务乡村振兴战略、促进农业农村现代化指明了方向。

普惠金融是联合国在“2005年国际小额信贷年”提出的概念，是指一个能有效地、全方位地为社会所有阶层和群体——尤其是贫困、低收入人口提供服务的金融体系，这既是一种理念，也是具体的实践活动。普惠金融是经济金融发展到一定阶段的必然产物。一般来讲，在经济金融欠发达阶段，金融服务基本停留在为少数有融资需求的企业和个人的服务层面上，多数人因为手持货币量较少或交易量很小而无求于金融。但是，随着经济金融的不断发展，城乡居民的资金实力不断扩大，大多数人的手持货币量和市场交易量迅速增加，对金融服务（主要是信贷）的需求开始增大，这就从客观上要求金融服务扩大覆盖范围，增强各群体、各阶层金融服务的可获得性。改革开放四十多年来，我国农村金融体系屡经改革，但是仍不能满足农业和农村发展对金融的需要。化解农村信贷服务困境，是一个系统工程，需要多角度、全方位构建农村普惠金融服务体系。因此，普惠金融的发展对“三农”问题的解决有着重大的现实意义。

中国农村经济和农村金融发展实践积累了很多经验和教训，同时产生了很多值得研究的重大问题，这是中国农业经济学理论研究的一个“金矿”，需要我们扎扎实实耐下心来去研究。基于以上情况，以胡宗义教授为首的学术团队自2007年以来一直高度关注中国农村经济和农村金融发展的现实问题，致力于中国农村金融改革和发展的相关研究，取得了一批具有一定前瞻性、创新性的研究成果。

在湖南大学出版社总编室主任陈建华老师的提议下，我们决定用3~5年时间，运用前沿理论分析工具和计量方法，对中国普惠金融发展体系进行全方位研究，形成对农村金融改革和发展取向的正确定位和有效政策建议，并以“中国普惠金融研究丛书”之名系列出版。但由于受自身研究能力和客观条件限制，我们的研究成果仅仅是阶段性的探索，很多方面还有待进一步深化和完善，我们真诚欢迎同行专家和广大读者批评指正。

赫伯特·西蒙说过：“很多研究工作的动力所在，无非是热切希望理解大自然，寻找那种隐匿在复杂性当中的秩序之美。”我国伟大的改革开放历程为经济学理论创新提供了丰沃的土壤。我们必须不断深入理解中国经济的实际情况，借鉴已有的理论和实践经验，积极思考和研究从中提炼出来的理论问题。只有这样不断地积累，中国经济学的理论根基才能更加扎实牢靠，中国经济学的理论成果才能逐渐达到世界先进水平，中国经济学的理论体系才能渐趋完善。衷心希望本研究丛书的出版能对中国农村金融改革和发展起到积极的推动作用。

胡宗义　刘亦文

2021年3月

前言

人类对美好生活的共同向往和孜孜追求贯穿着整个人类社会发展史。翻开历史长卷，人类社会发展史就是一部人类为追求美好生活而不懈努力的探索史、奋斗史。经济发展有效夯实了美好生活的物质基础和前进动力，是实现美好生活需要的基础和关键。自现代经济学作为一门学科范畴诞生以来，经济增长已成为学者们探究的中心论题，无论是现代经济学奠基人亚当·斯密的《国民财富的性质和原因的研究》，还是国际共产主义运动开创者卡尔·马克思的《资本论》，抑或新古典学派创始人艾尔弗雷德·马歇尔的长期经济发展模式，国内外学术界对经济增长追根溯源的研究热情有增无减。

亚当·斯密具体分析了通过专业化分工、资本积累以及市场、政府的作用促进国民财富增长。马歇尔沿着这条路线分析了劳动分工的演进，阐述了分工和专业化促进报酬递增的机制，形成了新古典经济学框架。约瑟夫·熊彼特在其代表著作《经济发展理论》中系统论述了创新是现代经济增长的源泉，认为企业家创新是推动社会经济系统演进的直接动力，生产技术的革新和生产方法的变革在经济增长中起着决定性的作用，开拓了用创新因素解释经济增长的经济学范式。罗伯特·索洛认为经济增长取决于劳动增长率、资本增长率和技术进步率三个因素，他将经济增长的因素比作一条三腿凳，第一条腿是储蓄与投资率（国家的资本储蓄率），第二条腿是人口增长率，第三条腿是技术增长率（资本与劳动生产力之比）。同时，他提出了更具睿智的观点：从长远角度看，决定经济增长的，并不是资本积累和劳动力的增加，而是技术进步。他认为在经济增长过程中，劳动和资本的比率可以通过市场机制来调节，进而实现稳定增长，这与古典经济学强调市场机制作用的观点相同，因此被称为新古典增长模型。保罗·罗默将技术创新引入经济增长理论中，考虑了技术创新的正外部性，从而在他的内生经济增长模型中经济有持续增长的可能性。理查德·纳尔森是研究经济增长与技术进步理论的创始人，他在其著作《经济增长的源泉》中揭示了技术进步是经济增长的首要力量，实物投资及人力投资主要是作为技术进步的伴随物对经济增长发挥作用。20 世纪 90 年代以来，社会资本对经济增长的影响开始成为经济增长理论研究的重点领域。这是因为传统的生产因素（例如物质资本、劳动、人力资本、技术水平等）在解释不同国家和地区之间经济增长和收入水平差异时存在一定的缺陷，为此经济学家尝试从社会学的视角探究长期经济增长的源泉，并就不同国家和地区之间经济增长的差异给出更好的解释。正如 Temple 和 Johnson（1998）所言，"经济学家在分析经济增长源泉时忽略了社会方面的因素，这导致经验预测与现实经济不一致……合理的社会安排（Social Arrangement）是促进经济增长的重要原因"。Knack 和 Keefer（1997）、Temple 和 Johnson（1998）、Zak 和 Knack（2001）的实证分析表明，社会资本可以显著促进经济增长。进入 21 世纪以后，经济增长源泉研究仍在不断深化，出现了许多新的进展，还逐渐向其他学科渗透，且研究领域也更加广泛，开始趋向微观化、国别化与地区化，等等，由此产生了大量新的研究领域及研究成果。

自 1978 年开启改革开放以来，中国经济持续快速增长，人民生活水平发生了巨大变化，创造了"人类经济史上从未有过的奇迹"。学者们将中国经济高速增长归因于生产要素投入、技术进步和制度的创新。蔡昉（1999）发现在中国经济增长的贡献中，劳动要素的重新配置发挥了显著的作用。以吴敬链（2006）为代表的部分学者认为，中国经济增长主要依赖于生产要素特别是资本的投入，并通过资源的消费来维持经济的增长，因此是一种粗放式的经济增长方式。还有学者认为改革开放以来制度变迁是推动中国经济增长的主要因素，认为比较优势和发展战略（林毅夫，2004）、竞争和产权制度（刘小玄，2003）、市场化和经济体制改革（樊纲等，2003）、地方政府的经济分权与竞争（张军，2007）对我国经济增长具有决定性影响。

关于经济增长源泉的名文名作，犹若漫天的星辰，宛若浩荡的江海，多不胜数，在光阴长河中灼灼生辉。从理论上讲，经济增长的源泉归根结底只有三个：一是常规投入的增长，即在质量不变的情况下单纯地增加资本、劳动、和土地这三样生产要素；二是引起资本质量、土地质量、和劳动质量变化的技术进步；三是制度创新。相对来说，后两个是更加重要的增长源泉。

在影响经济增长的诸多因素中，金融发展与经济发展的互动关系是金融发展领域的核心命题，也是发展经济学理论的热点问题之一。金融是“货币资金的融通”的缩略语。金，指的是黄金；融，最早指融化变成液体，有融通的意思。所以，金融就是将黄金融化分开交易流通，即价洽通达，是市场主体利用金融工具将资金从资金盈余方流向资金稀缺方的经济活动。货币资金盈余者提供满足社会实体经济发展所需资金需求，为有成长潜力或至少有偿债能力的实体提供资金需求，助其杠杆化经营，伴随其成长或衰落，分享其成长红利或至少偿债过程中的一部分收益。有息贷款的历史甚至早至《旧约》圣经年代，楔形文字的泥版曾记载借贷行为，古希腊、古罗马的神庙已介入金融活动，中世纪宗教对金融的禁锢，文艺复兴时期意大利的银行复兴，从金匠发展为现代银行，历史上无数次金融危机的摧残，波澜起伏、风云激荡，但金融业依然老而弥壮，历久弥新，是因为金融业所承载的社会功能在持续演化、不断完善发展。特别是机器大工业的出现，大规模集中生产的工厂制度得以确立，使得单个自有资本的积累远远不能满足生产需要。因此，现代金融活动既是社会化大生产的产物，也是市场经济关系深化的体现，为商品经济的持续发展和社会扩大再生产提供内生动力（曹远征，2018）。金融之于经济发展和人类社会进步的价值主要体现在提高经济活动效率。金融为重新构建人际关系提供了异常丰富的途径，扩大了跨时期交易的范围。金融能够集中经济力量，使其在不同的地域间迅速移动。金融有效地架起了资金盈余者和资金赤字者货币资金融通的桥梁，实现了货币资金的跨时间和空间转移和再配置，极大地推动社会扩大再生产和商品经济发展。在现代社会，金融虽然不像空气和水那样不可或缺，但是毫无疑问，金融是经济和社会高效运转的润滑剂，金融活动可以通过资源的合理配置，帮助社会最大效率地创造社会财富，实现经济的发展。因此，无论是个人、企业还是政府，都离不开金融。习近平总书记在2019年2月22日中共中央政治局第十三次集体学习会上就明确指出：金融活，经济活；金融稳，经济稳。经济兴，金融兴；经济强，金融强。

然而长期以来，金融要素一直游离于主流经济学框架之外，在经济学家们讨论各种发展因素对经济增长的贡献和影响时，金融往往成为工业化、计划化和资本积累的工具而处于附属和被支配地位，金融可以影响但无法决定经济增长的速度与质量。在大多数人眼中，金融是一门抽象的数学学科，之所以引起人们的关注也是因为那些令人生厌的金融危机，讲不清、理还乱。比如在2008年金融危机发生后，人们将过错都归于金融：它摧毁了我们的财富和工作，逐渐侵蚀政府和银行体系。但事实截然：正是金融使得文明的进步成为可能。有人说：中国是部金融史（陈雨露和杨忠恕，2013）、世界是部金融史（陈雨露和杨栋，2011），人类经济社会发展的历史就是一部金融发展的历史，帝国的更迭、朝代的兴衰、文化的传播、宗教的扩散以及经济周期的转换，都在人类金融发展的画卷呈现众生图谱（孔祥毅和祁敬宇，2017）。不仅如此，在过去的5000年里，金融一直是人类社会发展不可或缺的组成部分，金融对城市文明的诞生、古典帝国的兴起以及对世界的探索都发挥了关键的作用，深深地根植于人类文化和行为之中（Goetzmann，2017）。历史发展经验告诉我们：金融是一个国家重要的核心竞争力，是实体经济的血脉，两者共荣共生（习近平，2017）。

第二次世界大战结束后，一批新独立的国家在追求本国经济发展的过程中，不同程度地都受到储蓄不足和资金短缺的制约，而金融发展滞后和金融体系运行的低效是抑制经济发展的深层次原因。20世纪60年代末至70年代初，一些西方经济学家开始从事金融与经济发展关系方面的研究工作，以雷蒙德·W. 戈德史密斯、约翰·格利、爱德华·肖、罗纳德·麦金农等为代表的一批经济学家先后出版了以研究经济发展与金融发展为主要内容的专著，创立了第一代金融发展理论。此后，国内外越来越多学者开始在第一代金融发展理论基础上，试图通过借鉴或吸收其他理论流派（如内生增长理论及新制度经济学理论等）的基本观点或研究方法，或在大量的实证分析基础上，从不同层面或不同视角对第一代金融发展理论进行修正、补充或完善，由此便产生了第二代及第三代金融发展理论。第一代金融发展理论强调的是“自由化或市场化”，第二代金融发展理论强调的是“内生增长”或金融的“功能”，第三代金融发展理论则强调“制度因素”在金融发展中的作用，而21世纪以来金融发展理论的一些新进展实际上将“金融发展如何更好地造福人类”作为研究主题，明确金融追求的目标并不仅是效益最大化，还有最大限度地为社会创造价值，为人类幸福赋能，为实体经济服务，让更广泛的人群以负担得起的成本享受质量更优、效率更高的金融服务，并能实质性控制风险。诺贝尔经济学奖获得者Robert J. Shiller在其2012年出版的专著《Finance and the Good Society》中，将“追金逐银”的金融活动与好社会联系起来，将金融提升到一个道德的高度。好金融应该是帮助实现好社会的金融，促进社会和谐发展。金融已经不仅指融资、估值、资管和风控，金融资源的合理配置应当而且能够成为促进社会良性运转的杠杆、缩小贫富差距、实现共同富裕的利器。因此，在好的金融中，金融服务能公平地惠及所有有权利（有资质）的个人与企业，不存在有能力但不能获得金融服务的被排斥群体，对于所有有能力的群体和个人，金融服务的资源是公平的，不存在金融歧视。普惠金融立足机会平等要求和商业可持续原则，以可负担的成本为社会各阶层和群体提供适当、有效的金融服务，旨在让每一个人都有获得金融资源和金融服务的机会，尤其注重对被传统金融忽略的农村地区、城乡贫困群体和小微企业发挥“雪中送炭”的作用。经过社会各界共同努力，普惠金融理念在全球形成广泛发展的潮流，金融实践实现从金融排斥向金融包容转型，金融发展理论的研究思路和实践基础又向前推进了一步。

大力发展普惠金融，增强金融服务实体经济能力是党百年辉煌历史中的重要内容。党中央、国务院高度重视发展普惠金融。特别是党的十八大以来，以习近平同志为核心的党中央从实现“两个一百年”奋斗目标、实现中华民族伟大复兴中国梦的历史高度，从推进国家治理体系和治理能力现代化的战略高度，对金融工作提出系列重要思想和科学论断，全面布局服务实体经济、防控金融风险、深化金融改革三大任务的同时，更加强调以民为本和兼顾公平，提出大力发展普惠金融、建设普惠金融体系等重要思想，为解决当前经济社会突出问题，让金融更好回归本源、服从服务于实体经济提供了战略指引，为加快建设中国特色普惠金融体系提供了重要。习近平总书记高度重视普惠金融工作，多次强调“发展普惠金融，提升金融服务的覆盖率、可得性、满意度，满足人民群众日益增长的金融需求”。2013 年，党的十八届三中全会明确提出发展普惠金融，标志着普惠金融成为中国的国家战略遵循，同时党中央也赋予了普惠金融崭新的内涵，将普惠金融作为一种社会性包容发展和公民基本权利，坚持金融惠民导向，以前所未有的力度不断推进普惠金融向更高水平、更宽领域纵深发展。2015 年《政府工作报告》提出，要大力发展普惠金融，让所有市场主体都能分享金融服务的雨露甘霖；经党中央同意，国务院印发《推进普惠金融发展规划（2016—2020 年）》，该规划成为中国首个国家普惠金融发展规划。2016 年，在中国担任 G20 主席国期间，中国政府推动的《G20 数字普惠金融高级原则》在杭州峰会上正式通过，其中包含利用数字技术推动普惠金融发展的八项原则和 66 条行动计划，成为普惠金融国际顶层设计的关键一环。2017 年，习近平总书记在党的十九大报告和全国金融工作会议上都强调要建设普惠金融体系，加强对小微企业、“三农”和偏远地区的金融服务。党的十九届四中全会提出“健全具有高度适应性、竞争力、普惠性的现代金融体系”，党的十九届五中全会提出“增强金融普惠性”，赋予了普惠金融更深层次的内涵。“十四五”规划明确“增强金融普惠性”，把普惠作为当前和未来一段时期我国金融发展的基本导向。特别是近年来，伴随着互联网、人工智能、大数据与智能传感、云计算、物联网、区块链、5G等为代表的新一代信息技术蓬勃发展和场景应用，激活了普惠金融发展新动能，数字普惠金融服务链条更加顺畅，在服务“三农”、精准脱贫、小微企业融资与智慧城市建设等场景，新服务、新产品不断涌现。

中国的普惠金融方兴未艾，撰写本专著旨在真实反映近年来普惠金融在中国的实践和探索成就，为新发展阶段中国普惠金融扬帆再出发提供具有参考价值的研究成果。本书基于金融功能观和包容性增长的视角，充分总结国内外研究普惠金融（包容性金融）的理论和方法，构建一套能被广泛接受的普惠金融理论分析框架和研究方法体系；系统收集与整理宏观数据资料，设计普惠金融调查问卷，实地收集样本数据和相关信息，建立完善的数据库；将数据库中的数据和相关信息进行加工处理，构建普惠金融发展水平的评价指标体系对普惠金融发展水平进行统计测度，借助前沿计量经济方法对普惠金融的空间分布格局、三维效应及发展绩效进行估计和动态模拟；基于普惠金融参与各方的供需状况和意愿，结合国内外典型国家和地区普惠金融发展的实践与经验，运用机制设计的基本原理和分析方法，提出中国普惠金融运行机制的基本框架，及中国发展普惠金融的政策优化及其实现路径。全书从微观与宏观相结合的角度，对普惠金融发展的理论体系、三维效应和推进路径进行深入、全面和系统的研究，诠释中国普惠金融发展理论体系的基本框架以及中国的实践路径。

作为全世界最大的发展中国家和世界上最大的转型国家，中国的金融发展与转型成为有史以来最大规模的金融试验，无论从深度还是广度上来说，这种试验给发展金融领域带来的影响都是空前的。当前，我国开启全面建设社会主义现代化国家新征程，提高金融可得性和金融服务强度，消除金融排斥，延伸金融广度与宽度，破解中小微企业和低收入人群等群体难以获得金融资源的问题，对推动好的金融服务中国经济高质量发展具有重要的理论价值和现实意义。站在“两个一百年”奋斗目标的历史交汇点，我们既要以史为鉴，认真总结普惠金融发展的国内外实践经验，更要开创未来，坚持人民利益至上，坚定不移贯彻新发展理念，大力推进普惠金融高质量发展，努力让人民群众的金融获得感成色更足、幸福感更可持续、安全感更有保障，为第二个百年奋斗目标的如期实现贡献更多金融智慧、金融方案和金融力量。

由于作者的理论和学术水平有限，本书的理论与结构体系难免存在疏漏和需要完善之处，诸多工作亟须更深层次研究，但愿我们的工作能为深入研究中国普惠金融理论与实践起到一个抛砖引玉的作用。我们深知，对于中国这样一个发展中的大国，有待深入探讨的研究课题还有很多，书中的错误和不足，敬请学术界的同行和读者不吝赐教。

刘亦文

2021 年 3 月

目录

第1章

绪　论

1.1　研究背景与研究意义

1.1.1　研究背景

人类社会发展的过程就是人类追求自身发展和自我解放的过程，一切经济活动和社会活动都应围绕促进人的全面自由发展来展开，这是经济发展的前提，也是经济发展的目的。党的十八大以来，以习近平同志为核心的党中央相继提出了“四个全面”战略布局和五大发展理念，特别强调以人民为中心的发展思想，强调人民的主体性、人民共建和人民共享，这是对中国以往传统物本导向的经济发展模式的反思和纠偏，特别是党的十八届五中全会提出了五大发展理念，其中的“共享发展”实质就是坚持以人民为中心的发展思想，注重解决社会公平正义问题，揭示了发展的价值取向，因而成为区别于其他国家和政体的根本所在，充分体现了中国特色社会主义制度的优越性。党的十九大报告提出，中国特色社会主义进入新时代，我国社会主要矛盾已经转化为人民日益增长的美好生活需要和不平衡不充分的发展之间的矛盾[1]。这是对中国特色社会主义进入新时代作出的实事求是的重大判断，具有极其重要的意义。目前人民对美好生活需要，已不仅对物质文化生活提出了更高要求，而且在民主、法治、公平、正义、安全、环境等方面的要求日益增长；我国社会生产力水平总体上显著提高，更突出的矛盾是城乡、区域、收入分配中存在的不平衡不充分等问题，这已成为满足人民日益增长的美好生活需要的主要制约因素。习近平总书记指出:“人民对美好生活的向往,就是我们的奋斗目标。”“中国梦归根到底是人民的梦,必须紧紧依靠人民来实现,必须不断为人民造福。”[1]不断满足人民日益增长的美好生活需要,必须把人民利益摆在至高无上的地位,抓住人民最关心、最直接、最现实的利益问题,持续不懈努力,在发展中保障和改善民生,增进人民福祉。

世界各国发展的经验表明:在当代经济增长中,金融在金融动员、资源配置、风险管理、信息提供等方面发挥着核心作用(Alexander Sarris, 1996)[2]。金融发展构成了当代市场经济发展的最主要方面。完善高效而稳定的金融市场不仅可以促进资源流动、配置和组合的效率,而且还能够提高一国居民的收入和福利水平,摆脱贫困,缩小贫富差距,从而维护经济社会安全高效运行和整体稳定,推动整个国民经济和谐发展,也为自身的进一步发展提供可靠的基础(Shahidur R. Khandker et al., 2003; Saeed Qureshi et al., 1996; Jacob Yaron, 1992)[3-5]。相反,结构失衡的金融体系(表现为金融抑制或者金融的发展超越了外部条件所允许的空间)不仅未能发挥其应有的功能,甚至会损害经济增长和居民福利,最终又使自身失去发展的根基。Helms(2006)[6]和Mandira Sarma(2010)[7]从金融产品的公共物品属性出发认为,所有人都应该享有公平的机会获得金融服务。然而,金融排斥现象在全世界范围内广泛存在,成为大多数国家面临的共同难题,世界上仍有27亿人不能获得正规的金融服务(CGAP, 2010)[8]。而根据《G20数字普惠金融高级原则》[9],普惠金融仍然是世界性的挑战,全球有20亿成年人无法获得正规金融服务,也无法获得改善生活的机会;在中国,13亿人口中,只有8亿人有征信报告,这8亿人中,只有3亿人曾接受过信贷服务;即使在美国这样的发达国家,也有很多穷人不能以合理的价格得到便捷的金融服务。孟加拉国乡村银行家、2006年诺贝尔和平奖得主穆罕默德·尤努斯2008年在一个视频发言中说,目前全世界仍有三分之二的人口享受不到金融服务,他呼吁人们在世界各地发展小额贷款机构,帮助穷人脱困。世界银行的统计数据表明,到2012年为止,发展中国家只有三分之一的居民在正规金融机构拥有一定形式的资金储蓄。大约还有27亿成年人,几乎占发展中国家人口的70%,不能获得正规的金融服务。其中正式雇佣的劳动力为10亿人,农业和其他劳动力8.8亿人,边远地区穷人为7.7亿人[10]。世界银行全球普惠金融数据库(2015)显示:世界上还有一半的成年人——超过25亿人——没有正式金融机构的账户,其中有些是因为没有需求,但是诸如开户成本、地理位置不便和大量过于烦琐的手续等是关键因素[11]。贝多广(2018)则指出全世界现在还有17亿人口没有享受到金融服务,尤其是在发展中国家(世界银行,2018)[12-13],金融服务往往只被少数人享有,大多数公民被排斥在正规金融服务之外(Demirgüç - Kunt and Klapper,2012)[14]。Honohan(2006)研究表明,在发展中国家,低收入人群可获得的私人银行业务非常有限,不足四分之一的家庭才可以享受到基础金融服务。金融资源配置不平等、贫富差距的加大、中小企业相比大型企业融资困难等一系列事实的存在,使得金融体系改革迫在眉睫[15]。

"金融很重要,是现代经济的核心,金融搞好了,一着棋活,全盘皆活。"[16]这是邓小平同志早在1991年视察上海时所发表的言论,这一论述全面、深刻并且科学地揭示了金融在现代经济中的重要地位和作用。"金融是国家重要的核心竞争力",习近平总书记高度重视金融在中国经济高质量发展中的重要地位和作用,先后在2017年中共中央政治局第四十次集体学习会议、全国金融工作会议和2019年中共中央政治局第十三次集体学习会议等多个场合发表了一系列有关金融发展作用于中国经济高质量发展的重要论述,如金融"是国家重要的核心竞争力""是现代经济的核心","金融成为资源配置和宏观调控的重要工具,成为推动经济社会发展的重要力量",因此"金融要为实体经济服务,满足经济社会发展和人民群众需要",并明确要求"推动金融业高质量发展"。2017年7月14日至15日,习近平总书记在全国金融工作会议上指出:必须加强党对金融工作的领导,坚持稳中求进工作总基调,遵循金融发展规律,紧紧围绕服务实体经济、防控金融风险、深化金融改革三项任务,创新和完善金融调控,健全现代金融企业制度,完善金融市场体系,推进构建现代金融监管框架,加快转变金融发展方式,健全金融法治,保障国家金融安全,促进经济和金融良性循环、健康发展。党的十九大报告也提出"深化金融体制改革,增强服务实体经济能力"[1]。党和国家就金融发展创新、促进金融更好服务中国经济高质量发展做出了一系列改革部署,通过金融业高质量发展促进中国经济高质量发展的格局正在初步形成并蓄势待发。

作为追赶型经济体的典型代表,改革开放40多年以来,中国经济保持了持久快速增长,金融业发展迅速,金融资产迅速增长,中国经济取得了举世瞩目的成就,成为仅次于美国的全球第二大经济体,但同时出现了双重二元金融结构、金融服务体系滞后等一系列令人担忧的问题。同国际整体情况一样,我国存在严重的金融失衡问题。由于传统金融自身所存在的一些弊端,其无法将金融服务惠及每一个人,在对欠发达地区、中小型企业以及收入较低人群提供金融服务方面存在着严重的不足,进而导致了金融二元结构的出现。这种失衡的二元结构在各个层次中均有体现,例如:城市与农村之间、大型企业与中小型企业之间、富裕人群与贫困人口之间。因此,为了打破这种失衡的状态,为了使金融服务能够真真切切地惠及每一个层次、每一个人,就必须要克服这种二元结构、必须要加大力度发展普惠金融,才会使一国经济全面、健康、可持续地发展。

提高金融服务质量和水平,扩大金融服务对象的范围尺度,实现金融高效均衡发展已成为世界经济协调可持续发展的关键问题。正是在这种背景下,联合国2005年提出的金融包容(Financial Inclusion)已成为世界许多国家政策的优先选择。普惠金融,即能有效、全方位地为社会所有阶层和群体提供金融服务,最早由英国提出,是针对金融排斥问题提出的解决对策。2005年,联合国(United Nations,UN)在"国际小额信贷年"的宣传上首次提出普惠金融(inclusive finance)的概念,并组织众多专家撰写了关于普惠金融体系方面的蓝皮书。2008年全球金融危机后,20国集团(G20)将普惠金融发展作为重要任务大力推行。此后,经合组织(OECD)建立了国际金融教育网络,发布了金融教育国家战略高级原则等系列指引文件,系统总结了各国在推进金融教育方面的成功经验。专门的普惠金融国际组织普惠金融联盟(AFI)于2008年9月成立,敦促全球各个国家尽快做出发展普惠金融的承诺,并组织相关专家学者研究构建国际通用的评价指标体系,用以衡量各国普惠金融发展水平。2009年9月,由20国领导人委员会在美国宾夕法尼亚的匹兹堡召开会议,成立了普惠金融专家组(Financial Inclusion Experts Group,FIEG),并推动成立了全球普惠金融合作伙伴(Global Partnership for Financial Inclusion,GPFI),积极推动构建全球层面的普惠金融指标体系,制定全球层面推进普惠金融发展的战略框架和行动规划,并督促各国尽快行动起来,构建有益于向弱势群体提供金融服务的普惠金融体系,争取到2020年，所有成年人都能享受到所需要的金融产品和服务。2012年的墨西哥洛斯卡沃斯峰会、2013年的圣彼德堡峰会、2014年的澳大利亚布里斯班峰会、2015年的土耳其安塔利亚峰会、2016年的杭州峰会、2017年的汉堡峰会都讨论了全球普惠金融存在的问题，并致力于推动全球普惠金融理论与实践的发展。特别是2016年的杭州峰会，G20推出数字普惠金融新原则，并通过了《G20数字普惠金融高级原则》、《G20普惠金融指标体系》"升级版"和《G20中小企业融资行动计划落实框架》三个关于普惠金融的重要文件，成为全球普惠金融发展的指引性文件。目前，全球已有50多个国家设立了推进普惠金融建设的目标，并列出了明确的路线图和时间表，许多国家已经取得重要进展。

中国历来重视金融改革与发展，近年来更加关注普惠金融体系的建设。2012年，中国国家领导人在G20峰会上首次解读了普惠金融[17]。2015年11月9日，习近平总书记在中央全面深化改革领导小组第十八次会议上指出，发展普惠金融，目的就是要提升金融服务的覆盖率、可得性、满意度，满足人民群众日益增长的金融需求，特别是要让农民、小微企业、城镇低收入人群、贫困人群和残疾人、老年人等及时获取价格合理、便捷安全的金融服务。习近平总书记强调，要深化金融供给侧结构性改革，强化金融服务功能，找准金融服务重点，以服务实体经济、服务人民生活为本；要建设普惠金融体系，加强对小微企业、"三农"和偏远地区的金融服务，推进金融精准扶贫。发展普惠金融，既是服务实体经济、服务人民生活的落脚点，也是金融供给侧结构性改革的重要任务。2013年，《中共中央关于全面深化改革若干重大问题的决定》正式提出"发展普惠金融"，这标志着中国普惠金融的发展进入一个全新的阶段。与此同时，中国也一直积极吸收国际上普惠金融发展经验，并参与国际规则的制定和执行。2014年在全球普惠金融联盟(AFI)年会上，中国承诺发展普惠金融并公布了行动计划。2015年11月3日，在《中共中央关于制定国民经济和社会发展第十三个五年规划的建议》中，又提出发展普惠金融，这是中国第一次将普惠金融发展明确列入五年规划之中。2015年10月，党的十八届五中全会明确指出，若要在2020年实现建成全面小康社会的发展目标，必须贯彻"创新、协调、绿色、开放、共享"的理念，坚持发展普惠金融，增强为"三农"、小微企业和低收入人群服务的力度，将普惠金融定为"十三五"时期金融改革的六大重点领域之一，并将普惠金融发展战略提高至国家层面。2015 年 12 月 31 日，国务院印发《推进普惠金融发展规划(2016—2020 年)》，规划中首次明确提出了中国发展普惠金融的总体思路、指导思想、基本原则、总体目标等，这是中国第一个专门推进普惠金融发展的规划，这标志着中国已将普惠金融发展提升至国家战略层面。2016 年，G20 第十一次峰会在中国杭州举行，中国作为 G20 峰会主办国，将数字普惠金融列为本次峰会重要议题之一，会议通过《G20 数字普惠金融高级原则》《G20 普惠金融指标体系》升级版及《G20 中小企业融资行动计划落实框架》三个文件。其中《G20 数字普惠金融高级原则》是国际社会首次在该领域推出高级别的指引性文件，是全球普惠金融发展的重要里程碑。从 2016 年开始的三年内，中国将以主要领导者身份参与 GPFI 的工作，主导普惠金融国际规则的制定和推进其行动计划。2017 年《政府工作报告》提出，鼓励大中型商业银行设立普惠金融事业部。2017 年 5 月银监会等 11 部委联合印发《大中型商业银行设立普惠金融事业部实施方案》，9 月人民银行发布了《关于对普惠金融实施定向降准的通知》，进一步落实了普惠金融的鼓励政策。2017 年 7 月，习近平总书记在全国金融工作会议上进一步明确表示，国家鼓励发展普惠金融，并以此作为推动金融"脱虚向实"，支持实体经济发展的重要抓手；而在党的十九大报告中，习近平总书记更是强调要建设普惠金融体系，加强对小微企业、"三农"和偏远地区的金融服务。李克强总理在 2017 年《政府工作报告》中提出，鼓励大中型商业银行设立普惠金融事业部，国有大型银行要率先做到。2018 年《政府工作报告》再次指出，支持金融机构扩展普惠金融业务，并要求下大力气降低小微企业的融资成本。2019 年是《推进普惠金融发展规划(2016—2020 年)》实施的关键之年和攻坚之年。2019 年《政府工作报告》更强调，要完善金融机构内部考核机制，激励加强普惠金融服务，切实使中小微企业融资紧张状况有明显改善，综合融资成本必须有明显降低。政策层对普惠金融的重视程度和推动力度不断提高。

党中央适时提出发展普惠金融，不仅是对金融包容的继承，更是对该理论与实践的创新，赋予其新的时代内涵和中国特色。面向未来，中国普惠金融必将迎来持续健康发展的新时期。

经过长期不懈的努力，我国普惠金融体系建设已经取得了初步和阶段性的成效，2019 年 9 月底，中国银行保险监督管理委员会、中国人民银行发布《2019

年中国普惠金融发展报告》,展示了我国普惠金融发展的最新数据成果,总结了中央部门、地方政府、各类市场主体在增加对普惠金融重点领域服务供给、深化体制机制改革、创新技术和产品、发挥资本市场功能、加强信用信息和担保增信体系建设、完善差异化监管机制、强化货币财税政策激励、弥补制度短板、加强消费者权益保护等方面开展的各项举措。根据《2019年中国普惠金融发展报告》《中国农村金融服务报告2018》和《中国普惠金融发展情况报告》等资料数据[18-20],我国普惠金融发展成就主要表现在以下几个方面:

一是普惠金融的机构体系在加快建设和不断地丰富完善。金融服务覆盖面不断扩大。尽管现在互联网很发达,但是很多金融服务,特别是一些小微企业、边远山区农民的金融服务可能还需要我们银行实体机构的工作人员来面对面现场提供,所以建设更加完善丰富的机构体系,扩大金融机构服务覆盖面,是推进普惠金融非常重要的措施。现在各主要商业银行都已经率先成立了普惠金融事业部,特别是五大国有商业银行在总行层面,都设立了普惠金融事业部,并已挂牌开始运营。在一级分行层面已经完成全部185家分部的设立,还有6万余家支行及以下网点从事城乡社区金融服务。截至2018年末,除5家国有大型商业银行以外,中信银行、光大银行、民生银行、平安银行、兴业银行、浙商银行、渤海银行、华夏银行等10家股份制商业银行也在总行设立了普惠金融事业部或专职开展普惠金融业务的部门及中心,还有1621家村镇银行和17家民营银行也相继获准设立,主要为“三农”、小微企业服务,也是推动普惠金融的重要力量。《2018年中国银行业社会责任报告》显示,截至2018年末,我国银行业营业网点数量达22.86万个,设立社区网点5600个、小微网点2700个,2018年内改造营业网点8006个[21]。截至2018年末,我国银行业布放自助设备共计103万台,其中创新自助设备2万台,自助设备交易笔数约400亿笔,交易总额达66万亿元,行业平均离柜率达88.68%。截至2019年6月末,全国乡镇银行业金融机构覆盖率为95.65%,行政村基础金融服务覆盖率99.20%;全国乡镇保险服务覆盖率为95.47%。银行卡助农取款服务点已达82.30万个,多数地区已基本实现村村有服务。农业保险乡村服务网点已达36万个,协保员45万人,网点乡镇覆盖率达到95%,村级覆盖率超过50%。普惠金融机构服务体系已经初步建立,覆盖面在不断地扩大。

二是不断建立和完善相应的激励考核机制。普惠金融业务比较分散,额度比较小,从成本盈利的核算来讲不是非常合算,所以必须有相应的激励机制和差别化的考核机制,才能促使银行金融机构加大普惠金融服务力度。这几年我们也在探索,不断建立和完善对普惠金融的激励和差异化的考核机制。在银行内部,要设立专门的部门,要有专门的信贷计划,要有针对性的考核指标,要相应地降低内部资金成本,同时也对基层的工作人员给予特别的激励,做到尽职免责。监管方面也采取了一系列的差异化政策,包括在每年对银行的监管评价中,专门将普惠金融作为一项重要内容,实行针对性的考核。对小微企业、"三农"贷款的风险权重也实行差别化,对不良贷款率也有一定的容忍度,以促使银行更有积极性地做好普惠金融。另外也有一些外部激励政策。在营业税、所得税、增值税方面,对小微企业、"三农"都给予了特别的优惠支持,央行对致力于推动普惠金融,发放小微企业、"三农"贷款的银行有针对性地给予再贷款支持,实行差别的存款准备金。

三是金融服务的可获得性也在持续提升。服务机构和服务体系在不断地扩大,激励机制在不断地完善,这也大大调动了商业银行推进普惠金融的积极性,金融服务的可获得性进一步提升。截至 2019 年 6 月末,全国小微企业贷款余额 35. 63 万亿元,其中普惠型小微企业贷款(单户授信总额 1000 万元及以下的小微企业贷款)余额 10. 7 万亿元,有贷款余额户数 1988. 31 万户。2019 年上半年新发放的普惠型小微企业贷款平均利率为 6. 82%。全国普惠型小微企业贷款不良率 3. 75%。2019 年上半年,信用保险和贷款保证保险累计服务 34. 37 万家小微企业,助其获得银行贷款 533. 68 亿元。金融支持乡村振兴力度不断加大。截至 2019 年 6 月末,全国涉农贷款余额 34. 24 万亿元,其中,农户贷款余额 9. 86 万亿元。普惠型涉农贷款余额 6. 10 万亿元,占全部涉农贷款的 17. 80%。2019 年上半年,全国农业保险为 1. 17 亿户次农户提供风险保障约 2. 57 万亿元,为 1500. 52 万户次受灾农户支付赔款 203. 09 亿元。金融脱贫攻坚精准发力。截至 2019 年 6 月末,全国扶贫小额信贷累计发放 3834. 15 亿元,余额 2287. 57 亿元;累计支持建档立卡贫困户 960. 14 万户次,余额户数 566. 62 万户。扶贫开发项目贷款余额 4274. 04 亿元。全国 334 个深度贫困县各项贷款余额 17365. 89 亿元。产业精准扶贫贷款余额 1. 24 万亿元,带动建档立卡贫困人口805万人(次)脱贫发展。截至2018年末,农业保险承保农作物品种接近400种,农业保险已覆盖全国所有省(自治区、直辖市),既有传统的成本保险,又有价格保险、指数保险、收入保险、保险期货等创新型产品,基本涵盖了农林牧渔各个领域。截至2018年末,实现保费收入572.65亿元,同比增长19.54%;提供风险保障346万亿元,同比增长24%,较保费增速高出4个百分点。参保农户195亿户次,农业保险简单赔付率73.9%,继2016年之后,农业保险赔款继续超过各级财政补贴总额。福建等3个省简单赔付率超过100%,最高的内蒙古达141%。在夏秋季长江中下游地区强降水、两广"天鸽"台风等极端天气气候事件中,农业保险赔款成为灾后重建的重要资金来源。

四是金融服务效率明显提高。银行和保险机构积极利用区块链技术、互联网、云计算、大数据技术等现代信息技术手段,提高服务质量和效率、降低运营成本,例如,建设银行"小微快贷"全流程线上融资模式、网商银行基于线上大数据风控的"310"模式("3分钟申贷、1秒钟放款、0人工介入")。保险公司运用保险科技,以较低成本扩大了风险保障范围,如网络购物退货运费损失保险,可以按照约定为消费者因退货而产生的运费损失提供保险保障。14家财险公司开发了小额人身意外伤害保险或残疾人意外伤害保险,131家保险机构开展了退货运费险、意外险、健康险等险种互联网保险业务,这些是新时期银行保险机构拥抱互联网、助力普惠金融发展的重要趋势。

五是融资成本得到合理控制。一方面要求商业银行除了贷款利率以外,尽量减免各种收费项目,以降低融资成本。2017年,我国银行业新增减费让利440亿元助力信贷降成本。针对小微企业贷款,禁止银行收取承诺费、资金管理费,严格限制收取财务顾问费、咨询费。贷款利率总体控制在合理区间,稳中有降。特别是国有大型银行,对小微企业、"三农"的贷款利率大大低于地方金融机构和其他小型金融机构的贷款利率水平,在缓解小微企业和"三农"融资贵方面发挥了重要作用。总而言之,经过改革创新,各方面努力,普惠金融服务能力和水平有了一个新的提升。

普惠金融旨在建立有效的、全方位为社会所有阶层和群体提供服务的金融体系,已成为一套牵涉金融结构调整和金融体制变革等重大问题的发展战略和操作理念。但中国普惠金融研究还没有形成完备的理论框架和研究方法体系。

本书基于金融功能观和包容性增长的视角，充分总结国内外研究普惠金融（包容性金融）的理论和方法，构建一套能被广泛接受的普惠金融理论分析框架和研究方法体系；系统收集与整理宏观数据资料，设计普惠金融调查问卷，实地收集样本数据和相关信息，建立完善的数据库；将数据库中的数据和相关信息进行加工处理，构建普惠金融发展水平的评价指标体系对普惠金融发展水平进行统计测度，借助前沿计量经济方法对普惠金融的空间分布格局、三维效应及发展绩效进行估计和动态模拟；基于普惠金融参与各方的供需状况和意愿，结合国内外典型国家和地区普惠金融发展的实践与经验，运用机制设计的基本原理和分析方法，提出中国普惠金融运行机制的基本框架，及中国发展普惠金融的政策优化及其实现路径，提供“一幅中国金融普惠的程度和性质以及无银行账户和未得到充分金融服务群体的规模和特点的图景（CGAP，2012）[22]”，为国家总体金融改革提供具有参考价值的研究成果。

1.1.2 研究意义

（1）学术价值。普惠金融是一种金融发展的新理念和新思路，旨在把金融服务的覆盖面延伸至原被排斥在正规金融体系之外的人群，让更多的弱势群体和地区获得金融服务。多数学者肯定普惠金融对实体经济的服务能力、包容性以及对经济增长的推动作用，但基于中国经济社会特征来全面分析普惠金融的理论与实证研究尚未形成统一的研究框架与内容。在经济新常态的背景下，本书以理论发展和分化为线索，通过溯源、现状、前景的剖析，进一步规范和明确普惠金融内涵和外延，构建一套能被广泛接受的普惠金融理论分析框架和研究方法体系，为中国金融改革提供理论、实证、经验支持和方法论参考。在规范的经济学和管理学研究框架内，基于严格的数理分析、实证研究和实际验证，阐明中国农村普惠金融的发展机理，改进和发展农村普惠金融指数以及指数构建中维度选择、权重设置、单维度贡献度等关键问题，探讨中国农村普惠金融的空间差异及其演变规律、福利后果、诱因及推进路径，深化了普惠金融研究范式。将金融地理学、行为经济学和制度经济学等理论融入普惠金融研究中，实现普惠金融研究的多学科交叉融合，形成主流金融范式和非主流金融范式的互补局面；拓展了“金融宽度”等金融发展前沿研究领域，还有利于加深对包容性增长和经济新常态的理解。

（2）现实意义。自“2005 国际小额信贷年”推出普惠金融概念以来，普惠金融已成为被国际社会和金融业普遍认同的金融发展战略，也将是我国下一步金融改革和转型的主要目标之一。本选题紧扣党的十九大及全国金融工作会议、2018 年中央农村工作会议和一号文件精神，将发展普惠制金融作为实施乡村振兴战略、建设“人的新农村”、促进实体经济发展和改善民生的重点，系统探讨中国普惠金融的发展水平、三维效应及推进机制。研究涉及的农村普惠金融指数能为中央银行及监管部门定量评估各地区的农村普惠金融程度提供技术支撑；农村普惠金融发展对不同层面的效应，农村普惠金融体系构建的政策设计、推进路径，有助于为中国农村金融改革以及与农村经济协调发展提供科学的决策依据与发展方向。同时，本研究也有利于直观体现普惠金融的“人文关怀”和“福利秉性”，研究成果应用对“金融发展如何更好地推进乡村振兴、造福人类”、“人的新农村”建设有重要的现实意义。

1.2　研究综述

1.2.1　农村金融发展问题与对策研究

按照经济学的理解，金融活动如果有效发挥其功能，将有助于社会资源的最优配置，促进经济均衡发展，进而提升社会公平和民生福祉，因此，自 20 世纪 60 年代以来，金融就成为发展经济学中一个重要的研究领域。学者们发现金融发展与经济发展之间存在平行的关系（Goldsmith，1969；King and Levine，1993；Levine and Zervos，1998）[23-25]，甚至是促进的关系（Levine，Loayza and Beck，2000）[26]，并为此得出了金融抑制不利于经济发展，发展中国家需要有金融自由化的结论（Goldsmith，1969）[23]。

有学者对农村金融供给不足的原因进行了探究。如 Yaron（1994）研究了农村人口不能满足农村金融服务的原因，并提出了农村金融机构获得成功的要素，他们认为农村金融机构获得成功的要素是储蓄、利率、贷款偿还和抵押品[27]。Menakadevi 等（2016）研究了农村金融资源的分配对农业均衡发展的影响，并发现人们对农村的贫困性质和程度缺乏更加清晰的认知，指出金融体系中复杂的程序，既受到大量资金流入的影响，也阻碍了农村金融和农业的发展，可将尤其容易受到影响的小农户作为突破口，农村金融的发展不能仅靠信贷还需考虑金融中介的阻碍、政府政策、机构能力、法律、金融市场的有效性等因素，政府应该从金融中介、减贫、消除对农业和农村发展的政策偏见、直接干预、促进有效金融市场、制度能力等方面解决农村金融发展困难[28]。

有学者对农村金融发展的影响因素进行了探析。Zeller(2006)通过农村金融数据对几种不同类型的微型农村金融机构展开了比较研究，分析了各种类型机构的优劣势以及今后发展的机遇与挑战，并认为市场竞争有助于提高农村金融机构的效率[29]。Jiao Fang yi 和 Ren Jiasong(2010)以金融生态系统为基础，研究了农村金融企业动态能力的重要影响因素，通过灰色数据挖掘模型，确定了农村金融企业三种动态能力的具体构成，农村金融企业只有不断提高自身的协调、创新能力和持续竞争能力，才能适应农村金融环境，实现可持续发展[30]。Eric Osei – Assibey 等(2012)从微观角度研究农村金融市场的中小企业融资偏好，以发展中国家为主要研究对象，分析农村金融市场背景下中小企业融资偏好的决定因素。新企业更倾向于选择低成本、低风险或非正式的融资方式，如内部融资或自助融资。然而，随着企业逐渐成熟，其寻求正式融资的能力增加，从而更有可能偏好或处于更高类别的正式融资中[31]。Abate 等(2016)指出从金融机构获取融资可以较好地推动农业技术的采用和使用，但金融机构发放贷款时往往会根据农场规模和投入类型的不同采取差异化服务，从而使得贷款风险最小，却在一定程度上阻碍了中小农发展权利[32]。Gaisina 和 Kaidarova(2017)以哈萨克斯坦巴甫洛达尔地区的居民为研究对象，主要研究了金融素养对农村人口储蓄率的影响，他们得出的结论为金融素养水平越高，储蓄率越高[33]。Tania Lopez 和 Adalbert Winkler(2018)认为在较贫困的农村地区，金融包容性进展缓慢。这通常归因于更高的交易成本，更高的风险和更不利的承包环境，农村金融包容性比城市地区更难实现[34]。Diana Fletschner 和 Lisa Kenney(2014)回顾了农村妇女获得金融服务的机会，这是农村发展战略关键因素。为妇女设计适当的金融产品以便能够储蓄、借贷和保险，对于加强妇女作为生产者的作用并扩大她们可获得的经济机会至关重要。所以应为解决女性面临的一些限制而引入的产品和服务提供包括改善现有的金融服务可及性的技术创新[35]。Coque(2016)建议将金融服务合作社定位为一个有效和可替代的金融服务提供者,从而缓解农村金融市场的失灵问题[36]。Gupte(2017)以印度当前的农村金融市场为例,认为当前社会较贫穷阶层未能从有组织的金融部门充分获得金融服务,当前应当建立一个数字化和无现金经济,通过新技术向农村地区提供金融服务,加强农村地区的金融基础设施建设,规范小额信贷机构的发展[37]。

国外学者针对农村金融的发展效应展开了系列研究。就农村金融对减少贫困的作用角度而言,Madhu Sehrawat 和 Giri(2016)针对南亚区域合作联盟(SAARC)国家的金融发展与城乡收入不平等的关系进行了研究,通过协整检验和格兰杰因果模型,得出金融发展增加了城乡不平等,而贸易开放降低了城乡不平等。短期因果关系证实了经济增长和金融发展导致城乡 INQ[38]。Aviral Kumar Tiwari 等(2010)利用 1965—2008 年的印度年度数据,使用单位根检验和实施 ARDL 边界测试方法协整检验,得出金融发展、经济增长和消费价格从长远来看加剧了城乡收入不平等[39]。Nicholas(2009)试图用三元因果关系模型研究南非金融发展、经济增长和减贫之间的动态关系。通过因果关系测试,研究发现无论是在短期内还是长期进行,经济增长都是金融发展的格兰杰原因,因此导致南非的减贫进程缓慢[40]。Nadia Yusuf(2014)以印度北部为例研究了农村金融在农业扶贫中的作用,重点研究印度北部农村融资在农业扶贫中的应用,讨论了在印度使用不同的农村融资模式对农村贫困地区的影响,说明了农村合作银行和农村自助团体在农村信贷中的重要作用[41]。Wagan 等(2016)探讨了农业金融对巴基斯坦农业和农村发展的重要意义,研究发现使用农业金融并按时提供投入的农民正在获得更好的生产[42]。Ocasio(2016)利用孟加拉国农村 1700 多个家庭的调查数据研究性别与社会不平等对农村金融的影响效应,使用面板数据模型来探讨获得信贷、借款人性别和村庄收入之间的经验关联。结果表明妇女虽然能够从小额信贷中受益,但却微乎其微,而较富有的男性借款人从接受小额贷款中受益更多[43]。Quan Yuan(2018)探讨了传统的农村金融在影响效应上存在较大的误差,难以满足农村金融影响效应的需求,提出了基于结构方程模型的农村金融需求影响效应模型,利用多变量探索因子技术分析财务数据,建立效应模型,该模型能够准确反映需求的影响[44]。

还有学者对农村金融发展的重心与路径进行了研究。Gashaw Tadesse Abate 等(2016)以埃塞俄比亚为例,认为持续农业增长是迅速减贫和经济发展的核心,农村金融发展应将重点放在农业技术开发上[45]。Qian 和 Huang(2016)认为加强农村扶贫金融微观经济组织、金融效率、可持续理论和实证等领域的研究可以为农村金融的可持续、健康、绿色发展提供经验支持、理论参考和决策"风暴"[46]。Gaisina 和 Kaidarova(2017)建议当局应该为农村人口提供国家资助的金融教育项目,以帮助农村人口提高金融素养[47]。

中国农村金融发展问题也受到了不少国外学者的高度关注。早期国外学者对中国农村金融问题的关注主要集中于识别农村金融机构的制度缺陷(如 Tam,1988)[48]。近些年研究集中于微型金融的兴起及其相关问题(Tsai,2004)[49],以及农村的非正规借贷(Li and Takeuchi,2010)[50]。另一方面,中国学者大多从经济学角度,分析农村信贷短缺的原因,然后给出政策建议(例如何广文,1999;谢平,2001;高帆,2002;马晓河、蓝海涛,2003;陆磊,2003;张杰,2003)[51-56]。Kennedy(2013)研究了中国农村金融的相关问题,他指出,中国农村金融的发展要结合考虑村、乡、县多方面的特殊情况,由此来制定相应的财政和税收政策[57]。Thorsten Beck、Liping Lu 和 Rudai Yang(2015)利用中国农村的调查数据,发现获得外部融资与成为企业家的决定和微型企业的初始投资是正相关的,文章还强调了在缺乏有效的正规金融机构的情况下非正式融资的作用[58]。

不少国内专家学者发现农村金融发展中存在各种问题。第一,资金问题。中国农村金融存在较为严重的供需矛盾(杨沅鑫,2018;李宏伟,2018;祝国平等,2018)[59-61]。中国人民银行永州市中心支行课题研究组(2017)认为农村金融供求不匹配,农民日益增强的金融意识与现下落后的农村金融设备并未同步,农村本身的金融背景和条件使其除"存""贷""兑"以外的业务风险较大,不少金融机构不愿意提供服务,导致农村金融产品单一[62]。覃志立、严红(2018)在研究中发现不仅仅是四川地区,全国有许多地区都存在农村金融结构失衡现象,即大部分贷款都在农村信用社,由于农业银行、农村发展银行、邮储银行对于正规资质的担保公司要求太高,农民从这些银行中获取贷款难度很大[63]。另外农村地区的贷款欠账较多,许多银行撤出,导致农村金融发展大大受阻。

刘璐(2018)指出农村金融发展存在信贷投入资金不足,供求失衡,尤其是农村信贷资金供给不足,农民融资困难等现象;体系有待完善,市场风险大;市场不活跃,金融产品和服务缺乏创新,农村金融产品和服务单一,支农功能不强[64]。第二,农村信用担保机制建设缓慢,农业保险发展滞后(乔东升等,2018;胡静等,2017;刘中升等,2018)[65-67]。王江、梁爽(2017)根据1998年至2015年的湖南农村第一产业GDP数据,通过协整检验、ADF、格兰杰因果检验,得出农村金融相关率与农村经济增长存在负相关的关系,金融效率与农村经济增长之间存在正相关的关系,提出要重视农村金融发展效率,即鼓励贷款[68]。可是现实却是:即使鼓励贷款,项海苹(2018)认为当下农村的实际情况却是农民拥有土地经营权、林权、住宅使用权,但这些资产受地域、生态环境、使用寿命等因素影响,不能作为贷款抵押物,从而使农民贷款难、资金融通难[69]。第三,农村金融生态环境较差,法律体系建设明显滞后,农村信用环境比较恶劣(郭连强、祝国平,2017;陈放,2018;杜文博,2018)[70-72]。人文素质环境落后问题普遍存在。中国人民银行湘西州中心支行课题组(2017)以湖南湘西自治州为例,通过Logit模型,运用SPSS工具软件分析后发现,文化素质越高、与村干部关系越好的农户金融活动越频繁,金融活动频繁意味着农村金融高速发展[73]。陈学军等(2016)在调查中发现农村现下金融生态环境欠佳,具体表现为农民生活幸福指数低、缺乏支撑金融发展的各种要素以及农民信用意识薄弱[74]。而农村金融生态环境对于农村金融的发展至关重要。刘敏楼(2016)构建农村金融发展水平与经济基础、宏观政策、法律、社会资本与文化的OLS模型,发现农村金融发展依赖于金融环境要素,但并没有发现受教育程度对农村金融发展效率有显著正向影响,这一结论与中国人民银行湘西州中心支行课题组的研究成果有些出入[75]。第四,政府支持力度不足,政策制度不够完善,农村金融监管效率低(姚凤阁等,2018)[76]。丁志国等(2016)认为中国农村金融发展迫切需要政府的政策和引导[77]。张红波(2018)[78]和洪晓成(2016)[79]都指出了农村风险补偿机制缺失问题。由于农民产业受自然因素影响较大,其价值总是有起伏,金融信贷风险也随之而来,政府没有给予金融机构合理、有效、明确的保护措施,使得农村地区贷款难。且后者认为扶贫的参与主体即政府、国有商业银行、被扶贫群众三者之间协调困难,负责引导和调配的政府、负责融资的国有商业银行之间沟通不畅、分工不明等问题使得扶贫效率低、精准度低。被帮扶群众大多是农民,由于毫无产权、信贷知识储备和投资融资理念,总是长期保持保守态度,导致商业银行与农民的合作无法如计划一般开展。第五,农村金融基础设施不完善,农村金融机构功能配置不合理(陈放,2018;杜文博,2018)[71-72]。第六,金融创新不足,农村金融产品和服务种类少(程百川等,2017)[80]。王燕红(2018)指出当前我国农村金融发展过程中存在农村金融制度环境受到严重约束,农村金融创新不足、监管落后,以及农村金融组织制度畸形发展等问题,建议改善农村金融发展环境,完善农村金融市场,政府加大监管,加大支农资金投入[81]。

由于长期以来,中国农村金融市场供求关系失衡,研究影响中国农村金融发展的因素成为国内外学者析源所系,从需求侧出发,国内外学者发现社会家庭因素,金融素养因素,风险偏好,家庭经济情况,以及传统观念因素等共同构成了影响农村金融需求的关键词。赵洪丹(2016)认为影响农村金融发展的首要因素是政府和市场,政府支出与农村人均金融资产、农村人均贷款和农村金融风险之间存在"U"型关系,农村人均纯收入对提高农村人均金融资产和农村人均贷款水平以及抑制农村金融流出具有十分显著的作用[82]。李小勍(2018)研究了我国当前出台的财政税收政策是否对农村金融发展起积极作用,得到结论如下:财政政策的实施能够有效促进我国新型农村金融机构的发展,同时税收政策的实施一定程度上提高了金融机构小额涉农放贷的积极性[83]。胡枫、陈玉宇(2012)利用2010年家庭动态跟踪调查的数据研究了社会网络对农户借贷的影响,研究发现社会网络对正规金融机构借贷行为影响更大。户主的年龄与借贷概率和借贷金额的关系呈现先升后降的"倒U型"关系。家庭经济情况,家庭人口,家庭耕地面积等因素与借贷概率和借贷金额呈现显著的正相关[84]。彭魏倬加、李中(2016)认为农村土地权利认定能够促进农村金融的内生发展,而且有利于农村金融现代化,后根据实证分析表明,农村土地权益的裁定不仅有利于削弱农村金融对人脉社会的过度依赖,而且能够有效提高农民参与的机会,从而从金融宽度、广度、深度、交易环境四个维度促进农村金融的发展[85]。谭艳芝、李维扬(2018)认为地区差异、子女性别偏好对农村家庭金融行为可能有较大影响,他们采用Probit模型对8596名农户的数据进行了分析,并采用

IV－probit模型规避了内生变量问题。通过分析，他们认为：农村家庭金融行为存在性别差异，有男孩的家庭金融行为活跃度明显更强。但是，拥有男孩的家庭在不同区域间是否发生金融活动的差异不显著，但金融活动的强度存在显著性差异[86]。Weili Ding 和 Yuan Zhang（2014）提出了“通过儿子投资”假设，并研究了中国300户家庭的数据，利用计量模型进行分析，得出了农村家庭出生一个儿子会增加家庭对农业产业和家庭企业的投资，且会提高家庭借贷给亲戚朋友的数额[87]。姜松、周虹（2018）基于Logit模型和门槛模型实证研究了我国农业价值链金融服务需求的影响因素，认为受教育程度等因素对农业价值链金融服务的需求有显著的正向影响，而风险偏好恰恰相反[88]。

中国农村金融改革的重点内容设定与发展路径是国内学者研究的重要落脚点。邓先骐等（2014）通过调查研究发现，新型农村金融机构数量在迅猛发展，尤其是村镇银行，盈利空间较大；在区域差异上看来，中西部地区的发展速度一定程度上要比东部地区更快[89]。Chenggang Li 等（2017）指出当前中国正在进行农业转型升级和供给侧结构性改革，农村金融发展水平与国家战略能否取得显著成效有着密切关系[90]。万宣辰（2017）重点研究在城乡一体化的背景下，通过建立多层次的农村金融体系以及加强信息化模式管理等为我国未来农村金融的创新打开新视野[91]。柯畅、柯霖（2018）认为应当将农村金融改革的重点内容设定为金融扶贫与普惠金融体系建设[92]。陈莉（2018）立足于我国农村发展和金融资源利用现状，认为促进农村金融效率最大化是今后的发展方向[93]。姜佳（2018）认为当前如火如荼的互联网金融为农村金融的发展注入了新的活力和血液，带来了新的内涵，农村金融机构与互联网金融的深度融合是时代发展的必然趋势[94]。杨沅鑫（2018）认为农村金融机构必须明确市场定位、深化金融创新、利用保险降低金融风险、完善农村基础设施建设[59]。周天芸（2018）认为中国农村普遍存在存款外流现象，政府应该增强金融支农力度，引导农村存款的流向[95]。刘松涛等（2018）认为中国未来可在培育农村金融合作组织、深化农村政策性金融改革、完善农业信贷担保体系、发展农业保险、完善农村金融监管等层面合理借鉴日本经验[96]。

近年来异军突起的农村互联网金融是当前学术界研究的热点。王姣（2018）认为互联网金融具有门槛低、效率高等多重优势，在中国农村发展具有基础优势:一是农村需要互联网金融填补巨大的金融需求缺口,农民有旺盛的融资信贷需求;二是农村互联网金融基础设施加速建设[97]。但是农村互联网金融服务供给依然不足,且农民对互联网金融的认知和使用能力依然较差。张莹、许婷(2018)重点探讨了在"十三五"规划中"互联网+"发展战略的背景下,农村金融机构发展迅速,农业生产资金融资日益简化,农产品网络销售比重持续增大,在此背景下如何实现农村金融的良好创新和风险管控,使得发展红利惠及农民[98]。肖冰等(2018)介绍了农村互联网金融的运行模式,分析了当前模式下发展会遇到的问题:如信息体制不健全、对于金融突发风险监管不足和金融安全问题等,提出必须对农村互联网的相关运行机制进行改革的结论,并针对以上问题提出了相关建议[99]。童琳(2018)指出近年来互联网金融异军突起,部分互联网金融机构明确将服务对象定位为农村居民,极大地降低了农村金融的进入门槛,并在短时间实现了与传统农村金融的有效融合,可以帮助解决当前农村地区惠普金融面临的困难[100]。Weilian Zeng 等(2017)指出移动金融在解决农村金融问题中起着重要作用,比如固定网点不足和过高的交易成本[101]。

综合国内外的研究现状可以发现,国外农村金融的发展与中国的国情不相符,许多发达国家的农村金融发展方式是建立在农民人口素质水平较高,地区发展较平衡的情况下的,而我国农民人口素质普遍偏低,农村与城市发展差异较大,且部分落后地区还停留在小农经济时期,因此发达国家的经验对于我国的农村金融发展缺乏借鉴意义。在资金问题上,在贫困地区,资金无论其使用方式受到怎样的限制,都有渠道使用。商业银行具有金融服务的职能,地方政府也是市场金融的使用者,应多与银行搭桥沟通,将有限的资源用在正确的、好用的方向上。在人文落后的问题上,现阶段国内金融扶贫过程中,尤其是不发达地区,由于对贫困人口贫困识别方式单一、贫困地域广阔,扶贫攻坚工作进展十分缓慢。各地市场的融资条件错综复杂,各地区贫困人口状态存在较大差异。在湘西自治州扶贫考察过程中发现,并不是每一贫困户都愿意脱贫,部分地区瞒报、伪述贫困情况、拒绝脱贫等现象频发,以往的救济式扶贫弊端之一就是"拿走了一直以不劳而获的方式得到的利益后却对曾经的供给者表达不满"。这就要求普惠金融在帮助扶贫的过程中对贫困人口做出再区分,从"短期内可实现脱贫的潜力人群”中开展工作，再让这群人分别带动“短期内难以脱贫的人群”和“拒绝脱贫的人群”，以少数带动多数，最后达到共同富裕。银行的大数据管理模式有希望实现这一区分，尤其是地方性金融机构，能够更方便地利用资源着手执行更接地气的普惠金融政策。

1.2.2 中国农村金融排斥研究

一是金融排斥及其影响因素与形成机理研究。金融排斥即人们在获取或使用金融产品和服务过程中存在困难的现象（Kempson et al.，2008）[102]。Leyshon 和 Thrift（1993，1994，1995）注意到偏远或贫困地区居民因金融机构撤出而增大了获取金融服务的难度，从地理学的角度开创了金融排斥研究[103-105]。然而，空间距离及其通达性不能完全概括金融排斥的形成原因，因为金融排斥从属于社会排斥，在诸多排斥的相互作用中形成了自强化过程（Rogaly，1999）[106]，银行等机构的利益驱动、非对称的信用信息环境、金融效率差异等经济因素也可导致金融排斥的发生（Gardenr et al.，2004）[107]。此外，女性因较强的风险规避倾向而较男性更易于排斥（Hogarth et al.，1997；Jianakoplos and Bernasek，1998）[108-109]；金融机构通过市场细分将贫困或劣势的群体分离出去，如英国的亚洲族人或非洲——加勒比族人（FSA，2000）[110]；受教育程度低的人群因为收入低而易受排斥（Gardenr et al.，2004）[107]，处于社会平均阶层下的人群受排斥的概率更高（Devlin，2005）[111]。Sarma 和 Pais（2010）实证发现收入、不平等、文盲、城市化、基础设施对金融排斥产生重要影响，金融机构的所有权结构比其健康发展对金融包容更有促进作用[112]。Kempson 等（2000）将金融排斥分为六个维度，综合考虑了地理空间、社会经济、金融市场等多种因素的影响[113]。中国农村金融存在突出的排斥问题，一直被学者从不同角度加以诠释。金融抑制（何广文，1999；高帆，2002）[114-115]、农村金融结构的制度和功能缺陷（何广文，2004）[116]、现代金融需求不足（田力等，2004；王芳，2005）[117-118]、农村金融市场缺乏活力（张元红，2005）[119]、农村金融制度安排缺陷（王元，2006）[120]、农村金融市场化的非均衡推进（何大安等，2006）[121]、农村金融资源的低效性和风险性（白莹，2006）[122]，等等。我国正规金融机构对农村金融需求存在明显的排斥行为（何德旭、饶明，2008）[123]，但这是农村地理环境恶劣以及金融机构理性行为选择的结果(王修华,2009)[124],农村金融机构供给偏好缺失、服务缺位是金融排斥产生的根源(谭露,2009)[125]。田霖(2007)研究发现农村经济增长潜力、农户就业状况、农户可持续收入、金融知识教育和普及程度是当前中国农村出现较为严重的金融排斥的主因[126]。田杰、陶建平(2012)研究发现,农村地区金融排斥与地区经济发展不均衡状况呈现出高度的一致性,城乡收入差距越高,农村金融排斥度越高[127]。谭燕芝、李维扬(2016)研究发现县域经济水平差距、城镇化水平程度、农村金融市场的竞争强度以及农民的收入水平是破解农村金融排斥难题的重要因素[128]。薛宝贵、何炼成(2016)研究发现市场竞争确实使得资本要素向城市集聚,导致农户存款不能就地转化为农户贷款,产生了农村地区的金融排斥[129]。Chao Lv(2017)指出现行的金融监管体制造成了严重的农村金融排斥,制约了中国农村经济金融的发展。但是以包容性理论为指导,引导农村金融体系创新可以为农村低收入群体提供有效、全面、公平的金融服务[130]。这要求在微观层面上,实现多元化,完善农村金融基础设施。此外,在宏观层面上需要建立有效的法律和政策框架,从而使农村金融体系获得与城市同等的金融服务。

二是金融排斥影响因素及其空间差异的实证研究。金融排斥具有多维度特征,部分影响因素难以量化,以至于大部分研究停留在定性分析层面上,定量衡量和比较也因指标选取、方法应用存在很大的差异。Sarma(2010)设计了金融包容指数,使用多个维度的指标来评价金融包容性,实现不同经济体金融包容水平的对比分析,提供了比较综合的测度包容性金融的方法[131]。蒋俊鹏、郭沛(2005)证明中国农村金融组织按"自然算法"而非"经济算法"设置机构以及农村金融组织存贷款结构存在显著的地区不平衡性[132]。许圣道、田霖(2008)采用计数模型尝试对农村金融排斥进行定量分析[133]。徐少君(2012)[134],董晓林、徐虹(2012)[135]基于县域金融机构网点分布视角实证分析我国农村金融排斥影响因素。陈莎、周立(2012)[136],刘长庚等(2013)[137]通过建立省级面板数据模型研究了农村金融排斥与城乡收入差距。王一博等(2018)研究发现农民专业合作社经营水平和合作社外部影响因素对金融排斥影响显著[138]。

金融排斥对经济社会协调共享发展造成极大的福利损害,使得弱势群体贫者越贫,地区发展鸿沟越发不可愈合,广大农村居民一直排除在正规金融服务大门之外，经济发展红利未能普及这部分群体，对此 Gardener 等(2004)已有先验研究[107]。为有效破解金融排斥困境，需打出组合拳，国外学者开出了一系列行之有效的“良方”，如强化农村金融机构间服务的协作性；加大农户金融知识教育和培训，增强农户获取金融支持的内生能力；提高金融信息的透明度和开放度；政府也要适时出台相关激励约束措施和法律法规等(Conaty，1997；Dayson，2004；Dayson et al.，2009)[139-141]。对此，欧美国家基于本国国情，对金融排斥采取不同的治理政策(Gardener et al.，2004)[107]。但是，地理可及性是引发金融排斥的重要因素，改善地理可及性，理应成为金融普惠政策的重点(Leyshon et al.，2008)[142]。Yusuf I. Mugaloglu(2012)认为信息不对称的背景下中小企业面临金融排斥问题，应发展多层次的资本市场[143]。何广文(2007)认为解决中国农村金融市场供求矛盾的最佳选择，是农村金融机构体系要进行适度调整，地方性、区域性、小型化、草根性是其发展趋势[144]。王修华(2009，2010)认为破解农村金融排斥，需要建立普惠性的金融体系[124,145]，马九杰等(2010)对此持相同观点[146]。国晓丽(2010)认为应转变农村金融发展思路，构建适合农业发展的保险系统[147]。胡宗义等(2012)提出应加强农村金融服务设施建设，增强农村金融硬件条件；强化农村教育水平、计划生育政策，加强政府对农村金融关注[148]。徐少君(2012)在实证检验基础上指出，在既有金融改革背景下，除了继续完善法律制度、强化商业银行的“社会责任”之外，更重要的是要增加地区人均收入、提高执法效率、营造良好的社会资本环境，从而降低金融排斥程度，促进各地区的协调发展[134]。田霖(2011)指出，金融排斥存在积极和消极两个方面，政府作为自组织而非他组织主体，干预重点在于“金融沙漠”，同时应尊重市场规律，引导“社会责任”的实现[149]。孟德锋等(2012)发现村镇银行的发展受就业、企业经济效益和经济开放度的正向影响，同时受税收政策的负向影响，而且村镇银行的发展不受地区经济发展水平和金融基础设施的限制，倾向于青少年人口比例较高的人群，在破解金融排斥问题上已经起到了一定积极作用[150]。李小建等(2006)[151]，祝英丽等(2010)[152]利用 Arc GIS 提供的分析，探讨欠发达地区农村金融机构的空间可达性，结果显示县域金融网点布局具有行政科层组织结构特点，开展中国农业银行与农村信用社的合作，发展农村保险业，将农户组织起来，在金融服务薄弱区设置农村信用社流动服务网点等措施可以促进农村金融机构和经济的发展。丁兆浩、吕勇斌(2012)对绝对收敛模型采用传统的 OLS 进行估计,然后采用消除空间相关性的空间滞后模型进行估计,结果显示,不管是采用 OLS 估计还是采用 SLM 估计都表明中国农村地区金融发展具有绝对 β 收敛的特征[153]。田杰、陶建平(2012)对中国农村金融排斥的收敛性进行了分析,所得结论对中国农村普惠性金融体系建设具有指导意义[154]。徐京平等(2018)认为农村金融排斥的客观存在决定了金融扶贫效能对精准扶贫具有重要影响[155]。

1.2.3 中国农村金融发展效应研究

第一类是研究农村金融的发展对农村经济发展的影响。Fuchang XU 和 Chuandong WANG(2015)发现农村金融总量对农村合作经济发展的促进作用最大,其次是农村金融结构,农村金融效率最低[156]。就农村金融发展与经济增长之间的关系,耿刘利等(2018)运用计量经济学的方法得出农村金融和农村经济的双向促进作用,农村金融发展为农村经济发展注入了血液和活力,同时农村经济的增长能够反作用于农村金融的发展。经济发展则更注重人均水平的、质量上的提升[157]。因此研究农村金融发展与经济发展之间的关系具有更大的意义。丁志国等(2012)认为农村金融规模对于农村经济发展的积极作用具有一定的限制条件,受制于投资产出效率以及储蓄投资转换比率,但是农村经济发展对于农村金融体系的调整与改善却有着积极正向的作用[158]。赵洪丹(2016)则认为农村经济对农村金融呈负向作用,不管是对农村金融规模还是农村金融效率而言。但是农村金融却对农村经济发展起正向推动作用,并且随着市场化改革的推进,作用的力度更加明显[159]。陈啸等(2018)基于 DEA - Malmquist 指数方法,选取农村地区金融机构从业人员、机构网点数量和金融机构涉农贷款余额作为投入变量,同时选取第一产业产值为产出变量,对 2004—2016 年中国农业金融效率及农业劳动力转移对于农民收入的影响进行了分析。研究得出中国农村金融效率在 2004—2016 年间持续上涨和农业劳动力转移会对农民收入增加产生显著正向促进效应的结论,同时提出了深化农村金融机构改革、加大对农民的财政支持和创造农民反向工作良好氛围等建议[160]。齐红倩、李志创(2018)采用我国 1982—2014 年样本数据,发现现阶段农村金融发展能够有效促进农村消费增长，其中：1982—2014 年间我国农村金融发展对农村消费的影响存在明显的时变效应；1996 年之前，农村贷款对农村消费的促进作用微弱，农村存款和农村保险的增长抑制了农村消费增长；1996 年之后，农村存款、贷款和保险均表现为对农村消费的促进作用。进一步的结论显示，短期内农村贷款对农村消费的促进作用最为显著，长期内农村消费的增加将更依赖于农村贷款和农村保险[161]。

第二类则是研究农村金融的发展对农民收入的影响。吴代红、王定祥（2013）通过研究农村金融发展和农业现代化之间的关系发现农村金融发展效率对农村现代化进程起着非常重要的正向影响，从而能有效提高农民收入[162]。张荣（2017）通过建立农村金融服务的综合评价体系，发现了农村金融发展和农民收入间存在一个平衡关系，促进农村金融的发展能有效提高农民收入[163]。而鲁强等（2014）采用向量误差修正模型分析研究了农村金融对农民收入的影响和冲击，其研究结果则表明，自改革开放以来，农民收入的增加主要来源于农村的传统性经济的发展，而农村金融的发展对农民收入增加没有显著影响，不仅如此，由于财政支出和结构的不合理以及"金融抑制""金融门槛"等不利的金融外部环境，不但没有使得农村的收入增加，反而加重了农民的贫困[164]。还有一部分学者以城乡一体化为研究视角，主要研究农村金融发展对居民收入差距的影响。例如，张宏彦等（2013）的观点认为，由于经济发展的不平衡，农村资本外流严重，加上农村非正规金融发展不充分，所以导致了农村金融的发展扩大了居民收入差距[165]。谢世明（2016）的研究结果显示，农村金融规模扩大会使得居民收入差距更大，而随着农村金融的效率提高，能够有效抑制居民收入差距，同时他还表明，在我国一些经济不发达地区，随着农村金融的发展，城乡居民收入差距会呈现出先扩张后缩小的趋势[166]。杨德勇等（2016）研究发现农村金融的发展呈现出非线性的特征，不同地区的非线性特征有所不同，对农村金融的需求也不同，所以他们建议在发展农村金融时需因地制宜，根据各个地方的特点，采取不同的金融措施[167]。杨刚等（2014）通过构造空间状态模型和卡尔曼滤波解法，用过去三十年的金融支农绩效作为评价依据对农村金融发展对农民收入动态的影响进行了实证分析，以此发现农村的金融发展对农民增收具有比较明显的影响，且从总体上看正面影响大于负面影响，但是其影响随时间的流逝在减弱；固定资产投资和农业贷款在初期具有较显著的影响，后面逐渐减弱，但是农业储蓄率的上升带来的却是负面效应，作者认为需要进一步深化体制改革，推动农业的规模化生产，促进产业化经营，扩大金融需求，继而推动农民收入增长[168]。X Shen 和 K Song(2016)基于1984—2015年的相关时间序列数据，构建VAR模型，分析农村非正规金融规模与农民家庭收入增长的关系，指出农村非正规金融对促进农民家庭收入增长的作用显著，且收入效应比较稳定，甚至超过了正规金融支持的作用。同时从长期来看，农村非正规金融规模对农民家庭收入也有一定影响，但影响有限[169]。因此，在积极引导农村民间金融发展的同时，也需要建立健全农村非正规金融的发展机制，以及风险防控和补偿机制，推进利率市场化改革，加强对非正规金融风险的监管，还需继续深化农村金融改革，加快农村金融创新，从而促进农民的潜在收益增长。孙玉奎等(2014)认为通过鼓励发展农村金融来提高农民收入这一方法的成效十分有限，从中国各地区上来看，农村金融发展对农民收入的影响存在显著的地区差异[170]。纵玉英和刘艳华(2017)利用2000年到2014年31个省市的面板数据、序列数据建立计量经济模型对金融产业聚集现象对农民收入的影响进行了深入的研究。由此发现农村金融聚集现象会因地域差异对农民收入有不同效应：东部地区农村金融聚集现象对农民收入水平具有正面效应，而中西部具有负面效应。而这种不同可能是因为不同地区收入对农业经济增长和农业现代化水平的依赖程度不同造成的，区域金融资源分布差异配置造成地区间农村经济发展水平不均[171]。武丽娟、徐璋勇(2016)从支农贷款方面对农民收入增长进行了研究，通过分位数回归方法对支农贷款对农民收入的影响机制和路径进行了研究，并运用得分倾向匹配对其结果进行了稳健性检验，研究结果表明：若将贷款用于牧林渔业等劳动密集型产业的生产型支出，对农民收入将会有正向的效果，而一般只有高收入的农户会将贷款投资于牧林渔业，其收益会高于借贷成本，导致收入增加，而中低收入组农民将贷款用于商业型和生活支出，支农贷款对农民收入会有负的影响[172]。李汉卿(2018)也依据农民增收的问题对金融的创新发展提出了两条政策性建议：一是完善金融体系：放宽贷款准入门槛同时加强政府监管，满足农户贷款需求。二是完善农村资金回流机制：给金融机构一些优惠条件助力满足农户贷款需求，加强对金融市场秩序的干预，保障农民权益[173]。高彬(2018)通过对全国高收入省份和低收入省份农村收入增长和金融发展关系的研究,认为农村金融对农民收入确实起到提升的作用[174]。

第三类是研究农村金融的发展对农村贫困减缓的影响。吕勇斌、赵培培(2014)认为农村地区的贫困问题已然成为我国经济发展以及社会稳定的主要绊脚石,而要解决农村贫困问题最有效的方法就是大力发展农村金融,直接途径主要是通过设立银行,发展农村正规金融来减少贫困,间接途径主要是通过农村金融的发展来影响当地的金融发展和农民的收入分配,需要注意的是农村金融过快发展反而会对农村经济发展产生负向的影响[175]。彭向升(2016)根据马克思经济学有关金融发展和农村农业发展的金融理论,并以中国特色社会主义理论为理论指导,借鉴有关的西方经济学理论,确定了农村金融的发展范畴,从而构建政府与市场作用下的中国农村普惠金融体系的发展理论,认为发展农村普惠金融应是我国金融体系创新改革的重点所在,也是实施农村金融扶贫的重要方式[176]。苏静等(2014)检验了农村金融发展的多维救济效应,结果表明农村金融对医疗贫困、收入贫困和教育贫困的非线性影响显著,具有明显的阈值特征;阈值水平前后对医疗贫困的影响为促进,促进效果随着农村金融的发展而逐渐提高;对收入贫困的作用是抑制,但抑制作用只有过了阈值才会显现出来;对教育贫困的影响由促进作用向抑制作用转变,但只有抑制作用显著。金融发展的多维救济效应不仅表现为区域失衡,而且呈现两极化趋势[177]。傅鹏、张鹏(2016)基于面板门槛回归模型结合1999—2012年中国省级面板数据对农村金融发展对贫困减缓的非线性影响展开研究,发现农村金融发展的减贫作用是有限的,随着农村金融发展规模的扩大及其对门槛值的跨越,农村金融发展规模和农村金融发展效率均体现出显著的减贫作用[178]。苏静(2015)借助PSTR模型识别出了农村金融发展对农村贫困影响的非线性结构关系,她的研究结果表明,农村金融通过直接效应和中介效应对减缓我国农村贫困产生着积极的影响,并且从长远来看会呈现出先下降后上升的趋势,最后她还指出,金融服务对减缓农村贫困的直接效应略高于中介效应[179]。黄秋萍等(2017)以供需两个维度为基础,运用6个指标建立了农村普惠金融发展指数,对我国农村普惠金融的发展进行了评价,并使用空间面板数据模型来检验普惠金融与农村贫困之间的关系,研究发现农村普惠金融与农村居民人均消费均呈现空间聚类特征，具有显著的空间相关性；农村普惠金融的发展在时间和空间维度上对扶贫工作具有显著的空间效应[180]。王朝晖(2018)指出农村金融精准扶贫的最终意义就是实现全面建成小康社会。他指出当前农村金融精准扶贫中主要存在的几个问题：农村金融精准扶贫体系不够健全，扶贫工作人员基本为临时抽调；农业生产结构单一；扶贫方式缺乏创新，后劲不足容易返贫等[181]。金浩、李瑞晶(2018)基于农村金融生态与贫困之间的交互机理，以河北省为例，构建了包含金融生态主体子系统、金融生态环境子系统和贫困子系统的农村“金融生态—贫困”系统动力学模型，对2006—2025年的系统表现进行了分析，并在此基础上设计了9种政策调控方案进行模拟，探索系统的优化方案[182]。研究发现，河北省农村金融生态环境水平的提升使农村综合贫困得以持续缓解。财政支出的增加可以有效缓解贫困，但不具备可持续性；促进农村非正规金融发展、加快农村金融征信体系和法律法规建设是优化系统的有效方案。陈骏(2018)在分析农村金融发展对贫困缓减的影响机理基础上，应用内生增长模型(AK模型)分析农村金融发展对于农村经济增长和贫困的减缓作用[183]。张翰林(2018)研究发现我国农村金融发展能够有效减缓农村贫困，且总体效果显著，在大体上显示先下降后上升的动态发展趋势。由直接效应与中介效应共同决定，但是存在不同的结构性变动特征。就金融机构类别区分看来，非正规金融发展能够促进农民收入的增长；在较高水平区间的正规金融发展能够起到相同的作用，但是对于缩小农村内部收入分配差距以及改善居民生活条件和医疗水平没有显著的效果[184]。张兵和翁辰(2015)研究发现：短期内提高相邻地区农村金融的发展水平可以有效地减缓农村贫困，但长期看，则会抑制本地区农村贫困减缓；农村金融发展的减贫效应随经济发展水平的提高呈现边际收益递增的情况[185]。瞿睿(2016)认为农村金融对于减少农村贫困具有间接作用，我们需要通过构建多元化的农村金融发展模式以及建立惠普金融发展系统来保障经济效益，近来进而减少贫困[186]。李生鑫(2016)则发现农村金融业的发展可以通过直接传导机制和间接传导机制共同对农村贫困减缓发挥作用，但后者的作用力度和效应更大[187]。

还有学者研究了在农业供给侧结构性改革背景下农村金融的发展问题。农业供给侧结构性改革简而言之就是将农业生产与消费无缝对接，使农产品数量以及质量与消费者的需求紧密联系起来,将农民作为操作主体,改善农业供给结构,实现资源优化配置。王曙光和杨敏(2016)提出在农业供给侧结构性改革过程中应该注重5个方面:第一是解决农村的人才缺失问题,第二是土地制度改革,第三是培育新型经营主体,不再以小农经济为主,第四是完善农村社会保障体制建设,第五是加大农村金融供给,提高信贷可信与可及性。同时,他还提出农村的供给侧结构性改革对县域经济农村金融发展来说,是历史性的机遇更是挑战,农村的金融机构必须对机制、体制、产品以及文化方面进行创新与改革来应对这些挑战[188]。董晓林和朱敏杰(2016)提出我国现阶段农村供给侧结构性改革的核心目标是建立完善的普惠金融体系。并且指出当前普惠金融体系推行的重难点,一是现行的政府主导体制下的金融体系并不符合农村普惠金融体系可持续发展的内在要求,应以更市场化的方式进行;二是创新不足,现行的农村金融体系需要依靠技术创新来降低成本提高效率。并从两个层面提出了改革的思路和重点:第一个层面是制度层面,鼓励市场化竞争,并进行科学的监管。第二个层面是技术创新层面,通过技术创新扩大服务覆盖面,充分利用现代化数字信息,打造"互联网+"模式下的农村普惠金融[189]。在农村供给侧结构性改革这个大背景下,游风和何蒲明(2018)结合农村三产融合发展进行研究,提出了"一产接二连三"的产业模式,并提出四个措施推进农村三产发展:一是提高农村金融资金供给来加强农村基础设施建设,二是开展职业农民培训来创造新型营业主体,三是通过优化产业结构提高农业产品服务供给效率,四是规范产业融合形式将小农与新型经营主体联合发展,使农民创收,保障农民权益,由此推动农村供给侧结构性改革的进行[190]。

1.2.4 普惠金融理论与发展效应研究

普惠金融理念兴起的原因在于金融排斥的存在,金融排斥是传统金融风险管理理念下的时代现象,国外传统的金融机构很早就关注那些遭受金融排斥的弱势群体,而小额信贷随后产生,并逐步发展为微型金融,直至普惠金融理念的诞生。因此金融排斥(即普惠金融的受制原因)成为国外学者早期研究普惠金融的重要领域。现有文献对于金融排斥(Financial Exclusion)没有一个共识性的定义,多数学者认为金融排斥是指经济主体中的弱势群体由于自身缺陷、制度等相关因素很难进入金融服务体系，缺乏正常的渠道获得必要的金融产品或金融服务。最初 Leyshon 和 Thrift（1993，1994，1995）研究了金融服务的地理可及性以及银行的网点布局，从金融地理学角度提出了金融排斥现象[103-105]。之后 Kempson 和 Whyley（1999）开始关注金融排斥的人文指向性，并将金融排斥划分为地理排斥、价格排斥、评估排斥、条件排斥、营销排斥及自我排斥六个维度，明确了经济、社会、文化及空间等要素对金融排斥的影响[113]，至此，金融排斥也由早期简单的地理排斥概念发展成为一个多维度的动态复合概念。随着金融排斥理念的推广，更多的学者开始集中研究谁被排斥、为什么被排斥、排斥的程度及影响。谁被排斥，也就意味着金融排斥的对象是哪些，其经历了从微观到宏观的拓展，"被排斥主体"微观层面包括个人、家庭和企业，宏观层面则包括社区与区域。Conroy（2005）认为贫困人群和弱势群体是金融排斥的主要对象[191]，Collard 等（2001）把金融排斥外延拓展至涵盖微观企业的商业社群层次[192]。而 Chant Link（2005）把金融排斥外延扩展到企业和区域层次，认为金融排斥理论不仅适用于个人、家庭，也适用于企业、社区企业组织和区域；金融排斥不仅影响到个人、家庭、企业这些微观主体，而且也能使区域经济遭受损失。来自英国 2002—2003 年的调查数据也表明金融排斥的对象主要是低收入家庭，65% 的无银行账户家庭来自三个数量庞大的收入最低层级；另外，从地域看，约 50% 的被排斥人群居住在英国 50 个最落后的城镇或社区，而一些收入极低的地区已出现金融服务沙漠化[193]。"为什么被排斥"研究的是金融排斥的形成原因或影响因素，Cebulla（1999）把金融排斥划分为主体排斥和结构排斥两种，其中主体排斥是指个人主动地拒绝或避免接受金融服务，而结构排斥主要是指由机构或金融系统引发的排斥[194]，Allen 等（2012）也提出了相似的存在金融排斥的主、客观原因[195]。而 Morrison 等（2001）则主要从营销行为方面分析了金融排斥的原因，认为经济个体如果达不到金融企业营销标准就会被排斥在金融服务范围之外[196]。在影响因素方面，FSA（2000）认为社会因素和经济因素是影响金融排斥的两大因素，研究重点逐步从地理排斥延伸到社会排斥[197]。Ameriks 和 Zeldes（2004）[198]、Gardener 等（2004）[199]、Guiso（2008）[200]等学者则进一步研究家庭人口、居民年龄、受教育程度等因素对金融排斥的影响，认为这些方面会通过家庭收入、财富和认知能力等路径影响或加剧金融排斥程度。另外,Devlin(2005)基于地区差异角度研究了居民阶层及区域金融发展程度对金融排斥的影响度。毋庸置疑,金融排斥是社会不平等的重要体现,对社会经济的影响(危害)是巨大的,其阻碍了弱势群体对金融服务的可得性,最终导致弱势群体更加贫困,直接或间接拉大城乡收入分配差距[201]。Alwyn(2013)[202]就认为金融排斥程度的高低与城乡收入差距之间存在密切联系。鉴于金融排斥的危害,各国试图采取各种措施来破解金融排斥,从起初的小额信贷到后来的微型金融,再到联合国在“2005 国际小额信贷年”上正式提出了普惠金融体系(Inclusive Financial System)这一概念,国际上也称为“包容性金融”。作为小额信贷和微型金融的延伸及发展,普惠金融是金融服务理念的提升,目标就是要“建立一个持续发展的、能为所有层面的群体提供合适的金融产品和服务的金融体系”,为国家整体金融发展战略服务,以解决金融排斥问题。相对于金融研究的主流领域,起初学者对普惠金融的关注略有不足,不过随着这一理念重要性的不断提升,学术界关于普惠金融领域的研究成果日渐丰富。

15 世纪始,普惠金融的理念渐渐开始萌芽,传统金融行业开始关注被排斥到金融之外的经济弱势群体,虽然这时的小额信贷体制相对比较完善,但是其量却微乎其微,随着金融服务对象范围的扩大,小额信贷发展成为微型金融,而普惠金融的概念也进一步得到完善,无论是从政策角度还是从学术角度,各国学者都对普惠金融进行了相关的理论研究。

1.2.4.1　普惠金融的内涵

随着普惠金融的发展,普惠金融的内涵不断丰富,不再是最初的小额信贷和微型金融,逐渐涉及保险、支付以及互联网金融领域。国内外许多学者对此都有所探索和研究。

联合国在“2005 国际小额信贷年”对普惠金融的定义做了这样的解释:能够有效、全方位地为社会所有阶层和群体提供服务的金融体系,另外联合国对普惠金融的特征还作了阐述,即具有包容性,因为它是全方位地为社会各个阶层提供服务,并不是单纯为某些地区或者机构提供金融服务。美国教授 Brigit Helms(2006)认为普惠金融应该是惠及普通人的金融,而非数量上的金融机构,政府应当要靠这样的金融体制去惠及普通人,并且应当构建一个全方位、多功能的普惠金融体系。这种体系包括所有人,特别是一些贫困人群或者其他一些经济弱势群体[6]。印度包容性金融委员会(Rangarajan Committee,2008)是这样定义普惠金融的:以弱势群体和低收入人群可以负担得起的成本,及时和充分地提供信贷,确保他们获得金融服务的过程[203]。安信永国际(Accion International,2009)将普惠金融定义为"所有年龄段的工作人员均有机会以负担得起的价格,有尊严的便利的方式,获得一整套优质的金融服务的状态"[204]。Ramakrishnan(2010)认为普惠金融的主要内容就是建立一套适当的、服务大众的金融服务体系[205]。Osili 和 Paulson(2006)[206]、Bold 等(2012)[207]、Swamy(2014)[208]等研究发现金融需求主体特征对普惠金融发展水平有显著影响;Classens(2006)[209]、Beck 等(2007,2008)[210-211]、Kumar(2012)[212]等研究了金融服务供给,如金融基础设施、部门结构、健康程度以及规模等对普惠金融发展水平的影响;Boulton 等(2007)[213]、Arora(2012)[214]、De Koker 和 Jentzsch(2013)[215]等研究了社会环境因素,如收入差距、劳动力结构变动、城镇化、人力资本、法律制度等对普惠金融发展水平会产生影响。Bayero(2015)则发现非现金消费意识,消费者价值主张和金融基础设施建设对金融普惠性有显著影响[216]。可以看出,国外学者对普惠金融的内涵研究主要是从以下几个方面进行界定的:普惠金融应当惠及所有人群,也就是普惠具有包容性;普惠金融是一套全方位金融体系,并且不是单纯的只讲究数量的金融机构;普惠金融应当保证所有的惠及人群都能以负担得起的价格来享受信贷等其他的金融服务。

国内对普惠金融的研究起步比较晚,自 21 世纪以来,有关普惠金融的研究逐渐增多。白澄宇等(2004)最早引进普惠金融这个概念[217],焦瑾璞自 2005 年起就开展了"建设中国普惠金融体系"项目研究。杜晓山自 2006 年以来在普惠金融领域展开了卓有成效的研究(杜晓山,2006、2009、2014)[218-220],提出农村是普惠金融的根本所在。杜晓山(2006)认为普惠金融是国家金融服务体系的有机组成部分,能够提供高质量的金融服务来满足大规模群体的需求且普惠金融主要致力于拓展农村以及偏远山村的客户群体,降低这些地区的资金和信贷使用双方的成本[218]。焦瑾璞(2010)认为普惠金融是小额信贷和微型金融的发展和延伸,其实际上也是金融公平的体现,同时提出,政府应当在提供金融创新空间、宏观政策制定、财政激励等方面担当重要角色[221]。马九杰等(2010)认为不管是发达国家还是发展中国家都存在金融排斥问题，这使得一些低收入人群被排斥在传统金融之外，普惠制金融是基于解决社会中由于多种原因难以进入主流金融体系获得必要的金融服务的那部分人的金融需求和金融供给的问题，它既是金融问题，又是社会问题，能影响社会的和谐发展，是金融发展过程中值得关注的现象[222]。夏圆圆(2010)认为小额信贷是普惠金融的核心体系，普惠金融服务体系与小额信贷一脉相承，以穷人和其他低收入人群为服务扩展对象[223]。李滨(2014)从制度的角度对普惠金融进行分析，认为普惠金融是为了解决金融排斥问题应运而生的，政府应当在政策层面保障金融服务的全面性，从而使普惠金融的发展具有可持续性[224]。我国现阶段的普惠金融研究主要表现在以下几个方面：普惠金融是小额信贷和微型金融的延伸和扩展，要以普惠金融的视角来看待小额信贷和微型金融；金融服务的排斥性是普惠金融产生的诱因，政府在普惠金融发展过程中应当大力引导，在政策层面给予大力支持；对普惠金融的分析应当从微观、中观和宏观的层面进行，普惠金融在不同的层面具体作用不同。

1.2.4.2　普惠金融发展水平的测度研究

为了衡量普惠金融的发展水平从而对普惠金融的现状进行评价，关于普惠金融水平测度，国内外学者也有较深的研究，如具有代表性的当属国际金融公司(IFC)从供给方和需求方两个角度构建了普惠金融跨国调查的8个指标，国际货币基金组织从可接触性和使用效用性两个维度构建了金融可接触性调查数据库8个指标(IMF,2004)以及世界银行的“全球金融普惠性指标”(The World Bank,2012)。Sarma(2008)首创了多维度综合性的普惠金融指数对各国普惠金融发展水平进行测度[7]，Arora(2012)在其基础上，提出了新的三个维度[214]。Gupte(2017)将普惠金融测度拓展到四维[37]。Beck等(2007)采用每万人金融机构网点数、每百平方公里金融机构网点数、每万人ATM机数、每百平方公里ATM机数、人均储蓄额/人均GDP、人均贷款额/人均GDP、每千人拥有储蓄账户数、每千人拥有贷款账户数这八个指标来测算金融服务的可及性和使用性，并利用调查问卷的方式对2002—2003年度99个国家的金融包容程度进行了具体分析[210]。Sarma(2012)在Bcek所选的八个指标的基础上，首次提出了普惠金融指数,并选择了银行渗透度、金融服务的可获得性和可使用性三个方面的指标,参考人类发展指数的构建方法,对不同国家的普惠金融水平进行衡量。世界银行则从需求的角度来构建普惠金融指数,包括银行账户的使用情况、支付、贷款、储蓄、保险五个维度[131]。Arora(2012)以比较发达国家和欠发达国家的金融服务水平差异性为出发点,将普惠金融指数划分成银行服务的范围、服务的便利性和成三个维度,其中,银行服务的范围用万人均和每平方公里的金融机构网点数和ATM机数来表示;金融服务便利性用可开户和可贷款额的限制条件来表示;服务成本用账户管理费、存贷利率等费用来表示[214]。介于Sarma和Arora未考虑金融服务的使用状况和使用成本,Gupte(2017)综合Sarma和Arora所选取的指标对印度普惠金融的发展水平进行衡量[37]。综上所述,国外对于普惠金融水平测度的研究主要是基于金融服务的可获得性、可使用状况以及银行的渗透度三个维度的指标,尽管这些定量的研究所采用的指标有所不同,但是这些指标覆盖面比较广,包括了大部分地区和更广泛的人群,不足的是这些研究方法赋予不同指标相同的权重,忽略了不同的指标所代表的普惠金融程度不同的事实。

因普惠金融的概念提出时间不长,而且普惠金融概念引入我国也相对较晚,国内学者主要是借鉴Beck所提出的八个指标,并在此基础上加以改进和扩充。徐敏(2013)运用主成分分析方法来计算农村金融服务水平指标体系的权重,并从金融的基础设施建设、服务覆盖情况以及覆盖范围三个维度来进行农村金融水平的测度评价[225]。王婧等(2013)运用变异系数法从金融服务的范围和金融服务的使用两个维度构建普惠金融指数,对我国普惠金融发展的整体状况进行衡量[226]。此外王修华和关键(2014)从渗透性、效应性以及可负担性三个维度对应的金融服务的渠道、金融服务的程度以及金融服务的成本来构建中国的农村普惠金融指数,以此来对我国农村的普惠金融水平进行衡量[227]。肖翔等(2014)等从金融服务的可获得性、金融服务的使用情况以及金融的服务质量等三个维度运用加权几何平均法来确定各指标的权重,对我国普惠金融的水平进行测度[228]。陈银娥等(2015)[229]、马彧菲和杜朝运(2016)[230]等借鉴国外普惠金融指标体系构建经验,构建了综合的普惠金融指数,并对中国普惠金融水平进行了测度,在此基础上,探讨了中国普惠金融发展的收入分配效应等(如王修华等,2014)[227]。综上所述,我国对普惠金融水平的测度研究虽然研究的维度不同,但都是基于 Beck 所提出的八个指标,值得注意的是我国学者在各指标权重的确定上进行了改进,不再是等权重的衡量,这能更好地反映各个指标对普惠金融水平影响的程度。

1.2.4.3　普惠金融的效应研究

Banerjee 和 Newman(1993)在最早研究中利用制度和转化模型证明,缺乏获得金融服务渠道是导致收入不平衡的原因,普惠性金融有助于贫困的减缓[231];Beck 等(2000)[232]、Andrianaivo 和 Kpodar(2012)[233]肯定了普惠金融发展对经济增长的促进作用;Prasad(2010)从国家层面证明金融的普惠性发展可以通过提升国内储蓄量等手段来提高金融中介的效率[234],而 Cull 等(2012)认为在客户服务多样性基础上发展起来的金融普惠性的提高可以带来更有弹性和更稳定的经济,两种观点都是从宏观层面得出,发展包容性金融对一国金融稳定性具有重要意义[235]。Allen 等(2016)认为金融的普惠性发展有助于改善农村、女性或年轻人等群体的金融排斥[236]。

近年来,国内外学者已经意识到普惠金融对经济增长的重要性,并通过实证分析考察了金融排斥对经济的影响。Susanta(2016)对印度进行研究,认为通过包容性增长,普惠金融能使发展中国家被大型金融机构忽视或无法服务的人群得到帮助,使更多的资源向实体经济集聚,提振经济发展,减少失业,消除贫困。通过从供需两个方面分别测算普惠金融指数,构建多维度的普惠金融指数,比较得出不同经济区的普惠金融等级,反映各地区普惠金融的发展程度。最终得出结论,普惠金融能够为穷人创造更多经济机会,克服金融风险,是穷人国家经济增长的一分子[237]。Taofeek 等(2016)调查研究尼日利亚的 1980—2013 年金融发展与包容性增长的关系,通过分位数回归,得出阈值(阈值为第 90 个百分位),证明金融发展影响包容性增长,金融发展对包容性增长的影响也没有超出这个阈值。通过格兰杰因果检验,发现包容性增长与金融发展具有直接因果关系[238]。Kim(2016)使用金融可达性描述普惠金融对消除收入不平等的正向影响,进而通过消除收入不平等来影响经济发展。通过选取自 2014 年以来 OECD(经济合作与发展组织)、欧盟、欧元区的 40 个国家代表性的数据,使用人均 GDP 估计出每个国家的经济容量,将这 40 个国家分为高收入国家和低收入国家,根据金融脆弱性进一步将这些国家分为金融高风险国家和金融低风险国家,同时与消除收入不均的财政政策工具做对比,得出结论:普惠金融在低收入国家与高金融风险国家有利于消除收入不均,其效果优于累进税的作用[239]。李涛等(2010)基于 2007 年中国 15 城市居民投资行为调查数据,发现中国城市居民在储蓄、基金、保险、贷款等方面存在着严重的金融受排斥状况,即他们不能以恰当合理的方式获得这些金融服务,并具体分析了这种金融受排斥状况的影响因素[240]。许圣道和田霖(2008)采用计数模型尝试对我国的金融排斥进行定量化分析,并研究了影响农村地区金融排斥的相关因素[241]。刘志友等(2012)利用 2009 年江苏 52 个县域银行网点数据,从金融排斥的形成机制角度分析了村镇银行发展的影响因素及其对破解金融排斥的作用[242]。星焱(2016)认为,普惠金融与包容性经济增长的发展理念和关注对象存在一致性。包容性增长强调经济社会公平和谐发展,更加关注弱势群体。而普惠金融体系的建立,对经济社会具有重要意义。普惠金融与包容性经济增长存在紧密的内在联系[243]。普惠金融将帮助中小微企业走出现阶段怪圈,消除贫困,提升金融教育与权益保护,进而刺激国内产出与消费,改善经济发展环境,增加增长动力,实现包容性增长。谢欣(2011)认为,中国早期非均衡的发展战略,助推了中国经济发展奇迹,但增大了贫富差距、区域差距和城乡差距,这与包容性经济增长理念相悖。普惠金融发展将有效改善这种差距。农村经济长期存在金融排斥,金融贷款出现脱农现象,普惠金融发展将对金融资源进行合理、有效配置,让更多人享受经济发展成果,保护弱势群体,加强中小企业和个人的能力,实现包容性经济增长[244]。贝多广和张锐(2017)认为,发展普惠金融是实现包容性增长的措施和动力;包容性增长为发展普惠金融提供了良好的经济社会环境。在包容性经济增长的大框架下,将实现普惠金融政策与其他经济社会政策的协同。他们利用西部地区 1981—2015 年包容性经济增长数据,构造面板数据模型,运用动态面板差分 GMM 估计方法,考察普惠金融对包容性经济增长的影响,并解释在西部地区普惠金融对包容性经济增长的贡献程度。他们还进一步考察普惠金融对包容性经济增长的增长效应,以及普惠金融包容程度测量,同时衡量包容性经济增长对普惠金融的分配效应[245]。总体而言,普惠金融能够促进经济增长(李涛等,2016;杨燕,2015)[240,246],不仅如此,普惠金融更能实现包容性增长(贝多广和张锐,2017)[245]。郝云平等(2018)利用西部地区1981—2015年包容性经济增长数据,构造面板数据模型,运用动态面板差分GMM估计方法,考察普惠金融对包容性经济增长的影响,并解释了西部地区普惠金融对包容性经济增长的贡献程度[247]。

普惠金融的贡献尤其是在改善收入分配差距方面作用明显。江春、许立成(2007)探讨了金融发展与社会公平的关系,并通过实证研究发现,私人信贷规模的增加有利于缩小贫富差距和城乡差距,金融深化则在一定程度上扩大了城乡差距和地区差距,所以要提高中国社会公平,必须建立以市场化为主导的竞争性金融制度,构建具有多元化特征的普惠性金融系统[248]。肖晶、粟勤(2014)认为衡量金融发展水平包括金融深度和金融包容两个维度,仅仅金融深度的发展不能保证穷人等弱势群体获得公平的享受金融服务的机会,易造成穷富人之间的不对等受益,从而加剧收入不平等;而金融包容水平的提高意味着扩大了金融服务的覆盖面,原本那些被排斥在外的贫困阶层等弱势群体也能享受到金融服务,从而实现收入分配的公平和收入水平的提高[249]。谢升峰等(2014)比较分析了普惠金融统筹城乡发展的国际经验,认为日、韩、印、巴等国的普惠金融发展策略不仅减少了“贫民窟”,而且改善了城乡收入失衡状况,对实现城乡一体化贡献较大,鉴于此,我国应构建多层次的农村普惠金融体系,创新普惠金融制度,以实现城乡统筹发展[250]。田杰、陶建平(2012)分析了普惠金融发展对个人收入分配影响的直接和间接作用机制,并通过相关面板数据实证检验了我国农村普惠金融及其各维度影响农村居民收入的效应。结果表明,我国农村普惠性金融发展对农户收入具有显著的正效应,其中地理渗透性维度和产品接触性维度对农户收入的影响为正,而使用效用性维度对农户收入的影响为负;另外,从区域层面看,东部农村普惠金融发展与农户收入正相关,而中、西部两者却呈负相关关系[127]。王宁等(2014)利用指数平滑法建立了普惠金融发展对贫困家庭收入差距影响的一个理论分析框架,结果显示,由于贫困地区信贷市场信息不对称导致逆向选择,金融机构对贫困地区的信贷门槛较高,享受不到金融服务的贫困农户容易掉入“贫困陷阱”,应构建普惠金融体系,降低农户信贷门槛,从而可以让更多的贫困农户有机会获得贷款[251]。徐敏、张小林(2014)利用 VAR 模型实证检验了我国普惠制金融发展与城乡居民收入差距的关系，结果表明，两者之间存在长期的均衡关系，普惠金融的发展能有效改善城乡居民收入差距，但作用效果不是很明显，必须要提升普惠金融的发展水平和服务效率，最终实现普惠金融发展和城乡居民收入差距的良性互动[252]。刘波、王修华、彭建刚(2014)认为不同地区的金融包容具有某种程度的“溢出效应”，在考察金融包容对地区收入差距的影响时，切勿将各区域独立起来考察，必须考虑各地区在空间上的关联，所以他们结合湖南省各县市 2008—2012 年的相关数据，运用空间计量模型实证检验了县域金融包容水平对县域人均收入的影响，结果发现，提升县域(特别是低收入水平的县域)的金融包容水平，有利于增加居民收入以及缩小县域之间的收入差距[253]。王修华等(2014)[227]、陈银娥等(2015)[229]、马彧菲和杜朝运(2016)[230]等借鉴国外普惠金融指标体系构建经验，构建了综合的普惠金融指数，并对中国普惠金融水平进行了测度，在此基础上，探讨了中国普惠金融发展的收入分配效应等(如王修华等,2014)[227]。江春、赵秋蓉(2015)认为普惠金融的发展能够更好地改善收入分配状况以及减缓贫困，所以要想有效减缓贫困、改善收入分配，必须放宽金融管制，鼓励民间金融的正规化发展；促进多种金融机构的发展，形成层次和结构丰富的金融市场；注重金融资源向农村配置；加快互联网金融的发展，进一步扩大普惠金融体系的广度和深度[254]。张益明、李慧(2018)研究发现，普惠金融发展水平的提高能够显著缩小城乡收入差距，其中对中部地区的影响效果最为显著，超过了全国平均水平[255]。此外，普惠金融对收入差距的影响随着正规金融发展水平的变化而变化，在正规金融发展水平较低时，普惠金融能够有效缩小正规金融造成的城乡收入差距，但是该作用随着正规金融发展水平的提高而削弱。当正规金融发展水平较高时，普惠金融与正规金融都能缩小收入差距，但是两者之间存在替代效应。

近年来，针对普惠金融发展贫困减缓效应的研究逐渐增多。国外方面，Schmied J 和 Marr A(2016)采用 2008—2010 年秘鲁普惠金融数据库中的面板数据进行回归分析，结果显示普惠金融确实对各种贫困指标有缓解作用，且互联网在秘鲁的贫困方面也发挥了重要的作用[256]。Park C Y 和 Jr R V M(2016)选定 37 个发展中亚洲经济体检验普惠金融和其他控制对贫困和收入不平等的影响[257]。研究结果表明，人均收入、法治和人口特征显著影响亚洲国家的普惠金融发展。此外，发现普惠金融对缩小收入差距和贫困减缓具有积极的影响。Dian Jin（2017）以基尼系数为贫困指标，利用2004—2013年亚洲、非洲和拉丁美洲面板数据研究分析普惠金融发展与贫困差距之间的关系，结果表明普惠金融发展在三个洲的减贫效应不同。在亚洲，普惠金融发展与贫困减缓呈正相关关系，即随着普惠金融的发展，有助于缩小亚洲贫富差距。对于非洲和拉丁美洲国家，普惠金融发展和贫困减缓之间存在明显的倒“U”型关系，这表明普惠金融在发展初期会扩大收入差距，当发展到一定程度时才会缩小差距，最终减缓贫困[258]。国内方面，罗斯丹、陈晓和姚悦欣（2016）选取我国省际2005至2014年的面板数据建立门槛模型，实证研究普惠金融发展的减贫效应，结果表明普惠金融发展与贫困减缓呈现出非线性“U”型关系，且普惠金融发展的贫困减缓效应表现出明显的门槛特征。此外，普惠金融减贫效用受人均收入水平的影响，人均收入越高，贫困减缓效用越强[259]。王姣和周颖（2017）基于贫困减缓的视角来研究普惠金融的发展，认为在经济较为落后的贫困地区设立银行网点，给当地的农村居民和企业提供便捷灵活的信贷和储蓄服务等金融服务，让他们有机会通过享受普惠金融服务，以实现贫困减缓[260]。马彧菲和杜朝运（2017）利用2005至2013年我国各省市的面板数据建立动态面板模型，结合包容性增长指数，实证研究普惠金融发展的贫困减缓作用机制，研究结果表明普惠金融发展大体上促进贫困减缓，即普惠金融发展水平每提高1%，贫困程度可减缓15%[261]。何学松和孔荣（2017）利用我国2005至2014的数据构建面板回归模型，从普惠金融广度、深度和综合指数三个方面实证分析普惠金融减缓农村贫困的机理，研究发现普惠金融综合指数和广度指数每提高1%，贫困程度就分别下降0.151%和0.122%[262]。韩晓宇（2017）采用我国各省市2006至2014年的数据建立PVAR计量模型，研究结果表明普惠金融发展具有显著的贫困减缓效应[263]。朱洋、刘阳（2018）利用2007—2016年中国省际面板数据，构建了普惠金融发展指数，对我国当前省际层面的普惠金融发展水平进行评价，在此基础上运用系统GMM方法，实证考察了普惠金融发展对我国贫困减缓的影响。结果表明，普惠金融发展水平与贫困减缓之间存在非线性关系，存在最佳的普惠金融指数对贫困减缓产生最大的影响[264]。

1.2.4.4 普惠金融发展的路径研究

我国学者除了对普惠金融的内涵和水平测度进行了深入分析和研究,在普惠金融的路径选择方面也有一定的研究,这给我国发展普惠金融提供了一定的理论基础并具有一定的现实意义。孟飞(2009)认为我国应当基于政策层面来发展普惠金融,这些方面主要包括市场准入政策、财政政策、货币政策以及监管制度创新等。其中在市场准入方面应当大力支持中小金融机构的发展,并引进外国投资者,这样有利于提高金融市场的竞争性,增强金融机构的可持续发展。在财政政策方面应当给予一些贫困人群和其他的低收入人群财政补贴、保险补贴等并对一些中小金融机构采取税收优惠政策。在货币政策方面可以依据一定的风险程度和经营业绩对同种类的金融机构实行差别化的存款准备金率,服务能力较强的金融机构,可以适用较低的准备金率。完善中小企业以及支农再贷款政策,放开利率管制,有序地推进市场化利率改革。在监管制度创新方面认为普惠金融的监管框架分为政府部门的监管、行业自律、金融机构的内部控制和市场纪律四个层次,并针对不同层级的金融机构采取不同的监管方式,在监管过程中应当注重风险为本的监管以及以市场化为导向,以政策扶持为支撑,健全和完善正向激励机制,充分调动和激发各类市场主体内在的积极性和创造性[265]。焦瑾璞(2014)则从现实层面为我国发展普惠金融指明了方向,认为我国政府方面应当探索制定普惠金融发展的战略规划和指标体系;全社会统一的理念和扶持合力;持续改善金融服务,降低金融成本;大力推动数字化金融创新,发展属于中国的普惠金融模式;全面构建金融消费保护机制[266]。王守淦(2014)则立足于我国国情认为我国应该从以下几个方面着手发展普惠金融:坚持立法先行,确保普惠金融在法治轨道上稳步推进;借助政府的支持,尽快建立覆盖城乡的普惠金融机构体系;创新金融产品和服务,必须以满足特定目标的客户群体的需求为基本尺度;创新抵押担保机制,为普惠金融的正常进行提供保障;坚持创新驱动,牵引普惠金融的可持续发展[267]。中国人民银行石家庄中心支行金融研究处课题组(2015)则基于农村层面给出了普惠金融在农村发展的路径选择:建立对称性普惠金融供给体系,扩大金融广度;建立乡村综合金融服务机构,增加基本金融服务供给;加快农村地区法律创新,有效促进普惠金融发展;拓宽视野,从微观、中观以及宏观层面全面发展普惠金融;构建农村普惠金融统计指标体系[268]。黄良谋等(2008)[269]、王修华(2009)[270]、谢丽华(2012)[271]认为普惠金融的发展和完善必须坚持法律体系、服务组织体系及政策扶持体系三位一体发展,平衡金融供需,效率与公平,经营利益与社会责任之间的互动关系,兼顾金融创新与政府监管,在进行融合性金融机构发展的同时履行相应的社会责任。肖本华(2011)认为需要激发弱势群体的有效金融需求并增加金融供给[272]。房引宁(2009)[273],胡振、范静、刘艳(2012)[274]提出要降低对金融机构设立的门槛,增加金融排斥现象较严重地区的金融机构的准入数量,处理好监管与民间金融间的关系。董龙训(2012)则是从成本角度进行分析,认为可以通过低成本(低价)方式与农民需求建立紧密联系,打破金融支付的地理排斥,通过服务点功能的发挥和宣传,降低或消除营销排斥与自我排斥[275]。韩俊(2009)[276]、焦瑾璞(2010、2015)[221、277]、周小川(2013)[278]等从不同的角度对普惠金融进行研究和分析,为政府进行普惠金融实践提出了对策。还有学者探讨了普惠金融发展在金融扶贫(周孟亮和彭雅婷,2015;全臻等,2016)[279-280]、城乡统筹度(谢升峰和路万忠,2014)[250]、农户收入(田杰和陶建平,2012)[127]、经济增长(李涛等,2016)[240]等方面的重要影响力。何德旭和苗文龙(2015)[281]、张郁(2015)[282]还探讨了普惠金融制度结构的构建问题。

1.3　研究内容

1.3.1　研究对象

农村是普惠金融的重点所在,普惠金融的根在农村(杜晓山,2014)[220]。因此,本书以中国农村普惠金融体系为研究对象,立足于普惠金融发展的动态演变,以发展水平、三维效应及推进路径为问题导向,从微观与宏观相结合的角度出发,对现代金融体系下中国农村普惠金融的现状格局、空间差异、福利后果、诱因及推进路径展开深入、全面和系统的研究,致力于构建逻辑与事实一致、理论与实践相联结的普惠金融一般分析框架,从而为中国金融改革提供理论、实证、经验支持和方法论参考。

1.3.2 研究目标

本书的总目标是基于金融功能观和包容性增长的视角，对中国普惠金融的整体框架进行顶层设计，对涉及普惠金融的现状问题、目标原则、战略部署、政策保障、机构职能以及监管评估等进行全局性、系统性和可操作性的安排，旨在为进一步深化我国农村金融体制改革，强化农村金融服务功能，大力推动社会主义"人的新农村"建设和城乡一体化发展提供理论与实证支持，提供"一幅中国金融普惠的程度和性质以及无银行账户和未得到充分金融服务群体的规模和特点的图景(CGAP,2012)"[235]，为国家总体金融改革提供具有参考价值的研究成果。为实现这一总目标，本书还将实现以下具体目标：(1)规范和完善普惠金融的内涵和外延，阐明农村普惠金融的发展机理与条件，形成农村普惠金融的逻辑分析框架；(2)建立农村金融包容评价指标体系，构建农村金融包容指数，利用相关统计方法和计量模型对中国多维普惠金融发展水平进行测度；(3)基于三维视角评估分析有效的普惠金融体系对经济发展和个人福利的经济社会效应；(4)构建基于中国现实背景的普惠金融发展绩效评价理论框架与方法体系，促进农村金融资源配置效率提高；(5)建立农村金融主体行为模型、金融合约交易模型，求解出农村普惠金融形成需要满足的条件；(6)从微观主体的需求和愿望出发，提出我国未来普惠金融市场体系和结构，以及相应的推进机制；(7)为建立基于数学推导的、科学严谨的、符合现代经济学和管理学研究规范的农村金融可持续发展理论奠定基础。

1.3.3 主要内容

根据研究目标，本书的研究内容总体上分为三大部分：(1)理论分析部分，阐释普惠金融的基本理念及其理论基础；(2)实证研究部分，包括普惠金融指标的构建、普惠金融的程度测量与空间差异、影响因素与三维效应分析；(3)政策建议部分，为普惠金融体系的政策设计与推进路径。研究内容的逻辑框架如图1.1所示：

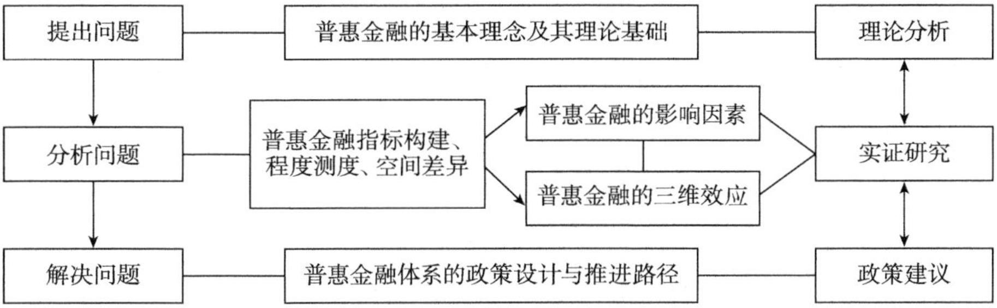

图1.1　本书研究内容的逻辑框架

具体而言,本书主体研究内容包括普惠金融发展的理论体系、三维效应和推进路径等三个部分。

(1)普惠金融的理论体系与评价指标体系构建以及发展现状的统计测度。 借鉴国内外相关理论成果,基于金融功能观和包容性增长的视角系统阐述普惠金融的基本理念及其理论基础,从理论上明确普惠金融的内涵、必要性、服务对象、关键目标、定价机制、风险防范机制,及普惠金融体系的框架,全面构建普惠金融理论体系。构建普惠金融发展水平的评价指标体系。参考国际组织提出的普惠金融核心指标,根据普惠金融内涵和多维客观反映、数据来源可得、计算方法科学、操作简便易行、便于时空比较等原则,结合中国社会经济发展现状及特点,从渗透性、可获得性、使用效用性、可负担性四个基本维度建立农村普惠金融评价指标体系,根据欧式距离方法确定维度测算值,采取变异系数法确定维度指标权重,利用熵权综合指数法对中国多维普惠金融发展程度进行测度与评价。普惠金融的空间分布格局的地区差异性研究。主要致力于探讨各地区普惠金融成长差异的现状,考察我国目前普惠金融成长态势的空间布局。采用非线性格兰杰检验和社会网络分析构建空间关联网络,研究各省份普惠金融发展水平的空间关联及溢出效应。

(2)普惠金融发展的三维效应研究。 本部分以构建的农村普惠金融指数为被解释变量,首先分析影响和决定农村普惠金融程度和空间差异的关键因素,然后分析农村普惠金融发展所产生的三维效应,有助于为农村普惠金融体系的构建提供很好的切入点和着力点。采用前沿计量经济方法,实证研究普惠金融发展对推动经济增长、缩小城乡居民收入差距、促进贫困减缓等方面的作用。

(3)**普惠金融发展的政策设计与推进路径研究。**普惠金融理念为我国农村金融改革与发展指明了方向,构建农村普惠金融体系是一个系统的工程,本部分主要是研究我国农村普惠金融体系构建的政策设计与推进路径。主要包括三个方面的内容:一是普惠金融发展的国际比较与经验借鉴。从全球视角,根据各国普惠金融体系的建设历程和发展模式分成发展中国家(主要选取孟加拉国、印度尼西亚和肯尼亚等国)、发达国家(主要选取美国、日本、德国和法国等国)和新兴市场国家(选取金砖五国的其他四国印度、俄罗斯、巴西和南非),分类探讨各国在普惠金融实践方面的成功经验和失败教训,提炼出对中国普惠金融体系建设的有益启示,提出我国普惠金融体系建设的政策框架、战略目标和主要任务。二是中国普惠金融体系建设的路径设计与政策建议。本书拟根据中国普惠金融发展现状和三维效应的计量结果,结合我国金融市场参与各方的实际情况,运用机制设计的基本原理和分析方法,充分借鉴国外普惠金融发展的成功经验,提出从两个视角(外生和内生)、三个层面(微观、中观和宏观)、六个体系(组织体系、产品体系、市场体系、渠道体系、政策体系和生态体系)构建适用于中国具体情况的普惠金融体系整体蓝图和时间路径,为相关部门进一步修订和完善普惠金融的政策体系提供科学的决策依据。

1.3.4 基本观点

(1)农村是普惠金融的重点,但普惠金融的服务主体不只是社会弱势群体,而是经济体中每一个人,这种金融服务对中国经济增长和个人福利改善有极大的促进作用。在新常态背景下,普惠金融应成为中国下一步金融改革和转型的主要目标之一。

(2)虽然我国新的农村金融体系已经形成多层次、共同发展的市场格局,但我国普惠金融整体水平较低且呈现出明显的“东高中西低”特征。农村普惠金融的发展受到金融资源禀赋、户主及家庭特征、借贷渠道、交易成本、信息技术、政府政策支持、商业可持续性以及消费者权益保护等因素的显著影响。

(3)中国作为世界金融服务最大的单一市场(NBSC,2011),面临着较为严重的双重二元金融结构,实现普惠金融发展的机理复杂,须因地制宜,按照“区别对待、分类指导、依次推进”原则,探索普惠金融不同推进阶段的路径选择,以此来解决不同金融机构的功能定位、经营模式及风险管理问题。

1.3.5　主要创新点

(1)**学术思想方面的创新**。在研究理念上,突出"人"在普惠金融理论与实践中的应用;在研究范式上,将研究置于宏观、中观和微观的三维体系中,丰富与拓宽普惠金融研究视野,推进研究结果和配套政策建议更为系统和深入;在研究路径上,初步设计"两个视角、三个层面、六个体系"的推进构架,既强调内功修炼,又突出外功补火,由点到面,由表及里,使研究更具前瞻性和全面性。

(2)**学术观点方面的创新**。现代发展理论多次强调金融部门的改革,而金融的"普惠性"发展应是发展议程的核心。国际社会和金融业普遍认同金融包容是一种金融发展战略。"三农"问题已成为当下中国经济的瓶颈和突破口,因此从推动农村金融体制改革,促进普惠金融发展,有效增强金融服务"三农"能力等问题入手的农村金融配套改革完全可能成为中国经济进一步改革的破题点。

(3)**研究方法方面的创新**。本书坚持经济理论研究和应用性研究相结合的原则,实现理论探讨、实证研究与典型案例研究紧密结合。将田野调查法、计量经济方法、比较分析方法、文献分析方法及历史方法统一起来,注重多学科交叉融汇与互相渗透,全方位探讨中国普惠金融发展机理及其效应,形成了逻辑体系比较完整的理论框架,为我国农村金融发展的目标模式、评价体系、可行路径提供理论和经验依据。

第 2 章

金融排斥的生成机理及影响效应研究

普惠金融源于金融排斥,发展普惠金融是为了解决金融排斥、提高金融包容。因此,清晰梳理金融排斥的生成机理及影响效应是发展普惠金融制度的前提,否则无的放矢、事倍功半。

2.1 金融排斥的内涵

随着金融业不断全球化、国际化,金融服务的范围和规模不断扩大,但不同的国家、同一个国家不同的地区存在着极大的差异,我国贫困落后地区仍然有大量群众无法从正规金融机构获得金融服务。金融排斥不是一个单维度的概念,其影响因素、测度等都包含多个维度,也不存在统一的定义,学者们根据自己的研究视角,对其赋予特定的内涵。Leyshon 和 Thrift(1993)最早提出金融排斥的概念,从金融地理学的视角研究,把金融排斥单纯的定义为部分人群由于离金融机构的距离远而无法获得金融服务的现象,即为地理维度上的金融排斥。随着经济地理学研究的制度与文化转向,学者的研究视角从简单的地理维度分析转向人文、社会经济因素等[103]。Garderner 等(2004)强调金融排斥是社会排斥(Social Exclusion)和两极化(Polaization)的子集,通常受到金融排斥的群体或组织也受到其他方面的社会排斥,金融排斥也会加剧其他类型的社会排斥[107]。Koker(2006)提出类似观点,认为金融排斥与社会排斥相互联系,受到社会排斥的人群不能收到社会给予的所有收益,往往处于劣势并会把这种状态传给下一代[283]。

从狭义的角度来说，金融排斥主要指对特定类型的金融产品或服务未能接触到或缺乏拥有。Rogaly(1999)认为金融排斥就是将部分人群从"特定"的信用或其他金融服务中排斥出去。从排斥的对象而言，金融排斥关注于"谁受到排斥"[106]。根据目前学者的研究可知，金融排斥的对象大到"社会团体"和社区，小到家庭、个人或企业(Peachy and Roe,2006)[284]。个人的基本特征与是否受到金融排斥有紧密联系，是最主要的金融排斥对象；家庭作为人口、经济统计的基本单位，常常也被视为金融排斥的重点对象；另外由于银行分支的撤并对农村或边远地区的影响导致某一区域或社区也是金融排斥的重要研究对象。

综上所述，目前国外学者关于金融排斥还没有明确的定义，往往需要根据研究的目的去定义，而国内研究金融排斥较晚，学者对其定义也与国外比较类似。笔者按照本章的研究目的将金融排斥定义为：特定的地区，由于经济发展、人文、社会制度等因素导致该地区部分人群不能从正规金融机构获取公平、低成本、安全的金融产品及服务。这里的正规金融机构主要指被监管部门监管的金融机构，如六大国有大型商业银行、股份制商业银行、城市信用社、农村商业银行、保险公司等。诸如民间借贷、亲友借贷、互助社所提供的金融服务不属于金融排斥的判别范围。

2.2 金融排斥的分类

2.2.1 按时间分类

按照时间对金融排斥分类可以分为短期性排斥与长期性排斥。短期性金融排斥是指曾购买过正规金融机构金融产品或接受过金融服务的经济主体由于暂时遇到突发状况如破产、失业等不能再在正规金融机构购买金融产品和享受金融服务，受到金融排斥。长期性金融排斥指的是部分经济主体由于主观或客观原因从没有购买过正规金融机构的产品，从没享受过正规金融机构服务，受到金融机构的排斥。主观原因包括长期处于贫困状态、信用状况不良、对金融产品不了解、没有购买金融产品的习惯等；客观原因包括金融机构分布不均匀、金融机构歧视部分群体。造成金融排斥的原因比较复杂，长期性的金融排斥危害和解决难度都远高于短期性金融排斥。

2.2.2 按成因分类

按照成因对金融排斥进行分类,分为功能性金融排斥和结构性金融排斥。功能性金融排斥指的是由于经济主体自身智力、身体、年龄等方面的缺陷而造成的排斥。受到功能性金融排斥的对象通常是社会弱势群体比如老年人、残疾人等。结构性金融排斥是由于社会结构不合理而产生的金融排斥。社会结构包括社会等级、结构及分层。社会等级的产生与各项国家政治制度、经济制度紧密相连。处于较低社会等级的群体有务农、务工、失业人群,相对而言获得正规金融机构的金融产品及服务的可能性更低。

2.2.3 按表现分类

按照表现对金融排斥进行分类,最典型的就是 Kempson 和 Whyley(1999)将金融排斥分为以下六个维度:(1)地理排斥,经济主体无法就近获取金融产品及服务,只能去距离较远的金融机构,即地理因素制约部分人群获取金融服务的便利性;(2)条件排斥,指的是金融机构在为经济主体提供金融产品及服务时附加了其他经济主体不适应的条件,包括资信条件、抵押条件等,使得部分人群受到金融排斥;(3)价格排斥,指的是金融机构将金融产品及服务的价格定得过高,超过一些经济主体的承担范围,使之被排斥在外;(4)评估排斥,指的是金融机构将风险评估作为手段,通过设置较高的准入条件限制部分人群购买金融产品及享受金融服务;(5)营销排斥,指的是金融机构在进行营销过程中,将部分人群排斥在目标市场之外;(6)自我排斥,指的是部分经济主体在申请金融服务时自己排斥自己,认为自己能成功申请到金融服务的可能性不大,主动放弃申请。这类排斥与前面五类不同,前面五类是金融机构对经济主体的排斥。产生自我排斥的影响因素有经济主体自身的文化水平、对金融产品的了解程度、消费习惯、与金融机构打交道的经历等[113]。

澳新银行(ANZ,2004)认为 Kempson 和 Whyley(1999)的六维度分析法存在缺陷,未考虑金融能力、金融知识等因素的影响并且六个维度之间存在高度的相关性[193]。对此,澳新银行提出两维度、三层次的分析方法:两维度即接触排斥(Access Exclusion)和效用排斥(Utility Exclusion);三层次包括:(1)核心排斥(Core Exclusion),指的是自愿排斥和极度贫困的人群,完全被正规的金融机构体系所隔离;(2)可及性局限(Limit Access),指的是拥有银行账户,但因为缺乏金融服务所需要的金融知识、习惯及能力所造成的金融排斥;(3)金融涵盖,但金融产品不合适(Included, But Using Inappropriate Products),指的是部分人群购买了不合适的金融产品及服务,难以形成有效的金融服务。

另外,Bridgeman(1999)区分了金融产品的可及(Access)和使用(Use),利用排斥曲线(Exclusion Curve)对金融排斥进行刻画,建立了收入排斥和价格排斥两个维度[285]。

综上所述,对于金融排斥的分类因研究的视角不同而产生差异,没有确定的分类方法,但这有利于更全面地研究金融排斥的影响因素,进而衡量金融排斥的程度,提出合理的破解对策。

2.3 金融排斥的生成机理

金融排斥的生成主要受以下几个方面的影响:(1)基于价格偏好生成的排斥。随着利率市场化,政策当局对于金融机构的利率限制会放松或者完全放开,但面对弱势人群,金融机构往往会上浮利率,大大增加了弱势人群的贷款成本,形成价格排斥。(2)基于目标市场和规模经济选择而生成的排斥。金融机构的固定成本是影响其提供包容性金融的重要因素,本着盈利和控制成本的原则,金融机构往往选择高价值的客户,或者通过低价值客户规模化实现金融机构的收益。现实中,由于金融机构的不良竞争导致其倾向于优质的大客户和高收入群体。低收入的弱势群体被忽视了金融服务需求,生成金融排斥。(3)基于产品偏好生成的金融排斥。金融机构需要追求盈利,开发设计金融产品时更关注高收入的优质客户,忽略了弱势群体的金融产品需求。韩俊(2000)在《中国农村金融调查》中研究表明,农村居民期望借款数量远高于实际借款数量,借款的时间也是以短期借款为主,期望能延长贷款期限,贷到低息贷款,表明金融机构很大程度上忽视了弱势群体的贷款需求。(4)基于防范风险生成的金融排斥[286]。本着防范风险的原则,金融机构在给弱势群体贷款时,通常实行较为严格的信贷审查及管理制度。贷款人需提供合适的抵押品、担保人以及提供全面完整的信用档案。对于大部分弱势低收入的人群而言,提供这些条件很有困难,自然会被排斥。

2.4 金融排斥的影响效应研究

2.4.1 抑制区域金融和经济的发展

金融是经济的命脉,是现代经济的核心。因此,一个地区若拥有完善的金融体系可提高该地区资本的使用效率、优化金融资源的配置、继而调整产业结构、促进经济发展,达到金融和经济相辅相成,良性循环发展。在我国贫困落后地区,金融的发展与当地的社会发展、经济发展、产业结构的优化有着显著正相关关系。因此,贫困落后地区金融排斥会在不同的方面制约当地实体经济的发展,并导致社会与经济的不协调发展。

贫困落后地区的金融机构出于理性的考虑减少金融供给,撤并金融机构,导致剩下金融机构的产品定价过高且附加严格的条件让弱势群体望而却步,加重该落后地区的金融排斥程度,削弱了该地区的投资,进而导致该地区的基础设施建设无法进行,企业融资更加困难,居民难以获得金融服务,整个经济开始衰退,社会两极分化严重。而发达地区的经济发展得力于金融的大力支持,加大与贫困地区之间的差距,造成区域两极分化,产生地区发展的马太效应。在我国就表现为典型的城市、农村经济金融的二元化结构。

2.4.2 贫困放大效应

我国落后地区的贫困问题始终是其经济发展、社会发展的绊脚石,是由一系列特殊的、复杂的政治、经济、文化、自然等因素相互作用、交织的结果。落后地区居民的贫困问题是其受到金融排斥的主要原因,而受到金融排斥后又会继续加大其贫困程度,产生贫困放大效应。贫困效应是一种“马太效应”,即贫困的经济主体会变得更加贫困,富裕的经济主体会更加富裕。金融作为创造财富的工具及经济生活的主要载体,是各经济主体生存的润滑剂,缺少这个载体和润滑剂后,经济主体不得不向民间借贷,背负起更加沉重的还债压力。受到金融排斥的人群往往更多地使用现金,增加了现金管理成本,降低了资金的流动速度。而政府在扶持弱势群体的低息贷款发放上往往因为弱势群体没有银行账号不得不使用现金发放,增加弱势群体的现金管理成本,并且也会遗漏部分低收入者,即政府的支持政策传递遇到障碍,降低了反贫困的效果。另外受到金融排斥的弱势群体往往缺少保险理念,很少购买防范风险的保险产品,导致贫困弱势群体在面对疾病、养老等各种风险时显得更加脆弱,导致更加贫困,进一步加剧其贫困程度。

2.4.3 制约区域良性发展

金融排斥属于社会排斥的一种,受到金融排斥的人群缺乏社会存在感、认同感、安全感,认为自己是弱势群体,被人看不起。此类人群共同特征明显:个性冲动、容易极端,相互之间容易产生行为上的认同,造成扭曲的团结,心理上极其不平衡。受到金融排斥时容易与非法组织靠近,影响区域的安定与良性发展。

落后贫困地区的个人或者企业等组织不易从正规金融机构获得满足的金融服务,加剧了当地地下钱庄、民间借贷的发展,也因此导致了落后地区正规金融与非正规金融并存的二元金融结构及相关的社会问题和法律问题。由于贫困地区的金融排斥严重,不少犯罪分子喜欢在这些地方进行洗钱活动,且地下钱庄和民间借贷的交易大都依赖于现金或实物的流转,增加了洗钱的隐蔽性。另外贫困地区地方的金融监管力度薄弱,为犯罪分子洗钱创造了有利环境。综上所述,贫困地区的金融排斥问题严重制约其经济、社会等各个方面的良性发展。

2.5 我国金融排斥的实证研究

在前文研究的基础上,本章选取我国 29 省(市、区)(西藏和重庆数据不全,故将这两地删除)的农村作为考察对象,利用主成分分析法综合测算各地区农村的金融排斥状况,构建各地区金融排斥影响因素的面板数据模型,以定量分析方法对我国农村金融排斥的区域差异进行实证研究,进而提出缓解我国农村金融排斥的政策建议。

2.5.1 研究方法、指标选择及数据说明

2.5.1.1 我国农村金融排斥的动态面板数据模型

金融排斥是一个多维度复杂的概念,根据上文分析,我们知道它受到多种因素影响,如经济、农村人口、教育水平、性别、地理特征等,而滞后期的金融排

斥能够反映出这些潜在因素的影响，因此，可以考虑将滞后两期的金融排斥作为解释变量，最终将模型设定为：

$$y_{it} = \beta_0 + \beta_{i1t}y_{it-1} + \beta_{i2t}y_{it-2} + \beta_{i3t}x_{1t} + \beta_{i4t}x_{2t} + \beta_{i5t}x_{3t} + \beta_{i6t}x_{4t} + \beta_{i7t}x_{5t} + \beta_{i8t}x_{6t} + \alpha_1 d_1 + \alpha_2 d_2 + \alpha_3 d_3 + v_i + \psi_t + \mu_{it} \quad (2.1)$$

其中 $i = 1,2,\cdots,N$，表示不同省、自治区、直辖市；$t = 1,2,\cdots,T$，表示样本年度；y_{it} 为被解释变量，表示各截面在各时期的金融排斥水平；y_{it-1}、y_{it-2} 为滞后一期、两期的金融排斥水平；β_0 为模型截距项，β_{it} 为各解释变量系数；v_i 为各截面成员的个体差异，ψ_t 为各时期间的差异，μ_{it} 为随机扰动项；D_j 为描述地理特征的虚拟变量，$D_j = \begin{cases} 1, i\text{ 属于第 } j \text{ 地区} \\ 0, i\text{ 不属于第 } j \text{ 地区} \end{cases}$，其中 $j=1,2,3$，分别表示中部、西部、东北地区①。其他解释变量如下：农村居民消费水平 x_1、农村固定资产投资情况 x_2、农村居民纯收入 x_3、农村性别比 x_4、农村人口 x_5、农村教育水平 x6，其中农村性别比令各地区女性比例等于100，农村教育水平用各地区农村文盲数衡量。

2.5.1.2 GMM 基本思想

在动态面板数据模型中，由于因变量的滞后项作为解释变量，从而有可能导致解释变量与随机扰动项相关，且模型具有横截面相依性，因而，如果应用标准的随机效应或固定效应模型进行估计，必将产生参数估计的非一致性，从而使据参数而推断的经济学含义发生扭曲。Arellano 和 Bond（1991）[287]，Arellano 和 Bover（1995）[288]，Blundell 和 Bond（1998）[289] 正是针对以上情况进行的估计。运用模型（2.1），GMM 基本原理如下：

GMM 估计的核心思想是运用工具变量产生相应的矩条件方程。为此，首先对模型（2.1）进行一阶差分得到模型（2.2），即：

$$\Delta y_{it} = \beta_{i1t}\Delta x_{1t} + \beta_{i2t}\Delta x_{2t} + \beta_{i3t}\Delta x_{3t} + \beta_{i4t}\Delta x_{4t} + \beta_{i5t}\Delta x_{5t} + \beta_{i6t}\Delta x_{6t} + \beta_{i7t}\Delta y_{it-1} + \Delta\psi_t + \Delta\mu_{it} \quad (2.2)$$

① 东部地区包括北京、天津、河北、上海、江苏、浙江、福建、山东、广东、海南10个省（市）；中部地区包括山西、安徽、江西、河南、湖北、湖南6个省；西部地区包括四川、贵州、云南、陕西、甘肃、青海、宁夏、新疆、内蒙古、广西10省（区、市）；东北地区包括辽宁、吉林、黑龙江3个省。

对模型（2.1）进行一阶差分的主要目的在于去掉固定效应的影响，然后用一组滞后的解释变量作为差分方程中相应变量的工具变量，从而获得一致性估计。很显然，模型（2.2）已经消除了因个体而带来的差异，但模型（2.2）中回归元仍可能存在内生性，并且 Δy_{it-1} 与 $\Delta\mu_{it}$ 是序列相关的，为此必须选定有效工具变量而后进行估计。基于 μ_{it} 无自相关，前期回归元与随机扰动项不相关的假定，可以得到下面矩条件：

$$E[y_{i,t-s}\Delta\mu_{it}] = 0 \text{，当 } s>2,\ t=3,\ 4,\ \cdots,\ T \tag{2.3}$$

$$E[x_{i,t-s}\Delta\mu_{it}] = 0 \text{，当 } s>2,\ t=3,\ 4,\ \cdots,\ T \tag{2.4}$$

由矩条件（2.3）、（2.4）知：当 $s>2$ 时，$y_{i,t-s}$ 和 $x_{i,t-s}$ 分别可以作为方程（2.2）中 Δy_{it} 和 Δx_{it} 的有效工具变量。

但一步法系统 GMM 加入水平方程的同时也增加了矩约束条件的数量，从而需要进行 Sargan 检验，以判断新增的工具变量是否有效。此外，对于 GMM 估计量是否有效可行，Bond（2002）指出了一种简单的检验办法，即将 GMM 估计值分别与固定效应估计值及混合 OLS 估计值比较[290]。由于混合 OLS 估计通常严重高估滞后项的系数，而固定效应估计则一般会低估滞后项的系数，因此如果 GMM 估计值介于两者之间，则 GMM 估计是可靠有效的。

2.5.1.3 指标选择

从前文对金融排斥的分类中可以看到，金融排斥往往被描述为多维度的概念，即将金融排斥看成以下六种排斥的组合：地理排斥、评估排斥、条件排斥、价格排斥、营销排斥以及自我排斥。本章同样选取这六个维度的相关指标，用以综合评价各地区的金融排斥状况。地理排斥是指由于经济主体距离金融机构的远近而引起的排斥现象，这种排斥可以进一步归结为农村金融机构规模的大小，选取各地区人均储蓄来衡量这一指标；评估排斥是指金融机构通过风险评估阻碍了一些个体享受金融服务，可以用农村户均贷款余额来衡量它；条件排斥是指某些人群因不符合附加于金融产品的条件而被排斥，用人均贷款余额来衡量这一指标；营销排斥是指某些人群不包含在金融机构产品的营销市场之内，用各地区存贷比来衡量它；自我排斥是指某些人群自动放弃享受金融服务的权力而造成的排斥现象，这可以反映在一个地区的教育水平上，用各地区农村不识字或很少识字的人口比例来衡量它。在以往的研究中各学者均将价格排斥作为金融排斥的维度之一，但笔者认为农村金融服务的价格不能构成对农村金融的排斥，这可以从农村小额贷款公司的蓬勃发展上看出；农村小额贷款公司的利息费用往往是普通金融机构贷款利息的几倍，但其迅猛的发展现状说明农村金融服务远远落后于农村金融供给，同时也说明，农村对金融的需求是不受价格影响的，因此本章排除掉了价格排斥所形成的金融排斥。

2.5.1.4 数据来源

本章选取1995年至2009年间全国29个省（市）（不包含西藏和重庆）的相关数据，指标数据来源于1996—2010年《中国农村统计年鉴》《中国金融年鉴》《中国人口和就业统计年鉴》以及各地区统计年鉴。数据经极差法进行无量纲化。

2.5.2 实证分析

2.5.2.1 各地区农村金融排斥的测算

金融排斥的衡量属于多指标的综合测算，本章利用主成分分析方法提取上述五个指标的主成分进行综合评价，进而得出1995—2009年各地区农村金融排斥的综合得分及综合排名，具体结果见表2.1。

表2.1描述了1995年至2009年间我国29省市农村金融排斥的综合排名，排名越靠前说明该省农村金融排斥状况越严重。从表2.1中我们可以清晰地看到，1995—2009年这15年，广西、贵州、云南、甘肃、青海存在较严重的农村金融排斥状况。其中最严重的应当属于贵州省，在样本考察期间，其农村金融排斥状况均排在前三名；其次，应当属于青海省，在2002年之前，青海省的农村金融排斥均处于前两名，之后年份金融排斥情况有所好转；第三应当属于云南，在样本考察期间内，云南各年的农村金融排斥均处于3至5名，但自2004年以来其金融排斥状况有所恶化。

表 2.1　各地区农村金融排斥综合排名

年份	北京	天津	河北	山西	内蒙古	辽宁	吉林	黑龙江	上海	江苏	浙江	安徽	福建	江西	山东	河南	湖北	湖南	广东	广西	海南	四川	贵州	云南	陕西	甘肃	青海	宁夏	新疆
1995	24	28	19	21	13	29	25	23	26	20	22	4	16	7	17	12	8	14	27	15	18	11	2	5	10	3	1	6	9
1996	27	28	23	21	19	29	25	24	26	20	12	9	5	15	22	13	16	18	11	7	17	8	1	4	10	3	2	6	14
1997	24	29	21	23	11	28	25	20	26	18	19	6	15	14	22	16	13	12	27	8	17	9	1	5	10	3	2	4	7
1998	26	29	24	20	16	28	25	23	27	21	15	8	7	14	22	19	18	17	10	6	11	12	1	3	13	4	2	5	9
1999	29	28	23	21	16	27	25	24	26	22	12	9	6	15	20	18	19	17	8	5	13	10	1	3	11	4	2	7	14
2000	29	28	23	22	15	25	24	27	26	21	12	8	7	13	20	17	16	18	9	5	14	10	1	3	11	4	2	6	19
2001	29	28	25	22	16	27	24	23	26	20	14	8	7	13	21	17	15	19	12	5	11	10	1	4	9	3	2	6	18
2002	29	26	25	23	20	28	24	22	27	17	10	8	7	13	21	19	15	16	14	4	9	11	1	3	12	5	2	6	18
2003	27	23	19	18	22	25	26	28	29	17	6	13	4	15	16	20	21	14	3	1	8	9	2	5	10	11	7	12	24
2004	29	23	19	17	22	24	27	25	28	18	7	13	6	15	16	20	21	14	4	2	11	8	3	1	12	9	5	10	26
2005	28	25	16	17	22	27	26	24	29	21	7	15	6	14	19	18	20	12	5	4	10	8	2	1	13	9	3	11	23
2006	28	26	14	18	20	24	27	21	29	19	10	17	5	15	22	23	12	11	4	1	6	9	3	2	16	13	7	25	8
2007	29	27	20	22	18	26	25	16	28	21	24	7	13	12	23	17	8	14	19	9	5	11	2	4	15	3	1	10	6
2008	29	27	16	15	21	25	26	20	28	24	19	18	12	14	23	22	10	13	7	3	1	11	2	5	9	6	4	17	8
2009	29	25	18	19	23	26	27	24	28	22	14	12	11	16	20	21	15	17	8	7	5	1	3	2	13	6	10	4	9

此外，从表2.1还可以看到，各年排名靠后、农村金融排斥较小的地区有北京、天津、辽宁、吉林、上海。这些地区的各年份金融排斥均排在23名之后，农村金融发展较好。其中，北京在样本期间内有8年排在最后一名，说明相比于其他省份，北京农村金融排斥较小；而上海各年份的排名多处于28位，在全国各省份中其金融排斥状况稍次于北京。从各年份比较来看，天津和辽宁的农村金融排斥排名均具有下降的趋势，金融排斥状况逐年恶化，而吉林省的农村金融排斥状况则具有稳步改观的趋势。

从各年分析结果可以看出，农村金融排斥具有极不稳定性，各地区排名往往有着较大波动。但值得注意的是，经济发达的广东省和福建省均有几年落入了前五名，而新疆在样本期间内均落在五名之外，并且在2000年至2005年还处于较好的境况。这说明农村金融的发展很可能不依赖于地区经济的发展，此外还说明我国农村金融发展状况具有不规律性，各地区发展差异较大。

2.5.2.2 面板数据模型的建立

面板数据（Panel Data）包含有截面、时间和指标三维信息，它综合了时间序列数据与截面数据两者的特性；利用面板数据可以构造比单独使用截面或时间序列更为真实的方程，可以对经济现象进行更深入的分析，从而使得参数估计结果更为客观、可信。

本章利用我国29省（区、市）相关数据建立各地区农村金融排斥影响因素的动态面板数据模型。金融排斥是一个复杂的概念，它包含着多种维度，这就导致其影响因素是多种多样的，从能用数据度量的经济发展，到难以用数据描述的地区环境差异、民族特征以及性别差异，都构成了对金融排斥的影响。但由于大多影响因素是难以用数据来衡量的，尤其是对金融排斥的数据衡量难以实现，这就使以往的研究大多停留在定性分析上，使得对金融排斥影响因素的分析难以让人信服。本章便在以往研究的基础上，试图从数据上对金融排斥进行定量分析，以弥补金融排斥研究的不足。

借助统计软件stata10.0，得到动态面板动态数据模型（2.1）的估计结果。在回归之前，我们先对1995—2009年的面板数据进行多重共线性检验，以对回归作初步判断。差膨胀系数（vif）通常用来判断模型的多重共线性问题，经验表明，当vif值大于10时，回归存在有害的多重共线性。由表2.2可以看出，1995—2009年变量的vif都在临界值之下，不存在有害的多重共线性。

表2.2　多重共线性检验结果

变量	x_1	x_2	x_3	x_4	x_5	x_6	d_1	d_2	d_3	$Y(-1)$
vif	4.055923	1.613533	3.880662	1.337392	1.727689	2.802212	3.830464	2.429496	1.759458	2.317041

表2.3　系统GMM回归结果

variables	model1	model2	model3	model4	model5	model6	model7	model8	model9
L. y	0.522***	0.550***	0.536***	0.560***	0.492***	0.498**	0.497***	0.501***	0.534***
	-4.35	-9.48	-4.83	-6.04	-3.35	-3.22	-4.15	-4.25	-4.64
L2. y	0.113	0.171*	0.183	0.151	0.164	0.155	0.137	0.146	
	-0.94	-2.05	-1.07	-1.49	-1.22	-1.3	-1.33	-1.46	
x_1	-0.0632	0.0105							
	(-0.23)	-0.04							
x_2	-0.0179	-0.0135	-0.0236						
	(-0.20)	(-0.16)	(-0.34)						
x_3	0.0385	0.0651	0.0904	0.076	0.0258				
	-0.64	-1.23	-0.9	-1.14	-0.38				
x_4	-0.0944	-0.0568	-0.0591	-0.0587					
	(-1.55)	(-0.52)	(-0.77)	(-0.67)					
x_5	-0.278	0.27	0.28	0.22	0.272*	0.290*	0.304**	0.294**	0.364***
	(-0.46)	-0.73	-1.05	-1.64	-2.02	-2.09	-3.03	-2.72	-3.87
x_6	0.293	0.232	0.22	0.219	0.225	0.175	0.207	0.191	0.292***
	-1.11	-0.74	-1	-1.11	-0.98	-0.79	-1.08	-1.79	-3.38
d_1	1.872	-0.129	-0.129	-0.0943	-0.202*	-0.168*	-0.142*	-0.149*	-0.172**
	-0.25	(-0.59)	(-0.57)	(-0.92)	(-2.37)	(-2.56)	(-2.26)	(-2.51)	(-2.69)
d_2	1.95	0.0023	-0.00977	0.024	-0.0122	0.00696	0.0106		
	-0.29	0	(-0.02)	-0.16	(-0.08)	-0.05	-0.08		
d_3	2.23	-0.00315	-0.0516	-0.0617	0.0479	0.0731			
	-0.21	(-0.01)	(-0.16)	(-0.57)	-0.39	-0.56			
_ cons	-1.055								
	(-0.22)								

从表2.3中可以清楚地看到，在系统GMM回归的9个模型中，农村金融排斥的滞后一期项对我国各省农村金融排斥的影响十分显著，这说明金融排

斥的滞后一期对农村金融排斥有着强烈的影响。此外，我们同时考察了农村金融排斥的滞后两期项 L2. y，从回归的模型中我们可以知道，L2. y 只有在模型 2 中是显著的，可见我国农村金融排斥的滞后两期项没有对金融排斥形成显著的影响，这同时说明我国农村金融排斥当期的现状只能对下一期金融排斥状况形成显著影响，而不会给两期之后的金融排斥造成显著影响。经济的发展往往受到前一期的强烈影响，我国农村金融排斥同样有着相似的规律，从模型回归的系数上看，金融排斥的滞后一期项的系数基本都在 0. 5 左右，这说明当期农村金融排斥的现状的影响约有 50% 来自上一期。可见当期农村金融排斥的降低势必会带来下一期金融排斥的降低。金融排斥不仅阻碍着我国广大农村地区经济的发展，它更形成了一种严重的社会歧视或者说是社会排斥，广大的农村居民难以享受到社会发展所带来的便利，因此降低金融排斥是发展农村经济的必然要求；而前一期金融排斥状况总会形成对当期的影响，因此我国农村金融排斥状况的改变也不是一蹴而就的，农村金融排斥的降低是一个缓慢的过程，我们应在农村经济的发展过程中慢慢改变农村金融的服务现状，慢慢普及农村金融知识的教育，逐步实现农村金融排斥的降低。

在农村金融排斥影响因素模型的构造中，我们逐步排除不显著的影响因素。模型一与模型二考察了样本期内所有影响因素的联合影响，从估计结果可以看出除滞后一期项外其他各影响因素都不显著，说明样本所考察的各变量对我国农村金融排斥的联合影响不显著，这说明过多变量的引入导致金融排斥影响因素难以得到考察，随后我们逐渐排除不显著的变量得到相应的回归模型。在回归中，变量 x_1、x_2、x_3、x_4 均不显著，其中 x_1 表示农村居民消费水平、x_2 表示农村固定资产投资情况、x_3 表示农村居民纯收入，这三个变量综合考察了农村经济的发展状况，但它们对农村金融排斥的影响均不显著，这说明单纯经济的发展并不能改变农村金融服务的现状；从 x_2 的估计系数来看，农村固定资产的投资与农村金融排斥呈现负相关关系，虽然这种关系不显著，但也告诉我们农村固定资产的投资尤其是农村金融服务固定资产的投资，能够带来农村金融排斥的降低；然而，农村居民纯收入却与农村金融排斥呈现正相关，农村居民纯收入的提高并不能改善农村的金融排斥状况，这可能是与农村居民仍沿袭着将纯收入以现金的形式储存于家中有关，纯收入虽然得到提高，但农村居民并不去主动享有金融服务，从而使金融排斥恶化。农村经济的发展是不能停止的，它虽然不能直接改变农村金融状况，但它决定着农村居民习俗与思想的改变，从而进一步影响农村金融排斥。

变量 x_4 考察了农村性别比对农村金融排斥的影响，农村性别比是以农村女性人口为基数，在模型的回归中，其对农村金融排斥的影响并不显著，但从它的系数估计上可以看出农村性别中男性的比例越大农村金融排斥越小，这与以往的研究相符；相比于男性，女性往往有着比较保守、谨慎的思想，从而很多学者认为女性更容易受到金融排斥。农村性别比例中男性人口越多，保守、谨慎、排外的思想就会越少，从而降低了人群中的金融排斥。但是，农村金融排斥的降低显然不能依靠人口比例中男性比例的提高，而是要从思想教育上改变农村居民过度保守、谨慎、排外的思想。

变量 x_5 考察了我国各地区农村人口对农村金融排斥的影响。相比于前面考察的变量，农村人口总数对农村金融排斥的影响十分显著，这说明我国各地区农村金融排斥状况在很大程度上受到农村人口数量的影响。从模型估计的系数来看，只有模型一的系数为负，而在之后各个模型中，农村人口总数与农村金融排斥都呈现出正相关关系，尤其是在模型 9 中，这种正相关关系十分显著，这表明我国农村人口的激增会造成各地区农村金融排斥状况的恶化。一方面，金融排斥本来就是衡量了一个地区不能正常接受金融服务的人员的数量，而某地区人口数量的增多势必增加了受排斥人口的基数，从而推高了金融排斥状况；另一方面，短时间内一地区的金融服务设施以及服务状况是难以得到改变的，这种金融服务硬件设施的更新或增添在广大的农村更是难以短时间得到实现，然而相对于这种服务设施的增加，农村人口总数的增加就会比较迅速，短时间内人口总数的增加会降低人均金融服务的质量，从而恶化了金融排斥。从模型 9 的系数上看，农村人口给金融排斥带来很大的影响，因此，计划生育政策在农村地区的强化是十分必要的。

变量 x_6 考察了农村教育水平对农村金融排斥的影响，从模型 9 中可以看到这种影响十分显著，而在之前的模型中，农村教育水平对金融排斥虽然有着较大的影响，但并不显著，这种效应可能是由于过多干扰变量的引入而降低。从模型 9 的系数上可以看出，农村教育水平与农村金融排斥有着强烈的正相关关系，这与我们的预期也是一致的，因为我们是用农村文盲数来逆向衡量的农村教育水平，模型告诉我们，农村文盲数越多金融排斥状况越严重。这反映了地区教育水平对农村金融排斥有着强烈的影响，教育不仅带来金融知识的普及，更重要的是促进了农村居民传统保守思想的改变，从而使农村居民在经济活动中能够充分利用现有的金融服务，充分享受金融发展所带来的便利。可见，农村金融排斥的改观离不开教育的普及，扩大农村教育面，降低农村不识字或很少识字的人口数，才能从根本上改变金融排斥状况。

最后，变量 d_1、d_2、d_3 考察了我国中部、西部及东北地区的地理特征对农村金融排斥的影响，结果显示西部地区和东北地区对农村金融的影响并不显著，但中部地区的影响较为显著。从模型估计系数上看，中部地区的地理特征与金融排斥基本呈现出负相关的关系，这说明中部地区的地理特征缓解了其农村金融排斥状况，可见，中部地区的农村金融服务设施的建设状况还是比较好的。而西部和东北地区的地理特征并没有给其农村金融排斥带来显著的影响，在样本期内我们无法考察这两个地区农村金融排斥与地理特征的关系。

模型中多个变量的引入导致一些影响因素并不显著，从而影响了我们考察的目的。最终在模型 9 中，我们可以看到，我国农村金融排斥受前一期金融排斥状况、农村人口总数、农村教育水平的影响显著。而地区特征的影响只有中部地区是显著的，并且中部地区特征能够带来其金融排斥状况的好转。

此外，我们考察固定时期效应的影响：

表 2.4　年度时期效应

时期	1996	1997	1998	1999	2000	2001	2002	2003	2004	2005	2006	2007	2008	2009
C	-0.0710	-0.0625	-0.0279	-0.0025	-0.0213	-0.0077	-0.0060	-0.0114	0.0202	-0.0157	0.1554	0.0095	-0.0117	0.0526

时期效应反映了各个时期对各截面的不同影响。从表 2.4 估计结果来看，1995 年至 2003 年，各年的时期效应均为负值，这说明我国农村金融排斥水平在 1995 年至 2003 年之间有了很大的改观，这可能是因为 1995 年之后我国农村金融开始实行改革，政府对农村的扶持力度逐渐增大，对农村金融发展的重视度逐渐提高，农村金融排斥状况得到改善。但在 2004 年之后，农村金融

发展出现了反复，从时期上看，有些年份出现农村金融排斥的恶化。农村金融发展是个缓慢的过程，从时期效应上我们还可以看出，我国农村金融的发展是稳步前进的，农村金融改革取得显著成果。

2.6 金融排斥向普惠金融转变

普惠金融提出的原因是金融排斥下经济健康发展受阻，因此设计实施有效的普惠金融制度必须也必然是为了解决金融排斥。如何深入发展普惠金融制度，取决于如何解决金融排斥而又不违反“金融规律”。金融排斥产生的原因在于：政策导向排斥、现有信用评估方法的缺陷、风险管理水平约束、金融交易平台公平程度较低、社会关系排斥等。在政策决心解决金融排斥的前提下，普惠金融发展趋势主要表现在后四个问题的解决上。

2.6.1 制度变革、市场选择与普惠金融的发展

旨在提高金融包容性的普惠金融，其本质体现了普惠、公平、民主等精神理念，而不是厚此薄彼式地制造差距。发展普惠金融首先需要改变垄断的金融制度，提高市场选择的作用和效率。在发展中国家及赶超型国家，政府为了获取更大的金融剩余，积极动员货币、控制银行金融、提高储蓄率和投资规模，推动高投入式经济增长率，从而形成与之匹配的垄断控制型金融体系。这种控制无形中磨灭了市场公众对金融制度的革新能力，阻碍了对普惠金融制度的系统探索和有效执行，使普惠金融成为一种自上而下的政策任务，而不是一种人人参与的盈利性创新。植根于市场的创新，例如互联网金融，在不同层面上提高了金融包容性，尽管国内发展比较冒进，但一定程度上挑战了传统的金融制度。正是市场经济国家竞争的氛围，更快地酝酿了互联网金融的深层次变革，使金融市场分层更为充分，金融包容性更高。因此，尽管发展中国家具有更强的互联网金融需求，却没有率先推进互联网金融；引进国内后，社会资金在突破金融抑制的冲力下一哄而上。所以，互联网金融实质是普惠金融需求通过互联网技术逐步满足情况下金融制度的革新，是推进普惠金融制度、突破金融垄断、解脱金融抑制的印证。

2.6.2 技术革新、风险信息与普惠金融的发展

金融制度的有效实施必须有相应的技术手段，普惠金融制度亦是如此。首先，原有信用风险评估体系的缺陷导致金融排斥，解决此类问题必须对信用风险评估方法体系进行改进，不在于计量方法本身，而在于评估所关注的风险因素和信息。例如上文提到的阿里小贷，其信用风险评估计量方法与传统差别不大（谢平，2014）[291]，主要区别在于关注掌握了反映客户未来还款能力的风险信息，更准确地评估出了信用风险水平。这些信息优势使其掌握者具备了金融业务扩张和公司合作的筹码，在业务扩张的过程中也提高了金融的包容性。

其次，提高风险管理技术可以降低运营成本、降低贷款利率、提高存款利率，从具体实惠上提高金融包容性，否则单靠政策补贴弥补经营成本必然缩短普惠金融的寿命。例如，互联网金融首先在资金来源方面实现普惠。传统商业银行在存贷款利差受保护下，利润畸高，我国16家上市银行净利润占沪深两市2400多家上市公司总利润的50%还有余。互联网金融在融资来源上，将利率大幅提高，并推动传统金融机构提高吸收资金的利率，这无形中惠及了广大资金供给者。以余额宝为例，只要用户将资金转到他们的余额宝账户，则按照6%左右的年利率产生利息，用户可随时将资金转走，但一般需要隔夜到账。这实质上等同于年利率为6%的活期存款。而同时期，银行的活期存款利率不到1%，1年期存款利率不到3%。互联网金融同时在资金运用方面实现普惠。正规金融体系主要为了支持国有企业，中小微企业的金融需求很难满足。在网络数据和云计算等技术的支撑下，互联网金融中的网络贷款和众筹融资为电商及中小企业高效、便捷地获取资金提供了平台。因此，通过技术革新、降低成本、管理风险、满足市场上更多群体的金融需求，是普惠金融制度发展的长期路径。

2.6.3 金融分权、市场进出机会与普惠金融发展

发展普惠金融不仅需要金融机构革新，而且需要金融市场革新，即向社会公众自由出入、自由定价、诚信守法的均衡状态靠近。实现这种状态，需对金融市场充分分层，既包括横向上金融市场类型的细分和多样化，更包括

纵向上对金融市场等级的分层——建立省、市、县等区域性金融市场和场外交易市场。传统股权市场的上市公司都是由国家统一审批后才能进入，即使在一些城市设立产权交易所，交易的股权范围也非常有限，受到空间的严重制约。金融市场分层后，地方性企业的债券或股票先在本地市场交易，满足一定年限、得到本地公众认可后，再到上一级金融市场交易，最后可到全国市场交易。如果没有当地公众的认可，监管当局很难公正、准确地对机构做出审核，上市公司质量也就很难保证，这种没有质量基础的股票只能依靠小道消息进行炒作。这样，金融市场分层后，地方政府就有了维护市场稳定的责任和激励，区域金融风险更容易化解。例如 2011 年前后涌现的互联网众筹，尽管还很不完善，但实现了金融市场的充分分层（苗文龙、刘海二，2014）[292]。众筹融资平台上，全国甚至全球的项目企业可以自由出入，只要遵守平台规则即可。众筹融资对股权市场进行分层，不再有区域性或全国性股权市场的概念，融资主体根据资质、创新度、信誉、预期等情况在平台上发布项目，直接由市场出资人评价项目优劣，可以避免上文论述的垄断性金融市场排斥和风险。

第3章

普惠金融的理论内涵及发展机理研究

3.1 金融发展理论的演变与趋势

不论是研究中国金融发展战略还是探讨中国金融与世界的融合问题，抑或是探索对世界金融制度的改造，都离不开理论的指导。而这些理论，其实都是基于对不断演化的货币金融的新认识，寻找如何处理其和经济关系的答案。农村金融体制改革是一项涉及广泛的系统工程，尤为需要从理论方面加以推进和突破。

20世纪70年代以来，金融发展理论研究的重点问题已经历三次重大的转换，相应地每一次转换可称作一代金融发展理论。McKinnon（1973）[293]和Shaw（1973）[294]的金融抑制理论和金融深化理论以及Goldsmith（1969）的金融结构理论的出现标志着金融发展理论的正式形成，他们的理论对发展中国家的金融改革和金融自由化产生了重要影响。美国经济学家McKinnon和Shaw于1973年先后出版了《金融深化与经济发展》和《货币、资本与经济增长》两部专著，提出“金融深化理论”，从而创立了第一代金融发展理论。第一代金融发展理论研究的主要内容是发展中国家的金融深化、金融自由化问题（McKinnon，1973；Shaw，1973）[293-294]以及对麦金农—肖模型的扩展（Kapur，1976；Mathieson，1980；Galbis，1977；Fry，1978，1980a，1980b）[295-300]。第一代金融发展理论重点研究发展中国家如何消除金融抑制，通过金融深化促进经济增长，并相继提出了一些改进的金融发展模型，对麦金农—肖的理论进行了扩展，形成了金融发展理论的麦金农—肖范式（M－S 范式）。

第一代金融发展理论突出了金融因素在实际经济中的重要作用，认为金融抑制阻碍经济增长，而金融发展（或金融深化）促进经济增长。在第一代金融发展理论的影响下，全球范围内的许多国家，特别是发展中国家及经济转轨国家掀起了一波又一波的金融改革浪潮，并向市场经济转型，从而推动全球经济格局发生了重大变化。从现实来看，这些发展中国家及经济转轨国家采取的金融改革措施确实推动了本国的金融发展及经济增长，但也随之产生了许多问题，如经济及金融的动荡甚至金融危机，这些问题的产生对以强调金融自由化改革为核心的第一代金融发展理论形成了挑战。在这种背景下，国外越来越多的学者开始在第一代金融发展理论基础上，试图通过借鉴或吸收其他理论流派的基本观点或研究方法，或在大量的实证分析基础上，从不同层面或不同角度对第一代金融发展理论进行修正、补充或完善。

20 世纪 80 年代兴起的内生增长理论（又称新增长理论）为金融发展理论提供了进一步发展的空间，为金融理论和经济发展理论注入了新的活力。到了 20 世纪 90 年代，一些金融发展理论家（Levine and King，1993；Rajan and Zingales，1998；Beck，Levine and Loayza，2000）不再满足于对麦金农—肖框架的修修补补，他们明显地意识到金融抑制模型的诸多缺陷（如效用函数的缺失、对总量生产函数形式的限定和假设条件的过于严峻等）以及根据这些模型提出的政策主张过于激进（如对发展中经济或转型经济来说，金融自由化并不可取，金融约束是适宜的政策选择）[24、301、26]。鉴于此，他们在汲取内生增长理论的最新成果的基础上，对金融发展理论做了进一步发展。学术界把经过进一步发展的并且融合了内生增长理论中的一些积极因素的金融发展理论称为第二代金融发展理论。第二代金融发展理论通过借鉴或吸收“内生增长理论”的基本观点及研究方法，不再将金融视为决定经济增长的外生变量，而将金融活动内生化，将金融发展置于“内生增长模型”中，研究金融中介和金融市场是如何“内生”地形成和发展的，以及内生的金融体系是如何通过作用于技术进步及生产率，进而推动经济的长期可持续增长，从而形成自成体系的“内生金融增长理论”。此时的金融发展理论研究的对象不仅是发展中国家的金融与增长的问题，也包括发达国家的金融发展与经济增长的关系。第一代和第二代金融发展理论从理论和实证上解释了金融发展与经济增长之间的关系。金融发展对经济增长的作用如此重要，这引发了第三代金融发展理论的研究：如何促进金融体系自身的发展？

第三代金融发展理论的研究始于 La Porta，Lopez – de – Silanes，Shleifer 和 Vishny（简称 LLSV，1998）的文章《法律与金融》。第三代金融发展理论通过借鉴或吸收新制度经济学的基本观点及研究方法，从制度（Institutional，包括法律制度、产权制度、政治制度，以及文化传统等非正式制度）的角度研究金融发展问题，从而得出了“良好的制度（包括法律制度、产权制度及政治制度等）是实现金融发展的关键”这一基本结论[302]。

不难发现，第一代金融发展理论强调的是“自由化或市场化”，第二代金融发展理论强调的是“内生增长”或金融的“功能”，第三代金融发展理论则强调“制度因素”在金融发展中的作用。金融发展理论的发展变化反映了人们对发展中国家及经济转轨国家金融自由化改革的现实及客观问题的认识在不断深化，也为一国如何更有效地推进金融改革及实现金融发展提供了更多的思路。

进入 21 世纪以来，“金融发展如何更好地造福人类”成为金融发展理论的研究主题。世界各国的经济发展史告诉我们金融在经济的发展中起着中流砥柱的作用。经济的发展推动着金融的进步，金融又是经济平稳高速发展的基本动力之一，不论在哪个国度，不论是在发达的城市还是落后的农村，金融对经济的发展都起着关键的作用。然而，金融在现实的发展中却有意无意地将一部分个人、集体或者企业排斥在金融体系之外，使他们不能享受到正常的金融服务。这部分经济主体包括个人、某些群体、组织、行业以及地区等可能是由于自身缺陷或者制度因素，或缺乏抵押品、信贷记录和“关系”，以及金融市场上的信息不对称和高交易成本等因素而无法通过合适的渠道获得金融产品或者无法获得低成本、公平、安全的金融产品。特别是，相对于发达国家，发展中国家金融制度不完善、体制不健全，因此更容易造成金融服务对象的范围尺度偏窄。此外，对于发展中国家，城乡二元经济结构是其经济发展的主要特征，与此同时，金融二元结构也同样困扰着城乡经济之间的协调发展。相比于发达的城市，广大的农村拥有的金融服务机构更加稀少，金融知识在农村的散播极为有限，农村各个经济体享受的现代金融服务远远落后于城市。农村居民在储蓄、基金、保险、贷款等方面存在着严重的金融受排斥状况，即他们不能以恰当合理的方式获得这些金融服务。金融在服务企业发展中，由于中小企业效率较低、信用不足、抗风险能力弱等原因，各国的金融机构出于成本、风险、收益等考虑，都更偏向于给大型企业融资，导致中小企业融资不足。因此，提高金融服务质量和水平、扩大金融服务对象的范围尺度是金融发展的题中应有之义。

3.2 农村金融发展理论

3.2.1 农村金融抑制论

金融抑制、金融深化与金融约束理论是政府与市场角色争论在金融市场中的延伸。1973 年，麦金农与肖先后出版了两部代表性的著作：《经济发展中的货币与资本》和《经济发展中的金融深化》，对发展中国家的货币金融理论、货币金融政策与货币金融制度进行了深入探讨。麦金农认为正规金融机构在向农村地区小额借贷者服务上不成功，银行成为大公司、国有企业、跨国公司的附属物，成为政府融资的工具，经济中的其他部门的融资必须由放债人、当铺老板和合作社等非正规金融机构的不足资金来满足。麦金农把这种现象称为“金融抑制”。肖（1988）认为金融抑制是经济发展战略的一个典型特征，在被抑制经济中，政策策略就是干预主义，他列举了金融抑制的表现：高估本币、通货膨胀、信贷配给等，政府的经济政策对所有市场进行价格控制，在金融市场上的政府控制达到了顶峰。低利率甚至负利率政策，强化了中介机构躲避风险的倾向和保持流动性的偏好，政府不得不以昂贵的代价设立银行，补贴贷款政策导致低效率（麦金农，1988；肖，1988）[303-304]。

Kapur（1976）[295]、Mathieson（1980）[296]、Galbis（1977）[297]、Fry（1982、1989）[305-306] 等学者修正和深化了“麦金农—肖理论”。Kapur（1976）[295]、Mathieson（1980）[296] 通过放松“麦金农—肖理论”假定，用新古典增长模型证明了金融抑制对经济增长的阻碍。Galbis（1977）通过构建一个两部门模型，证明金融在资源配置中起着非常重要的作用，其前提是实际存款利率要足够高，使得实际资源从低效率部门向高效率部门转移，加速经济增长和发展，这修正了“麦金农—肖理论”提出的货币—资本积累—经济增长范式，认为货币是通过从低效率部门向高效率部门转移来促进经济增长的[297]。Fry（1982，1989）扩展了 Kapur – Mathieson 模型，认为决定一国经济增长的因素是投资的规模和效率；由于发展中国家资本短缺，无法利用有效的投资机会，制约了投资规模的扩大；实际利率过低不能提高投资效率。通过实证分析证明，在一个金融抑制经济中，长期通货膨胀率与经济增长率负相关[305-306]。

上述学者归纳了发展中国家在金融抑制体系下的金融市场的特征：一是发展中国家呈现为“分割经济”特征，金融市场表现为“二元化”特征。发展中国家的企业与居民面对土地、劳动力、资本和产品有着不同的实际价格，难以获得同等水平的生产技术，价格不能在资源配置中起信号作用，政府干预导致了资源配置效率低下。在金融市场上，一方面表现为城市金融与农村金融的分割，另一方面表现为正规金融市场与非正规金融市场的并存。二是货币深化程度很低。市场分割导致农村自给自足的非货币交易的存在，以货币为媒介的交易受到限制。三是金融市场低利率过低。低利率与高通货膨胀率使得名义利率不能够真实反映资金的稀缺程度，实际存款利率往往为负数。负利率一方面导致储蓄下降，另一方面使投资不受利率成本的约束，导致信贷市场低效率。四是金融市场机构单一，呈现垄断的市场结构。在正规金融市场上，绝大多数商业银行属于国家独资商业银行或国家控股的股份制商业银行，即使少数民营银行也受政府的严厉监管，非正规金融市场长期被排除在外。

金融抑制论认为，发展中国家在加速工业化的目标下，企图人为以低成本利用国内和国外金融资源，从而人为压低存贷款利率和高估本币汇率，由此造成金融市场调节资金供给和需求的能力丧失。低利率一方面限制了金融体系动员国内储蓄的能力，造成资金供给不足；另一方面刺激了资金的过度需求。于是金融市场供求失衡，这又迫使政府进一步加强干预，即通过信贷配给，抑制过度的资金需求，强制实现资金供求平衡，从而使有限的资金大多低效率地使用。在其他条件不变的情况下，低效率地使用资金，束缚了发展中国家的实际经济增长和国民收入的增加，这又反过来降低了发展中国家的国内储蓄。

金融抑制论的政策含义非常明显。发展中国家要解除金融抑制，必须实现金融深化：实施利息率管制采取正的存款利率政策；通过提高银行的贷款效率扩大货币体系实际规模和缓和金融抑制；货币深化；金融机构多样化。金融深化理论的核心强调政府管制的放松，实现金融自由化，发展中国家农村金融市场改革与发展的路径提供了相应的政策建议。

3.2.2 农村金融深化论

金融深化是政府放弃对金融的过分干预，使利率和汇率充分反映供求状况，并有效控制通货膨胀。多数经济学家认为货币与实质资本的关系是替代关系，即保有的货币余额多些，实质资本数量就会少些；反之，若在一定的收入水准下增加实质资本的数量，就应相应减少人们保有的货币余额。麦金农认为，这种替代关系的假说并不适用于经济相对落后的发展中国家。因为发展中国家的经济大都是“分割”经济，即企业、政府机构和居民等经济单位相互隔绝，因而，各部门既无法获得统一的土地、劳动力、资本品及一般商品价格，也难以获得同等水平的生产技术。由于资本市场极为落后，间接金融的机能也比较软弱，因此，众多的小企业要进行投资和技术改革，只有通过内源融资，即依靠自身积累货币的办法来解决。在投资不可细分的情况下，投资者在投资前必须积累很大一部分货币资金，计划投资规模越大，所需积累的实质货币余额就越多。因此，他认为，在发展中国家货币与实质资本的关系是同步增减的互补关系，并用一个简单的图形（图 3.1）加以表述：

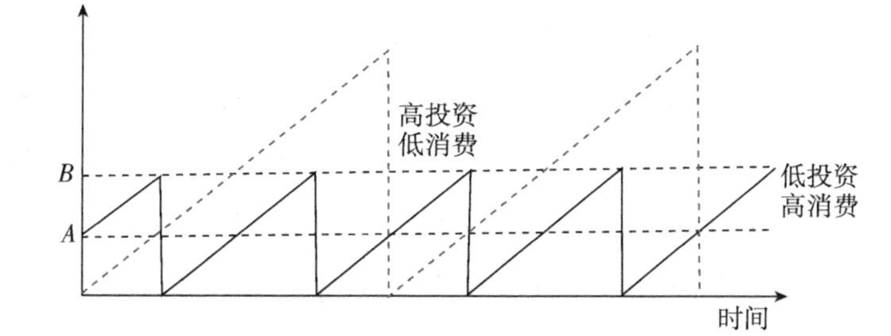

图 3.1 发展中国家货币与实质资本的关系

麦金农、肖的金融深化论的核心是反对实行低利率（低于均衡利率水平）或负利率政策[303-304]。他们曾于1973年建立了一个经济模型，认为金融自由化可以加速经济增长。同时批判了金融压制的危害，其中包括利率限制、高储备率、信贷管制以及各种对金融中介歧视性负担。麦金农、肖指出利率管制对经济有扭曲作用：①低利率鼓励提前消费，从而减少储蓄，使之降到社会最佳水平之下。②因贷款管制、贷款利率较低，因而贷款人可能将钱投向直接投资而不愿通过银行间接融资。③银行借款人可以低利获得借款，愿将借款投向资本密集型企业，减少投入劳动密集型企业，不利于就业。④借款人中常常包括一些愿投向低收益项目的企业家，他们只愿以低于出清市场的利率借款，不利于形成能出清市场的利率水平。此外，在信贷管制下，往往要求银行将贷款以官定低利投向国家规定的优先项目，而这些项目往往效益不佳，无法还款，形成银行大量呆账，导致银行系统的脆弱性。提高实际利率可增加储蓄和投资，同时企业从事低于均衡利率的低收益投资也会受到抑制。投资平均收益提高，经济增长加速。因此，麦金农、肖的政策建议是提高利率，降低通货膨胀，取消利率和信贷管制，这样会增加投资效益，提高经济增长率。但他们认为成功的金融自由化必先严格财政纪律，控制财政赤字。因为政府弥补财政赤字的方式主要依靠上述强加于金融体系的歧视性税赋。大量财政赤字与金融自由化是有矛盾的。

麦金农对实际利率如何影响储蓄、投资和经济增长的分析是建立在两个假设上：①所有经济单位都限于自我融资；②投资金额不可细分，投资者在投资前必须先积累较大量资金。所以实际利率愈高，投资动机愈大。故对货币的需求愈大，投资在总支出中所占比例愈大。麦金农认为货币与物质资本是互补性的，特别适用于半工业化的发展中国家。

肖舍弃了麦金农的自我融资假设，从债务中介观点来解释金融自由化的效果。他认为发达国家和发展中国家的金融体系大不相同，发达国家拥有精微的、复杂的、多样化的金融机构，可以便利地将储蓄转化为投资。金融中介的作用在于改善资源分配与决定人均收入水平。因此人均收入水平与金融机构的完善和成熟精微程度有着正相关关系。

肖建立的货币模型货币关联着对私人部门的生产性投资，因而货币量与经济活动水平关系密切，通过商业银行进行的储蓄与投资范围亦随之扩大。肖认为金融自由化和金融发展会增加储蓄与投资的动机，其结果会提高金融中介在促进储蓄向投资转化中的作用，同时提高投资的平均效益。金融中介一方面可以提高储蓄者的实际收益，另一方面又可以降低投资者的实际成本。

如果利率被官方定得低于均衡水平，金融中介就会受到压制，不能充分发挥作用。如果允许利率探寻其均衡水平，金融中介就可利用其专长有效地分配大量的投资基金，资金就会源源而来。肖认为成功的金融自由化，其先决条件应该是银行的同业竞争与自由准入。

肖认为包括货币在内的各种形式的财富的实际收益都对储蓄比例有正面作用。投资者不限于自我融资，所以麦金农论述的互补作用在扩大化的融资渠道和融资成本中不起作用。如果官方机构信贷不足，可以求助于场外金融市场。麦金农强调自我融资，货币与物质资本具有互补性，而肖认为借贷融资无互补性。但人们认为二者之论并非不可调和的矛盾。因为大多数项目的资金来源既有内部积累资金，又有借贷资金。

总而言之，麦金农、肖的基本观点是，各种金融压制，包括利率信贷管制、高储备率以及其引发的通货膨胀，会减少持有货币等金融资产动机，从而减少可贷资金，不利于投资及经济增长。此外，金融压制降低投资的质与量，而金融自由化可以增加投资的总量和效率，可以增进经济增长。

肖（1977）认为，金融深化能获得收入效应、储蓄效应、投资效应、就业效应和分配效应，而这些效应有助于一个国家摆脱贫困。①提高储蓄水平的储蓄效应。包括：提高国内私人储蓄占收入的比率；政府储蓄；增加外国储蓄。金融自由化使得进入一国资本市场比较容易，这将扭转资本外逃。金融深化纠正了扭曲的金融价格，使储蓄者的收入发生变化，从而会鼓励其减少当前消费，增加储蓄，最终提高一国私人储蓄对收入的比率，使金融机构有能力给投资者提供更多借款机会，即增加一国利用外源储蓄的机会。②投资效应。金融自由化开辟了优化储蓄分配的道路，一国边际投入—产出比例将上升。金融深化使有限的资金能够在竞争中进行最有效的分配，真正起到奖优罚劣的作用，从而取得较好的投资效益。③就业效应。利率的上升将使投资者的资金成本上升。在劳动力同资本发生替代或同资本发生替代之处，资本价格的上升诱使投资者增加劳动密集型的投资，从而会扩大就业水平。金融深化有利于信贷超分配和稳定通货，从而有利于为经济发展创造良好的经济环境，有利于劳动密集型产业的发展。④收入分配效应。金融深化将导致整个国民产业水平的稳定增长。从分配方面看，金融深化还使少数大企业大公司的信贷资金特权分配受限制，阻止腐败的发展，有利于促进收入的公平分配和政治稳定。

肖强调，金融抑制的特征是国家干预主义，而金融深化的特征则是用市场去代替官僚机构。当然并不是只有金融自由化才重要，相反，金融自由化应与金融部门以外的其他补充手段有机地联系在一起。麦金农认为，经济发展的优先策略是直接放松国内金融和对外贸易，即推行金融自由化和贸易自由化，而不是依赖外资来消除长期的“瓶颈”。他还强调，生产要素市场的扭曲，削弱了发展中国家国内企业的增长，这又使其过度使用外国金融资源。为了促进本国经济的均衡发展，发展中国家自身应该减少对 FDI（包括资金、现代技术和技能流入）的依赖。

金融深化论认为，为了消除金融抑制，必须推行金融自由化政策，充分发挥金融市场在动员和分配国内储蓄和国外储蓄方面的功能。金融自由化的核心是放开金融资产价格，尤其是利率与汇率，使金融资产价格真实地反映供求关系，从而恢复金融市场调节资金供求的能力。

麦金农和肖的金融深化理论，把金融发展和金融自由化等量齐观，认为金融发展实质上就是金融自由化，消除金融抑制的灵丹妙药只能是金融自由化。

在金融深化理论影响下，20 世纪七八十年代，在发展中国家掀起了一场影响深远的金融自由化运动，拉美、东南亚国家和地区是这场运动的先驱。这些国家和地区实施金融深化的措施主要包括：利率机制改革、货币市场和货币控制措施改革、审慎监管体系改革、金融监管重组与发展、加强银行间竞争的措施；选择性信贷条例的改革、发展长期资本市场、立法改革等方面。由于拉美国家金融深化中出现的金融危机，一些经济学家在对金融深化理论与实践效应的检验与批评中，试图寻找一条促进金融深化的新通道。

许多发展中国家的经验证明了麦金农和肖的金融深化理论的正确性。如东南亚部分国家经济 20 世纪 80 年代末期以来的发展，金融深化是重要因素，一度被称为亚洲奇迹。当然，其风险也是很大的，1997 年金融危机就是这种发展模式的风险体现。发展中国家金融改革的最终目标是促进资金（资源）的市场优化配置，这一目标不仅仅是国内金融市场配置资金功能的发挥，同时还是资金在更大范围的分配与流动，即金融领域的国际化和一体化。这是本国金融业与金融市场的发展服务于不断开放的经济环境和不断走向国际市场的民族经济的必由之路。不过，发展中国家对外开放本国金融市场的步伐和节奏应该得到有效控制，以避免因过早地开放国内金融市场可能导致的资金流动对国内经济和金融的冲击。而完全摆脱政府宏观调节的金融自由化将会贻害无穷，拉美国家的经验充分显示了这一点。

3.2.3　农村金融约束论

一个国家经济发展状况在很大程度上受该国金融业发展状况的影响，而金融业的发展又受制于政府经济管理政策的选择，因此，政府可以通过对金融业的管理来间接影响经济发展。但是，政府对金融业的管理并不一定就能够对经济发展起到正面的促进作用，不恰当的金融管理政策甚至可能会阻碍经济的健康发展。对于一国政府的金融管理活动与该国经济增长之间的关系，不同的理论从不同角度给出了差异很大的结论。如金融抑制论认为，政府对金融市场价格和数量的控制扭曲了资源配置，阻碍了经济增长。尽管从重视市场机制在经济发展中的基础调节作用的传统经济学理论的观点来看，金融抑制论毫无疑问应该是正确的，但在现实中许多国家在经济发展的实践中所走出的道路并不能够为这一理论提供更多的佐证，反而从另一个方面对其科学性提出了疑问。二战结束后到现在，东亚经济得到了飞速的发展，东南亚的泰国、印尼和马来西亚等国家，以及中国的经济都得到了巨大的发展，而这些国家多多少少都存在着金融抑制现象，按照金融抑制论的观点，这些国家由于存在严重的金融抑制问题，经济不应该有飞速的发展，但是事实却恰恰相反。

在这一背景下，以托马斯·赫尔曼、凯文·穆尔多克和约瑟夫·斯蒂格利茨为代表的经济学家于 20 世纪 90 年代末针对发展中国家的国情提出了

“金融约束论”。他们认为，政府通过实施限制存贷款利率、控制银行业进入等一整套的约束性金融政策，在银行业创造租金，从而可以带来相对于自由放任政策和金融压抑政策下更有效率的信贷配置和金融业深化，对发展中国家维护金融机构的安全经营、保证金融体系的稳定、推动金融业发展的进程极为重要。金融约束的主要政策有利率控制和资产替代等，其中利率控制是核心。金融约束的本质是：政府通过一系列的金融政策在民间部门创造租金机会，即取得超过竞争性市场所能产生的收益的机会，这种租金能够促进市场更好地为经济发展服务。“金融约束论”的核心观点是：提供宏观经济环境稳定、通货膨胀率较低并且可以预测的前提，由存款监管、市场准入限制等组成的一整套金融约束政策可以促进经济增长。

以 Stiglitz 等（1997）为代表的经济学家，主张发展中国家应在物价稳定的前提下实施金融约束，实行比自由竞争的市场机制确定的均衡利率要低的人为利率体制。Stiglitz 列举了低利率政策能够提高经济增长的大量方法：他认为低利率政策是一种把资源从家庭转向合作部门的机制，如果合作部门的边际储蓄倾向比家庭高，存款总量将会上升；低利率可以通过减少不利选择和激励问题来提高借款人预期的质量，政府的适度干预可以放大这种效应；有监督的信贷政策是对低利率产生过剩需求的一种激励体制[307]。Lee 和 Takagi（2015）从内部资本市场假说中推导出金融抑制是有好处的。他以东南亚国家金融市场发展的例子，指出国家控制的、以信贷为基础的体制与内部资本市场体制运行相似，国家与贷款公司之间培养了一种长期合作关系，信任与合作对监督更为有效[308]。

在东南亚国家和地区的发展中，普遍存在政府干预与程度不同的金融抑制，但这些国家和地区的经济增长速度很高，在世界银行（1993）报告中得到了肯定，而世界银行一向推崇市场导向的非政府干预。世界银行报告审慎认为东亚模式中政府对金融体系的积极干预、设立大量的政策性金融机构以实施体现政府意图的资金分配对其他国家未必适用，但日本、韩国和中国台湾对金融体系的积极干预对经济的高速增长做出了贡献。在对东南亚金融体系的研究中提出的“金融约束”论，其核心思想是在稳定的宏观经济环境下，通过实施低通货膨胀、正的但低于均衡利率的实际利率、存款监管、市场准入限制等金融抑制政策仍有助于经济增长。

总体上看，金融约束论与金融深化论对低利率与通货膨胀有不同的认识，其区别在于低利率产生的租金流向不同。根据 Giovannini（1985）的研究，在一个由企业、金融机构与居民构成的三部门经济中，金融约束产生的低利率租金在企业与金融机构之间流动，金融机构的安全性抵补了居民低利率收益的损失[309]。在金融约束条件下，租金在企业与金融机构之间的转移有利于银行贷款监督、信贷政策有利于企业追求利益最大化，通过租金效应和激励机制来规避金融市场的逆向选择与道德风险。这是一种政府干预下的金融深化路径。

金融约束论对政府的金融管理政策在金融业和经济发展中所起的作用做出了分析，从而丰富了经济发展理论。但是，由于种种制约因素的存在，这一理论对现实的解释及指导作用并不是很大，主要原因有以下几个方面：

（一）“金融约束论”的严格假设限制了该理论的现实意义

虽然对理论的科学性进行评价时不能仅仅局限在理论的假设上，因为有许多理论的假设尽管十分严格，却并不影响其科学性，但也不能因此而放弃对金融约束论理论假设的分析。不同于其他一些只是单纯的逻辑推论而不涉及政策选择的理论，金融约束论的目的更多的是给政府选择金融管理政策时提供帮助，而这些政策是否真正有效，很大程度上就取决于它们究竟是否适应现实需要，因此，我们必须对金融约束论的理论假设进行仔细推敲。正如上文所述，金融约束论成立的条件主要有限制市场准入、限制直接融资和宏观经济稳定、通货膨胀率较低且可以预测。在这些条件中，限制市场准入和限制直接融资可以通过严格的管理来实现，但是要保持宏观经济稳定和较低的通货膨胀率就比较困难了，因为宏观经济的稳定不仅受政府经济政策的影响，也受微观经济主体行为的制约，同时在经济全球化的今天还受国际经济环境的影响，单靠政府的力量很难保持一贯的经济稳定和较低的通货膨胀率。还有，正如有些学者所讲的，对市场准入和直接融资的限制是与经济发展规律相悖的，竞争和开放才是经济发展的大势所趋。此外，姑且不论这些限制政策的正面意义究竟有多大，单单这些限制政策后面所隐含的权力就会导致严重的寻租行为，紧接着是政府部门的腐败和政治法律环境的恶化，而最后必然是经济发展受挫。由此可见。金融约束论的理论假设过于严格，不太容易实现，更加严重的是一旦完全实现了这些假设条件，又会给经济运行带来更大的阻力，这就极大地限制了其现实意义。

（二）金融约束政策的选择和实施存在困难

按照金融约束论的分析，金融约束政策主要有利率控制和资产替代等，其中利率控制是核心。在市场经济条件下，利率是货币资金的价格，是引导资源合理配置最为重要的市场信号。一个国家的利率形成机制和运行状况的好坏直接影响该国经济增长质量。但利率要想对资源配置和经济运行发挥正面作用必须有一个前提条件，即引导资源配置的利率必须是市场利率，这也是目前许多国家都在积极推进利率市场化的原因之一。要想通过金融约束政策来促进经济的发展。就必须对利率进行控制。而在政府控制之下的利率本质上与市场运行规律相悖。与市场利率相背离的官定利率势必不能很好发挥引导资源合理有效配置的作用。同样。强制的资产替代实施起来也不是太容易，一旦真正有效地实施起来，则又可能会阻碍一国金融市场的平衡发展，给经济的可持续发展带来不利影响。由此可见，金融约束政策的选择和实施都存在困难。

（三）租金对金融业发展及经济增长的作用究竟有多大

赫尔曼等人认为，金融约束的本质是政府通过实施一系列的金融政策在民间部门创造租金机会。这种租金是指超过竞争性市场所能产生的收益，它能减少与信息相关的、妨碍完全竞争市场方面的问题，为银行创造“特许权价值”，还可以促使银行开展一些在完全竞争市场条件下不利的业务，还能够诱导民间部门当事人增加在纯粹竞争市场中可能供给不足的商品和服务。事实上，金融约束论所说的租金本质上是政府为银行人为地创造一种特权，其关键在于政府通过一系列有利于银行业的金融管理政策来推动金融业尤其是银行业的发展，进而通过金融业的发展来推动整体经济的发展。

当然，金融业的发展在经济高质量发展过程中发挥着至关重要的作用。但是发挥积极作用的前提是金融业的发展状况必须是健康的，不健康的金融业只会阻碍而不会促进经济的高质量发展。这里所说的租金在金融业的发展中究竟能够起到多大作用，至今仍是个疑问。必须看到，一个国家的金融业发展与否并不是只与政府行为相关，它需要很多其他的主客观条件。金融业本质上也是竞争性产业，如果金融业可以通过实施金融约束政策来创造所谓的租金从而促进其快速发展，岂不是说任何一个竞争性产业都能通过政府的特殊照顾而得到快速发展？因为金融业所体现的经济运行规律与别的产业并没有本质区别。西方发达国家在金融业发展的过程中并没有推行金融约束政策，但他们的金融业十分发达，而许多发展中国家大量推行金融管制政策，却没能推动其金融业快速发展。况且，金融约束论是一些经济学家在 20 世纪 90 年代根据一些发展中国家的经济发展经验所总结出来的，这些经济取得巨大进步的国家多多少少采取了一些所谓的“金融约束”政策，但没有任何证据表明这些政策在经济起飞和快速发展过程中发挥了关键作用。因此，金融约束论的理论逻辑未必就正确，租金对金融业及经济发展的作用并不明确。

金融约束政策必须要在一系列苛刻的假定条件下才有可能成立，在现实中不具有可操作性。金融约束政策想要达到金融深化的目的，实际上却更加限制了金融深化的进程，因此，金融约束论在我国是行不通的，它并不能保证实现经济改革的目标。有步骤地实行利率市场化，构建多方位、多层次的金融体系，完善金融功能，健全金融体制才是金融深化的可行路径。

金融约束论的结论就是政府通过实施一系列金融约束政策可以促进金融业更快地发展，从而推动经济快速增长，其隐含的前提是政府可以有效地管理金融业，或者说政府可以解决市场失灵问题。事实上，政府并不比民间部门拥有更多的信息和更强的经济管理能力。在管理经济过程中，政府失灵问题同样严重，历史已经一次次证明，政府过多参与经济管理的最终结果往往是阻碍而不是促进经济的发展。市场运行有其内在的规律，不是任何主观力量都可以替代和改变的。因此，金融约束论所提出政策的现实意义就很有限。但是，我们也不能因此就完全否定金融约束论，特定条件下金融约束政策对金融业发展和经济增长的确能够起到积极推动作用。虽然政府不能代替市场，并不是说政府的力量在市场运行中就丝毫不能发挥作用，主要是把握好一个度。可有一点是明确的，金融约束政策仅仅是市场的补充而不能取代市场，这一政策的实施也不是长期的，只是一个过渡，是特定时期的特殊政策，最终还是要由市场来解决问题。

3.2.4 农村金融生态论

金融生态作为仿生概念，是在借鉴生态或其他类似领域相关理论基础上引入的。金融生态是在借鉴英国生态学家坦斯利（A. G. Tansley，1935）的生态系统（Eco－System）基础上提出的，由于金融体系具有内在逻辑安排、发展规律等群体生态学（Synecology）特征，其逐渐在经济活动中形成具有鲜明结构特征和功能特点的“秩序结构”，这种“秩序结构”便称为金融生态。金融生态是指对金融的生态特征和规律的系统性抽象，本质反映金融内外部各因素之间相互依存、相互制约的有机的价值关系。提出金融生态理论的主要诱因是当前我国金融生态环境恶化，金融生态系统失衡。这一状态如果不果断地加以改变，将威胁金融业的稳定，对经济发展造成巨大的损失。金融生态理论与实践还存在一些问题和不足，主要表现为：①金融生态的概念和内涵把握不准。众说纷纭的金融生态的概念迷失了金融生态理论的方向性和金融生态实践的准确性，使宏观部门无从着手，微观部门无所适从。②金融生态的基本原理不清。很多人对金融生态、金融环境、金融机制、金融规律在运用中相互串用，导致金融生态的目标不清，渠道不明，容易变成一个大杂烩。③保护金融生态的工作机制和模式不清，对金融生态的状态评价没有标准，使具体调研和考察依据不明。④由于对金融生态的科学性和前瞻性缺少认识和理解，很多人对金融生态理论与实践的重要意义的认识不够，甚至有人认为是一种炒作和赶潮流。本书针对这四个方面的问题展开分析，以期推动金融生态理论的发展和统一。

周小川（2004）[①] 率先对影响金融生态的若干问题进行分析，指出应通过完善法律制度等改进金融生态环境的途径来促进整个金融系统的改革和发展，这对金融生态及金融生态环境的系列研究产生了积极的推动作用。他认为，金融生态即微观层面的金融环境，包括法律、社会信用体系、会计与审计准则、市场体系、中介服务体系、企业改革的进展及银企关系等方面的内容，其中，法律制度环境是金融生态的主要构成要素。此外，由于银行不良

① 周小川本人多次强调自己并不是提出金融生态第一人，但至少在他提出后，引起我国学术界对金融生态建设的广泛重视。

贷款的产生程度与贷款客户的资信密切相关，企业改革也是改善金融生态的重要方面。他认为金融体制改革是一项系统工程，包括四方面内容：一是金融机构自身的改革；二是金融生态环境的改善，其中包括两个层面，即全局与宏观层面的生态环境以及地方层面上的生态环境；三是监管要到位，主要是完善监管体制、改进监管方法、加大监管工作力度；四是宏观金融政策环境，如利率政策、汇率政策和市场定价的灵活性等方面。这也基本符合我国各地金融生态环境差异较大的实际情况[310]。

徐诺金（2005）规范地阐述了金融生态的理论含义和实践范畴。他指出，金融生态是金融与其环境之间相互关系的总和，是各种金融组织为了生存和发展，与其生存环境之间及其内部金融组织相互之间在长期的密切联系和相互作用过程中，通过分工、合作所形成的具有一定结构特征，执行一定功能作用的动态平衡系统。他认为，应从金融生态环境、金融生态主体、金融生态调节这三个主要方面展开相关研究，金融生态系统的有效性体现为这三方面符合生态系统特征的体制性；至于金融生态环境，他指出，金融生态的外部环境严重危害金融生态的平衡和优化，并从法律制度、诚信环境、企业破产问题、行政制度问题等方面分析了我国目前金融生态环境存在的系列问题[311]。

李扬（2005）认为金融体系绝非独立创造金融产品和金融服务的系统，它的运行不仅涉及其赖以活动之区域的政治、经济、文化、法制等基本环境要素，还涉及这种环境的具体构成及变化，以及由此导致的主体行为异化对整个金融生态系统所产生的影响。他还认为，金融生态环境因素可能是影响我国金融资产质量（金融生态现实状态）的最主要因素。基于此判定，他创建了城市金融生态数据库（李扬，2005），通过经济基础、企业诚信、地方金融发展、法治环境、诚信文化、社会保障程度、金融部门独立性等因素综合指数的设计，运用数据包络分析（DEA）模型，对我国的城市金融生态环境进行了定性、定量分析及相关评价，强调应从转换地方政府职能、完善金融业发展法治环境以及推进社会诚信文化建设三个角度来优化金融生态[312]。

另外，基于上述理论，其他学者也有相关的跟进研究：

（1）金融生态理论研究方面。杨子强（2005）从广义与狭义两个层面阐述了金融生态环境的概念，他认为，广义上的金融生态环境是指与金融业生存、发展具有互动关系的社会、自然因素的总和，包括政治、经济、文化等一切与金融业相互影响、相互作用的方面，是金融业生存、发展的基础；狭义而言，则是指微观层面的金融环境，包括法律、社会信用体系、会计与审计准则、中介服务体系、企业改革及银企关系等方面的内容。同时，他强调金融生态环境中各因素相互联结、相互依赖、相互作用，共同构成一个有机整体（金融生态链）。此外，他还主张商业银行应当重视对金融生态环境的研究和利用，深刻把握金融生态主体与环境之间的密切关系[313]。

唐旭等（2005）认为金融生态中的法律问题始终是金融领域所关注的焦点。结合我国目前正在制定中的《物权法》，他们认为，不完备的担保法律会导致银行提高贷款利率以弥补借贷风险，减少借贷，从而导致信贷市场萎缩；反之则会有助于减少不良贷款、防范金融风险，降低贷款利率、提高信贷服务并深化金融市场。他们主张通过完善担保物权制度来实现融资畅通、保护银行和工商企业等信贷人权利，从而优化金融生态，促进金融发展和经济增长[314]。

韩金峰在《政府主导优化金融生态环境，促进经济金融良性互动发展》（韩金峰，2006）中指出，金融发展取决于金融生态状况，改善金融生态是新时期政府抓好金融工作的切入点。他认为政府应在加强金融生态规划、构建部门联动机制，提高社会诚信意识、夯实金融生态基础，加快市场经济发展、健全金融生态内部机制，调整优化产业结构、打牢金融生态经济基础中发挥主导作用[315]。

苏宁（2005）认为，金融生态作为一种拟生比喻，不是指金融业内部的运作，而是借用生态学概念来比喻金融业运行的外部环境；同时他强调，良好的金融生态环境由稳定的经济环境、完善的法制环境、良好的信用环境、协调的市场环境以及规范的制度环境构成[316]；穆怀鹏（2005）也认为，对金融市场而言，金融生态就是指影响金融市场运行的外部环境和基础条件，它包括了法律制度环境、公众风险意识、中介服务体系、市场信用体系、行政管理体制等内容[317]。良好的金融生态，对于推动金融市场充分发挥资源配置功能、降低金融交易成本、促进经济健康发展具有重要的作用。

清华大学宋逢明（2005）指出，良好的金融生态环境能够促进金融业的健康发展，反之金融业的健康发展，能够有力地支持、促进经济发展和社会进步。他进一步强调，良好的信用环境有两个标志，其一为公司治理的完善，其二为政府对于商业银行信贷活动不再采取强烈干预，外部金融生态环境的改变不能靠银行来进行，金融生态环境的改善需要政府和整个社会来推进。他建议创新机制，使得制度有效运行，而这就需要良好的外部环境支撑，外部金融生态环境的改善，才有利于我国银行巩固核心竞争优势[318]。

（2）金融生态实证研究方面。徐小林（2005）运用实证分析方法对金融生态环境的改善问题进行了研究。他通过金融生态环境评价指标体系的设计，围绕经济资本回报率、银行部门贷款平均收益率、加权风险度等核心指标，对山东三地市金融生态环境状况进行了分析。他认为，不同区域经济发展模式、发展水平和发展阶段存在梯度性差别，加之司法、执法环境、信用环境等不同，会引发区域间金融生态系统效能差异化，发展到一定程度，就会引起“累积性因果循环”，进而导致区域间发展差距拉大[319]。

周志平（2005）基于金融生态的层次结构和资源配置角度，通过对欠发达地区市、县域和乡村三层金融生态的结构性比较研究，并结合个案得出了有关金融生态系统调整的重要结论。他认为，市域层次的产业结构和政府投资冲动是影响金融生态的主要变量；县域层次金融机构自身的不作为和信用脆弱造成了金融生态与金融发展的恶性循环；在镇以下乡村，经济基础薄弱和农村金融供求失衡是金融运行的主要问题。他得出结论，三层次结构性金融生态差异是金融资源非均衡配置的重要解释变量，应按层次有侧重地对金融生态系统进行优化[320]。

程亚男等（2006）以金融生态环境为研究对象，从评价指标体系构建层面阐述了一种健康金融生态环境的理想状态模式。他分析得出，金融生态环境评价指标体系应包含定量指标和定性指标两个体系，定量指标设计包括经济发展水平、金融资源水平、社会信用和法制环境 3 个目标层、14 个准则层；定性评价包括金融法律法规的完善程度和执行状况等四项标准，从可操作层面为央行、政府及相关部门决策、构建和谐金融生态环境提供了诸多有益的参考和借鉴[321]。

谢庆健（2006）通过研究安徽、江西、河南等六省 1995—2004 年间县域金融生态状况，从经济、法律、行政等方面对其辖属的县级人民银行、金融机构及政府经济部门进行了针对性分析。在解决县域金融生态所存在的问题上，他建议，应根据县域发展多层次需求，构建政策性金融、商业金融、社区互助金融相结合的金融体系；要完善地方政府、金融管理部门和金融机构三位一体共同推进的县域金融生态调节机制；应深入开展以保护债权为中心的金融生态环境改良活动[322]。

另外，皮天雷等（2006）从新制度经济学角度分析了金融生态的法律制度要素。他认为，在金融生态建设中，完善法律制度是改进金融生态的核心步骤。他指出，我国金融生态环境法制缺陷的深层次原因，是没有真正实现从“人治”“权治”到“法治”的根本转变，以及由于非正式约束与市场经济还存在诸多矛盾，我国金融生态建设应以完善金融产权为核心，以强化信用秩序为重点，改善金融主体法律制度[323]。

我国学术界虽然对金融生态的研究取得了大量的研究成果，但是对我国金融业中最薄弱的农村金融生态环境的研究成果却较少。

刘伦等（2006）指出，农村金融生态建设是一项系统工程。他运用能量守恒定理与金融垄断模型诠释了我国农村金融生态的优化机理，认为农村金融生态应注重金融理念、金融意识、金融管理之间的综合协调[324]。黄福宁（2005）则对当前我国农村金融生态的缺陷进行了分析，并提出了要从法制、农村信用工程、农村征信体系、内控机制、信贷保险制度、金融市场完善、金融监管和农村经济体等八个方面加快农村金融生态建设[325]。谢伟等（2005）则透析了农村金融生态建设的现实困境，并探索了农村金融生态建设的路径[326]。林永军（2005）则基于系统论对农村金融生态建设进行了解析，分析了金融生态圈内各子系统之间的相互关系以及决定中国金融生态系统的各种深层要素，指出当务之急是要树立金融生态建设的系统论观念，完善金融法律环境，努力实现行政金融向市场金融、管制金融向生态金融的转变，提高金融生态主体免疫力和市场竞争力[327]。而吴志远、李才平（2006）从微观金融机构产权制度规范及其内部管理的完善，中观金融产业组织体系的结构完整和功能互补，宏观金融体系的环境优化三个层面对我国农村金融生态问题进行了深入剖析[328]。在实证方面，周志平等（2005）基于金融生态的层次结构和资源配置角度，对欠发达地区市、县域和乡村三层金融生态进行结构性比较研究。认为在镇以下乡村，经济基础薄弱和农村金融供求失衡是金融运行的主要问题，从而得出应按层次有侧重地对金融生态系统进行优化的结论[329]。张高军（2006）以广西天峨县为例，剖析了我国欠发达地区改善金融生态环境难题，并提出了改善县域金融生态环境，促进农村经济发展的政策建议[330]。谢庆健（2006）通过研究安徽、江西、河南等六省 1995—2004 年间县域金融生态状况，他建议应根据县域发展多层次需求，构建政策性金融、商业金融、社区互助金融相结合的金融体系；要完善地方政府、金融管理部门和金融机构三位一体共同推进的县域金融生态调节机制；应深入开展以保护债权为中心的金融生态环境改良活动[331]。张瑞怀（2006）则运用 BP 人工神经网络模型对湖南 86 个县域样本的金融生态环境进行了综合分析及评价，为制定改善农村金融生态环境的政策措施提供了可鉴依据[332]。此外，通过分析西南民族地区农村金融环境和非金融环境，中国人民银行成都分行课题组（2006）认为，农村金融生态是由金融环境和非金融环境相互依存、相互制约的区域性金融生态圈，而金融生态圈的运行过程实际上是金融主体在金融环境和非金融环境约束条件下追求其目标价值函数最大化的过程[333]。

3.2.5 农村金融效率论

效率是经济活动所追求的重要目标。金融作为现代经济的核心，在相当的程度上决定着经济的发展速度和发展质量，当然离不开对其效率问题的研究。中国是一个农业大国，“三农”问题在根本上影响着中国的发展，农村金融在推动农业现代化与农村经济发展中扮演着重要角色，其效率成为影响现代农业发展的重要因素。但实践表明，近年来出台的金融支农政策在相当多的农村地区的实施效果不够理想。主要原因是，我国区域之间的金融发展不均衡使得我国统一的宏观经济政策的作用机制遭遇区域性结构矛盾，进而产生不同的区域效应，不同区域金融供给主体的作用边界与效果是存在差异的。但在实践中由于没有根据当地实际的农村金融环境而制定与区域经济相匹配的金融发展模式，使得农村金融效率低下。因此，有必要在考虑农村经济发展的区域差异的基础上，对各地区农村金融效率进行科学的评估，为提高农村金融效率提供借鉴。在中国不同地区根据当地实际情况建立差异性的农村金融发展模式，提高金融与经济的匹配性，就显得十分重要与必要。

在新古典经济学中，效率（efficiency）包含两个方面的意思：一是从资源分配的角度讲，效率是社会资源配置的“帕累托有效”的最优状态；二是从生产的角度讲效率是投入与产出之比，即是社会利用现有的可利用的资源，在现有的技术条件下进行生产所能提供的效用的满足程度，樊纲（1995）把这种效率定义为“资源的利用效率”[334]。

国内外学者对于金融效率概念进行阐述的文献较多。Roland I. Robinson 与 Dwayne Wrightsman（1980）认为金融效率表现在“操作效率”与“配置效率”两个方面。操作效率是指在金融发生过程中的成本与效益之比，而配置效率是指引导储蓄资金流向生产性用途的有效性。其中配置效率可衡量市场的有效性[335]。Bain（1981）认为金融效率应该包括微观效率与宏观效率，其中宏观效率包括储蓄与投资水平、市场稳定性、结构稳定性以及对宏观经济稳定性的贡献；而微观效率包括金融工具创造与使用的范围、弹性与选择、规模与风险、证券价格、市场利率、价格管制、税收与补贴、运行效率、动态效率[336]。

区域金融效率的概念也有人提及。刘飞（2007）把区域金融效率定义为，区域金融业运行过程中的投入与产出的对比关系，具体指一个地区内的金融业通过雇用员工、发放贷款等行为，在多大程度上促进自身的发展及地方经济的增长[337]。

王广谦（1997）认为金融效率包括金融机构效率、金融市场效率与宏观金融效率三方面[338]。叶望春（1999）认为金融效率包括金融市场效率、商业银行效率、非银行金融机构效率、企业融资效率、金融宏观作用效率与中央银行对货币的宏观调控效率等[339]。杨德勇（1998）认为金融效率包括宏观效率、微观效率与金融效率三方面[340]。王振山（1999）认为金融效率包括微观金融效率与宏观金融效率两方面。其中微观金融效率指各经济主体所支配的金融资源的配置状态；宏观金融效率是指整个社会全部可以利用的社会金融资源实现帕累托最优的分配状态[341]。周升业（2002）把金融效率划分为三个层次：金融功能效率、金融配置效率与金融管理效率[342]。汪永奇、程希骏

（2002）认为金融效率也包括微观金融效率与宏观金融效率两方面。但是他们认为宏观金融效率包括货币政策的效率、金融资源的配置效率、储蓄转为投资的效率；微观金融效率包括商业银行的盈利能力、国有商业银行的资本充足率与国有商业银行的经营管理水平[343]。

Adams，Graham 和 Von Pischeke（1984）[344]；Avishay Braverman 和 Monika Huppi（1991）[345]；Gulli（1998）[346]指出：信贷补贴政策导致信贷机构活力衰退，缺少可持续发展的能力。东南亚金融危机使人们认识到市场机制也存在严重的缺陷。因此，Stiglitz（1981，1989）从市场竞争的角度出发，提出不完全竞争市场论，指出有必要采取政府适当介入等非市场要素与手段[347-348]。Leyshon 和 Thrift（1997）认为金融排斥的存在，最终导致经济的非平衡发展[349]。Chant Link（2005）进一步指出：金融排斥不仅适用于家庭，也适用于社区、企业组织和区域[193]。Hugh T. Patrick（1966）认为，需求追随模式与供给领先模式应与经济发展的不同阶段农村区域相适应[350]。Myrdal（1957）发现，市场力作用倾向于扩大区域差距，发达区域会利用累积竞争优势，遏制欠发达区域的经济发展[351]。Hirschman（1958）认为要缩小区域差距，必须加强对欠发达区域的援助和扶持[352]。Williamson（1975，1979）指出：市场和政府在农村经济发展支持机制方面有不同的作用范围和效率边界，其作用机理和效果不同[353-354]。Chaves 和 Sanchez（1995）指出：支持农村经济的发展，是以区域为概念的发展。Rae 等（2003）发现，在经济不发达的农村地区，金融供给明显不足[355]。Roger Thomas Moyes（2002）指出：在中亚农村，存在无效率的金融供给，要加强金融技术援助[356]。Gurenko 和 Mahul（2004）提出了用市场性融资手段来帮助富有生产能力的农民[357]。Ron Strochlic 和 Crispin Shelley（2004）通过建立 CSA 机制，确保农户金融支持到位[358]。

金融效率问题在国内也一直受到许多学者的高度关注。王广谦（1997）认为金融效率是金融运作能力的体现，分别从金融机构、金融市场与宏观金融三个方面考虑金融效率。其中，金融机构效率从金融机构的经营与发展两方面来衡量，金融市场效率体现在金融市场的运作能力与其对经济发展的作用方面，宏观金融效率体现在金融机构与金融市场对国民经济的影响方面。

认为在经济体制转轨的过程中，中国的金融机构有了较大的发展，但是整个金融产业的产业结构、市场结构与融资结构的不健全仍然阻碍着金融业发展的效率。并指出提高直接融资比重，发展多元化金融机构体系与建立风险投资机制是提高金融效率的重点[338]。杨德勇（1998）把金融整体作为研究对象，认为金融效率是金融整体对国民经济的效率，把金融要素的投入作为投入部分、国民经济运行作为产出部分而得到金融效率。但他认为金融效率应该包括宏观、微观与市场效率三个方面。其中，宏观金融效率包括货币政策效率、货币量与经济成果的比例关系、金融市场化程度几个方面。微观效率指金融机构的金融效率。金融市场效率指的是货币市场效率与证券市场效率[340]。胡慧敏（2006）把金融效率定义为一种金融资源的配置状态，即金融资源的投入对金融产业以及整个国民经济运行结果的影响。他把金融效率分为微观金融效率与宏观金融效率两方面，其中微观金融效率是指金融产业本身的投入产出效率，宏观效率是指金融资源的配置效率，其衡量标准表现在金融资源能否顺利地通过金融中介机构或金融市场投放到极大促进实体经济增长的部门中。在实际的金融运行中，微观金融效率的提高有助于提高宏观金融效率，而宏观金融效率的改善也会带动金融产业的发展，进而促进微观金融效率的提高[359]。白钦先等（2001）认为金融资源是金融可持续发展的基础，金融效率是金融资源在经济系统与金融系统的内部子系统之间配置的协调度。该定义包括三个层次：一是金融效率是质性发展与量性发展的协调统一；二是从静态角度讲金融资源配置效率不仅应该关注金融各子系统的协调，还应该关注金融与经济系统间的协调；三是从动态角度讲，金融效率不仅应考察单个时点的金融经济协调，还应关注从一时段到另一时段金融经济的协调。金融效率是质性发展与量性发展的统一，静态效率与动态效率的统一，微观效率与宏观效率的统一[360]。王振山（1999）认为金融效率是指以尽可能低的成本将优先的金融资源进行最优配置以实现其最有效利用，其中成本包括机会成本与交易成本，金融资源包括货币与货币资本。他运用一般均衡理论来衡量金融效率，并提出了衡量金融效率的帕累托最优标准[341]。国内对金融效率的定性研究也有很多文献。刘飞（2007）运用 DEA 模型对中国 30 个省份以及东、中、西部三大区域的金融效率进行了测量，并对三大区域的金融效率的指标进行了比较。结果显示东部地区的金融效率均值最高且最平衡，中部地区的金融效率最低，西部地区的金融效率水平最不平衡，但规模较中部与东部适中[337]。陈建南等（2008）以 2004 年江西省 11 个地区为样本，应用 DEA 模型分析各地区金融机构及银行业的金融效率，结果表明江西省各地区金融业对经济发展的影响与发展不足，需要不断深化金融及经济体制改革，大力发展金融市场与金融服务，理顺金融传导机制来提高金融效率[361]。

通过以上文献综述可知：国内外关于农村金融效率、区域金融效率的文献较多，但是结合农村经济发展的区域差异性、农村金融效率的区域差异性（运用数据包络分析方法，DEA），对区域农村金融效率及影响因素进行研究的文献还相对较少。谷慎（2006）通过对中国农村金融资源配置效率做实证分析，认为造成中国农村金融资源配置效率低下的原因主要是农村金融制度的有效供给不足，进而使得农村金融资源配置的帕累托条件得不到满足，最后指出提高农村金融资源配置效率的关键在于创新农村金融制度[362]。曾另琼（2009）以金融发展理论、农村金融理论为基础，采用因子分析法与多元回归分析，对湖北省农村金融效率进行了实证分析，最后探求了湖北省农村金融效率的制约因素，并提出了培育竞争性的农村金融市场、改善农村金融生态环境等措施来提高湖北农村金融效率[363]。但是他们只是以农村金融整体为研究对象做了实证研究，由于中国城乡发展不均衡、区域发展不均衡、产业发展不均衡，使得对农村金融效率的研究应该分区域分别讨论。且已有文献表明，农村金融效率的实证研究除了构建科学的指标体系外，区域发展的不均衡是影响农村金融效率的主要因素。

3.3 中国农村金融系统理论

金融的信用本质是通过杠杆的形式加以实现，杠杆的加长就是信用的扩展。与此同时，杠杠的加长是向未来的延伸和向空间地域的扩张，而未来是不确定的、空间的信息是不对称的，不确定性和不对称性就是风险。从全球金融发展的实践来看，管理这种不确定性所带来的风险手段分为时间和空间两种。一种是跨时间配置风险，即通过积累良好的流动性资产将风险化解或推向未来。其风险管理点是流动性，只要资产收益产生现金流并能覆盖利息，杠杆就会维持。也就是说，只要资产的现金流贴现为正，资金的时间价值就会显现。这种通过跨时间配置风险的经营方式就是典型的商业银行业务。另一种是利用资本市场进行时点上的风险对冲，即资产负债业务，它是用金融产品买卖来覆盖不确定性概率，大概率事件用股票、债券等基础产品的买卖来对冲；小概率事件则用衍生产品的买卖来对冲。其风险管理的要点是金融产品的创新，通过创新满足不同金融风险偏好的金融产品来活跃市场交易，用交易将风险分散在市场参与者身上。换言之，只要市场不丧失交易对手，风险即可溢价，通过风险升贴水，风险就可以分散。这种通过对冲方式配置风险的经营方式就是典型的投资银行业务，即资本市场业务。目前，国内外学者将货币市场和资本市场的集合统称为金融系统（殷剑峰，2003；王刚，2004）[364-365]。殷剑峰（2003）认为金融系统就是金融中介机构和金融市场的集合，其中金融中介机构由银行和非银行金融中介构成，金融市场则分为货币市场和资本市场、投资基金市场和外汇与黄金市场等[364]。王刚（2004）认为金融工具、金融中介机构和金融交易规则作为一个整体构成了整个金融体系。当前学术界对金融体系概念的界定，主要还是在分解整个金融体系的外在表现形式[365]。

对于金融系统的研究最早可以追溯到熊彼特（1911）在20世纪初的研究。熊彼特（1911）研究发现银行体系可以有效地推动产业资金优化配置，进而促进了产业发展，成为拉动经济增长的重要源泉之一[366]。但相关议题并没有得到当时学术界的关注和持续研究，金融系统及其功能研究仍长期徘徊在主流经济学研究之外，直到20世纪中叶之后，金融体系及其功能发挥才逐渐重回经济学研究视野，并成为金融经济学研究主流。从整个金融经济学研究进程来看，金融体系主要可以分为宏观金融经济学、微观金融经济学和普惠金融研究三个阶段。

宏观金融经济学主要侧重金融体系作用于宏观经济增长的机制和效应研究，如早期格利和肖（Gurley and Shaw，1955）[368]、希克斯（Hicks，1969）、戈德史密斯（Goldsmith，1969）[23]、麦金农（McKinnon，1973）[293]和肖（1973）[294]等学者的研究。

微观金融经济学则侧重资本市场的研究。比较有代表性的就是资本资产定价模型（CAPM）研究。资本资产定价模型作为现代金融理论的重要基础之一，深受国内外学者青睐，大量学者不断对它进行实证检验。Black、Jensen 和 Scholes（1972）进行了资本资产定价模型最著名的时间序列检验，后被称为 BJS 方法，最终检验结果表明时间序列方法基本符合资本资产定价模型[370]。Fama 和 MacBeth（1973）提出了资本资产定价模型最著名的横截面检验，称为 FM 方法，研究发现 β 值与投资组合的期望收益率之间存在正相关关系[371]。Reinganum（1981）[372]与 Lakonishock 和 Alan（1986）[373]等的实证检验发现 70 年代后的股票收益率与风险之间没有正相关关系。Fama 和 French（1992）的研究发现股票收益率与风险之间根本不存在任何关系[374]。施东晖（1996）对上海股票市场进行研究，研究结果表明系统风险在所有风险中所占比重较高，在此阶段对股票采取组合策略的意义不大[375]。陈浪南和屈文洲（2000）按照股价的上涨和下跌状态进行分段研究，发现 β 值与股票收益率之间关系并不稳定[376]。李和金、李湛（2000）的研究发现上海股市股票期望收益与系统风险之间存在非线性的正相关关系[377]。李剑锋（2002）的实证研究证明了上海股票市场中股票的 β 值虽然对市场风险的度量缺乏显著性作用，但对股票收益仍有一定的解释力，非系统风险对股票收益具有重大影响[378]。李金垒等（2008）对从沪市选取的 32 只股票进行的实证分析[379]和蔡胜琴（2010）利用从上海股市选取的 45 只股票进行的实证研究[380]，两者得出的结论皆是股票收益率与 β 值之间没有很明显的线性关系，系统风险所占的比重很小，非系统因素比重较大。朱顺泉（2010）的研究发现上海资本市场股票组合的收益率与其系统风险间存在正相关关系，检验结果基本符合资本资产定价模型（CAPM）[381]。丁琳、刘文俊（2013）的研究发现上海证券交易所中资产组合的平均超额收益率与贝塔系数之间存在线性关系，符合资本资产定价模型（CAPM）[382]。周子耀、于苏日娜（2015）的研究利用数值分析理论对股票数据进行迭代，检验结果发现资本资产定价模型在中国股票市场都有较好的解释[383]。朱宏泉等（2016）将异质信念引入 CAPM 和 Fama - French 三因子模型，得到了异质信念对股票当期收益的影响显著为正、对未来一期收益的影响显著为负的结论[384]。李志冰等（2017）考察五因子模型在中国股市不同时期的应用，研究发现五因子模型的解释能力远比 CAPM、三因子及 Carhart 四因子模型要好[385]。李起铨等（2018）基于不同行业地位的股票对市场风险敏感程度存在较大差异的现实，将样本股分为市场领导企业和市场落后企业，研究发现 CAPM 模型在中国不具适用性[386]。

普惠金融理念兴起的原因在于金融排斥的存在，金融排斥是传统金融风险管理理念下的时代现象，国外传统的金融机构很早就关注那些遭受金融排斥的弱势群体，而小额信贷随后产生，并逐步发展为微型金融，直至普惠金融理念的诞生。因此金融排斥（即普惠金融的受制原因）成为国外学者早期研究普惠金融的重要领域。最初 Leyshon 和 Thrift（1993，1994，1995）研究了金融服务的地理可及性以及银行的网点布局，从金融地理学角度提出了金融排斥现象[103－105]。之后 Kempson 和 Whyley（1999）开始关注金融排斥的人文指向性，明确了经济、社会、文化及空间等要素对金融排斥的影响，至此，金融排斥也由早期简单的地理排斥概念发展成为一个多维度的动态复合概念。更多的学者开始集中研究谁被排斥、为什么被排斥、排斥的程度及影响。谁被排斥，也就意味着金融排斥的对象是哪些，其经历了从微观到宏观的拓展，“被排斥主体”微观层面包括个人、家庭和企业，宏观层面则包括社区与区域[113]。Conroy（2005）认为贫困人群和弱势群体是金融排斥的主要对象。来自英国 2002—2003 年的调查数据也表明金融排斥的对象主要是低收入家庭，65%的无银行账户家庭来自三个数量庞大的收入最低层级；另外，从地域看，约 50%的被排斥人群居住在英国 50 个最落后的城镇或社区，而一些收入极低的地区已出现金融服务沙漠化[191]。“为什么被排斥”研究的是金融排斥的形成原因或影响因素，Cebulla（1999）指出由于金融排斥产生的主体不同，一种是主体排斥，主要是指个人主动地拒绝或避免接受金融服务，另一种则是结构排斥，主要是指由机构或金融系统引发的排斥[194]，Allen 等（2013）也提出了相似的存在金融排斥两种主、客观原因[195]。而 Morrison（2001）则主要从营销行为方面分析了金融排斥的原因，认为经济个体如果达不到金融企业营销标准就会被排斥在金融服务范围之外[196]。在影响因素方面，FSA（2000）认为社会因素和经济因素是影响金融排斥的两大因素，研究重点逐步从地理排斥延伸到社会排斥[113]。Ameriks 和 Zeldes（2004）[387]、Gardener 等

(2004)[107]、Guiso (2008)[200]等学者则进一步研究家庭人口、居民年龄、受教育程度等因素对金融排斥的影响，认为这些方面会通过家庭收入、财富和认知能力等路径影响或加剧金融排斥程度。另外，Devlin (2005) 基于地区差异角度研究了居民阶层及区域金融发展程度对金融排斥的影响度。毋庸置疑，金融排斥是社会不平等的重要体现，对社会经济的影响（危害）是巨大的，其阻碍了弱势群体对金融服务的可得性，最终导致弱势群体更加贫困，直接或间接拉大城乡收入分配差距[201]。Alwyn (2007) 就认为金融排斥程度的高低与城乡收入差距之间存在密切联系[202]。鉴于金融排斥的危害，各国试图采取各种措施来破解金融排斥，从起初的小额信贷到后来的微型金融，再到联合国在“2005 国际小额信贷年”上正式提出了普惠金融体系（Inclusive Financial System）这一概念，国际上也称为“包容性金融”。普惠金融目标就是要“建立一个持续发展的、能为所有层面的群体提供合适的金融产品和服务的金融体系”，为国家整体金融发展战略服务，以解决金融排斥问题。相对于金融研究的主流领域，起初学者对普惠金融的关注略有不足，不过随着这一理念重要性的不断提升，学术界关于普惠金融领域的研究成果日渐丰富。

由于农村金融指的是发生在农村区域，或与农村经济发展相关的，诸如投资、信贷、保险、租赁等一系列涉及资金融通的活动。也就是说，农村金融是相对区别于城市金融且服务于“三农”的生产经营和投资活动。因此，农村金融体系通常由农村金融市场、金融中介组织和金融工具等组成，并承担向农村居住人提供类似存款、借贷等一系列金融服务。

从国内外农村金融演进的历程来看，农村金融大致可以划分为农业信贷、农村金融、农业金融三个重要的发展阶段（图 3.2）。前工业化阶段为农业信贷时期，农村金融的表现形式多为国家农贷。这一时期的农村金融由农业信贷补贴论主导。此外，农业本身涵盖的脆弱性（市场风险和自然风险交织导致的收入不确定性）也导致自身难以成为营利性商业银行的服务对象。这一时期倡导通过政策性金融组织，将大量低息的政策性资金注入农村。然而，由于其弱化储蓄激励、增加财政压力并且出现配给失衡而以失败告终。工业化进程时期，从早期的农业信贷阶段步入农村金融阶段。这一时期，一些发展中国家的农村区域和城市间出现了明显的二元结构：城市经济的工业化生产和农村的小农经济并存；城市基础设施发达，而农村则明显落后；农村人口众多且消费收入水平远低于城市等。城乡二元经济结构使得城市和农村长期分离，经济发展缺乏包容性。后工业化阶段，步入农业金融阶段，城乡差距逐步缩小，二元经济结构开始消退。这一时期的特征是，农业开始产业化发展，以市场为导向、经济发展为中心，走上自我发展、自我积累、自我约束、自我调节的良性发展轨道，采用现代化经营方式和产业组织形式。

图 3.2 农村金融的发展历程及演化

目前，学术界已对农村金融体系的研究和解读形成较为成熟的范式框架，是一个“老问题”。新时代背景下，对于农村金融系统的理解，需坚持系统思维剖析整个农村金融系统的内在逻辑与外部响应。

农村金融系统的外部响应，是指农村金融系统必须处理好服务于人类经济社会发展的需要，这是农村金融系统的“硬支撑”。现代经济本质上就是金融经济，人类的经济活动和日常生活都离不开金融，包括货币、金融机构、金融市场，以及形形色色的金融产品。作为现代经济条件下促进资源配置的核心媒介，金融体系是实现资源有效配置的基本前提。人类社会发展离不开金融资源的保证，金融资源已成为经济社会发展的重要源泉之一。当然，人的生产和生活也会面临金融异化所带来的金融风险和挑战。因此没有人类与金融系统的和谐，没有人类与金融系统的协同发展，没有一个良好的金融生态环境，就不可能有人的生存和发展的良好金融经济环境，当然就更谈不上可持续又快又好发展。

农村金融系统的内在逻辑，是指农村金融系统必须处理好其内部各要素之间的关系，这是农村金融系统的“软支撑”，其体现的是金融内部因素的有序程度、组织水平、理性认识和整体构架的推进能力。稳定的金融内部体系既是金融功能得以有效释放的前提，同时也是确保经济持续稳定增长的必要条件。反之，不稳定的金融内部体系不仅会显著地削弱金融的整体竞争力，同时还将长期的经济增长随时置于金融危机的冲击之下，而后者常常导致经济增长的中断甚至长期停滞。

3.4 普惠金融的内涵与外延

普惠金融（Financial Inclusion），又称“包容性金融”，这一术语源于2005 年 5 月国际劳工组织的“建设包容性金融部门（Inclusive Finance）”全球会议，并被联合国用于“2005 国际小额信贷年”的宣传中，是联合国和世界银行倡导和推广的一种金融服务理念。普惠金融的本质特征在于能够以可以承担的成本为前提，有效并全方位地为社会所有阶层的民众（尤其是贫困、低收入人群）提供全方面的金融类服务。

普惠金融这一概念来源悠久，其出现大约可以追溯到 15 世纪，主要是意大利神职人员以信贷业务为手段进而抑制当地猖獗的高利贷行为。经济发展到了 19 世纪以后，以欧洲为代表的西方国家和以日本为代表的东方国家利用相对健全的邮政系统为民众提供储蓄、支付服务。20 世纪 70 年代孟加拉、巴西等第三世界国家出现了现代小额信贷服务。经过 10 年的发展，小额信贷项目已经推广至全球且均有较为良好的表现，相关数据显示，贫困、低收入群体有能力负担小额信贷的利率，且信用良好，这无疑是一个完美的利好信号。20 世纪 90 年代以后，越来越多的经济学家、金融机构意识到仅仅为贫困、低收入群体提供贷款服务是远远不够的（低收入群体有更多需要，金融机构有更为广阔的业务发展空间），应该提供包括借贷、储蓄、支付、保险、转账等一系列基础且全面的金融服务，这就引发了“微型金融”的产生，并逐渐表露出取代小额贷款的劲头。在过去的几十年中，微型金融取得了巨大的成功，证明了贫困、低收入人群作为金融机构客户的可行性。目前，普惠金融这一概念正在逐渐取代微型金融，即从资助分散的微型金融机构和金融创新向建立普惠金融体系转变，进而成为国际金融体系的组成部分。

国际劳工组织将普惠金融定义为：“向所有有实际有效需求的个人和企业，按照合理的定价，提供方便、快捷、可靠的金融服务。”联合国将普惠金融定义为“能有效、全方位地为社会所有阶层和群体提供服务的金融体系。”

普惠金融的概念被引入我国后，2015 年 12 月 31 日，国务院正式出台《推动普惠金融发展规划（2016—2020 年）》，确立了推进普惠金融发展的指导思想、基本原则和发展目标，并首次将发展普惠金融提升到国家发展规划的高度。按照《规划》，我国将普惠金融定义为：通过加大政策引导扶持、加强金融体系建设、健全金融基础设施，以可负担的成本为有金融服务需求的社会各阶层和群体提供适当的、有效的金融服务，并确定农民、小微企业、城镇低收入人群和残疾人、老年人等其他特殊群体为普惠金融服务对象。普惠金融重点服务的对象包括农村及偏远地区低收入群体、中小微企业以及城镇弱势群体等。2017 年 9 月 30 日，央行发布《关于对普惠金融实施定向降准通知》，考核标准中具体规定普惠金融范围，较之前的定义惠及范围更为具体。普惠金融的内涵包含了三个方面的特征：

（1）普惠金融是现代社会公平性的重要体现。每个人都有权利平等地享有金融服务，通过让所有的经济主体参与到经济发展的浪潮中，进而实现社会的发展和共同富裕。因而，普惠金融更兼具强力的社会责任感。

（2）普惠金融是一个内容十分丰富的金融创新。金融包容联盟认为，普惠金融包含了六个核心内容——金融消费者保护、代理银行、手机银行、国有银行改革、金融服务提供者多元化、数据收集与评估体系，为了实现普惠金融的宏大目标，就要在金融体系内进行制度、机构和产品等方面的创新，打破原有金融局面，谋求新思路、新理念、新发展。

（3）金融机构应该更加健全，金融机构对内应该遵循有关的内部管理制度、行业业绩标准，对外应该接受市场监督机制、审慎监管。

表 3.1　普惠金融的不同定义

时间	文件/会议/机构	定义
2005 年	联合国	普惠金融（Inclusive Finance）指能有效、全方位地为社会所有阶层和群体提供服务的金融体系。
2015 年 3 月	国务院 《政府工作报告》	普惠金融是指立足机会平等要求和商业可持续原则，通过加大政策引导扶持、加强金融体系建设、健全金融基础设施，以可负担的成本为有金融服务需求的社会各阶层和群体提供适当的、有效的金融服务，并确定农民、小微企业、城镇低收入人群和残疾人、老年人等其他特殊群体为普惠金融服务对象。

续表

时间	文件/会议/机构	定义
2016 年 1 月	国务院《推动普惠金融发展规划（2016—2020 年）》	对普惠金融定义同上，发展目标确立为至 2020 年，我国普惠金融发展水平要达到国际中上游水平。
2016 年 9 月	G20 第十一次峰会《G20 数字普惠金融高级原则》	数字普惠金融是以数字化方式提供的普惠金融服务，大数据、云计算以及移动互联网等数字技术在普惠金融领域的应用。
2017 年 9 月	《关于对普惠金融实施定向降准通知》	（1）单户授信小于 500 万元的小型企业贷款、单户授信小于 500 万元的微型企业贷款、个体工商户经营性贷款、小微企业主经营性贷款；（2）农户生产经营贷款、创业担保（下岗失业人员）贷款、建档立卡贫困人口消费贷款和助学贷款。

数据来源：银监会文件，国务院文件，根据公开资料整理。

2016 年 9 月 4、5 日，二十国集团领导人第十一次峰会在杭州举办，普惠金融成为热点议题之一。由普惠金融全球合作伙伴（GPFI）草拟的《G20 数字普惠金融高级原则》《G20 普惠金融指标体系》和《G20 中小企业融资行动计划落实框架》在 G20 成员国的共同制定下提交峰会讨论并获得通过。《G20 数字普惠金融高级原则》包括八项原则：倡导利用数字技术；平衡好创新与风险；构建恰当的法律监管框架；扩展数字金融服务基础设施；采取尽责的措施保护消费者；重视消费者数字技术知识和金融知识的普及；促进客户身份识别；监测数字普惠金融进展。八项原则兼顾了普惠金融的创新与风险控制两大方面，填补了普惠金融国际标准的空白，体现了普惠金融将在风险可控的情况下进行科技创新，让金融惠及长尾群体，创造基础金融服务的平等机会。G20 各成员国将在高级原则的指导下，根据各国实际情况制定国别计划，逐步符合《G20 普惠金融指标体系》。这八项原则构建了普惠金融顶层设计。

各国政府重视对社会各阶层的金融服务，释放政策红利推动普惠金融。在次贷危机后，美国政府成立普惠金融专家组讨论政策制定，推行退休账户等项目。发展中国家墨西哥、巴西、印度尼西亚针对银行放松银行在普惠金融领域的监管要求。

银行机构对普惠金融领域的挖掘程度较低。银行偏好低风险、收益适中

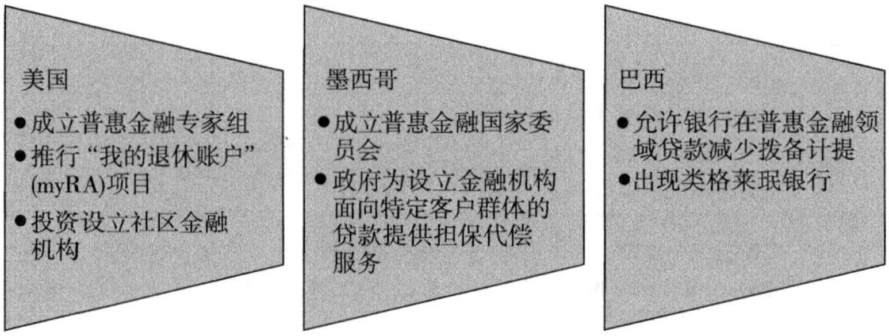

图 3.3　各国政府重视对普惠金融的发展，释放政策红利

的大中型企业贷款、房贷、车贷、信用卡等业务，整体年化利率约 5% ~10% 左右。较高风险收益的业务由小贷、融资担保、消费金融、P2P、民间借贷等机构来满足，整体年化收益约 20% 以上。

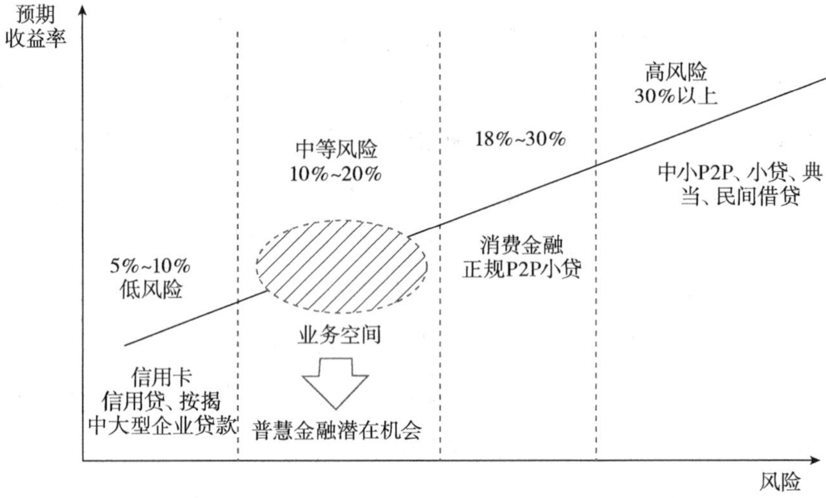

图 3.4　普惠金融是银行业务挖掘的“飞地”

中国迎来普惠金融历史交融点，有望成为普惠金融引领者。《G20 数字普惠金融高级原则》由 G20 成员共同制定，大量参考了中国普惠金融的成功经验。中国金融成熟度虽不及发达国家，但具有“肥沃”的金融创新土壤；此外，中国的科技已在金融领域深度渗透，特别是在移动互联网、大数据、云计算、人工智能等技术方面已处于世界前列，金融科技已全面领先于其他发展中国家。近年来数字普惠金融在中国已取得全球瞩目的成绩，阿里巴巴、京东、百度等互联网巨头纷纷踏入普惠金融领域，获得巨额融资。普惠金融在中国召开的 G20 峰会上首次系统性提出，可以看出东道主中国对于推动普惠金融的重要意义。中国已经迎来普惠金融的历史交融点，有望将自身成功经验对 G20 成员国和非 G20 成员国进行输出，成为普惠金融的全球引领者。

中国普惠金融进入快速发展期，长尾信贷与财富管理迎来历史机遇。2016 年初，国务院印发了《推进普惠金融发展规划（2016—2020 年）》，首次从国家层面确立普惠金融的实施战略。政策的鼓励将助力普惠金融在中国得到快速发展，最大的两个金融创新机遇就是长尾信贷与财富管理。长尾信贷与财富管理都将目标人群锁定在长尾客户，在大数据、云计算和人工智能等创新技术的支撑下，个人和小微企业的征信及资金分配的边际成本得到了有效降低。具体而言，“资产荒”造就信贷高利差足以覆盖风险敞口，长尾信贷迎来黄金窗口期，到 2020 年长尾信贷市场空间超 60 万亿；同时，利率市场化促使存款大量“搬家”，财富管理正处于行业拐点时期，百万亿财富面临再配置，财富管理未来发展可期。

从政策维度看，“普惠金融”连续三年出现在政府工作报告之中，且被写入“十三五”规划，2015 年末的顶层文件正式将发展普惠金融上升到国家战略层面。5 家大型银行在总行和全部 185 家一级分行成立普惠金融事业部，10 家股份制银行已设立普惠金融事业部或专职开展普惠金融业务的部门及中心，在单列信贷计划、授信尽职免责、内部考核激励、内部资金优惠等方面对普惠金融重点领域服务实施差异化激励。如，中国工商银行将普惠金融监管指标完成较差的情况作为全行唯一考核降档指标，邮储银行将降准形成的收益全部分配至各分支机构作为激励。中国人民银行按照普惠金融贷款的标准考核商业银行，达到条件的银行实施优惠准备金率，政策鼓励普惠金融发展。对金融机构符合条件的普惠金融领域有关贷款实行免征增值税、印花税，减征企业所得税，延续有关准备金税前扣除政策。将符合条件的金融机构向小型企业、微型企业及个体工商户发放贷款取得利息免征增值税的政策适用口径统一提高至单户授信 1000 万元。同时要求享受优惠政策的机构将政策红利在普惠型小微企业贷款利率定价和内部绩效考核中充分体现。对保险公司农牧保险、一年期以上人身保险取得的保费收入，按规定免征增值税；对保险公司种植业、养殖业提供保险服务取得的保费收入，按规定给予企业所得税优惠。

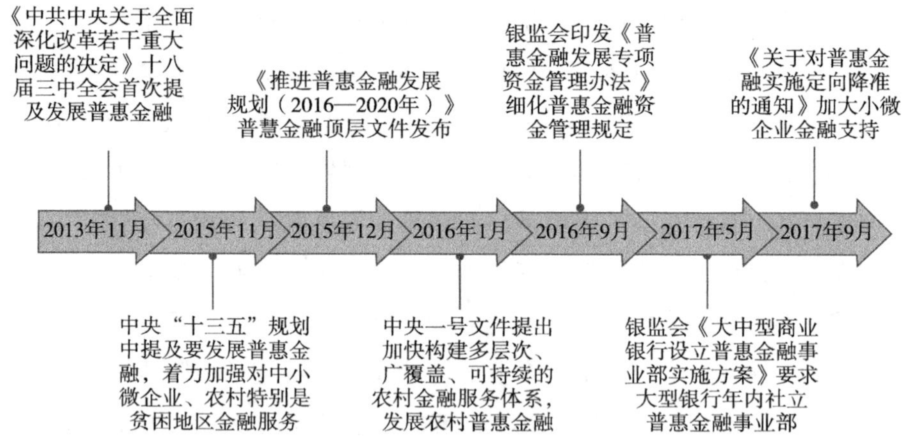

图 3.5　普惠金融政策路线图

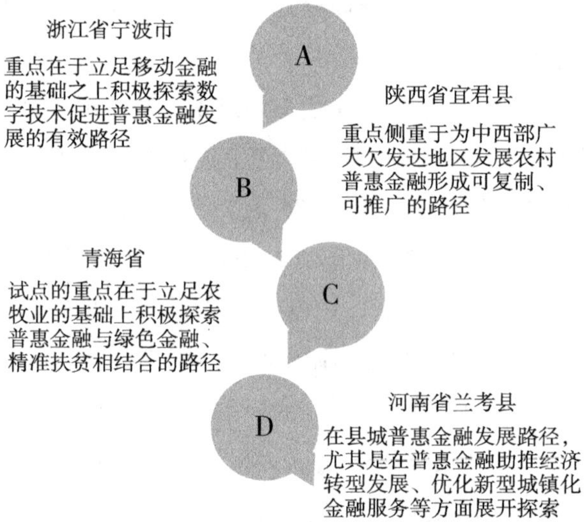

图 3.6　中国人民银行批准四个省/市/区展开普惠金融试点

从产业链维度看，普惠金融产业链可以分为上游金融基础设施和征信、中游互联网金融机构和传统银行金融服务以及下游担保、不良资产处置、保险等。其中，上游支持有：金融基础设施包括支付结算、通信、网络环境等建设；信息技术、云计算等大数据方面技术革新则是推进普惠金融的重要力量；征信体系建设是普惠金融的必要条件，目前以公共征信机构为主。中游服务有：传统金融服务模式具有较高的进入门槛和净值要求，而互联网与金融融合为普惠金融发展可提高效率，降低成本，满足多元化投融资需求，大幅提升金融服务普惠性和覆盖面。下游保障有：由于普惠金融服务的借款人信用状况和抵押品相对不足，因此产业化的担保体系和完善的不良资产处置市场是分担风险的重要保障。2015 年 8 月，国务院印发《关于促进融资担保行业加快发展的意见》，提出小微企业和“三农”融资担保在保户数占比 2020 年前要达到不低于 60% 的目标。

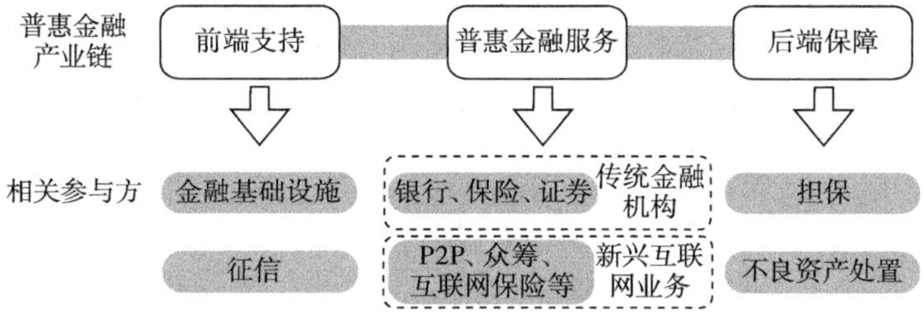

图 3.7　普惠金融相关产业链

3.5　普惠金融的理论解释

金融发展是指金融功能的全面演进，可以分解为三个维度：深度、宽度与广度。金融深度是指金融资产数量的增加。金融宽度是指金融机构能够将居民储蓄投入国民经济各个方面的渠道宽度（伍旭川，2005）[388]。李猛（2008）对金融宽度的定义为人们在经济活动中能够使用更便捷的金融服务，即金融服务的可得性（access to finance）[389]。对金融宽度的这两个定义都较为广泛，其外延涵盖了两个层次，即金融服务方式的宽度和金融服务范围的宽度。因为金融服务方式的增加并不意味着更多的人群可以享受金融服务。以客户理财服务为例，一个经济体的金融创新使得金融衍生工具和理财产品层出不穷，但很有可能是向原来的客户提供了更多的保值增值服务，而理财服务的范围并没有扩大，中低收入人群却严重缺乏理财产品以规避通货膨胀风险。为区分这两个层次，我们引入金融广度的概念，以考察金融服务对象的范围尺度（胡宗义等，2013）[390]。

Greenwood 和 Jovanovic（1990）建立一模型反映金融发展、收入不平等以及经济发展的非线性关系，隐含了三个维度的相互关系[391]。在经济发展的每一个阶段，金融发展提高资本的配置效率，促进经济整体增长，并帮助穷人。但是，金融发展的配置效果跟经济规模有关，因此对穷人的净影响依赖于经济发展水平。在发展的早期阶段，只有富人有金融服务的支付能力，并直接从更完善的金融市场获得利润。在更高的发展阶段，更多的人可获得金融服务，使得金融发展惠及更多的人群。

如果将金融服务向经济领域中的渗透比喻为往一个容具中倒水，在容具的体积一定的条件下，容具的底面积决定了盛水的高度。金融宽度与金融广度共同决定了金融容具的基础面积，经济规模一定的前提下，基础面积越小，金融深度越大。金融深度、宽度和广度共同决定了金融因素向经济领域的渗透容积，即为广义的金融发展水平（如图 3.8 中的长方体 A 和 B）。从信贷服务上来看，一般金融深度指标采用对私营部门的国内信贷（D）与 GDP 的比率（D/GDP），体现信贷服务对经济增长的贡献程度。私营部门的信贷规模（D）占其总融资规模（T）比重，则在一定程度上可以反映信贷服务的融资渠道宽度，即为金融宽度指标（D/T）。金融广度则指私营部门（N）中可获得贷款的企业和个人（N'）所占的百分比（N'/N）。信贷服务对整个经济体的渗透容积就等于金融深度指标、金融宽度指标与金融广度指标的乘积。用公式表示为：$v = depth \times width \times coverage = \frac{D}{GDP} \times \frac{D}{T} \times \frac{N'}{N}$。如图 3.9 所示，控制了经济规模和金融发展水平之后，三类指标相互制约。在同一金融广度水平下，较低的金融宽度伴随着较高的金融深度水平；在同一金融宽度水平下，较低的金融广度对应着较高的金融深度。金融服务方式和范围限制了金融服务占经济体的发展规模或者金融深度扩张的速度。

国内外大多数的实证研究表明经济发展与普惠金融发展是线性正相关的。而 Greenwood 和 Jovanovic（1990）对两者的非线性关系进行了考察，认为金融对经济增长的边际贡献率是递减的[391]。深入分析后可以发现，在金融发展的每一个维度上，经济发展对金融发展的弹性也是递减的。用公式可以表示为：$dv = \frac{\partial depth}{\partial GDP} \times \frac{\partial width}{\partial GDP} \times \frac{\partial coverage}{\partial GDP}$，$\frac{\partial depth}{\partial GDP}, \frac{\partial width}{\partial GDP}, \frac{\partial coverage}{\partial GDP} < 0$。笔者认为，边际弹性甚至可能为负，金融体系的任一维度过度发展会使虚拟经济与

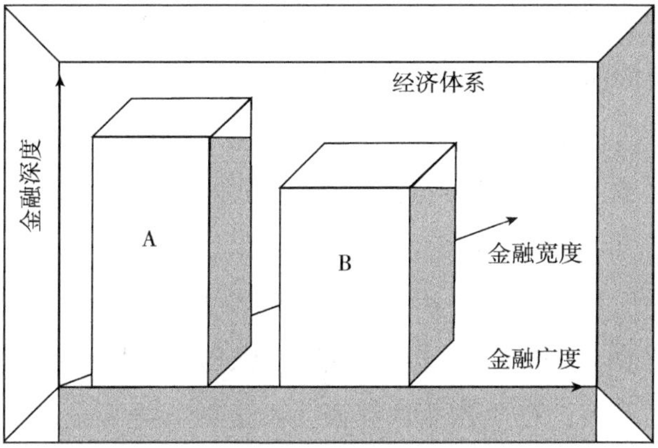

图 3.8　普惠金融发展水平三维示意图

实体经济过分脱离，从而引发金融危机和经济危机。如图 3.9 所示，在阶段 A，金融深度的发展减少了市场经济中信息不对称、降低了交易费用、促进了资源的有效配置和经济的发展。当金融深度对经济增长的边际贡献为零时，即到达 B 点，经济发展水平不再提高，这时，虚拟经济开始脱离实体经济的制约，具备相对独立的价格形成机制，形成自循环系统。金融创新加速了金融体系主导的虚拟经济自我膨胀，最终以激烈的方式危害到经济的正常发展，甚至使经济发生倒退，如阶段 C。在这一过程，金融发展在三个维度延伸，但速度和水平不一定同步。

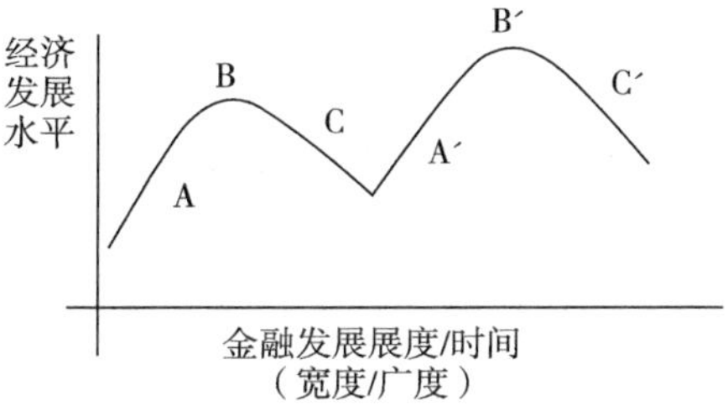

图 3.9　经济发展与普惠金融发展的关系

在发达国家，金融服务的覆盖面很广，金融管制放松运动加速了金融创新的步伐，金融服务产品种类规模空前。因而发达国家的金融发展在三个维度匀速延伸，使金融功能全面演进，成为自由市场经济发展的“助推器”和“加速器”。金融宽度、金融广度和金融深度的逐步延伸，使金融行业得到巨大发展，到 20 世纪末，将近 90% 的居民可以自由享受金融服务（Honohan，

2006)[392]，金融产品琳琅满目，信用规模、资本市场规模开始超过实际经济规模，三个维度同时达到了B点。20世纪30年代的金融危机以及2007年的美国次级债务危机可以说是金融行业三个维度过度扩张的结果。金融市场越完善，自我修复的功能越强，经济走出危机就会越迅速，下一个循环周期（A′-B′-C′）的时间跨度应当更长。

而在发展中国家，金融服务往往只被少数人享有，大多数公民被排斥在正规金融服务之外。Honohan（2006）的实证研究表明，在发展中国家，低收入人群可获得的私人银行业务非常有限，不足四分之一的家庭才可以享受到基础金融服务[392]。对于发展中国家来说，金融发展的难题不是金融深度不够，而是金融宽度和金融广度不足。低水平的金融广度和金融宽度成为金融发展的“短板”，与快速发展的经济增长规模伴生的是高的金融深度。特别是低的金融广度意味着金融服务可得性的不平等性，享受金融服务的少数人组成的利益集团同时拥有更大的政治影响力，更容易俘获金融监管当局。被俘获的金融监管当局放松对金融创新的管制，金融深度和金融宽度相应增加，衍生了更多的金融风险。但是中低收入人群等仍被排除在金融体系之外，低的金融广度得到固化，金融风险更加集中。

普惠金融发展是深度、宽度与广度这三个维度的有机统一。因此，提高普惠金融服务质量和水平是普惠金融发展的题中应有之义。

3.6 中国农村普惠金融发展的三维解释

从农村金融系统的基础概念出发，所拟定的普惠金融发展复杂系统具有三个最为明显的特征。

特征之一：它必须能表达衡量一个国家或地区农村普惠金融的“发展度”，即能够判别一个国家或区域农村普惠金融是否在真正地发展？是否在健康地发展？以及是否在保证服务当地经济社会发展的前提下不断发展？

特征之二：它能衡量一个国家或地区农村普惠金融的“协调度”，即要求定量地诊断或在同一尺度下去比较能否维持农村金融与发展之间的平衡？能否维持效率与公平之间的平衡？能否维持市场发育与政府调控之间的平衡？

能否维持当代与后代之间在利益分配上的平衡？这一战略目标的特征与区域农村金融的“发展度”有所侧重，如果说发展度更加强调量的概念即农村金融规模的扩大，协调度则更加强调农村金融内在的效率和质的概念，即强调合理地优化农村金融内部要素协调，农村金融资源分配以及在满足全人类需求中的行为规范。

特征之三：它能衡量一个国家或地区的“生态度”，即判断一个国家或地区在发展上的长期合理性。农村金融是农村地区经济发展的命脉和血液，持续度更加注重从“时间维”上去把握农村金融的发展度和协调度。换言之，战略目标特征中的发展度和协调度，不应是农村金融在时间段内的发展速度和发展质量，它们必须建立在充分长时间维上的调控。

建立农村普惠金融系统所表明的三大特征，即数量维（为特征之一的“发展度”）、质量维（即为特征之二的“协调度”）、生态维（即为特征之三的“持续度”），从根本上表征了农村普惠金融系统体系结构、系统功能和发展战略目标的完美追求。农村普惠金融系统的发展度（G）、协调度（C）和生态度（E）之间的基本关系如图 3.10 所示。

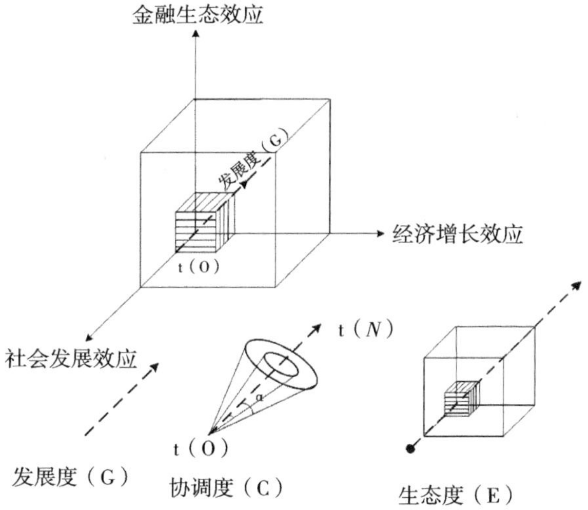

图 3.10　农村普惠金融体系三维发展示意图

在图 3.10 中，t 代表时间，α 代表偏离角，它们与 G、C、E 形成以下一组基本关系：

$$G(\rightarrow) = \frac{dG}{dt} \geqslant 0 \tag{3.1}$$

$$C(\rightarrow) = [C_t - (C_t \times cos\alpha)] / C_t \leqslant \varepsilon \tag{3.2}$$

$$E(\rightarrow) = (E)_\alpha \leqslant (E)_p \tag{3.3}$$

考虑到农村普惠金融系统行为的“发展度（G）”，它表达了农村普惠金融系统发展的第一个本质要求，亦即在原来基础上对 $t(0) \rightarrow t(N)$ 方向的正响应。G 随时间的变化为正，代表了它适应发展度的要求。

考虑到农村普惠金融系统行为的“协调度（C）”，它检验了农村普惠金融系统发展行为偏离 $t(0) \rightarrow t(N)$ 线的状况。使用偏离角 α，实际行为 C_t 在 $t(0) \rightarrow t(N)$ 轴上的投影，即（$C_t \times \cos\alpha$）与 C_t 之差，必须小于或等于某个规定的值 ε，否则被判定为农村普惠金融系统协调度不好。

考虑到农村普惠金融系统行为的“生态度（E）”，在某一时段农村普惠金融系统实际发展行为所形成的三维立方体只有等于或小于它在 $t(0) \rightarrow t(N)$ 轴上投影所形成的立方体，农村普惠金融系统才能被判定生态度可行。

农村普惠金融系统中，G、C、E 三者既各自独立对农村金融发展的行为起作用，任何一个度超过允许的范围，均被认为是对农村金融发展目标的失误，而只有 G、C、E 三维协调发展并在允许范围内，才能认为农村普惠金融系统处于可持续发展中。

通过普惠金融的发展度、协调度和生态度三个维度的分析，可以推演出中国农村普惠金融的发展规律。要推进中国农村普惠金融持续健康发展，需要中国农村普惠金融系统的三维均衡发展。

第 4 章

中国普惠金融水平的测度及动态分布

4.1 普惠金融发展的历史沿革

4.1.1 普惠金融在国外的发展沿革

4.1.1.1 小额信贷阶段

小额信贷是一种以城乡低收入阶层为服务对象的小规模的金融服务方式。最初，小额信贷是为了发展农业生产以及消除贫困而产生，贷款金额通常在1000 元至 10 万元之间。贷款人在取得贷款时，无须提供第三方担保或抵押品，可以仅仅依靠自身的信用程度作为还款保证。它为那些在社会中处于金字塔底层的群体获取金融服务提供了方便。金融机构在向外提供这种贷款时，经常要考虑贷款一方的经济效益、管理水平以及发展前景等情况，以便降低这种贷款方式可能带来的损失。

20 世纪 70 年代，在孟加拉国、巴西等国家率先出现小额信贷，起初的模式是小组贷款模式，即小组成员之间存在连带担保关系。另外，这种贷款主要面向的人群是男性，通常采用低息或无息的方式，贷款资金来自政府的补贴或各种公基金。

20 世纪 80 年代以后，很多国家均大力发展小额信贷，传统的扶贫融资理念开始转变为平衡机构的可持续性和信贷的优惠性。前期的扶贫项目中大多数贫困人群可以按期归还贷款，甚至比一些富裕人群的信誉好。另外，贫困人群愿意且有能力负担小额信贷机构为了弥补运营成本向他们征收的低利率。比如，孟加拉乡村银行的还款率达到了98.89%。在这种情况下，小额信贷机构不但有可能实现盈亏平衡，而且还可以实现自身的可持续发展，为更多的贫困人群提供服务。

4.1.1.2 微型金融阶段

20世纪90年代，随着小额信贷不断发展，人们发现金融服务对消除贫困和促进发展具有重要的作用，而且金融机构不应该对贫困人群单一地提供贷款服务，而是应该向他们提供全面的、多层次的金融服务，在这样的背景下便产生了微型金融。微型金融的服务对象包括贫困人群及一些经济上脆弱的非穷人群体，他们一般有经常性的收入和较好的偿付能力，但是不能获得金融机构提供的正式服务，这些人群不包括无收入来源或无家可归的穷人。另外，微型金融的服务对象不仅可以获得贷款服务，还可以获得储蓄、保险、转账等多元化的金融服务。之后，微型金融在很多发展中国家逐渐兴起并发展，一方面对这些国家的传统正规金融体系进行了有益补充，提高了金融服务的覆盖率，另一方面也促进了这些国家的经济发展。

4.1.1.3 普惠金融阶段

微型金融的发展取得了巨大的成功，但是随着它的深入发展，逐渐显露出一些弊端，最重要的一个问题就是微型金融机构发展的可持续性、产生的福利效果及服务的覆盖面三者之间的协调问题。因此，2005年普惠金融理论兴起，微型金融被普惠金融这一概念代替。普惠金融涵盖了微型金融所提供的各种金融服务，另外还包括金融基础设施建设和相关配套服务发展等，这些方面在微型金融阶段未涉及。普惠金融体系致力于为低收入者和贫困人群提供优质的金融服务，使社会中每位成员都可以享受经济发展及社会进步带来的便利，逐步形成包容性的普惠金融体系。自2005年起，世界范围内很多国家都在发展普惠金融，并取得良好成效。

4.1.2 普惠金融在国内的发展沿革

4.1.2.1 公益性小额信贷阶段

在20世纪90年代初期，我国开始发展小额信贷，其目的主要是扶贫，带有一定公益性质。1993 年，中国首家小额信贷机构——扶贫经济合作社在河北易县建立，以提高贫困农户的社会地位，改善他们的经济状况。1994 年，国务院印发的国家八七扶贫攻坚计划（1994—2000 年），表明国家将公益性小额信贷作为一个工具来解决农村贫困问题。自 1996 年起，国家连续制定了一些相关政策来促进小额信贷的发展。1999 年 6 月，中央扶贫开发工作会议后，公益性小额信贷得到更大的推广。这一阶段的资金主要来源于个人或国际机构的捐助或者软贷款，主要为了改善农村地区的贫困状况。

4.1.2.2 发展性微型金融阶段

20 世纪末，我国初步建成了小康社会，人们对金融服务的需求仅仅通过原有的公益性小额信贷模式不能得到很好的满足，人们更需要精细化及多元化的金融服务，于是我国的金融发展进入发展性微型金融阶段。中国人民银行提出建立农户贷款档案，对农户提供无须抵押或担保而仅基于自身信誉的贷款。这一阶段，小额信贷由国家扶贫的主要工具转变为提高农民收入、促进就业率的工具，且不再具有公益性。参与的对象包括正规金融机构、非政府组织、半政府组织，微型金融体系规模扩大了。

4.1.2.3 综合性普惠金融阶段

2005 年，我国进入综合性普惠金融阶段。随后几年中，小额信贷组织的数量和规模都不断扩张。到 2019 年 9 月末，我国小额信贷机构数量有 7680 家，从业人员达到 83099 人，小额公司贷款余额为 9287. 99 亿元。许多银行金融机构创新金融服务产品及服务，对小微客户提供结算、网上银行、支付、手机银行、汇款等各类服务。2007 年 3 月，我国第一家村镇银行开始营业。2009 年 6 月，《关于小额贷款公司改制设立村镇银行暂行规定》中对小额贷款公司改制成为村镇银行的具体条件进行了规定，村镇银行在服务“三农”、支持“小微”方面的作用不断提高，成为农村金融机构改革的一个核心内容。此时的普惠金融服务体系不仅包括支付、汇款、借贷、典当等综合性金融服务，而且有网络化、移动化的发展趋势。

4.1.2.4 创新性互联网金融

截至 2020 年 3 月，我国的互联网网民数量达 9. 04 亿人，普及率达到

64.5%，超过全球平均水平2.6个百分点。其中，手机网民占99.23%。我国手机网民规模达8.97亿人，网民中使用手机上网人群的占比由2016年的95.1%提升至99.23%。截至2019年10月，中国贫困村通宽带比例达99%，实现了全球领先的农村网络覆盖。与此同时，使用电视上网的网民比例达31.1%。我国网民规模在高位基础上，近年来继续保持平稳增长，得益于互联网模式不断创新、线上线下服务融合加速以及公共服务线上化步伐加快，成为网民规模增长推动力。比如，我国移动支付不断深入，用户使用习惯进一步巩固，网民在线下消费使用手机网上支付比例由2016年底的50.3%提升至71.9%，移动支付加速向农村地区网民渗透，农村地区网民线下消费使用移动支付的成年人比例已由2016年底的31.7%提升至66.51%。此外，共享单车为2017年下半年用户规模增长最为显著的应用类型，国内用户规模已达2.21亿，并渗透到全球21个国家。随着余额宝、支付宝等新型互联网产品的产生，互联网支付、互联网借贷以及互联网理财等多种多样的金融服务都可以通过互联网获取。这一时期互联网金融迅速发展，形成了“以第三方支付、移动支付替代传统支付，以P2P信贷代替传统存贷款业务，以众筹融资代替传统证券业务”的三大趋势。

4.1.3 中国普惠金融发展的最新进展

在新技术、金融机构创新、监管放松等多重因素的推动下，近些年我国普惠金融机构和业务发展迅速，其中最具代表性的有互联网金融、村镇银行和小额贷款公司。

4.1.3.1 互联网金融迅速崛起

2013年互联网金融开启了一场金融业务模式的变革，给传统金融机构带来巨大挑战。第三方支付、P2P网络信贷、众筹融资等新兴网络金融机构迅速崛起，业务范围包括了支付结算、投资融资、财务管理等。公开透明、大众参与使得互联网金融有着与生俱来的普惠性，互联网金融为我国普惠金融的发展提供了新的机遇与平台。

互联网金融并不是仅仅把金融产品移到互联网平台上，改变销售渠道，而是用先进的网络技术来降低信息不对称和金融服务成本，改进服务效率，扩大金融服务的覆盖面，拓展金融服务边界。其把互联网作为资源，以大数据、云计算为基础。金融业是典型的数据驱动行业，互联网金融环境中，数据成为金融服务的核心资产，对传统客户关系产生了重大影响。虽然互联网金融目前仍处于发展阶段，尚未形成成熟模式，但互联网金融为金融体系带来了鲶鱼效应，以其平等、开放、透明的精神改变了传统金融行业，实现了跨界融合。

当然，在互联网金融创新不断发展的同时，其蕴藏的风险也逐步暴露，P2P 挤兑倒闭事件就是一个很好的例证。作为一个新生事物，互联网金融的风险不容小觑，其内控制度不健全，第三方存款制度缺失，还面临着技术风险、法律风险、安全风险等特殊风险。一个能满足用户需求的模式一定是有生命力的，互联网时代下商业模式与金融模式的变革已不可扭转，这需要有一个清醒的认识。必须处理好创新发展与风险控制之间的关系，在鼓励互联网发展的同时健全我国互联网金融监管体系。但是纵观国内外，互联网金融没有一个成熟的监管模式可以借鉴，对其监管只能在发展中不断进行完善。

金融领域的变革不断加深，传统金融机构高端化、精英化的路线已无法适应市场变化。在网络金融的大浪潮下，互联网金融与传统金融融合发展，实现线上线下相结合才是未来的大势所趋。传统金融机构参与互联网金融的途径有三种：第一种是将金融产品移到网上销售，比如电子银行、直销银行等；第二种是搭建电子商务平台，亦商亦融；第三种是与互联网企业合作，在对方的平台上销售产品。

4.1.3.2 村镇银行数量增长迅速

以村镇银行为代表的农村金融机构是我国普惠金融理念的具体实践。作为金融机构改革史上的重要创举，村镇银行在解决农村金融供给不足，完善我国普惠金融体系，推动社会主义新农村建设等方面扮演了重要角色。村镇银行以“服务三农”、“农民的银行”作为其市场定位，支持区域经济发展，履行支农重任，以中小企业和农户为主要客户群体，与大银行开展错位经营。从 2007 年我国第一家村镇银行获准开业至今，村镇银行的发展已走过了七年。这七年，村镇银行发展迅速，并已取得一定规模。2011 年有 455 家成立，

2012 年有 514 家村镇银行成立。截至 2019 年 9 月末，全国已组建村镇银行家数达到 1633 家，其中 65.7% 的村镇银行设在中西部地区，覆盖全国 31 个省份的 1296 个县（市，旗），县城覆盖率 70.6%。经过十余年的发展，截至 2018 年底，村镇银行的资产规模已突破万亿，达到 1.51 万亿元；负债规模 1.33 万亿元，规模指标的增速高于银行业平均水平。贷款余额是 9400 亿元，其中农户及小微企业的贷款占各项贷款余额的 91.18%，单户 500 万元以下贷款占比达到了 83.5%，户均贷款余额 34.15 万元。目前，村镇银行已在 444 个国家扶贫开发工作重点县和集中连片特殊困难地区县设立机构，县城覆盖数量为 1286 家，覆盖率已达到 70%，并通过“助农服务站”“流动服务车”“便民网点”等方式，服务县城内各乡镇村，有效镇补了农村地区的金融服务空白。

当然，村镇银行在发展过程中也暴露出很多问题：可持续性有待提高，部分村镇银行已实现盈利，但离全面盈利仍有一定距离；其资金来源、经营环境、产品设计等方面都不同程度上存在很多问题。但实践证明，村镇银行具有旺盛的生命力，在广阔的农村金融市场具有巨大的发展潜力。

4.1.3.3 小额贷款公司逐渐完善

小额贷款公司是按照市场机制原则运营的商业性贷款，其贷款投放坚持“小额、分散”原则。民营资本当家的小额贷款公司本身就来自中小企业，所以更加贴近中小企业，具有较强的金融资本与商业资本的黏合能力。小额贷款公司主要为农户和中小企业提供信贷服务，填补了低端信贷市场的空白，改善了社会金融的供给问题，对缓解农村和中小企业资金短缺问题效果显著。有利于建设多层次信贷体系，推进我国普惠金融体系的建设。

2008 年银监会开始推进小额贷款公司试点工作，此后小额贷款公司呈现全面发展态势，成为一个新兴的、正在不断壮大的金融机构。但目前小额贷款公司进一步发展的瓶颈也很明显。小额贷款公司身份尴尬，被排除在正规金融体系之外，无法享受有关业务指导和优惠政策；缺乏有效管理与风险控制，经营风险较高；“只贷不存”业务使得小额贷款公司融资渠道狭窄，融资成本高。将小额贷款公司纳入正规金融体系，明确其法律地位，加强风险管控，将有利于推进小额贷款公司的进一步发展。

4.1.4 我国普惠金融发展面临的困境

普惠金融包括小额信贷及微型金融，但又超越了这种以零散金融服务机构为主的模式，强调建立一个完整的金融体系，以小额信贷为核心，并提供存款、理财、保险、养老金等全功能金融服务。由于我国在普惠金融建设方面缺乏全面可靠的信息，获取相关数据存在难度。根据 2012 年国际扶贫咨询协商组织（简称 CGAP）和世界微型金融日内瓦论坛中国普惠金融工作组共同发布的《中华人民共和国的普惠金融状况》，自 2005 年推出新的金融政策和监管措施以来，我国的普惠金融状况出现显著改善，普惠金融总体水平有所提高，但在基本的商业银行服务方面依然存在很大的改善空间，尤其是针对农村贫困人口和小微企业的金融服务。

小额信贷作为各国普遍认同的解决贫困问题的新型工具，是构建普惠金融体系的核心因素。我国小额信贷是由政府机构、金融机构和民间组织以多种形式组合，根据孟加拉格莱珉银行模式，并结合我国实际状况开展起来的。按照国际上小额贷款单笔放贷额度不高于本国或本地区人均 GDP/GNI 的 2.5 倍的标准，我国小额信贷单笔贷款额不应超过七八万元人民币，而实际上我国小额贷款公司平均贷款额约在七八十万元到一百多万元，有的单笔贷款额超过百万，甚至千万，这已不是严格意义上的小额贷款，而是小企业贷款。通俗地讲，普惠金融的范畴等于传统金融服务加上小额信贷和小企业金融服务。构建一个人人平等享受金融服务的普惠金融体系具有重大意义，但却充满了困难和挑战。经过较长时间的探索，我国的小额信贷取得了较快发展，但离普惠金融体系的要求和标准仍有差距。我国要建立完善的多层次普惠金融体系，更面临着从宏观、中观到微观各个层面的挑战。

4.1.4.1 宏观层面：法律法规和政策环境不健全

我国有关非政府小额信贷的法律法规和监管措施不健全，小额信贷机构法律定位不明确。尽管针对小额贷款机构，国家出台了一系列政策和文件，但这些文件均未提升到法律层面；为了避免系统性金融风险，央行规定小额贷款公司不能吸收公众存款，缺乏制度性融资渠道，由于法律地位问题又无法享受相关金融优惠政策，后续资金匮乏；而监管方面，国家对小额贷款机构，尤其是非政府的小额贷款机构实行非审慎监管，大部分地区将监管任务交给县级人民银行，缺乏相应的专业人才和完善的监管措施，出现监管盲区。印度安得拉邦小额信贷危机中，小额信贷机构过度商业化，有关法律法规对消费者的保护不健全，政府监管不到位，事后地方政府处理不当，最终使弱势群体的金融服务受到严重伤害。

4.1.4.2　中观层面：金融基础设施和相关服务不完善

普惠金融体系的中观层面包括金融基础设施、信用管理服务、技术支持服务、网络支持组织等。虽然经过不断的努力和探索，我国农村金融基础设施建设及相关服务的发展取得了很大进步，但与国外的金融基础设施和服务相比，与农业、农村和农民的发展需要相比，与建设社会主义新农村和农村城镇化的要求相比，仍然存在很多不完善的地方。首先，我国农村金融结算体系存在支付手段落后、结算网点少、结算手段单一和清算滞后等问题。其次，信用管理体系建设缓慢，由于存量信息不完全、技术水平落后等原因，我国尚未建立起完善的农村个人和中小企业征信体系，金融机构难以全面掌握农户和企业的信用情况。并且农民金融知识匮乏，信用意识较差，金融机构缺乏有效控制信用风险的手段，导致了大量不良贷款。最后，一个相对成熟的金融体系需要大量金融服务支持其发展，我国技术支持服务系统和网络支持系统等在农村金融中的应用相对较少，一般用来满足稍高端客户的金融需求，审计、技术咨询服务、评级机构、专业业务网络等中介服务缺位。

4.1.4.3　微观层面：供给主体有待多元化，公益性小额信贷被忽视

普惠金融的需求主体有贫困人群、农民、中小企业、城市中低收入者和创业者，需求主体多样化决定了供给主体也将呈现出多样化。我国普惠金融体系主要是建立一个多样化、多层次、全面的小额信贷供给体系，然后逐步向微型金融阶段过渡，最终跨越到普惠金融阶段。我国小额信贷的供给主体有政策性银行、农村信用社、村镇银行、小额贷款公司等，形成了小额信贷的供给机构多元化，供给渠道多样化的局面，但像抵押、担保、外资银行等参与较少，农村地区和城镇地区的低收入群体金融供给仍然不足，无法满足不同层次金融市场的需求。

福利小额信贷对弱势群体的优惠扶持非常清晰，但这种模式以政府财政资金和扶贫贴息等资金来源为主，由于政府支出成本高，效率低，易发生寻租行为等缺陷，这种模式不具有可持续发展能力。因此，小额信贷的主流已逐渐过渡到制度主义小额信贷。近几年，我国商业性制度小额信贷获得快速发展，而公益性制度主义小额信贷的发展在一定程度上被忽视了。小额信贷应该是一个带有社会发展目标和商业可持续双重价值观的社会产业，过于商业化的发展有忽略其承担的社会责任和社会发展目标的倾向，容易导致人们对小额信贷的误解和健康发展势头的逆转，不可避免地影响我国普惠金融体系的有效构建。

4.2 普惠金融指标体系构建

构建合理、有效的普惠金融评价指标体系，采用恰当的评价方法进行综合评价，对有效度量普惠金融发展水平至关重要，将有助于全面反映和评估中国普惠金融的发展状况，发现普惠金融发展面临的障碍，为政策制定者提供便利、完整的普惠金融信息，以制定必要且适用的政策促进普惠金融发展。

当前，一些国际机构制定和发布了衡量普惠金融发展的指标体系，最主要的包括普惠金融全球合作伙伴组织（GPFI）、世界银行、国际货币基金组织、普惠金融联盟（AFI）和 MicroScope。梳理这些指标体系，可以发现其有以下特点：第一，指标构建从金融服务可得性、使用情况和服务质量三个维度出发，兼顾广度及深度；第二，指标选取从金融服务的供需双方出发，以需求方中的成年人为主；第三，指标数据来源于金融机构及对消费者的问卷调查，以金融机构数据为主。与此同时，这些指标体系也存在如下几个方面的问题：一是指标数据不充足；二是指标体系跟不上普惠金融的发展，指标以传统金融服务为主，数字金融相关的指标较少，目前只展示了电子资金账户数一项指标。

为贯彻落实《推进普惠金融发展规划（2016—2020 年）》和 G20 普惠金融成果文件要求，2016 年底中国人民银行建立了中国普惠金融指标体系及填报制度。《中国普惠金融指标体系》现包含使用情况、可得性、质量 3 个维度共 21 类 51 项指标，其中 8 个指标通过问卷调查采集。《中国普惠金融指标体系》注重将国际可比性、前瞻性和体现中国特色相结合，具有较好的可操作性和实用性。

在构建中国普惠金融指标体系建设时需要考虑几个因素，一是数据库建设是普惠金融指标体系有效运作的基础，应以开源的方式鼓励行业各方参与，积极提供数据。二是指标体系的设计要考虑下列条件：（1）必须反映与普惠金融相关的各个方面；（2）不同地区之间可以互相比较；（3）数据现成可用，获取成本不太高；（4）强调不同地区普惠金融的特点和实现途径。三是指标体系的维度设置中，要综合体系银行、保险、支付等行业，普惠金融指标的构建应该是多维度、多指标的。四是数据可获得性是指标选取的重要考虑因素。

编制普惠金融指数的目的主要在于分地区地评价我国普惠金融的发展程度，同时为从理论上和实证上研究普惠金融提供变量选择。因此普惠金融指标体系的构建应当遵从以下几个原则：

一是要体现出普惠金融的综合性，普惠金融指标体系的构建和综合指数应当表现出普惠金融的综合性，即普惠金融的每一个指标、每一个维度都可以看作是普惠金融总体的一个视角。因此，普惠金融指标体系的构建应当从系统整体的角度出发，各个指标相互配合，衔接完整，只有这样才能全面、科学评价普惠金融的特征和内涵。

二是要强调金融发展的均衡性，普惠金融包容性很强，强调民生性和社会性，其目的在于使全社会、所有阶层的公民（尤其是那些非意愿受到金融排斥的弱势群体）更加公平地获得金融服务，共享经济成果。所以普惠金融指标体系设计应当强调金融发展的均衡性，通过适当的方法来剖析实际生活中金融发展的不平衡，并作出客观的评价。

三是研究比较的可持续性，普惠金融体系的构建不应当局限于某一时点，某一区域，因为经济的发展是持续的，随时变化的，不同时点，不同区域的普惠金融发展有一定的差异，因此普惠金融指数的构建应当能在相对稳定的基础上采用时间序列跨区域地对普惠金融的发展程度进行分析评价。

四是结论上应当表现出通俗易懂性，普惠金融具有普遍性，是一系列行动的聚合体而非讲究单纯的战略性，普惠金融利益涉及的群体具有多元化特性，尤其是那些被排斥在金融服务之外的经济弱势群体。因此，普惠金融指标体系更应当与这些群体相贴近，使其感同身受。

基于上述考虑，本章以二十国集团发布的普惠金融指标为基础，从金融服务渗透性、服务可得性、使用效用性和可负担性四个维度出发，根据中国普惠金融发展实际和指标数据可得性，整理出一个代表性较强的中国普惠金融评价指标体系，该指标体系共由 4 个维度，7 个方向指数，14 个具体指标构成，其中服务可得性、金融服务渗透性、使用效用性三个维度指标对普惠金融发展的程度起到正向的作用，金融服务的可负担性对普惠金融发展的程度起到逆向的作用，考虑到数据的可得性，本章沿用王修华和关键（2014）研究[227]，利用利率上浮贷款占比和非金融机构融资规模占金融机构贷款余额的比重两个指标来衡量金融服务的可负担性，具体如表 4.1 所示。

表 4.1　中国普惠金融评价指标体系

衡量维度	描述性指标	具体指标	指标性质
渗透性	地理维度的服务渗透性	每万平方公里的银行业金融机构数（个）	正向
		每万平方公里的银行业金融机构从业人员数（人）	正向
	人口维度服务的可得性	每万人拥有的银行业金融机构数（个）	正向
		每万人拥有的银行业金融机构从业人员数（人）	正向
服务可得性	存款服务可得情况	金融机构人均存款余额（万元）	正向
		居民人均储蓄存款余额（万元）	正向
	贷款服务可得情况	金融机构人均贷款余额（万元）	正向
		居民人均贷款余额（万元）	正向
使用效用性	存款使用效用情况	金融机构存款余额占该地区 GDP 比重（%）	正向
		居民储蓄存款余额占该地区 GDP 比重（%）	正向
	贷款使用效用情况	金融机构贷款余额占该地区 GDP 比重（%）	正向
		居民贷款余额占该地区 GDP 比重（%）	正向
可负担性	金融服务可承受水平	利率上浮贷款占比	逆向
		非金融机构融资规模占金融机构贷款余额的比重	逆向

4.3　中国普惠金融发展水平的测度

本章采用综合评价法对中国普惠金融发展程度进行评价。考虑到普惠金融于2005年才正式提出，本章最终将样本区间定为2005—2015年。本章指标数据均来源于中国人民银行发布的《中国区域金融运行报告》《中国金融年鉴》和《中国统计年鉴》。

目前为止，学者们对普惠金融指数的测算方法大体可以分为3类：即采用联合国开发计划署编制人类发展指数法、主成分分析和因子分析法、层次分析法来计算普惠金融的发展程度。为更客观地反映各地区普惠金融发展水平，本章基于变异系数法为各指标赋权重，具体采用以下方法来测度各地区*IFI*值：

（1）首先为规避由于各指标量纲不一致所导致的差异，对各指标依次进行标准化处理。由于所选取的指标皆是正向指标，因此具体要进行的标准化处理如公式（4.1）：

$$X_{ij} = \frac{x_{ij} - m_{ij}}{M_{ij} - m_{ij}} \tag{4.1}$$

其中 X_{ij} 表示无量纲化处理后的指标值，x_{ij} 表示初始值，m_{ij} 表示该指标中所出现的最小值，M_{ij} 表示其值所出现的最大值。

（2）其次为了克服主观赋权带来的影响，本章采用变异系数赋权重的方法，不仅对每一维度下的各指标进行赋权，而且对各维度分别赋权。

$$IFI_i = 1 - \frac{\sqrt{w_{i1}^2(1 - X_{i1})^2 + w_{i2}^2(1 - X_{i2})^2 + \cdots + w_{ij}^2(1 - X_{ij})^2}}{\sqrt{w_{i1}^2 + w_{i2}^2 + \cdots + w_{ij}^2}} \tag{4.2}$$

公式（4.2）表示为每一维度下的各指标赋权重，其中，$w_{ij} = V_{ij}/\sum_{i=1}^{j} V_{ij}$，$V_{ij} = \sigma_{ij}/\bar{X}_{ij}$。$w_{ij}$ 为第 i 维度下的第 j 个指标的权重，V_{ij} 为变异系数，σ_{ij} 为标准差，$\bar{X}_{ij}$ 为均值。

$$IFI = 1 - \frac{\sqrt{w_1^2(1 - IFI_1)^2 + w_2^2(1 - IFI_2)^2 + \cdots + w_i^2(1 - IFI_i)^2}}{\sqrt{w_1^2 + w_2^2 + \cdots + w_i^2}} \tag{4.3}$$

公式（4.3）表示对各维度赋权重，其中 $w_i = V_i/\sum_{i=1}^{4} V_i$，$V_i = \sigma_i/\bar{X}_i$。$w_i$ 为第 i 个维度的权重，Vi 为变异系数，σ_i 为标准差，$\bar{X}_i$ 为均值。*IFI* 取值在［0,

1] 之间，且其值愈大，说明普惠金融发展水平愈高，反之则愈低。

由上述构建的指标体系和测算方法，可以测算出 2005—2015 年各地区普惠金融指数（*IFI*），为更好理解普惠金融发展的区域差异，以下给出全国各省份 2005—2015 年普惠金融指数具体测度值。为了使结果更直观，可进一步得到中国省域普惠金融发展平均水平的空间分布图。

表 4.2 2005—2015 年各区域普惠金融测度值

省（区、市）	2005 年	2006 年	2007 年	2008 年	2009 年	2010 年	2011 年	2012 年	2013 年	2014 年	2015 年	均值	排名
北京	0.667	0.717	0.627	0.643	0.669	0.606	0.607	0.603	0.55	0.569	0.626	0.626	2
天津	0.405	0.368	0.407	0.372	0.403	0.38	0.368	0.371	0.345	0.309	0.333	0.369	3
河北	0.119	0.078	0.116	0.089	0.108	0.1	0.085	0.082	0.079	0.078	0.089	0.093	15
山西	0.146	0.129	0.13	0.129	0.148	0.136	0.132	0.128	0.123	0.116	0.119	0.131	8
内蒙古	0.076	0.046	0.084	0.057	0.075	0.056	0.068	0.069	0.063	0.067	0.067	0.066	25
辽宁	0.193	0.157	0.186	0.166	0.171	0.173	0.164	0.16	0.154	0.158	0.163	0.168	7
吉林	0.074	0.094	0.068	0.086	0.095	0.091	0.076	0.072	0.068	0.072	0.08	0.08	19
黑龙江	0.1	0.061	0.085	0.063	0.083	0.077	0.062	0.058	0.054	0.055	0.062	0.069	24
上海	0.762	0.726	0.728	0.762	0.727	0.738	0.744	0.752	0.759	0.637	0.774	0.737	1
江苏	0.202	0.17	0.182	0.19	0.197	0.195	0.192	0.198	0.187	0.182	0.195	0.19	6
浙江	0.262	0.261	0.268	0.273	0.279	0.271	0.279	0.279	0.258	0.266	0.262	0.269	4
安徽	0.073	0.058	0.077	0.063	0.07	0.069	0.068	0.06	0.06	0.056	0.068	0.066	25
福建	0.134	0.115	0.135	0.124	0.097	0.127	0.124	0.126	0.118	0.119	0.119	0.122	10
江西	0.077	0.047	0.191	0.052	0.064	0.062	0.058	0.056	0.068	0.049	0.058	0.071	22
山东	0.145	0.104	0.138	0.104	0.122	0.115	0.109	0.111	0.103	0.094	0.098	0.113	11
河南	0.101	0.062	0.089	0.062	0.071	0.067	0.055	0.054	0.052	0.04	0.055	0.064	27
湖北	0.102	0.059	0.092	0.078	0.086	0.082	0.073	0.07	0.066	0.161	0.068	0.085	18
湖南	0.081	0.044	0.077	0.052	0.063	0.055	0.046	0.043	0.038	0.032	0.041	0.052	29
广东	0.247	0.215	0.229	0.206	0.212	0.204	0.196	0.201	0.186	0.186	0.171	0.205	5
广西	0.06	0.034	0.051	0.035	0.048	0.049	0.046	0.044	0.037	0.035	0.034	0.043	31
海南	0.113	0.099	0.105	0.098	0.109	0.117	0.116	0.111	0.104	0.108	0.114	0.109	12
重庆	0.128	0.109	0.115	0.115	0.121	0.121	0.136	0.137	0.129	0.132	0.123	0.124	9
四川	0.087	0.067	0.083	0.08	0.089	0.098	0.096	0.09	0.085	0.091	0.089	0.087	17
贵州	0.05	0.047	0.045	0.045	0.042	0.046	0.052	0.045	0.046	0.048	0.053	0.047	30
云南	0.063	0.063	0.059	0.061	0.063	0.061	0.066	0.058	0.047	0.05	0.045	0.058	28

续表

省（区、市）	2005年	2006年	2007年	2008年	2009年	2010年	2011年	2012年	2013年	2014年	2015年	均值	排名
西藏	0.056	0.042	0.06	0.049	0.063	0.07	0.065	0.071	0.082	0.111	0.108	0.071	22
陕西	0.118	0.096	0.108	0.098	0.111	0.108	0.104	0.1	0.094	0.098	0.104	0.104	14
甘肃	0.075	0.055	0.067	0.062	0.071	0.072	0.074	0.073	0.083	0.082	0.089	0.073	21
青海	0.079	0.072	0.081	0.079	0.083	0.087	0.099	0.105	0.099	0.116	0.111	0.092	16
宁夏	0.115	0.11	0.11	0.107	0.106	0.107	0.113	0.113	0.102	0.11	0.109	0.109	12
新疆	0.092	0.066	0.08	0.059	0.073	0.078	0.078	0.077	0.071	0.076	0.069	0.074	20
全国均值	0.161	0.141	0.157	0.144	0.152	0.149	0.147	0.146	0.139	0.139	0.145	0.147	
东部均值	0.263	0.243	0.252	0.244	0.252	0.246	0.24	0.24	0.228	0.218	0.237	0.242	
中部均值	0.097	0.067	0.109	0.073	0.084	0.079	0.072	0.069	0.068	0.076	0.068	0.078	
西部均值	0.083	0.067	0.079	0.071	0.079	0.079	0.083	0.082	0.078	0.085	0.083	0.079	

注：以上排名是根据2005—2015年各地区IFI值的均值得到的结果。

我国各地区的IFI值最小取0.043，最大取0.737，且多数地区的IFI水平在0.127以下，只有少部分地区的IFI值在0.127与0.737之间，且这部分地区主要是我国的东中部，其中北京、上海、天津等地区的IFI值最高。这说明我国普惠金融发展程度整体还比较低，有待进一步提高。中部和西部的普惠金融水平比较接近，但都远远不如东部。

4.4 普惠金融发展的空间动态分布

为进一步了解2005年以来我国*IFI*值的动态演进过程，本章建立反映普惠金融发展状况的Kernel密度估计模型，即通过设定普惠金融发展水平的密度函数去描述*IFI*值的分布形态，并分析其分布特征，该方法放松了参数方法中严格的条件假定。具体函数构建如公式（4.4）：

$$f(x) = \frac{1}{Nh}\sum_{i=1}^{n} K(\frac{IFI_i - ifi}{h}) \tag{4.4}$$

式（4.4）表示令IFI值为随机变量，$f(x)$为IFI的密度函数，$K(\cdot)$为核密度函数，此处选取Gaussian核函数，h为带宽，结合最优带宽选取原则与“眼球法”，用Stata14.0分别选取合适带宽，得到各地区普惠金融发展的核密度图。

图4.1中核密度函数曲线左峰突出，右侧呈轻微波浪状，波幅较小，且

2006—2009 年峰值变大，曲线左移，但 2009—2015 年峰值持续降低，曲线整体右移，且右侧有轻微“上浮”趋势，但“左高峰右小波”的整体态势仍然存在，说明我国大部分省份的普惠金融发展水平集聚在较低水平，且 2009 年以后，集聚在该水平的省份数量不断减少，逐渐“晋升”为水平相对较高的一级，也即在 2006—2009 年我国普惠金融发展状况不仅未得到改善，反而整体呈现出小幅下降趋势，但在 2009—2015 年随着各级政府对发展普惠金融这一任务的愈加重视，我国整体普惠金融发展状况得到改善，且 2012—2015 年取得的成效较显著，尽管仍未改变我国普惠金融发展水平整体较低的情况。

图 4. 2 中核密度函数曲线呈现“一峰一谷”特征，且峰值有小幅降低趋势，波谷逐渐变得平坦，且有右拖尾趋势，但核密度曲线整体变化不大，无明显右移趋势，说明我国东部地区普惠金融发展水平虽有小幅提升，但整体变化微弱，发展程度较高的部分地区在 2012 年以后存在微弱的差距扩大现象。

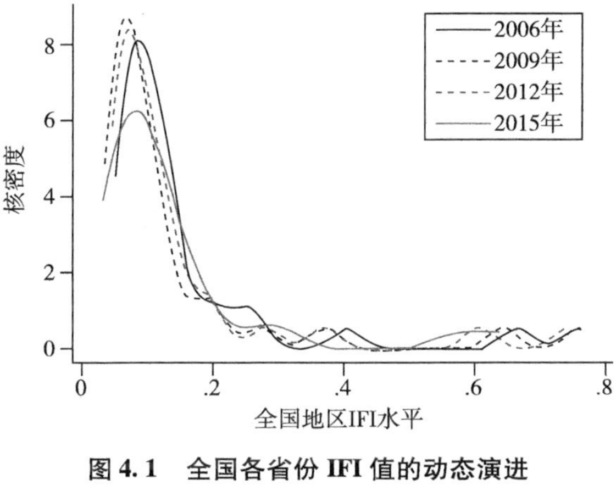

图 4. 1　全国各省份 IFI 值的动态演进

图 4. 3 中核密度函数曲线在 2009 年存在明显的右移迹象，在 2012 年又明显左移，但相对 2006 年来说仍整体偏右，2015 年核密度曲线再次右移，曲线形状无明显变化，峰值较 2006 年和 2009 年均有所下降，这表明中部地区整体的普惠金融发展水平呈上升趋势，且在 2009 年上升趋势最明显，另外在 2009—2015 年我国中部地区各省域之间普惠金融发展水平的差距逐渐缩小。总体来看，中部省份在改善普惠金融发展状况中取得了较明显成效。

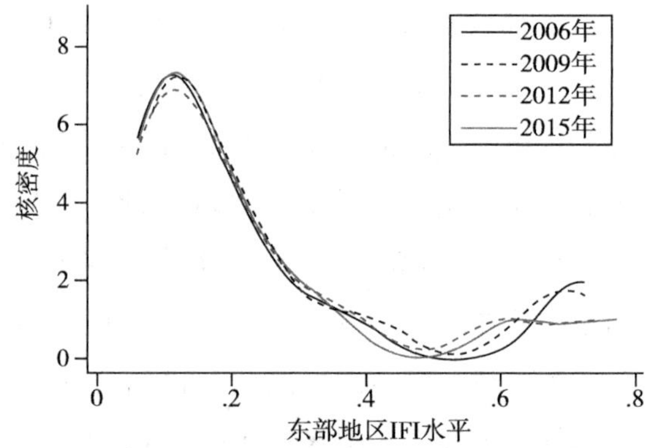

图 4.2　东部各省份 IFI 值的动态演进

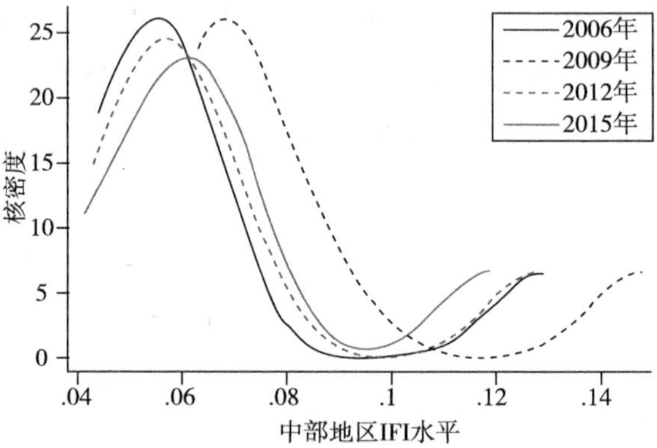

图 4.3　中部各省份 IFI 值的动态演进

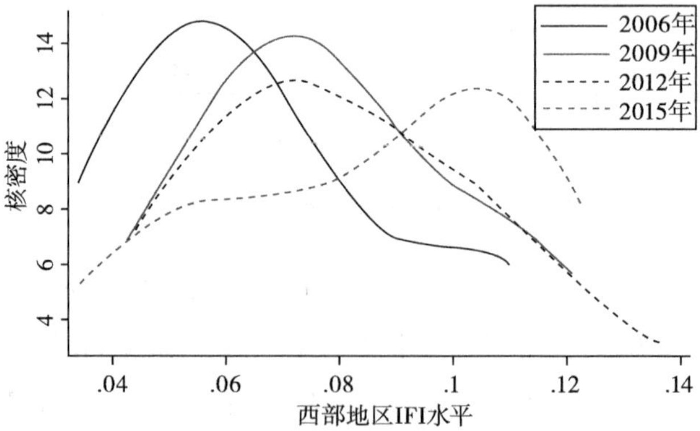

图 4.4　西部各省份 IFI 值的动态演进

图 4.4 中核密度函数曲线较特殊，2006—2015 年核密度曲线持续右移，

且曲线形状发生了较大的变化，2005—2009 年峰值均出现在较左侧部分，但在 2015 年时，波峰明显转移到了较右侧部分，且波峰整体较宽，峰值始终呈下降趋势，以上表明自 2005 年我国正式开始发展普惠金融以来，西部地区普惠金融发展水平始终较低的情况得到了明显的改善，始终呈上升趋势，且由原来大多数地区集聚在普惠金融发展水平较低的位置转移到了相对较高的位置，即波峰的右移使得集聚现象逐渐出现在普惠金融水平较原来有所提高的等级，这也间接说明了我国对西部地区普惠金融发展的大力支持取得了成效，西部各省份普惠金融发展程度在 2005—2015 年中得到明显提高。

4.5 普惠金融发展的收敛性研究

普惠金融发展的收敛性可反映不同经济体普惠金融发展速度与期初普惠金融发展水平的内在联系。由上文分析可知，我国各地区普惠金融发展存在较大差异，而研究普惠金融发展的收敛性则有助于进一步了解各地区普惠金融发展的内在差异，同时对于协调我国各地区普惠金融均衡发展具有重要参考意义。本章借鉴经济发展过程中存在的收敛机制，并在考虑空间相关性的基础上分别研究普惠金融发展的 β 收敛和俱乐部收敛，其中 β 收敛又分为两类，即 β 绝对收敛和 β 条件收敛。

4.5.1 空间相关性检验

鉴于我国农村金融存在收敛现象，而目前研究收敛性的文献大都集中在经济方面，且经济增长的收敛性往往具有空间相关性，因此为能进一步研究我国普惠金融发展的收敛现象，本章基于 31 个省 2005—2015 年的面板数据建立反映普惠金融收敛性的空间计量模型。为确保采用空间计量模型研究普惠金融收敛的合理性，在构建空间收敛计量模型之前，必须进行空间相关性检验，通过公式（4.5）计算全局莫兰指数和局部莫兰指数并以此来检验各地区普惠金融发展水平之间是否存在空间相关性：

$$Moran's I = \frac{\sum_{i=1}^{n}\sum_{j=1}^{n} w_{ij}(x_i - \bar{x})(x_j - \bar{x})}{\sum_{i=1}^{n}(x_i - \bar{x})^2} \tag{4.5}$$

其中 W 采用地理空间权重矩阵，理论上，莫兰指数取值为［-1，1］，若值为正则为空间正自相关，值为负则为负自相关。在将地理空间权重矩阵进行标准化之后，运用软件 Stata14.0 对各年份普惠金融水平做全局空间相关性检验，检验结果发现莫兰（Moran's I）指数取值范围在［0.269，0.319］之间，其均值等于 0.272，且在 α 为 1% 时通过了显著性检验，这表明我国省域普惠金融发展有明显的空间正相关现象，在计算局部莫兰指数过程中，发现同样在 α 为 1% 时有相当一部分省份通过了显著性检验，即可强烈拒绝无空间自相关的原假设。

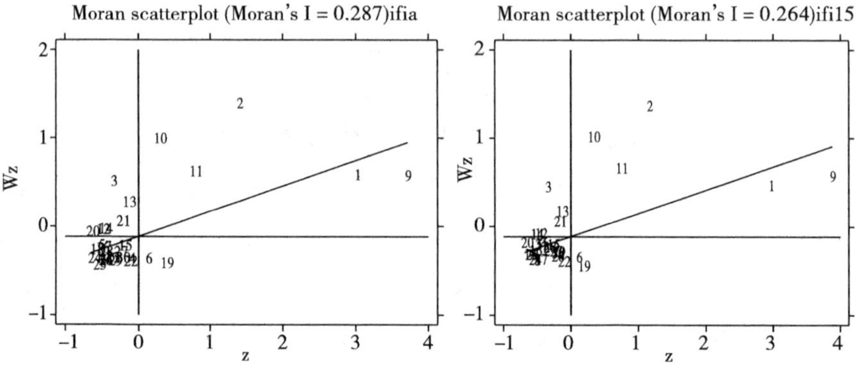

图 4.5　各地区 IFI 值的莫兰散点图

图 4.5 中分别为 2005—2015 年 IFI 均值（左）、2015 年 IFI 值（右）的莫兰散点图，其中横轴表示 IFI 的离差，纵轴表示 IFI 的空间滞后值。由莫兰散点图可以看出，我国多数地区处在第三象限，即 IFI 值低的省份大都聚集在一起，也即存在“冷点区域”（LL 型），这说明普惠金融发展程度相近的地区具有空间集聚效应。

同时，本章计算了 2015 年全国地区 IFI 的吉尔里指数 C 和 Getis - Ord 指数 G，且均通过了显著性检验，其中用非标准化的对称空间权重矩阵计算的 Getis - Ord 指数 G，其值为 0.128 且小于期望值 0.146，进一步证明了普惠金融发展不仅存在空间正自相关，而且存在冷点区域（LL），这与莫兰指数的检验是完全一致的。表明我国普惠金融发展过程具有明显的空间相关特征，故本章基于空间计量模型研究普惠金融发展的收敛是合理的。

4.5.2 空间收敛计量模型的建立

4.5.2.1 β 收敛

普惠金融发展的 β 收敛是指各经济体普惠金融发展速度与其期初普惠金融发展水平有关，按是否考虑自身条件差异的情况下，又可分为 β 绝对收敛和 β 条件收敛。基于上节得出的普惠金融发展具有显著空间相关性的结论，故本章基于空间滞后模型（SLM）、空间误差模型（SEM）分别建立相应的空间收敛计量模型。用 Stata14.0 对上文测度得到的各省（区）的普惠金融水平进行空间效应诊断，发现在空间误差模型下 Moran's I 、Lagrange multiplier 、Robust Lagrange multiplier 在 5% 显著性水平下均通过了显著性检验，而在 SLM 中 Robust Lagrange multiplier 却不显著，表明 SEM 更适合用来构建收敛模型，但为确保结果的稳健性，本章在研究 β 收敛时将同时给出这两种模型的结果。

（1）.β 绝对收敛。普惠金融发展的 β 绝对收敛是指不考虑各经济体自身条件的差异，初始 IFI 值低的比初始 IFI 值高的经济体发展得更快，且最终趋向于稳定到同一发展水平。具体可建立以下 β 绝对收敛模型：

$$\frac{1}{T}\ln\frac{IFI_{it}+T}{IFI_{it}} = \alpha + \beta\ln IFI_{it} + \varepsilon_{it}\ ,\ \varepsilon_{it} = \sum_{i=1}^{n} W_{ir}\varepsilon_{ir} + \mu_{ir} \tag{4.6}$$

$$\frac{1}{T}\ln\frac{IFI_{it}+T}{IFI_{it}} = \alpha + \beta\ln IFI_{it} + \rho\left[\sum_{i=1}^{n} W_{ir}\ln\left(\frac{IFI_{it}+T}{IFI_{it}}\right)\right] + \varepsilon_{it} \tag{4.7}$$

其中公式（4.6）和公式（4.7）分别为 β 绝对收敛的 SEM 和 SLM 模型，$IF_{Ii}t$ 表示第 i 个省份第 t 年的普惠金融水平，T 为时间间隔（设其值为 1 年），W_{ir} 为空间权重矩阵，ε_{it} 为扰动项。

（2）β 条件收敛。相应地，普惠金融发展的 β 条件收敛是指考虑各经济体自身条件上的差异，普惠金融发展速度不仅与各经济体期初发展水平有关，还与自身条件有关，即自身条件相似的地区才会倾向于稳定到同一发展水平，但在控制“自身条件”之后，各地区便会呈现出 β 绝对收敛。故研究 β 条件收敛需要找出影响普惠金融收敛的控制变量。总结相关文献，选取以下可能的控制变量：X_1：人均 GDP（G），X_2：政府财政支出（F），X_3：城镇化率

(U), X_4: 互联网普及率 (N), X_5: 公路里程数 (R)。

具体可建立以下 β 条件收敛模型:

$$\frac{1}{T}\ln\frac{IFI_{it}+T}{IFI_{it}} = \alpha + \beta\ln IFI_{it} + \sum_{j=1}^{k}\alpha j\ln X_{jit} + \varepsilon_{it}, \varepsilon_{it} = \lambda\left[\sum_{i=1}^{n}W_{ir}\varepsilon_{ir}\right] + \mu_{ir} \tag{4.8}$$

$$\frac{1}{T}\ln\frac{IFI_{it}+T}{IFI_{it}} = \alpha + \beta\ln IFI_{it} + \sum_{j=1}^{k}\alpha j\ln X_{jit} + \rho\left[\sum_{i=1}^{n}W_{ir}\ln\left(\frac{IFI_{it}+T}{IFI_{it}}\right)\right] + \varepsilon_{it} \tag{4.9}$$

公式 (4.8) 和公式 (4.9) 为 β 条件收敛的 SEM 和 SLM 模型, X_j 为影响因素, 该模型即在控制了人均 GDP、政府财政支出、城镇化率、互联网普及率、公路里程数等影响因素后, 对全国及各区域普惠金融发展状况进行 β 收敛研究。

4.5.2.2 俱乐部收敛

普惠金融的俱乐部收敛即按期初普惠金融发展水平分类, 将期初普惠金融水平相近的归类为一个俱乐部。当各俱乐部内部均呈现收敛, 而俱乐部之间不收敛, 即以俱乐部为最小单位, 低水平俱乐部与高水平俱乐部之间不存在收敛现象, 此即俱乐部收敛。比如按照国家统计局划分标准, 可将我国分为东中西三大俱乐部, 若三大地区内部存在收敛, 地区之间却不收敛, 即可认为存在俱乐部收敛现象。本章对俱乐部收敛的检验以是否存在 β 绝对收敛为标准, 具体检验方法如公式 (4.10):

$$\frac{1}{T}\ln\frac{IFI_{it}+T}{IFI_{it}} = \alpha + \beta\ln IFI_{it} + a_1 east + a_2 west + a_3 east\ln IFI_{it} + a_4 west\ln IFI_{it} + \varepsilon_{it} \tag{4.10}$$

其中, *east* 与 *west* 均为二值变量, 当 i 属于东部 (西部) 地区时, *east* (*west*) 取值为 1, 否则为 0。a_3 (a_4) 为东部 (西部) 地区相对于中部地区的发展速度, 如果系数小于 0, 则表明东部 (西部) 较中部地区的普惠金融发展更为收敛, 且绝对值越大, 相对于中部地区的收敛速度越快。

4.5.3 收敛结果及分析

4.5.3.1 β 收敛

表 4.3 普惠金融发展的 β 绝对收敛空间模型

模型及变量	全国		东部		中部		西部	
	SEM	SLM	SEM	SLM	SEM	SLM	SEM	SLM
β	-0.837 *** (0.000)	-0.33 ** (0.034)	-0.009 (0.578)	-0.009 (0.593)	-0.999 *** (0.000)	-0.979 *** (0.000)	-0.365 (0.257)	-0.006 (0.284)
ρ/λ	0.364 *** (0.000)	0.397 *** (0.000)	0.084 ** (0.036)	0.082 ** (0.039)	0.078 (0.104)	0.079 (0.104)	0.098 *** (0.000)	-0.197 (0.124)
Log$L$	68.672	60.071	70.613	70.550	-8.018	-7.139	55.653	55.760
R^2	0.515	0.492	0.540	0.499	0.610	0.622	0.337	0.349

注：考虑到实证结果的稳健性，两种模型均采用固定效应的稳健标准误，其中表格中括号上方的数字为模型的估计系数，括号中的数字为 p 值，*，**，***分别表示在 α 为 10%，5%，1% 的水平上显著。

由表 4.3 可知，无论是 SEM 还是 SLM，两种模型的 β 系数的估计结果均呈现出一致性，其中全国及中部地区的 β 系数均显著为负，而东西部地区的 β 系数虽都为负值，但均不显著，这表明我国整体上存在 β 绝对收敛，且中部地区也存在明显的 β 绝对收敛，但东、西部地区普惠金融发展未表现出明显的绝对收敛现象，即在不考虑各经济体自身条件差异的情况下，仅从中部地区或我国整体来看，期初普惠金融发展水平较低的省份其普惠金融发展速度相对较快，呈现出明显的差距缩小趋势，但单从东、西部地区内部来看期初普惠金融发展水平较低的省份与期初普惠金融发展水平较高的省份在发展速度上并未表现出明显的差距，即未表现出明显的差距缩小趋势。

表 4.4 普惠金融发展的 β 条件收敛空间模型

模型及变量	全国		东部		中部		西部	
	SEM	SLM	SEM	SLM	SEM	SLM	SEM	SLM
β	-0.823 *** (0.000)	-0.789 *** (0.000)	-1.260 *** (0.000)	-1.108 *** (0.000)	-1.194 *** (0.000)	-1.093 *** (0.000)	-0.559 *** (0.000)	-0.114 *** (0.000)
ln$G$	0.006 *** (0.009)	0.037 (0.778)	0.271 * (0.098)	0.105 (0.495)	0.337 (0.413)	0.337 (0.408)	0.289 * (0.078)	0.284 *** (0.000)

续表

模型及变量	全国		东部		中部		西部	
	SEM	SLM	SEM	SLM	SEM	SLM	SEM	SLM
ln*U*	0.735 *** (0.005)	0.621 ** (0.013)	0.846 *** (0.003)	0.520 * (0.052)	0.345 (0.577)	0.343 (0.571)	0.649 ** (0.026)	0.180 ** (0.012)
ln*F*	0.010 * (0.068)	0.081 (0.355)	-0.136 (0.144)	-0.105 (0.224)	1.261 *** (0.000)	1.160 *** (0.000)	0.186 (0.138)	0.321 *** (0.000)
ln*N*	0.085 (0.225)	0.138 ** (0.011)	0.006 (0.942)	0.116 ** (0.022)	0.792 *** (0.000)	0.698 *** (0.000)	0.125 (0.106)	0.509 *** (0.000)
ln*R*	0.291 *** (0.000)	0.489 *** (0.000)	0.253 *** (0.281)	0.368 (0.135)	1.976 *** (0.000)	1.757 *** (0.000)	0.040 (0.494)	0.011 (0.160)
ρ/λ	0.346 *** (0.000)	0.235 *** (0.000)	0.174 *** (0.000)	0.035 (0.259)	-0.037 (0.579)	0.051 (0.100)	0.075 *** (0.007)	-0.924 *** (0.000)
Log*L*	91.637	91.186	101.825	97.194	7.001	8.167	65.553	67.430
R^2	0.524	0.544	0.645	0.645	0.662	0.694	0.457	0.462

注：同表4.3。

由表4.4可知，在控制了人均GDP、城镇化率、政府财政支出、互联网普及率、每百平方公路里程数等变量后，各地区的β系数均显著为负，且SEM与SLM模型的结果表现出一致性，表明我国及东中西部地区均呈现出明显的β条件收敛，即人均GDP、城镇化率、政府财政支出、互联网普及率、每百平方的公路里程数是影响各地区普惠金融发展水平的主要因素，并且在控制了这些因素后，我国及东中西部地区的普惠金融发展水平均表现为绝对收敛，即各省份之间普惠金融发展水平的差距随着时间的变化而越来越小。

4.5.3.2 俱乐部收敛

表4.5 普惠金融发展的俱乐部收敛结果

变量	系数	标准差	Z值	p>|z|
β	-0.925	0.096	-9.66	0.000
east	2.134	0.238	8.98	0.000
west	1.371	0.323	4.24	0.000
east × $\text{lnif}_{it}-1$	0.744	0.099	7.53	0.000
west × $\text{lnif}_{it}-1$	0.510	0.119	4.27	0.000
C	-2.456	0.262	-9.39	0.000

由表 4.5 可知，该收敛模型中对应的系数均表现出明显的显著性，其中仅 β 系数显著为负，表明仅有中部地区存在明显的收敛现象，$east \times lnif_{it}-1$ 与 $west \times lnif_{it}-1$ 对应的系数显著为正，说明东部和西部地区均相对于中部地区表现出明显的发散趋势，这与上文中对 β 绝对收敛的分析一致，不仅说明了我国中部地区普惠金融发展水平差距逐渐缩小，而东部和西部地区相对于中部地区均有差距逐渐扩大趋势，也进一步表明了我国普惠金融发展并未表现出所谓的俱乐部收敛现象。

通过构建普惠金融的综合评价体系，基于变异系数法测度 2005—2015 年的 31 个省的普惠金融发展水平，进一步采用非参数 Kernel 密度估计研究我国普惠金融发展的动态演化过程，同时在考虑空间自相关性基础上，建立面板数据的空间收敛计量模型，根据 SEM、SLM 结果探讨我国普惠金融发展过程中的收敛现象，最后得出以下结论：

（1）我国普惠金融水平整体较低，还有待进一步提高，且不同地区的普惠金融发展程度及动态演进趋势存在差异，中部省份和西部省份整体发展水平相对接近，虽然远远落后于东部省份普惠金融发展水平，但中西部地区普惠金融发展势头良好，显示出了较大的潜力，这与我国高度重视普惠金融的发展有关，同时也说明相关政策的实现取得了一定的成效。

（2）我国普惠金融的发展有明显的空间相关性，无论是进行该领域的学术研究还是实施相关政策致力于提升普惠水平均不可忽视其空间相关性。同时各地区为了更好地提升普惠金融发展水平，应充分考虑相邻地区普惠金融发展对自身产生的影响，尽量做到低水平地区多向高水平“邻居”学习，地区间可进一步加深交流，争取在提升自身普惠金融水平的基础上，还能有助于改善相邻地区普惠金融发展状况，真正意义上实现在“普”的基础上达到将金融服务惠及全民的目的。

（3）在普惠金融发展的收敛性研究中，发现 2005—2015 年，我国整体上及中部地区表现出明显的 β 绝对收敛，而东、西部地区未表现出明显的 β 绝对收敛现象，但在控制了解释变量之后无论是我国整体上还是东中西部地区均呈现出明显的 β 收敛现象，表明人均 GDP、政府财政支出、城镇化率、互联网普及程度、公路普及程度同样是制约各地区普惠金融发展的主要因素，在努力实现全面提升普惠金融水平过程中，需充分考虑这些因素。最后在俱乐部收敛检验中，发现我国及东、中、西部地区之间未表现出俱乐部收敛现象。

综上所述，各地区普惠金融水平及发展速度有着较大差异。地区间应该充分利用普惠金融发展过程中表现的空间相关性，加大各地区对外开放水平，努力在提高自身普惠金融发展程度的基础上实现其在区域间协调发展。与此同时，各地区在努力提升普惠金融水平时，应充分考虑经济社会发展水平，信息技术水平，交通便利程度等对其的影响，努力在这三个方面做到相应的水平提升。

4.6 基于社会网络分析的普惠金融关联性研究

4.6.1 社会网络分析法

社会网络分析法（*SNA*）是专门研究“关系”的一种跨学科分析方法，目前越来越多地应用于经济、管理等领域，可以跨越地理距离因素的限制，将各个地区作为“点”，地区之间的关联性作为“线”，构成一个关联性网络，研究网络整体和其中各个点的作用，发现各地区普惠金融发展过程中的联系。通过格兰杰因果检验法构建关联网络，研究各个地区所接收到的溢出关系和自身发出的溢出关系数量，以揭示各地区之间的关联关系和所起的作用。

4.6.1.1 网络关联性分析

网络关联性分析主要利用网络密度（*ND*）、网络可达性（*NR*）、网络效率（*NE*）和网络等级度（*NH*）进行分析，网络关联性反映了网络的稳定性和脆弱性，如果网络中各个地区都直接或间接地通过直线相连，则这个网络就具有较好的稳定性，而如果网络中多条线都通过某一个地区相连，则网络对该地区的依赖性较大，一旦这个地区有变化或波动，就会对网络产生重大影响，表明网络比较脆弱。

网络密度可以定义为实际关联关系数 L 与网络可能的最大关联关系数 $m\times(m-1)$ 之比，其取值范围为 [0, 1]，网络密度越大，表示网络关联关系越多，各省市地区之间的联系越紧密。关联性的测度指标是关联度 C，网络关联度 C 通过网络可达性来衡量，网络可达性表示任意两个地区之间在关联网络中直接或间接相连，指标的取值范围为 [0，1]，网络中不可达的点对数为 V，表示两个地区之间没有连接。网络效率表示在网络主成分已经确定的情况下，冗余出来的线条数量的程度，网络效率取值为 [0，1]，网络效率越大，表明网络中各地区相互关联的线路越多，经济溢出效应的渠道越多，对某些地区的依赖性较低，整体网络更稳定，网络效率越低，代表关联网络更依靠与某些地区实现相互连接，对这些地区的依赖性较大。网络等级度表示网络中地区非对称性可达的程度，取值范围为 [0，1]，其值越高的地区在网络中的核心地位越强，对其他地区产生关联关系较多。

4.6.1.2 网络中心性分析

关联性研究网络整体的稳定性，中心性分析主要研究各地区在网络中所处的地位，一个地区如果处于中心地位，对其他地区的影响力就较大，其他地区主要通过中心地区相互连接和传递资源，刻画中心性的指标有四个：绝对中心度、相对中心度、中间中心度和接近中心度。

绝对中心度可以分为绝对点入度和点出度，分别代表该地区的受益关系和溢出关系的数量。相对中心度（De）也分为点入和点出两种，表示该地区所实际相关联的关系数和可能接收到的最大关系数值之比，中间中心度（BC）衡量一个地区处于网络中心位置的可能性，如果该地区处于其他多个地区的最短直线距离上，就表示该地区处于网络中的中心位置，是连接其他地区的桥梁和纽带，其经济活动能对其他地区的经济活动产生影响，$b_{pq(j)}$ 代表地区 p 和 q 之间经过地区 j 的路线数量，b_{pq} 代表地区 j 和 k 之间的路线数量：

$$BC = \sum_{p}^{m} \sum_{q}^{m} \left[\frac{b_{pq(j)}}{b_{pq}} \right] \tag{4.11}$$

接近中心度（RC）表示一个地区在关联网络中不受其他地区“影响”的程度，接近中心度越小，该地区的作用、地位、声望和影响力也就越大，该地区能够保持独立不受其他地区控制获取资源的能力就越强。

4.6.1.3 块模型分析

在整体研究关联网络稳定性和详细研究各个地区在关联网络中的的地位

后，社会网络分析法根据各地区收到和发出的溢出线条数量，将地区按照各自在关联网络中所起的作用和角色进行分类，把作用和角色相似的地区划分到同一板块，总体可以分为四类板块：

净溢出板块：此板块收到的其他地区对自身的作用较少且其对自身内部的作用较少，对其他地区溢出作用较多。

双向溢出板块：此板块收到的其他地区对自身的作用和其对自身内部的作用较多，同时对其他地区溢出作用也较多。

主受益板块：此板块收到的其他地区对自身的作用和其对自身内部的作用较多，对其他地区的溢出作用较少。

经纪人板块：此板块既收到其他地区对自身的溢出作用也对其他地区产生溢出效应，但对自身内部的作用较少，主要起到连接其他地区的纽带作用。

判断各板块的类型，需要分析该板块各地区内部的关系和外部关系。设 G_r 位置有 g_r 个地区，那么 G_r 位置上可能的内部关系数量为 $g_r \times (g_r - 1)$，当整个网络具有 g 个经济主体时，G_g 内部各个成员可能具有的关系为 $g_r \times (g - 1)$，那么关于该位置总的关系式为：

$$\frac{g_r \times (g_r - 1)}{g_r \times (g - 1)} = \frac{(g_r - 1)}{(g - 1)} \tag{4.12}$$

根据以上的分析，块模型类型的分类方法如表 4. 6 所示：

表 4. 6　普惠金融发展空间关联网络块模型板块分类

位置内部的实际关系比例	位置接收到的关系比例	
	≈0	>0
$\geqslant \frac{(g_r - 1)}{(g - 1)}$	双向溢出板块	主受益板块
$< \frac{(g_r - 1)}{(g - 1)}$	净溢出板块	经纪人板块

4. 6. 2　非线性格兰杰因果检验法

对时间序列进行非线性格兰杰检验之前，需要先利用 BDS 法检验其是否存在非线性，通过对剔除了线性关系的残差序列进行检验，当拒绝独立同分布（i，i，d）的假设时，就表明序列之间存在非线性关系，更适合运用非线性格兰杰检验法研究序列中的非线性关系。Disk 和 Panchenko（2006）根据线性格兰杰因果检验模型，将序列中的线性“预测功能”过滤掉，从残差提取相关信息进行非格兰杰因果检验，假设 X_i、Y_i 是平稳序列，原假设为“ Y_i 不是 X_i 的严格格兰杰原因”，再进行检验时，Disk 和 Panchenko 构造了基于渐近正态分布的检验统计量 T：

$$T = \left[\frac{CI(m+Lx,Ly,d,n)}{CI(Lx,Ly,d,n)} - \frac{CI(m+Lx,d,n)}{CI(Lx,d,n)}\right] \sim N(0,\frac{1}{\sqrt{n}}\sigma^2(m,lx,ly,d) \tag{4.13}$$

其中 $n = T+1-m-\max(Lx,Ly)$ ，σ^2（·）是修正的 T 的方差，对残差序列进行格兰杰检验，若原假设显示被拒绝，则存在非线性格兰杰关系。

刘华军（2016）认为线性格兰杰检验只能发现地区之间的线性因果关系，没有考察非线性因果关系，非线性格兰杰方法可以识别出更多的空间关联关系，关联网络更加稳定，更清楚地揭示中国区域经济之间的关联关系，而且能识别出更多的空间溢出渠道。相较于线性格兰杰因果检验通过 AIC，SIC 等五种方法综合确定最优滞后阶数，目前对于非线性格兰杰方法的最优滞后阶数没有统一的确定方法，但是在研究两个地区的关联关系时，可以对所有可能的阶数进行格兰杰因果检验，只要有一个阶数的格兰杰检验显示有因果关系，就认为这两个地区存在关联关系，当所有阶数的格兰杰检验均显示不存在因果关系时，就认为这两个地区不存在相互关联关系，通过这种方法构建的关联网络可以定义为“最大可能性网络（maximum likelihood network，以下简称 ML – Network）”。

4.6.3 我国普惠金融的关联性分析

为了研究不同位置、普惠金融发展水平不同的地区是否存在关联性和溢出性，根据所测算出来的各省市自治区 *IFI* 值，以 5% 作为显著性检验标准，检验各序列值在空间关联和溢出传导过程中是否存在非线性趋势，利用 BDS 非线性检验法对各省市地区历年普惠金融发展指数序列检验，结果显示 p 值大于 0.05，表明各地在普惠金融发展过程中存在显著的非线性关系。进行格兰杰因果检验的前提是各个变量都是平稳的，先对各省市自治区历年 IFI 值进行平稳性检验，发现各系列都是一阶平稳，对各序列进行一阶差分，本章借鉴刘华军等（2016）[393]的做法，利用非线性格兰杰方法和 ML－Network 法，分别计算滞后阶数为 1 和 2 情况下各地区之间的关联性，并构建各省市地区的关联网络，分析结果显示 31 个省市地区中具有关联关系 305 个。利用 netdraw 软件作出有向关联图，中国各省市自治区普惠金融发展水平普遍联系，相互之间具有溢出和受益关系，箭头的指向代表溢出关系，其中北京、上海、福建、重庆、山东处于关联网络的中心位置，和其他地方有密切的联系，对外围有明显的辐射关系，江西、青海、广西、云南和辽宁处于受益的位置，受到其他地区的溢出作用较多，宁夏、西藏、新疆等地区则主要处于关联网络的边缘位置，与中心位置的连接较少，如图 4.6 所示：

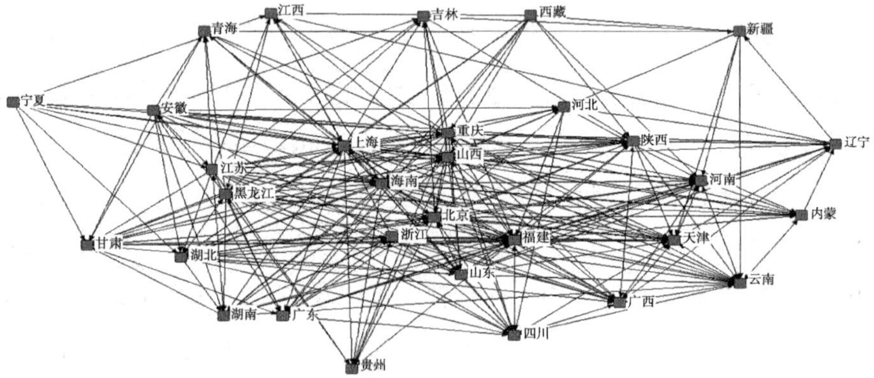

图 4.6　中国普惠金融关联网络

根据关联网络计算网络密度，31 个省市地区之间最大可能的关联数为 930，实际关联网络中的关联数为 305，则网络密度为 0.328。从整体上看，各地区之间的关联性程度较低，需要加强各地区之间的联系，增强相互影响力。关联网络中网络关联度为 1，各地区都有直接或间接的联系，不存在不可达的点对数，任意两地区之间都可以通过直接或间接的方式相联系，网络中各个地区有多种连接方式，普遍具有溢出效应。网络效率为 1.869，表明关联网络中存在较多冗余的线条，各地区之间联系方式多样且存在重叠关联现象，没有完全依赖于某些地区，关联网络结构十分稳定。网络等级度为 0，各地区之间没有森严的等级，任何一个地区都可以和其他地区直接或间接地联系。根据对网络关联度的分析，为各地区普惠金融协调发展提供了实证，各个地区之间相互联系的渠道四通八达，构成一个稳定的网络，普惠金融发展水平不同的地区也可以相互产生溢出效应。

4.6.4 我国普惠金融的中心性分析

绝对中心度表示各地区所接收到和溢出的关系数，分析各地区收到和发出的关联关系数，可以表明各省市地区在关联网络中所处的地位，中心性分析如表 4.7 所示：

表 4.7 中国普惠金融关联网络中心性分析

序号	地区	受益关联关系	溢出关联关系	关联关系中心度	相对中心度	中间中心度	接近中心度
1	上海	19	18	37	86.667	13.209	45.536
2	北京	16	20	36	83.333	11.105	46.989
3	天津	16	18	34	83.333	4.857	66.667
4	山东	8	19	27	80.000	5.486	60.911
5	浙江	8	18	26	80.000	5.293	61.364
6	广东	15	11	26	76.667	5.618	59.881
7	重庆	15	11	26	70.000	4.270	63.493
8	江苏	16	19	25	63.333	4.521	54.997
9	辽宁	14	10	24	60.000	4.097	61.612
10	河北	7	17	24	60.000	3.711	59.650
11	福建	14	10	24	56.667	3.459	57.961
12	湖北	4	19	23	56，667	2.810	56.915
13	陕西	11	11	22	56.667	2.305	59.394
14	吉林	6	15	21	53.333	2.092	57.273
15	甘肃	14	7	21	53.333	1.969	59.091
16	四川	12	8	20	53.333	1.938	56.604
17	山西	15	4	19	53.333	1.789	56.316
18	江西	12	7	19	50.000	1.597	55.424
19	安徽	11	7	18	46.667	1.608	55.202
20	河南	3	14	17	46.667	1.719	60.217
21	新疆	11	6	17	46.667	1.495	53.344
22	青海	12	2	14	40.000	1.397	68.323
23	黑龙江	6	6	12	40.000	1.283	49.863

续表

序号	地区	受益关联关系	溢出关联关系	关联关系中心度	相对中心度	中间中心度	接近中心度
24	宁夏	5	6	11	36.667	0.571	49.513
25	内蒙古	7	3	11	33.333	1.209	49.131
26	云南	8	2	10	33.333	0.887	43.154
27	海南	8	2	10	33.333	0.653	47.821
28	湖南	8	2	10	33.333	1.248	45.271
29	贵州	1	9	10	30.000	0.551	51.376
30	广西	1	8	9	30.000	0.103	42.092
31	西藏	2	6	8	26.667	0.023	67.630
	均值	9.84	9.84	19.68	53.333	2.996	55.565

绝对中心度分为点出度和点入度，即受益关系和溢出关系，各地区平均受益和溢出数量为9.84，上海、北京、天津和山东的总关联排在前四位，其受益关系和溢出关系数都大于均值，上海受益关系数和溢出关系数接近，分别为19和18，总体表现为溢出；北京受益关系数为16，溢出关系数为20，总体表现为溢出；天津溢出关系数比受益关系数多2，总体也表现为溢出；山东受益关系数和溢出关系数分别为8和19，总体表现为溢出，排在前四位的省市在普惠金融的发展过程中都体现出溢出效应。贵州、广西和西藏的总关联数较少，排在最后三位，其受益关系和溢出关系数均小于平均值，其中贵州和广西的受益关系数均为1，溢出关系数分别为9和8，总体都表现为溢出；西藏受益关系数为2，溢出关系数为6，总体也表现为溢出。从总关系数量上看，关系数量较多的地区集中在东部和中部地区，而西部和一些边远地区总关联数较少。总体关系数量的多少并不决定各地区的受益和溢出作用，虽然西藏、广西等地的总关联数较少，依然对其他地方具有溢出作用，这表明普惠金融的发展并不是只从发展水平较高的地区向发展水平较低的地区溢出，不同地理位置、普惠金融发展水平不同的地区，相互之间依然具有关联性和溢出性。

相对中心度可以比较各个地区与其他地区联系的程度，数值越大代表该地区与其他地区联系越紧密。相对中心度和总体数量度有关，排名靠前的地区相对中心度也较大，前8名中，东部发达地区占1个，沿海地区占6个，中部地区占1个，所以普惠金融发展的关联网络中，东部沿海地区处于中心位置，西部和中部地区相对较为分散，受东部沿海地区影响较大。中间中心度反映了在关联网络中，各地区作为“中间人”的程度，反映其他地区对该地区的依赖程度，中间中心度的数值与总关联数并不完全保持一致，在前8名地区中，北京和上海的中间中心度均大于11，表示这两个城市在普惠金融发展过程中处于中心位置，对其他地区依赖较少，自身影响力非常大；天津的中间中心度小于山东、浙江和广东，这三个沿海城市对普惠金融资源的控制能力较强，对其他地区有较大影响力；江苏和重庆的中间中心度也都大于4，表示这两地对普惠金融资源也有较强的控制能力，而中西部地区整体中间中心度较低，大部分省市自治区的中间中心度小于均值，反映出中西部对普惠金融资源的控制相对较弱。整个关联网络的中间中心势为10.55%，数值较小，总体上看各个地区之间的依赖性较小，可以不依靠其他地区获得普惠金融资源。接近中心度数值越小，表示该地区越可以不受影响地获取普惠金融资源，数值最高的为青海，接近中心度为68.323，数值最低的为广西，接近中心度为42.092。

综合相对中心度、中间中心度和接近中心度三个维度来看，东部地区和沿海地区对普惠金融资源的控制能力较强，可以独立地获取普惠金融资源和信息，对其他地区主要产生溢出作用,，中西部地区相对影响力较弱，对普惠金融资源的控制力不强，排名较靠前的中西部区作为传导的桥梁和纽带，将东部沿海地区对普惠金融的溢出作用传导给其他靠后地区。

4.6.5　我国普惠金融的块模型分析

根据关联网络，选择收敛标准为0.2，最大分割度为2，把各个地区分为4个板块，进行块模型分析，分析各个板块所处的角色和作用，研究各个板块期望的内部比例关系、实际内部比例关系、板块接收到的外部关系比重，即“净溢出板块”、“双向溢出板块”、“主受益板块”和“经纪人板块”。

第一板块有13个省，主要是中西部发展较快的地区，分别是：河北、山东、湖北、湖南、吉林、甘肃、青海、广东、江西、浙江、河南、贵州和黑龙江。第二板块有6个省（区），主要是西部沿边地区，分别是：西藏、宁夏、内蒙古、四川、新疆和广西。第三板块有4个省，主要是相对发展较快的地区，分别是：福建、云南、辽宁和陕西。第四板块有8个省（市），主要是东部沿海较发达地区，分别是：江苏、山西、天津、海南、上海、安徽、重庆和北京，划分结果如图4.7所示：

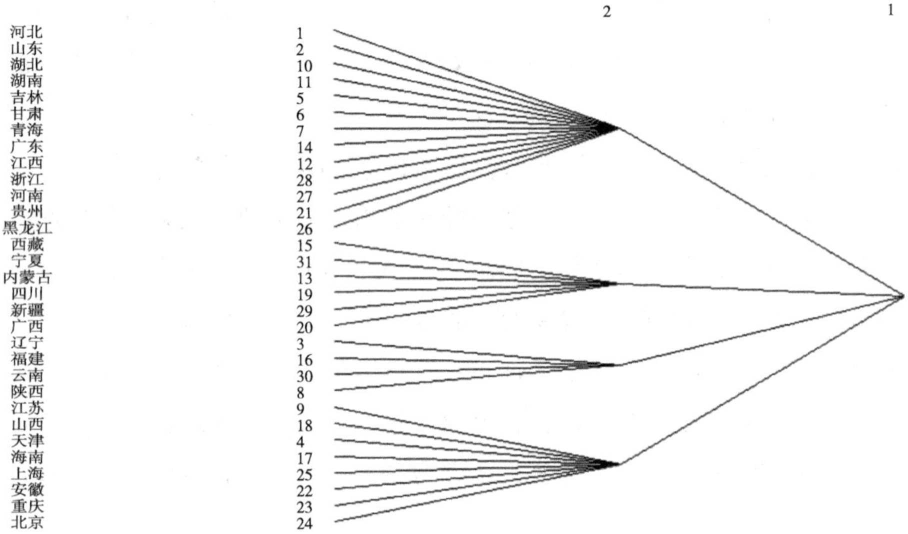

图4.7 中国普惠金融关联网络块模型分类

在关联网络整体的305个关系中，有48个是各自板块的内部关系，257个是板块之间的关联关系，板块之间关联密切，有极大的溢出效应。各板块内部和外部的溢出效应如表4.8所示：

表4.8 普惠金融关联网络各板块溢出关系

板块	板块成员数	接收的板块内部关系数	接收的板块外部关系数	板块溢出关系数	期望的内部关系比例	板块实际内部关系比例（%）	板块角色特征（%）
第一板块	双向溢出板块	13	13	126	81	0.40	0.16
第二板块	主受益板块	6	17	69	55	0.16	0.31
第三板块	经纪人板块	4	1	26	41	0.10	0.023
第四板块	净溢出板块	8	17	36	128	0.23	0.13

第一板块发出的溢出关系数为81，内部溢出关系数为13，成员数为13，

理论上期望的内部比例关系为 0.4%，实际内部关系比例为 0.16%，小于内部期望的比例关系，接收的外部溢出数为 126，对外部发出大量的溢出关系，对内部的有一定的溢出作用，在关联网络中起到双向溢出作用。第二板块发出的溢出关系为 55，内部溢出关系为 17，成员数为 6，理论上期望的内部关系比例为 0.16%，实际内部关系比例为 0.31%，大于期望值，接收的外部溢出数为 69，大于第二板块所发出的溢出数，所以第二板块是主受益板块。第三板块发出的溢出关系为 41，内部溢出关系为 1，成员数为 4，理论上期望的内部关系比例为 0.10%，实际内部关系比例为 0.023%，小于期望值，接收的外部溢出数为 26，小于第三板块所发出的溢出数，所以第三板块是经纪人板块。第四板块发出的溢出关系为 128，内部溢出关系为 17，成员数为 8，理论上期望的内部关系比例为 0.23%，实际内部关系比例为 0.13%，小于期望值，接收的外部溢出数为 36，远小于第四板块所发出的溢出数，所以第四板块是净溢出板块。

在普惠金融发展过程中，中西部较发达地区不仅对板块内部各城市具有溢出作用，还对其他地区也产生溢出作用，而西部沿边地区虽然也对其他地区产生溢出作用，但总体上收到板块内部和外部的溢出关系较多，相对发展较快的地区既对内部产生溢出关系，也接收外部板块的溢出关系，起到了各地区普惠金融发展过程中的“经纪人”作用，将普惠金融发展水平高地区的溢出作用传递到普惠金融发展水平低的地区，而东部沿海地区普惠金融发展水平高，对外发出的溢出作用远大于接收到的其他板块的溢出作用，在普惠金融发展过程中主要起到净溢出的作用。

普惠金融关联网络的密度为 0.211，当各个板块的密度大于关联网络的密度时，表示关联网络向该板块集中，其他板块受到该板块的溢出作用，根据各板块之间的密度值，对大于 0.211 的密度赋值为 1，对小于 0.211 的密度赋值为 0，得到普惠金融关联网络像矩阵如表 4.9，像矩阵中赋值为 1 的单元格表示该列板块对该行板块具有溢出作用，赋值为 0 表示该列板块对该行板块没有溢出作用，通过像矩阵可以更清晰地看出四个板块所处的角色和作用，第一板块对板块内部和第二三板块都有溢出作用，第二板块只对板块内部有溢出作用，第三板块发挥桥梁和纽带的作用连接其他板块，第四板块对四个板块都具有溢出作用。

表 4.9　普惠金融发展板块密度矩阵

	第一板块	第二板块	第三板块	第四板块
第一板块	0.290（1）	0.449（1）	0.321（1）	0.144（0）
第二板块	0.172（0）	0.533（1）	0.167（0）	0.125（0）
第三板块	0.288（1）	0.375（1）	0.083（0）	0.500（0）
第四板块	0.779（1）	0.521（1）	0.256（1）	0.304（1）

基于熵值法计算2005—2015年各省市自治区普惠金融发展指数，发现东部地区普惠金融发展水平最高，中西部地区普惠金融发展水平较低，中西部普惠金融发展水平呈缩小趋势，东部地区与中西部地区普惠金融发展水平仍有较大差距。运用非格兰杰检验法和ML－Network研究各省市自治区普惠金融发展过程中的关联性，各地区之间都直接或间接紧密关联，关联网络冗余线条较多，网络十分稳定，各个地区对其他地区依赖性不大，可以独立地获取普惠金融资源。东部沿海发达地区普惠金融发展水平高，处于关联网络的中心地位，对其他地区产生较大的溢出作用，能显著影响其他地区普惠金融发展，属于净溢出板块；中部较发达地区不仅对中部地区产生溢出作用，也对东西部地区有溢出作用，同时也接收较多其他地区的溢出作用，属于双向溢出板块，沿海较落后地区一方面接收其他地区的溢出作用，另一方面又把发达地区的溢出作用传递给落后地区，属于经纪人板块，起到连接各个板块的桥梁作用；西部落后地区对普惠金融的资源控制能力不强，在关联网络中影响力较弱，主要接收外部溢出作用和内部溢出作用，属于主受益板块。

本研究证实，在普惠金融的发展过程中，任何一个地区都不是独立发展的，各个地区直接或间接关联，在关联网络中处于不同的地位起到不同的作用，构成一个稳定的关联网络。在普惠金融发展的过程中，不仅要从全局出发，树立空间观念，促进全国普惠金融协同发展，各地区政府还应该按照本地区的实际情况和所处的位置，因地制宜地寻找适合自身发展的方式，充分考虑各地区普惠金融发展的公平性。不同地区之间加强合作，东部地区溢出作用较强，在持续发展普惠金融水平的基础上，激活新的溢出作用源，发挥更加强大的溢出作用，中西部地区普惠金融发展水平较低，在接收其他省份溢出作用的同时，也要根据本地区的人口、地域、政策等特点，找到激发本地普惠金融快速发展的办法。落后地区要转变普惠金融发展方式，加强地区之间的交流合作，缩小普惠金融差距。

第5章

普惠金融发展的三维效应研究

普惠金融，是中国引入“包容性金融”这一概念之后的再加工，融合了中国具体国情。“普”代表了这一金融政策的广度。中国政府希望通过一系列的金融政策、措施、手段，将现代金融服务带进千家万户，特别是贫困地区、少数民族地区、偏远地区，这是地理含义上的广度；与传统金融行业相比，普惠金融将过去受到传统金融服务歧视的贫困、低收入等特殊群体列入服务对象，这是人文意义上的广度。“惠”即惠民，普惠金融强调金融资源和金融服务要更多地向薄弱领域倾斜，通过将所有的经济主体纳入金融服务体系中来，实现了每个人都平等享有金融服务的权利，消除了金融排斥，使社会中各个阶层跟上社会进步和现代化的步伐。本章采用前沿计量经济方法，主要考察普惠金融发展对推动经济增长、缩小城乡居民收入差距、促进贫困减缓等方面的效应。

5.1 普惠金融发展对经济增长的影响分析

政府对普惠金融制度的供给主要是为了促进经济的稳定增长，也基于普惠金融有助于减少贫困和促进机会均等的机能，但是普惠金融与经济增长之间是否存在相互作用的机理，这是学者所一直关注的问题。本节主要研究普惠金融对宏观经济的作用，通过对相关文献的梳理，来分析普惠金融的经济作用机理。

5.1.1 普惠金融对微观经济的影响

普惠金融会对处于经济弱势的群体的经济行为产生显著的影响，这几乎是学术界的共识。Karlan 等（2010）[394]、Dupas 等（2016）[395]、Robinson（2016）[396]通过对人们使用金融账户的频率分析得出，如果更多的人拥有并使用金融账户，很可能促进社会生活水平的提高以及带来较高的消费、收入和投资，中小企业也能得到健康的发展。因此，易于理解，若普惠金融能够在微观层面对就业、消费、投资产生重要的影响，那么普惠金融与经济增长的关系也就十分紧密了。

一些学者对汇兑服务进行了研究，他们的主要观点是：汇兑能够促使普惠金融对经济增长产生正向作用。Giuliano 和 Ruiz（2009）通过对近 100 个发展中国家的汇兑服务进行研究，发现汇兑服务可以增加民众的投资活动，降低流动性约束[397]。Anzoategui（2014）利用萨尔加多的家庭调查数据发现，通过储蓄账户的推广，汇兑对普惠金融发展产生了积极作用；但是，汇兑对消费者在正规金融机构的信贷需求及其使用，并没有显著影响；若放宽信贷约束，汇兑将减少消费者来自正规金融机构的外部融资需求，增加储蓄工具的使用需求[398]。中国人民银行合肥中心支行青年课题组（2014）通过问卷调查的形式对影响农村普惠金融的因素进行了分析，研究表明：普惠金融的实施能够增进农村经营户和金融机构的福利，进而影响经济的发展[399]。

5.1.2 普惠金融对宏观经济的影响

传统金融服务所具有的排斥性是导致贫富差距和制约经济增长的一个重要原因。Beck 等（2009）认为政府应该完善包容性金融的相关制度体系，包括金融契约、市场机构、金融中介等，只有这样普惠金融才会得到发展，从而进一步减少贫困和促进机会均等[400]。Mandira 和 Jesim（2010）研究发现，一国的普惠金融发展水平与经济的发展程度具有显著的同向性，收入水平、机会的平等程度、文化、城镇化水平等都与普惠金融的关系十分紧密。另外他们还发现对普惠金融的发展来说，金融机构的产权形式尤为重要，越是体制比较完善，经营比较规范的银行越会对运营成本严格控制，从而不愿意涉足风险比较大的小微金融[401]。Anand 和 Chhikara（2013）通过对跨国数据的分析得出，普惠金融指数每增加 1%，人类发展指数就会增长 0.142%，而且金融服务的使用频率与贫困率呈负相关，因此他们建议政府应当努力提高普惠金融水平，消除区域间的不平衡，进而实现经济的包容性增长。[402]

另外，其他的学者研究表明，在金融体系比较完备且运行效率较高的国家，金融市场可以更加优化金融资源配置，更有利于普惠金融发展和经济增长。Beck（2007）认为金融体系比较发达的国家，低收入人群的收入增长得更快，贫困人口的比重减少得更快，中小企业的融资需求更容易解决[210]。因此，政策的制定，在经济增长和扶贫之间不需要权衡，构建高效的包容性金融体系可以一举两得。

5.1.3　中国普惠金融经济增长效应的实证研究

金融是实体经济的血脉，金融供应是否充足、运行是否顺畅直接关系到实体经济的持续健康有序发展。当前，国内外学者对金融深度和经济增长之间的关系进行了大量卓有成效的研究，实证研究发现，金融深度和经济增长有着显著和稳健的因果关系。为此，习近平总书记在第五次全国金融工作会议上明确提出，金融要把为实体经济服务作为出发点和落脚点，全面提升服务效率和水平。但金融排斥现象在世界上众多国家普遍存在，其中小企业和贫困家庭无法获得资金是产生持续性的收入差距及经济增长放缓的一个重要的原因，金融排斥给经济发展带来的负面影响日益显现。普惠金融强调的是金融服务渠道宽度和金融服务对象范围，当前经济理论上强调普惠金融与经济增长的关系，但相关的实证研究非常有限。为了研究中国普惠金融发展水平的不同阶段对经济增长影响的数量上的具体关系，本章在控制了当前文献中所强调的其他影响经济增长的因素的基础上，利用2005—2015年中国省级数据，采取固定效应的面板门槛模型，以普惠金融发展水平作为门槛变量探讨普惠金融发展与经济增长的非线性关系，以期得到普惠金融发展水平的不同阶段对经济增长的非线性影响。

5.1.3.1　变量选择与处理

由于本节重点验证中国普惠金融发展水平的不同阶段对经济增长的非线性影响关系，本章的被解释变量、核心解释变量和控制变量选取如下所示，相应的各变量描述性统计结果如表5.1所示：

（1）被解释变量：经济增长率（$ggdp_{it}$）采用各省市以不变价格计算的实

际 GDP 增长率衡量。从表 5.1 可以看出，在 2005—2015 年中国 31 个省市样本中，各省市经济增长率的均值为 11.626%，增长最快的达到了 23.8%，增长最慢的为 3%，各省市的增长水平差异较大。

（2）核心解释变量：普惠金融发展水平（ifi_{it}）。

（3）控制变量：由于影响经济增长的因素有很多，为避免变量过多而出现多重共线性问题，参考 Barro（1997）[403] 和 Easterly et. al（1997）[404] 的做法，本章选取相关系数较低的经济发展初始水平、人力资本、最终消费率、财政支出占 GDP 的比重及劳动增长率。其中：经济发展初始水平（$initial_{it}$）采用各省市实际 GDP 前五年平均值的对数值衡量。人力资本（hr_{it}）采用各省市从业人员平均受教育年限衡量。最终消费率（$consume_{it}$）采用各省市最终消费支出占支出法地区生产总值比重。财政支出占 GDP 比重（$fiscal_{it}$）采用各省市财政一般预算支出占地区生产总值比重衡量。劳动力增长率（$labor_{it}$）采用各省市就业人员数的百分比变化衡量。

表 5.1　各指标描述性统计结果

变量名称	均值	标准差	最小值	最大值
ggdp	11.626	2.717	3	23.8
ifi	0.147	0.158	0.032	0.774
initial	8.868	1.109	5.253	11.046
hr	9.234	1.305	4.465	13.395
consume	0.503	0.081	0.361	0.818
fiscal	0.237	0.182	0.033	1.347
labor	0.018	0.027	-0.201	0.201

本节采用的是 2005—2015 年中国 31 个省市的年度面板数据。数据来源于《中国统计年鉴》（2006—2016）、《中国劳动统计年鉴》（2006—2016）、Wind 金融数据库以及中经网统计数据库。

5.1.3.2　模型设定

本节基于中国 31 个省市 2005—2015 年的面板数据，探讨普惠金融发展与经济增长之间是否存在非线性的门槛效应。借鉴 Levine（2004）建立面板门限模型的方法，本章设定普惠金融发展（ifi_{it}）与经济增长（$ggdp_{it}$）的面板门限模型为：

$$ggdp_{it} = \mu_i + \beta X_{it} + \theta_1 ifi_{it} I(q_{it} \leqslant \gamma) + \theta_2 ifi_{it}(q_{it} > \gamma) + e_{it} \qquad (5.1)$$

其中，下标 i 表示个体（$1 \leqslant i \leqslant n$），下标 t 表示时间（$1 \leqslant t \leqslant T$），本章的 $n=31$ 和 $T=11$；μ_i 为 31 个省市的个体固定效应；e_{it} 为残差项，并假设 e_{it} 服从零均值和有限方法 σ^2 的独立同分布；I（.）为指标函数，q_{it}为门限变量；X_{it} 为控制变量向量，包括经济发展初始水平（$initial_{it}$）、人力资本（hr_{it}）、最终消费率（$consume_{it}$）、财政支出占 GDP 比重（$fiscal_{it}$）、劳动力增长率（$labor_{it}$）。

5.1.3.3 实证分析

本节利用 stata14.0 对中国普惠金融发展对经济增长的非线性影响进行实证研究，采用王群勇（2015）的方法对模型参数进行估计。

首先，本节进行门槛效应检验。使用 Hansen（1996，2000）的自举法（Bootstrap）来获得检验统计量的 P 值，以此来判断是否存在门槛效应。门槛效果自抽样检验结果如表 5.2 所示。

表 5.2 门槛效果自抽样检验

	F 统计量	P 值	10%	5%	1%
单门槛检验	18.641 ***	0.000	6.244	9.427	13.218
双门槛检验	25.903 ***	0.000	8.872	10.865	13.736
多门槛检验	8.647	0.563	17.730	21.479	31.702

注：***、**、* 分别表示在 1%、5%、10% 的水平下显著；p 值和临界值均是采用 Bootstrap 法模拟 500 次后得到的结果。

从表 5.2 可以看出，单门槛效应和双门槛效应均在 1% 的显著性水平下显著，而三门槛效应则不显著。因此，可以认为普惠金融发展对经济增长存在双门槛效应，故本节选用双门槛效应模型对中国普惠金融发展对经济增长的非线性影响进行分析。经过门槛效应检验之后，本节对双门槛估计值进行估计和检验。表 5.3 报告了以普惠金融发展水平为门槛变量的单一门槛模型、双门槛模型参数及其 95% 的置信区间。门槛 1 和门槛 2 的估计值分别为 0.279 和 0.405。同时，门槛 1 估计值在［0.273，0.309］区间内，门槛 2 估计值在［0.392，0.407］区间内。

表 5.3　门槛估计值结果

门槛值	估计值	95% 置信区间
第一个门槛值	0.279	[0.273, 0.309]
第二个门槛值	0.405	[0.392, 0.407]

门槛值的估计主要是对门槛变量的取值进行排序。在门槛值估计出来以后，本章对双门槛模型进行参数估计。本章采用固定效应的面板门槛模型，为了确保能够与非线性模型 I 进行比较，本章相应设计了线性模型 II，具体回归结果如表 5.4 所示。

从表 5.4 回归结果可以看出，非线性模型 I 和线性模型 II 的主要变量系数的方向基本一致，且大小相差不大。经济发展初始水平（initial）的系数显著为负，这表明中国经济呈收敛态势。人力资本（hr）、最终消费率（consume）、劳动力增长率（labor）都是拉动经济增长的重要力量，并且在 5% 的显著水平上显著。财政支出占 GDP 比重（fiscal）对经济增长起着负向影响，且在 5% 的显著性水平下显著，这说明当前我国地方财政支出并没有很好地服务经济发展。

从门槛模型 I 可知：当普惠金融发展水平低于 0.279 时，其对经济增长的作用是正向的，但并不显著。这表明此时存在一个发展瓶颈，即低水平下普惠金融发展水平对经济增长促进作用不明显。但是，当金融发展水平大于 0.279 且小于 0.405 时，其系数为 0.094，对经济增长起着显著促进作用，且在 5% 显著水平下显著。当金融发展水平大于 0.405 时，其系数为 0.004，对经济增长有显著正向作用，但其值大小明显降低。这表明普惠金融发展对经济增长有一定促进作用，但存在边际递减的效应。

表 5.4　模型回归结果

变量	模型 I	模型 II
initial	-0.315*** (2.82)	-0.232** (2.04)
hr	0.029** (2.16)	0.017*** (2.73)
consume	0.551** (2.04)	0.641** (1.97)

续表

变量	模型 I	模型 II
fiscal	-1.588** (-2.44)	-1.057*** (-2.62)
labor	1.033** (2.18)	1.173** (2.59)
ifiI (ifi ≤ 0.279)	0.053 (1.57)	0.992** (2.12)
ifiI (0.279 < ifi ≤ 0.405)	0.094** (2.56)	
ifiI (ifi > 0.405)	0.004** (2.08)	
样本数	341	341
固定效应检验	F (10, 321) = 22.89 Prob > F = 0.000	F (6, 324) = 5.81 Prob > F = 0.001

注：模型 I、II 分别表示为固定效应的面板门槛模型、面板线性模型。括号中的数值表示 t 值，常数项在表中没有报告。*、**、*** 分别表示在 10%、5%、1% 统计水平下显著。

传统的金融服务具有排斥性，这种现象在全球范围内普遍存在，在中国显得尤为突出，普惠金融正是在这种背景下提出的，并逐渐在全球范围内得到认可。随着中国经济的快速发展和金融环境的日益优化，中国普惠金融的建设道路将实现新的飞跃。本章发现，普惠金融发展对经济增长的双门槛效应确实存在，门槛 1 和门槛 2 的估计值分别为 0.279 和 0.405，当普惠金融发展水平低于 0.279 时，其对经济增长的作用是正向的，但并不显著；当金融发展水平大于 0.405 时，其系数为 0.004，对经济增长有显著正向作用，但其值大小明显降低；当金融发展水平大于 0.279 且小于 0.405 时，其系数为 0.094，对经济增长起着显著促进作用。不难发现，普惠金融发展对中国经济增长已经起到了积极的促进作用，尽管这个作用力在普惠金融发展的不同阶段不尽相同。

5.2 普惠金融发展对贫困减缓的影响分析

随着经济的快速发展，我国居民的生活水平不断提高，贫困人口也随之减少。以 2010 年贫困标准，我国 1978 年的贫困人口为 77039 万人，贫困发生率为 97.5%。截至 2016 年，我国的贫困人口为 4335 万人，贫困发生率为 4.5%。从 1978 年到 2016 年，我国的贫困发生率下降了 93%，平均每年下降 2.4%。可见，从曾经的普遍贫困，到今天已有一部分人实现了“先富”，我国在扶贫减贫的工作上取得了显著的成绩。然而，我国仍然没有完全摆脱贫困，贫困人口依然存在。为了早日实现共同富裕，全面走向小康生活，我国采取了多种金融工具促进贫困减缓，如政府鼓励发展小额贷款和微型金融。但是，近年来小额贷款和微型金融的弊端在发展的过程中不断显现，大部分贫困的群体没有真正享受到贫困减缓的金融服务，两者均不同程度地被边缘化。与此形成鲜明对比的是普惠金融的迅速发展，其强调每个人均可在可承担的成本之内获得公平合理的金融服务。同时，我国政府高度关注普惠金融的扶贫作用。中国人民银行于 2015 年与国务院扶贫办在北京共同举办了以“发展普惠金融实施精准扶贫”为主题的扶贫开发金融服务论坛。另外，2016 年党和国家特别指出：中国要建立一个有助于贫困群体早日走向小康社会的普惠金融服务和保障体系，让每一个贫民都能在自己可承担的成本范围内获取价格合理、便捷安全的金融服务。可见，普惠金融发展是贫困减缓重要途径之一。

近年来，针对普惠金融发展对贫困减缓效应的研究逐渐增多。国外方面，Schmied J 和 Marr A（2013）采用 2008—2010 年秘鲁普惠金融数据库中的面板数据进行回归分析，结果显示普惠金融确实对各种贫困指标有缓解作用，且互联网在秘鲁的贫困减缓方面也发挥了重要的作用[405]。Park C Y 和 Jr R V M（2016）选定 37 个发展中亚洲经济体检验普惠金融和其他控制对贫困和收入不平等的影响。研究结果表明，人均收入、法治和人口特征显著影响亚洲国家的普惠金融发展。此外，发现普惠金融对缩小收入差距和贫困减缓具有积极的影响[406]。Dian Jin（2017）以基尼系数为贫困指标，利用 2004—2013 年亚洲、非洲和拉丁美洲面板数据研究分析普惠金融发展与贫困差距之间的关系，结果表明普惠金融发展在三个洲的减贫效应不同。在亚洲，普惠金融发展与贫困减缓呈正相关关系，即随着普惠金融的发展，有助于缩小亚洲贫富差距。对于非洲和拉丁美洲国家，普惠金融发展和贫困减缓之间存在明显的倒"U"型关系，这表明普惠金融在发展初期会扩大收入差距，当发展到一定程度时才会缩小差距，最终减缓贫困[258]。国内方面，罗斯丹、陈晓和姚悦欣（2016）选取我国省际2005至2014年的面板数据建立门槛模型，实证研究普惠金融发展的减贫效应，结果表明普惠金融发展与贫困减缓呈现出非线性"U"型关系，且普惠金融发展的贫困减缓效应表现出明显的门槛特征。此外，普惠金融减贫效用受人均收入水平的影响，人均收入越高，贫困减缓效用越强[259]。王姣和周颖（2017）基于贫困减缓的视角来研究普惠金融的发展，认为在经济较为落后的贫困地区设立银行网点，给当地的农村居民和企业提供便捷灵活的信贷和储蓄服务等金融服务，让他们有机会通过享受普惠金融服务，实现贫困减缓[260]。马彧菲和杜朝运（2017）利用2005至2013年我国各省市的面板数据建立动态面板模型，结合包容性增长指数，实证研究普惠金融发展的贫困减缓作用机制，研究结果表明普惠金融发展大体上促进贫困减缓，即普惠金融发展水平每提高1%，贫困程度可减缓15%[261]。何学松和孔荣（2017）利用我国2005至2014年的数据构建面板回归模型，从普惠金融广度、深度和综合指数三个方面实证分析普惠金融减缓农村贫困的机理，研究发现普惠金融综合指数和广度指数每提高1%，贫困程度就分别下降0.151%和0.122%[262]。韩晓宇（2017）采用我国各省市2006至2014年的数据建立PVAR计量模型，研究结果表明普惠金融发展具有显著的贫困减缓效应[263]。

综上，国内外学者主要利用面板回归模型研究普惠金融发展的减贫效应，少有学者结合空间面板模型和门槛回归模型研究普惠金融发展减贫效应的空间特征和门槛特征，以及普惠金融发展和贫困减缓之间的非线性关系。基于此，本节在测算及评价我国普惠金融的发展水平和贫困程度的基础上，运用空间面板误差模型和门槛面板回归模型研究分析我国普惠金融发展与贫困之间的空间关系和非线性关系，以及普惠金融发展的贫困减缓效应。

从收入贫困、教育贫困和医疗贫困（苏静等，2014）角度衡量我国贫困程度[407]。其中，收入贫困选取农村恩格尔系数来衡量，采用各省农村的食品消费支出占消费总支出的比重来表示。农村恩格尔系数越大，说明该地区的收入贫困程度越大，为正指标。教育贫困采用 15 岁及以上文盲人数占 15 岁及以上人数的比重来衡量。比重越大，说明教育贫困程度就越大，为正指标。医疗贫困选取每千农业人口乡村医生和卫生员数（人）来表示，各省农村每千人拥有的医生和卫生员越多，说明该地区的医疗贫困程度越小，为逆指标。收入贫困数据、教育贫困和医疗贫困数据分别来源于《中国统计年鉴》《中国统计局（人口抽样调查）》和《农村统计年鉴》。研究对象不包括中国香港、中国澳门和中国台湾。

对于贫困程度，大部分省市的贫困程度在 0.19 ~ 0.3。西藏的贫困程度最严重，为 0.782，其次是青海、贵州、甘肃、云南、安徽和宁夏，贫困程度分别为 0.403、0.392、0.379、0.349、0.336 和 0.311，除安徽为中部地区外，其他 5 个省份均位于西部地区。此外，除去这 7 个省份，其余省市的贫困程度均在 0.14 ~ 0.30 之间，北京、上海和辽宁排在前三，贫困程度分别为 0.143、0.157 和 0.168，且前两个省市均位于东部地区。

东部地区中，该地区的贫困程度在 0.143 ~ 0.266，福建、浙江和海南的贫困程度在东部地区中排名为最末，分别为 0.266、0.264 和 0.253，北京、上海、天津、广东、河北、江苏和山东的贫困程度依次递增。中部地区的贫困程度在 0.177 ~ 0.336 之间，山西在中部地区的贫困程度最小，安徽最严重，其余四个省市（江西、河南、湖北和湖南）的贫困程度范围相差不大，贫困程度均在 0.2 左右。西部地区的贫困程度相差较大，新疆和西藏的贫困程度分别位列首尾，贫困程度分别为 0.197 和 0.782，青海、贵州、甘肃、云南、宁夏、四川、重庆、陕西、内蒙古和广西的贫困程度依次递减，分别为 0.403、0.392、0.379、0.349、0.311、0.294、0.248、0.238、0.236 和 0.216。东北地区中，辽宁、吉林和黑龙江三个省份的贫困程度相差不大，分别为 0.168、0.176 和 0.179。

从 2007—2015 年 9 年来的普惠金融发展趋势来看，各个省的普惠金融发展水平总体均呈上升趋势。对比各省市 2007 年和 2015 年的普惠金融发展指数，计算增长率。各省市的指数增长率在［26.09%，61.01%］波动。其中，西藏的指数增长率最大，为61.01%，紧接着是青海和上海，增长率分别为57.17%和56.68%。这说明了不论是发达地区还是欠发达地区，我国的普惠金融发展的潜力都很大。和普惠金融发展水平相反的是，2007—2015年这9年来31个省市的贫困程度均有所减缓。利用2007—2015年我国各省的普惠金融发展水平和贫困程度进行Spearman相关检验，相关系数为-0.449，p值为0.011，说明了在5%的显著水平下，普惠金融发展水平和贫困程度呈显著的负相关关系，进一步说明了普惠金融发展水平和贫困程度具有密切的联系。

5.2.1 模型构建、变量选取与描述性统计分析

5.2.1.1 模型构建

本章主要研究普惠金融发展是否具有贫困减缓效应，考虑到其他因素可能对贫困产生影响，故引入财政支农水平（GFF）、经济发展水平（MGDP）、城乡收入差距（URGAP）和农业发展水平（AOUT）建立计量模型，如式（5.2）所示：

$$POV_{it} = \beta_0 + \beta_1 IFI_{it} + \beta_2 GFF_{it} + \beta_3 MGDP_{it} + \beta_4 URGAP_{it} + \beta_5 AOUT \tag{5.2}$$

5.2.1.2 变量选取

（1）贫困程度（POV）。学者常采用的贫困指标有贫困发生率、贫困强度、贫困深度（苏静等，2013）、农村恩格尔系数（师荣蓉等，2013；何雄浪和杨盈盈，2017）或人均消费水平（崔艳娟和孙刚，2012）等。基于数据的可得性和指标的科学性，采用收入贫困（农村恩格尔系数）、教育贫困（15岁及以上文盲人数占15岁及以上人数的比重）和医疗贫困（每千农业人口乡村医生和卫生员数）三个贫困指标共同度量我国各省市的贫困程度。某地区的贫困程度系数越大，说明该地区越贫困，为正指标。

（2）普惠金融发展水平（IFI）。普惠金融发展水平由金融服务的渗透度、可获得性、使用效用性和承担度四个维度共同测算可得，测算指数越大，说

明普惠金融发展水平越好，为正指标。

（3）控制变量。政府财政支农水平（GFF）是采用财政农林水事务支出占财政总支出的比重来表示。经济发展水平（MGDP）是采用人均 GDP 来衡量。城乡收入差距（URGAP）是采用城镇居民人均收入与农村居民人均收入的比值来表示。农业发展水平（AOUT）是采用农业总产值占 GDP 的比重来表示。理论上，一个地区的财政支农力度越强，经济发展水平和农业发展水平越高，越有利于该地区发展，从而促进贫困减缓。因此，这三个控制变量均为正指标。众所周知，城乡收入差距过大不利于一个国家的稳定发展，更不利于贫困程度的降低，故城乡收入差距变量为逆指标。

5.2.1.3 数据来源和描述性统计

采用我国 31 个省市 2007—2015 年的面板数据研究普惠金融的贫困减缓效应。其中，普惠金融发展水平和贫困程度由上文的测度方法计算可得，另外四个控制变量的数据均来源于《中国统计局》。所有变量的数据描述统计结果如表 5.5 所示。从贫困程度看，最小的贫困程度系数为 0.036，最大值为 0.699，说明我国各地区的贫困程度有轻重之分，进一步说明了我国各地区发展不均衡，地区贫困程度相差较大。从普惠金融发展水平看，地区之间的普惠金融发展悬殊。从四个控制变量看，我国的经济发展水平平均水平为 3.801 万元，而有些地区却不足万元，说明了我国的经济发展不平衡。但从整体来看，我国的经济逐年增长，经济的增长对劳动力产生需求，特别是对于工厂而言，大量需求简单劳动力，为农村居民提供了就业的机会。农民通过在外就业获得更多的劳动报酬，从而达到促进农村贫困减缓的作用。从近 3 倍的城乡收入差距水平来看，我国的城乡差距大，不利于我国实现全面走向小康生活和共同富裕的中国梦。从政府财政支农平均水平来看，政府对农业的投入力度较大，说明我国较重视农业的发展。政府通过农业补贴的方式或者其他方式鼓励农民提高农业总产值，获取更多的收入，从而达到减缓贫困或者消除贫困的目的。从农业发展水平看，最大值仅为 25.322%，说明我国的农村农业发展水平一般。

表 5.5 各变量的描述统计

变量	变量符号	平均值	标准差	最小值	最大值
贫困程度	POV	0. 237	0. 120	0. 036	0. 699
普惠金融发展水平	IFI	0. 1493	0. 1227	0. 0687	0. 8349
政府财政支农水平	GFF	10. 8142	3. 0194	2. 8693	18. 0184
经济发展水平	MGDP	3. 8005	2. 1091	0. 7941	10. 6905
城乡收入差距	URGAP	2. 8998	0. 5463	1. 8451	4. 4981
农业发展水平	AOUT	9. 7086	4. 9873	0. 6450	25. 3224

5. 2. 2 我国普惠金融发展减贫效应的计量分析

5. 2. 2. 1 我国普惠金融发展减贫效应的空间特征

关于普惠金融发展的贫困减缓效应的现有研究中，大多学者仅仅考虑个体和时间维度，忽略了贫困减缓可能存在空间异质性。因此，本章拟建立空间面板模型研究普惠金融发展的贫困减缓的空间效应特征。在建立空间面板模型之前，需先对各地区的贫困程度进行空间相关性检验，以检验贫困减缓是否存在空间效应。本章采用全局 Moran's I 检验我国各地区贫困程度是否存在空间相关性特征，空间权重矩阵采取 0 - 1 矩阵，检验结果如表 5. 6 所示。由检验结果可知，2007—2015 年贫困程度的 Moran's I 的 p 值均小于 0. 05，说明在 5% 的显著水平下，我国各地区的贫困水平具有显著的空间相关性，即较贫困地区相邻，较富裕地区也相邻。因此，可建立空间面板模型来分析我国普惠金融发展的贫困减缓效应。

目前，常用的空间面板模型有空间自相关模型（SAR）、空间误差模型（SEM）和空间杜宾模型（SDM）。通过分别利用 2007—2015 年的面板数据建立空间自相关模型、空间误差模型和空间杜宾模型，发现空间误差模型的模型结果好于另外两个模型，故本章建立空间误差模型研究普惠金融发展的贫困减缓效应。因人均 GDP 具有异方差性，为了消除此影响，对人均 GDP 进行对数处理，故模型构造如式（5. 3）所示：

$$POV_{it} = \beta_0 + \beta_1 IFI_{it} + \beta_2 IFI_{it}^2 + \beta_3 GFF_{it} + \beta_4 \ln MGDP_{it} + \beta_5 URGAP_{it} + \beta_6 AOUT + \lambda \sum_j \omega_{ij} \varepsilon_{it} + \mu_{it} \qquad (5.3)$$

式（5.3）中，POV 代表贫困程度；β 为变量系数；λ 为空间误差自相关系数，可衡量相邻区域之间的误差冲击对中心区域贫困程度的影响情况；$\sum_{j}\omega_{ij}\varepsilon_{it}$ 为空间滞后误差项；ω_{ij} 为空间 0－1 权重矩阵，互相相邻的地区为 1，不相邻为 0，加入 IFI_{it}^{2} 是为了研究普惠金融发展水平与贫困程度之间是否具有非线性关系；i 代表个体（31 个省市），t 代表时间维度（2007—2015）。

将我国 31 省市 2007—2015 年的面板数据代入式（5.3）后，空间误差模型的随机效应和固定效应结果如表 5.7 所示。为了判断随机效应结果是否好于固定效应结果，采用 Hausman 检验，检验结果显著为负，说明了随机效应好于固定效应结果，故着重分析空间误差模型的随机效应结果。结果显示，普惠发展水平的一次项和二次项系数分别为 0.589 和 －0.620，两者分别在 5% 和 1% 的显著性水平上显著，说明了普惠金融发展水平和贫困程度呈显著的倒“U”型非线性关系，即普惠金融发展水平存在门槛值，在短期内，发展普惠金融的贫困减缓效应不明显，但长期发展普惠金融后，其贫困减缓效应显著，促进了贫困的减缓。从四个控制变量看，经济发展水平（lnMGDP）的系数为 －0.106，在 1% 的显著性水平上显著，表明经济发展水平每提高 1%，贫困程度就减少 0.106%。政府财政支农水平（GFF）和城乡收入差距（URGAP）与贫困程度均呈负相关关系，即政府财政支农水平越高和城乡收入差距水平越小，越有利于我国的贫困减缓，但两者均没有通过显著性检验。农业发展水平（AOUT）的系数为 0.0036，但不显著。另外，空间误差自相关系数为 0.0981，且在 1% 的水平上显著，说明普惠金融发展水平的贫困减缓效应具有显著的空间溢出效应。

表 5.6　Moran's I 结果

Pov	2007 年	2008 年	2009 年	2010 年	2011 年	2012 年	2013 年	2014 年	2015 年
I	0.185	0.176	0.158	0.167	0.195	0.193	0.215	0.196	0.270
Z 值	2.297	2.392	2.275	2.437	2.634	2.765	3.193	2.886	3.196
P 值	0.022	0.017	0.023	0.015	0.008	0.006	0.001	0.004	0.001

表 5.7　空间误差模型结果

变量	随机效应结果			固定效应结果		
	系数估计值	标准误	t 值	系数估计值	标准误	t 值
IFI	0.589 **	0.241	2.4	0.720 **	0.361	1.994
IFI^2	-0.620 ***	0.170	-3.647	-0.707 ***	0.244	-2.898
GFF	-0.00145	0.00183	-0.792	-0.00229	0.00198	-1.157
lnMGDP	-0.106 ***	0.0166	-6.386	-0.108 ***	0.0197	-5.482
URGAP	0.00572	0.0195	0.293	0.00325	0.0212	0.153
AOUT	0.00361	0.00286	1.262	0.00434	0.00319	1.361
λ	0.0981 ***	0.0232	4.228	0.108 ***	0.0235	4.596
C	0.287 ***	0.0802	3.579			

注：*、*和***分别表示在1%、5%和10%的水平上显著。

5.2.2.2　我国普惠金融发展减贫效应的门槛特征

由上文的空间误差模型结果可知，普惠金融发展和贫困减缓呈倒“U”型非线性关系，表现出明显的门槛特征效应。因此，本章拟建立门槛模型进一步探究普惠金融发展和贫困减缓之间可能存在的非线性关系和相对应的门槛值。采用 Hansen（1999）提出的门槛面板回归模型研究普惠金融发展水平和贫困减缓之间的门槛特征，考虑到普惠金融发展的贫困减缓效应可能存在的多个门槛值，故建立如式（5.4）形式的门槛面板模型：

$$POV_{it} = \beta_{11}IFI_{it}I(IFI_{it} \leq \gamma_1) + \beta_{12}IFI_{it}I(\gamma_1 < IFI_{it} \leq \gamma_2) + \cdots + \beta_{1(n-1)}IFI_{it}I(\gamma_{n-1} < IFI_{it} \leq \gamma_n) + \beta_{1n}IFI_{it}I(IFI_{it} > \gamma_n) + \beta_2 GFF_{it} + \beta_3 \ln MGDP_{it} + \beta_4 URGAP_{it} + \beta_5 AOUT + \mu_i + \varepsilon_{it} \tag{5.4}$$

式（5.4）中，IFI_{it} 代表门槛变量，γ_1、$\gamma_2 \cdots \gamma_n$ 为待估计的门槛值，β 为估计系数，$I(.)$ 为指标函数，μ_i 反映个体未观测特征，ε_{it} 为随机扰动项。

为了确定模型的门槛个数及具体的模型形式，需先对模型进行门槛效应检验，检验结果如表 5.8 所示。结果显示只有单一门槛值显著，门槛估计值为0.0756，进一步验证了普惠金融发展与贫困减缓之间呈非线性关系，图 5.3 直观展现了两者的非线性关系，垂直虚线代表门槛值的所在位置。因此，可建立如式（5.5）所示的单一门槛面板模型：

$$POV_{it} = \beta_{11}IFI_{it}I(IFI_{it} \leq 0.0756) + \beta_{12}IFI_{it}I(IFI_{it} > 0.0756) + \beta_2 GFF_{it} +$$

$$\beta_3 \ln MGDP_{it} + \beta_4 URGAP_{it} + \beta_5 AOUT + \mu_i + \varepsilon_{it} \quad (5.5)$$

从表 5.9 的单一门槛面板回归模型的估计结果可知，当普惠金融发展水平（IFI）低于门槛值 0.0756 时，其系数估计值为 0.572，说明短期内普惠金融发展的贫困减缓效应没有产生，当普惠金融发展水平（IFI）高于门槛值 0.0756 时，其系数估计值为 -0.131，说明长期内普惠金融发展有效地发挥了贫困减缓效应，这与上文的空间面板模型估计结果一致，进一步验证了普惠金融发展与贫困减缓呈显著的非线性关系，且存在单一门槛值。以 2015 年为例，全国 31 个省市的普惠金融发展水平均在 0.099 以上，说明了 31 个省市均跨越了 0.0756 的门槛值，进而说明了现阶段我国各地区的普惠金融发展均有抑制贫困程度的作用，并具有贫困减缓的效应。从其他控制变量看，经济增长的系数为负，且在 1% 的水平上显著，说明经济增长有助于贫困减缓，与上文的结论一致，政府财政支农水平的增加也具有抑制贫困的作用，但在统计上不显著。

表 5.8 门槛值估计结果

门槛值	95% 置信区间	RSS	MSE	F 值	P 值	临界值		
						1%	5%	10%
0.0756	[0.0749, 0.0763]	0.1528	0.0006	45.23	0.0267	55.2224	36.7308	26.5094

注：临界值和 P 值均采用 Bootstrap 反复抽样 300 次得到的结果。

表 5.9 门槛面板回归模型估计结果

变量	系数估计值	标准误	t 值
IFI（IFI≤0.0756）	0.572***	0.155	3.690
IFI（IFI>0.0756）	-0.131*	0.0807	-1.623
GFF	-0.00111	0.00153	-0.725
lnMGDP	-0.0841***	0.0120	-7.008
URGAP	-0.00445	0.0120	-0.371
AOUT	0.00492***	0.00174	2.828
C	0.357***	0.0458	7.795

注：*、*和***分别表示在 1%、5%和 10%的水平上显著。

利用 2007—2015 年我国 31 个省市的相关数据，建立普惠金融指标体系和贫困指标测算出我国的普惠金融发展水平和贫困程度，结果表明我国的普惠金融发展水平呈现出东高中西低的区域特征，而贫困程度呈现出东低中西高

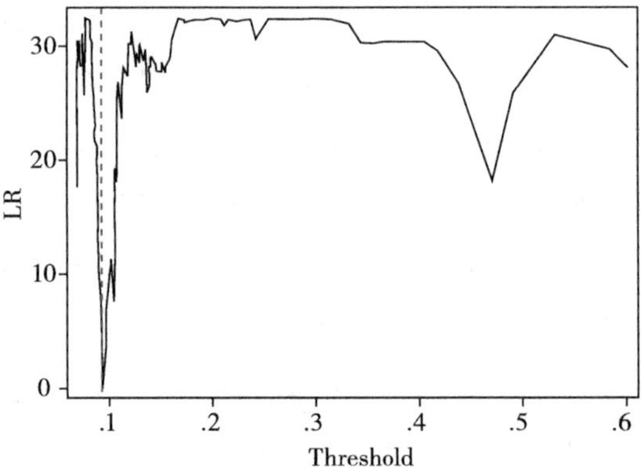

图 5.1　门槛 LR 图

的区域特征。此外，利用贫困程度、普惠金融发展水平、政府支农水平、经济发展水平、城乡收入差距和农业发展水平的相关面板数据分别建立空间面板误差模型和门槛回归模型，探究我国普惠金融发展与贫困减缓之间的空间关系和非线性关系。研究表明，普惠金融发展的贫困减缓具有明显的空间效应，即相邻地区的普惠金融发展水平的提高有助于本地区的贫困减缓。另外，普惠金融发展水平和贫困程度呈现显著的倒“U”型非线性关系，并表现出明显的单一门槛特征，且门槛值为 0.0756。在跨越门槛值前，普惠金融发展没有发挥贫困减缓的效应，但在跨越门槛值后，普惠金融发展表现出明显的贫困减缓效应，具有抑制贫困的作用。将门槛值与 2015 年的我国 31 个省市的普惠金融发展水平进行对比，发现我国 31 个省市的普惠金融发展水平均实现了对门槛值的跨越。此外，经济增长、政府财政支农的增加以及城乡差距的缩小对于贫困的抑制作用不容忽视。

总之，提高普惠金融发展水平可有效促进贫困减缓。因此，我国要提高普惠金融贫困减缓的效率，就要加快提高普惠金融发展水平，着眼点主要放在西部地区，以缩小省际普惠金融发展差距，从而提高我国整体的普惠金融发展水平。其次，关注普惠金融与贫困减缓之间的“门槛效应”，适当根据普惠金融发展的不同阶段来合理配置其他金融资源，以更有效的方式进行减缓贫困。最后，缩小城乡收入差距和提高我国的经济发展水平是有效减缓贫困的方式。政府可将农村地区列为重点对象，大力发展农村经济，提高农村居民的收入水平，缩小城乡收入差距，摆脱贫困，早日奔向小康社会。在达到贫困减缓的同时，也为实现全面建设小康社会和共同富裕的伟大中国梦作了不小的贡献。另外，财政支农水平和农业总产值的贫困减缓作用也不容忽视。我国贫困地区主要分布在农村地区，农村居民大多以发展农业为主，政府可加大投入财政支农资金，鼓励农民提高农业生产效率，提高农业总产值，从而促进贫困减缓。

5.3 普惠金融对城乡收入影响的实证分析

5.3.1 金融发展对收入差距影响的机理分析

城乡收入差距属于发展经济学中的一个概念，发展经济学是研究发展中国家经济增长与发展问题的一门学科，城乡收入差距问题则是属于收入分配问题。国外学者对收入分配的研究最初主要沿着两条主线展开：一是围绕生产要素的贡献参与收入分配所形成的收入分配格局，即生产要素的功能性分配展开；二是围绕有关家庭、住户和个人等一系列经济单位的收入分配，即规模性收入分配展开。收入分配理论主要分为三种：库兹涅兹的“现代农业革命”理论，刘易斯的“二元经济结构”理论，舒尔茨的“人力资本”理论。20 世纪 50 年代，收入分配理论的研究中心开始向规模性收入的分配理论转变，并着重研究收入分配差距与经济增长之间的关系。与此同时，西方学者对收入分配理论的研究也逐渐多元化。

5.3.1.1 城乡收入的演化路径及其价值判断

几乎每位该领域的研究者都会对城乡收入差距的现状及其演变轨迹进行基本判断，但由于学者们的研究视角和研究方法不同而可能采用不同的度量标准，而对城乡居民收入差距到底有多大的描述和判断存在一定的分歧。然而，通过研读国内外学者的研究结论可以发现比较一致的看法：城乡收入差距伴随着经济体制改革的深入，经历了“缩小—扩大—缩小—扩大”的演变轨迹，虽然个别年度有所不同，但并不影响学者们对城乡居民收入差距演变轨迹的整体判断。

“城乡收入差距到底多大才合理”这个命题是理论界争论的焦点之一。这是因为合理性的判别属于规范性分析的范畴，必须首先界定价值判断标准。到目前为止，学者们对城乡收入差距的价值判断标准既有定性标准又有定量标准，其中定性标准主要包括公平与效率标准、经济增长标准与社会稳定标准，定量标准主要包括基尼系数和城乡收入比等，另外还包括学者们构建的收入分配合理指数以及二元对比系数分解。但是每人各自的价值判断标准不同，因此也会得出不同的研究结果。

5.3.1.2 城乡收入差距成因分析

关于城乡收入差距产生及其变动原因，学者们从多角度进行了广泛的探讨，其中不仅有理论层面的阐述，也有实证方法的检验。目前学术界公认的导致城乡收入差距的主要原因有城乡二元经济结构，经济发展战略、经济体制改革和城市偏向的经济政策，人力资本差异三个方面。

（1）城乡二元经济结构

美国经济学家库兹涅兹在分析发达国家产业结构变迁的一般趋势后，得出“一个国家走向工业化必须依赖劳动生产率的提高”这一结论。也就是说，农业发展是工业化的条件。发达国家在进入增长阶段之前，经历了长期的农业改造，而许多发展中国家恰恰忽略了这一过程。美国经济学家刘易斯认为，不发达资本主义国家的显著特点，就是存在所谓“二元经济部门”，一是占主导地位的中低阶层，特点是存在普遍的隐性失业和高人口增长率；二是狭义的资本主义部门，增长速度较快。“城乡二元经济结构”理论认为，城市先进的现代工业和农村落后的传统工业在劳动生产率上存在巨大差异，是造成城乡居民收入差距长期存在的主要原因。

（2）经济发展战略、经济体制改革与城市偏向的经济政策

经济发展战略、经济体制改革和经济政策作为一国一个时期对国民经济的整体规划，是密不可分的，同时也是联动发展的。然而，在改革开放三十年来，我国一直实行城市偏向政策，即重工业化赶超战略及其指导下进行的城乡经济体制改革，特别是具有城市偏向的各种政策安排是城乡收入差距扩大的重要原因。城市偏向政策为国家实行工业化战略创造了条件，形成城市导向策略，通常通过实行“城乡剪刀差”政策，即通过政府扭曲农产品价格

和农村生产要素价格，创造不利于农村发展的市场环境，获取农业剩余以补贴工业化。近年来，为了平衡城乡之间的发展差距，政府实行针对“三农”的“城市反哺农村，工业支撑农业”的政策，对缓和城乡发展二元矛盾起到了积极作用。但是，多年来的发展差异使得城乡收入差距难以弥补，某些地区城乡差距进一步扩大。

（3）人力资本差异

20 世纪 60 年代，美国经济学家舒尔茨提出了人力资本论。他认为，当时日本、西欧等国家的经济能够重新恢复并保持迅速发展，与这些国家人力资本的保留是密不可分的。劳动力所受到的教育程度和拥有的知识是将外来资本转化为自身资本物质的催化剂。而在缺乏人力资本的地区，经济发展一定会相对落后。舒尔茨的观点在分析“我国城乡收入差距扩大”这个问题上，也具有一定的适用性。具体而言，就是应该提升农村的教育质量以增加农村人口中人力资本的数量，为农村经济增长和农民增收注入新的动力。只有引导高素质人才回到农村创业，才能给农村发展带来足够的人力资本，从而在一定程度上缩减城乡收入差距。

5.3.1.3 农村金融发展对收入差距的作用机理研究

由于现行的城乡二元金融结构内生于特定的经济体制，我国出现了金融配置城市化倾向以及农村金融资源的外流趋势。农村金融资源溢出必然会通过二元经济结构转换、资本积累以及经济发展等多种途径对城乡居民收入差距产生影响。本节认为金融资源循着“农村金融效率低下—城乡金融二元化发展—信贷配给—信贷逆流—资本收益和劳动工资—城乡收入差距”的路径对城乡收入差距产生影响。

与此同时，收入差距与经济发展阶段有着特殊关联。依据经济增长理论，不同收入阶层的收入变动都随着经济增长趋势波动。经济高涨时，各个阶层收入都上升，经济衰退时，各个阶层收入都下降，但波动幅度不同，这就会引起收入分配周期性变动。工资性收入波动幅度相对较小，而财产性收入波幅相对较大。经济往上走时，由于对利润的追逐，投资者对非人力资本投资利息增长速度要求要远远超过劳动者报酬的增长速度，这会引起收入分配恶化和有效需求不足；在经济下滑（或增速放缓）时，由于企业利润大幅回落，企业资产价值下跌又会降低资本利息和折旧成本，加上工资黏性，使得工资下降速度会低于企业利润的下降速度，收入分配差距在经济衰退过程中会逐步改善。因此，收入差距改善或恶化较大程度受到资本（金融资源）的影响。

从上文研究可知，收入分配与经济周期的关联主要通过资本与工资相互作用来实现。工资一般具有刚性，所以主要受资本的影响。在市场经济条件下，资本已经成为影响收入分配的重要因素。但是，受到历史和现实条件的影响，我国农村资本存量十分有限，同时政府对农村金融流量补充也不足。因此，农民缺乏金融支持是导致其在城乡收入分配中处于劣势的根本原因，资源配置结果会通过产业发展本身使得收入分配差距加剧恶化。从现实情况来看，金融配置明显存在偏重城市，忽视农村的现象。目前，农村金融主体农村信用社由于历史包袱沉重，难以独立支撑农村经济发展重任。

从图 5.2 可知，我国城乡金融二元结构导致城乡金融体系分割，金融体系分割会导致金融资源配置扭曲，金融资源配置扭曲会导致城乡二元结构强化和城乡资本积累（包括物质资本和人力资本）差异扩大，将通过劳动边际生产率差异最终造成城乡居民收入差距扩大。

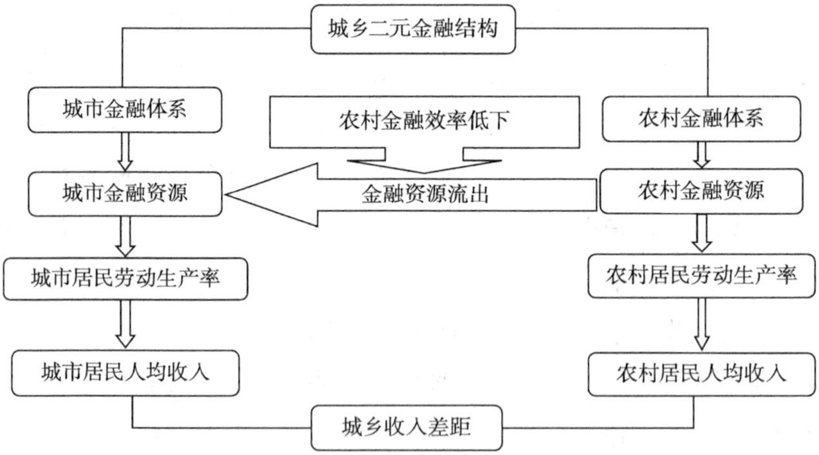

图 5.2　城乡金融效率差异对城乡收入差距影响的路径传导图

5.3.1.4 普惠金融发展对收入差距的作用机理研究

影响收入差距的因素存在很多，包括基本经济制度的合理性、对外开放的程度、国民受教育程度、城市化进度、金融业发展水平以及产业结构的占比等。金融业作为现代经济发展的重要动力，同时也能对城乡收入水平带来一定的效应。中国的城乡二元结构对金融的发展带来了许多挑战，当前的金融体系，以国有银行为支柱，商业银行信贷为重要组成部分，带有明显的城市化趋势，对于城乡收入差距具有明显的影响。为了更好地发挥金融服务的公平以及效率，我国在2013年开始提出普惠金融政策性概念，并且针对普惠金融推行了一系列的相关政策。经过了我国的政策性推动，普惠金融在城乡收入差距的问题上到底存在何种因果关系，城乡收入差距与普惠金融之间是基于什么样的因果关系？我们要对其展开相应的探索，寻求普惠金融的作用机制，进而推动金融体系供给制改革，为城乡收入差距问题的解决提供建议。

（1）普惠金融发展对城乡收入差距的线性关系研究

①线性关系：普惠金融发展对城乡收入差距的缩小呈现反向作用

Thorsten Beck（2007）在研究金融发展促进整体经济增长的基础之上，对经济社会中的强势群体和弱势群体作出了定义，并分别对两者进行实证研究，探讨了金融发展是否对双方都有利。Beck运用广泛的跨国样本对群体进行实证研究，发现金融的发展能够在一定程度上提高弱势群体的收入，但对强势群体无论是在提高收入的人群还是提高收入的程度上都与弱势群体不成比例，进一步造成了收入差距的悬殊[408]。基于Beck的研究，Francois（2016）研究了富人是如何在穷人追赶的同时变得更加富有的，文章分析了导致全球出现收入不平等的原因，主要是全球化和跨国公司的出现给发展中国家的经济发展带来了不利影响，但全球的贫困人口确实在不断减少，得益于中国以及印度两个人口大国的脱贫工作成就[409]。在发达国家对本国金融市场的不断普及下，富人更轻易地获得更多的金融服务，跨国公司使得资本流向低税率国家避免高额的税收，使得公司拥有的原始资本积累越来越多，同时技术的进步使得技术工人创造的经济价值远远超过非技术工人创造的经济价值，使得贫富差距进一步扩大。国内对金融发展与城乡收入差距缩小的反向线性关系研究大多认为是出现在我国金融市场体系初期，章奇等（2004）采取了1978—1998年中国的省级面板数据，发现金融的深度以及广度发展会造成城乡收入差距的进一步扩大[410]。温涛等（2005）基于我国的城乡二元结构使用时间序列分析和格兰杰因果检验对1952—2003年间中国的整体金融发展进行了探讨，发现整体金融水平发展对农民的收入增长有着显著的负效应，收入水平的购买力在逐步下降，而同期的城市居民的收入水平购买力在慢慢提高。该研究有可能忽视了金融发展的内生性问题，忽视了政府对农业的财政支出以及医疗保险支出[411]。张英丽和杨正勇（2018）基于我国城乡二元经济结构构建了向量修正模型，综合了金融发展、城镇化对城乡收入差距影响的研究表明，即使我国金融体系发展到今天相对完备的情况之下，金融发展、城镇化均会加大城乡收入差距，且金融发展比城镇化对城乡收入差距的影响更大，表明了金融发展对城乡收入差距的作用与金融体系发展程度无关[412]。

②线性关系：普惠金融发展对城乡收入差距的缩小呈现正向作用

Hugh. T（1966）通过研究表明，利用价格机制配置资源的市场经济发展过程的明显特点是：金融机构的数量和种类增加，金融资产总额相对于国民生产总值和有形财富的比率也大幅度上升[413]。在经济内部驱使的作用下，企业主导的金融因为受到资金约束而导致投资欲望被抑制，使得金融服务随之产生。与此同时随着经济增长，对金融服务产生新的要求，因此，Hugh. T认为发展中国家缺乏金融机构只是表明对它们的服务缺乏需求，当不发达国家的金融需求产生之后，金融机构会随之产生并给予相应的金融服务，使得发展中国家的收入得到增长。Beck等（2007）在研究金融发展与全球收入分配时，得出了金融发展不成比列地增加了全球最贫困的五分之一人口的收入，并且减少了收入不平等[210]。同时Beck还研究了金融发展对贫困人口收入增长的长期影响机制，约有40%是收入不平等现象减少的结果，而60%是金融发展对整体经济增长的影响，强调了金融体系对贫困人群的重要性，有助于减少收入差距。Syviane（2010）研究了金融发展通过产生分配效应而不是通过经济增长产生间接效应来减少贫困。Syviane选取了1966—2000年的发展中国家的面板数据来研究金融机构与穷人之间是怎样的关系，穷人通过金融机构促进交易和获取原始资本，但在一定程度上穷人未能很好地收获信贷增加带来的好处，而且金融的不稳定性给穷人带来了不可抗拒的风险，穷人应对金融风险的能力较弱，导致金融风险造成的冲击后果对穷人来说很强[414]。然而，金融发展对穷人的好处大于成本，进而使得收入差距缩小。国内关于线性关系的正向研究主要是在我国的城乡二元结构下关于金融体系形成以及发展背景下进行的。张贺和白钦先（2018）从数字金融普惠角度出发，对金融排斥所造成的城乡收入差距问题进行分析，提出数字普惠金融对城乡收入差距的收敛机制，构建线性面板回归模型并采取省级面板数据进行实证研究，最终得出数字普惠金融能够缩小城乡收入差距的结论[415]。杨俊（2018）则是从城乡二元结构下的城乡金融结构进行研究，选取 1996—2013 年省级面板数据检验城乡收入差距与金融结构之间的关系，分析了城镇化的中介效应并且证明了金融结构对城乡收入差距存在直接的缩小效应[416]。刘金全和毕振豫（2019）首先选取指标度量中国各省份的普惠金融指数，基于城乡二元经济体系，在经济增长以及扶贫工作成就视角下通过系统矩估计办法考察了普惠金融发展对城乡收入差距的作用机制，从直接和间接两方面度量了普惠金融发展对城乡收入差距的缩小带来了正向的效应，提出应当抓紧普惠金融建设的深度和广度，打造更具有便捷性和包容性的金融服务体系[417]。

③非线性关系：普惠金融发展对城乡收入差距具有倒“U”型影响

Greenwood 和 Jovanovic（1990）认为经济增长促进投资资本，从而进一步地促进经济增长[391]。金融机构通过收集和分析可以让投资资本流向最有效有的方向，通过金融中介，个人可从投资行为中获取更高的经济价值。但往往是那些具有高收入的个人或组织会获得更高的回报来反馈经济增长和收入水平。随着经济增长，社会上层建筑开始形成，在上层建筑形成的中间阶段，首先是贫富差距之间的收入分配使得贫富群体有着不同体量的经济资本，两者想要接触到金融服务所付出的固定成本的难易程度不同，富人往往比穷人更容易获得金融服务；其次是贫富群体对金融服务需求的体量规模不一，富人所要求的金融服务在体量上是要更高的。在上层建筑发展的最后阶段，贫富群体之间的收入分配趋向稳定，储蓄率下降导致经济增长收敛。基于以上两个阶段，Greenwood 和 Jovanovic 结合库兹涅茨效应认为金融发展与收入差距之间存在“倒 U 型”现象。Beck 等（2007）在对穷人与金融增长之间的关系研究中指出，金融会影响不同群体之间的价值收益。金融市场的产生与发展是需要外在的需求和刺激的，当金融市场发展的程度不足以满足各个群体所需的金融服务水平时，会对投资机会产生很大的限制。而且 Beck 认为要想每个人都获得公平有效的金融服务是很难做到的，金融服务往往是强者的游戏，即拥有较多初始资本的群体既容易也能更多地获得投资资本，无形中为金融服务设立了门槛阈值，进而扩大贫富差距[210]。Tan 和 Law（2012）研究了金融发展与收入不平等之间的关系是否随着不同政策制度水平产生效应，实证结果基于阈值回归方法表明金融发展与收入不平等之间存在阈值效应。只有当制度水平达到一定的门限阈值，金融发展才会减少收入不平等，探索了金融发展是收入差距之间的非线性门槛效应[418]。Kimt 和 Lin（2011）认为金融深化发展是改善收入分配的可行工具，但关键取决于金融深化发展的阶段是否达到了阈值，只有达到阈值才会使得金融发展对收入差距的缩小起到作用，因此进一步强调了门槛效应[419]。国内关于金融发展的非线性研究方面，许平祥（2011）通过将金融控制划分为强弱两组，使用数据对包含金融控制强弱的样本总体即被分离的金融控制强弱区域组分别建立动态 GMM 系统，进行一阶差分研究后发现衡量收入分配差距的基尼系数与金融中介之间的“倒 U 型”现象通过显著性检验，即存在收入分配的库兹涅茨效应[420]。李志军等（2015）从普惠金融角度出发运用省级面板数据和改进后的门限面板模型来估计金融发展与收入分配之间的关系，面板门限模型在一定程度上解决了金融发展的内生性问题，实证表明金融发展对城乡收入差距存在非线性关系，且不同形式下的金融发展对城乡收入差距的影响存在差异[421]。顾晓安等（2019）分析了普惠金融发展影响城乡居民收入差距的直接和间接作用机制，选取普惠金融指数和泰尔指数进行实证研究。结果表明普惠金融对城乡居民收入差距的影响呈现“双门槛”效应，具有先平缓扩大、再明显扩大最后显著缩小的“倒 U 型”特征[422]。相对于之前对普惠金融发展门槛效应研究，顾晓安和袁婷婷（2019）对普惠金融发展的双门槛效应进行了研究，并且分析了每一个门槛阶段时期的特性，并作出了普惠金融的深度以及广度发展对城乡收入差距的缩小有着积极作用的结论[423]。

（2）普惠金融发展对城乡收入差距的作用机制

①普惠金融发展对城乡收入差距的直接作用

a. 普惠金融通过对金融机构的空间布局促进城乡收入发展

普惠金融通过金融机构的空间布局来提升金融服务的可获得性以及便捷性。由于城乡二元结构影响，中国的金融体系以大型国有银行为支柱，商业银行为重要组成部分。城市聚集了大量的国有银行以及商业银行机构，相对于农村而言，城市的金融机构覆盖率远超农村。普惠金融一系列政策出台后，在国家的大力提倡下，首先是各大金融机构纷纷向着农村地区渗透，提倡金融服务“20 分钟”概念，对乡镇 80% 的人口与金融机构的距离度量在 20 分钟的路程范围内，以提升金融机构在农村地区的覆盖率。其次是划分责任区，对金融机构普及率较低的农村地区进行划分，以普及率较广的地区为主要负责人，东部地区对西部、西北、西南地区进行一对一支持，力争在 2020 年将金融机构普及率较低的地区提升到 60% 。金融机构的空间布局给农村地区居民提供了更为便捷的储蓄环境，降低了农村地区居民的交通成本，增加了利息收入，同时普惠金融为“三农”提供必要的补贴政策，降低农业生产成本，缩短城乡收入差距。

b. 普惠金融服务项目的横向拓展缩小城乡收入差距

农村地区对于金融的概念认识不深，随着大量的青壮劳动力外出务工，农村地区留下的居民大多是些孤独老人以及留守儿童，由于文化程度偏低，两者都对金融概念涉及不深。普惠金融服务项目的横向拓展缩小城乡收入差距，其一是普惠金融业务水平由传统的储蓄贷款横向拓展为多元化的金融业务，比如为农村地区贫困学子提供无息贷款、为老人推出免费的医疗保险以及为三农问题提供无息金融贷款等。多元化业务的发展分别从农村地区的教育、医疗、生产角度入手，降低了农村地区居民的教育、医疗成本，提高了三农生产的收入，进而缩短了城乡收入差距。其二是金融机构从业人员向农村地区的宣传力度不断加大，传统的金融从业人员在城市开展业务，有关于农村地区的金融服务政策往往是被农村精英掌握利用。由于农村地区常住人口结构导致对金融服务政策由于信息的不对称，往往是对少部分人有利。金融从业人员在开展传统业务的同时，进行下乡宣传金融业务知识，打破传统农村地区由于信息不对称所造成的金融服务窘境，使得金融做到真正的普及大众，降低金融服务门槛。普惠金融服务的横向拓展丰富了惠农金融项目，降低了金融服务门槛，使得更多的农村居民更好地、更便捷地获取金融服务，进而缩小城乡收入差距。

c. 普惠金融的发展对城乡收入差距的门槛效应

由于城乡二元结构造成城乡金融资源配置的不同，普惠金融的发展在一定程度上直接体现在收入增长上，城乡对于普惠金融所造成的增长趋势也是存在差异的。在普惠金融发展的初期，城镇的高收益性导致金融资源富集，因而对于普惠金融带来的收入增长效应与农村地区相比是不成比例的，其次由于城乡的产业结构不同，不同的产业结构对普惠金融所起的作用是不同的。在普惠金融发展的过程中，可能会存在某个未知的门槛值使得城乡收入差距缩小，再者城乡居民享受到金融服务的门槛也不同，因此在达到普惠金融发展与城乡收入差距的门槛之前，城乡收入差距是会逐步扩大的，而在达到门槛值之后会对城乡收入差距有什么影响尚且未知。

②普惠金融发展对城乡收入发展的间接作用

a. 溢出效应。城乡收入差距可以通过“溢出效应”来减少，普惠金融的发展不仅仅局限于农村，相对于农村，城市普惠金融发展的形式更加多元化以及更快速化。快速发展的普惠金融服务为城市提供了生产活动的资本支持，如为中小微型以及困难企业提供贷款服务的门槛在逐年降低，手续流程也在逐步透明化。这就为上述群体的生产活动提供了进一步保障，在满足了生产基本所需后，扩大生产阶段：企业等高收入人群可以通过对农村地区产业的投资以及对劳动力的需求，创造出新的消费需求和新的就业机会，带动低收入人群就业，新的消费机会给低收入人群创造收入机会，低收入人群获得财富积累，从而缩小城乡收入差距。同时，随着国家大力倡导金融普惠，在国家财政支持下，地方政府官员基于政绩目的倡导投资工业、服务业等非农产业来达到 GDP 增长的目的。工业、制造业等第二产业需要的资金庞大，无形中与用于扶持第一产业的资金形成了竞争效应，再者，由于农业的小规模性和零散型，普惠金融的发展通过溢出效应会使得城乡收入差距减小，但对于城镇居民的收入提高会更加显著，这有可能导致城乡收入差距加大。

b. 经济增长效应。普惠金融的发展最直观的表象就是促进经济增长，从而影响到城乡收入差距。目前对于普惠金融的发展对城乡收入差距的作用还存在争议。有学者认为，普惠金融的发展对于城乡居民的作用效果不一，由于我国城乡二元结构，大量的金融机构将大量的金融资源配置在高收益地区，大量的金融资源形成富集效应，从而对城市居民收入增长作用会更加明显，进而导致城乡收入差距扩大。也有学者认为，普惠金融的发展会导致城乡收入差距缩小，普惠金融的发展降低了全社会享受金融服务的成本，使得全社会更加容易获得金融服务带来的好处，促进就业以及产业的发展，使得城乡收入差距缩小。最为经典的观点认为，普惠金融发展对城乡收入差距的作用为“倒 U 型”，产生库兹涅茨效应。持有此观点的学者认为普惠金融的发展在前期会使得城乡收入差距拉大，这是由于城乡不同的金融资源以及接受金融服务门槛的不同所造成的，随着差距发展到峰值，城镇的金融资源由于市场需求开始向农村渗透，从而导致城乡收入差距又逐渐减小，使得收入差距呈现“倒 U 型”。

综上所述，普惠金融的发展对城乡收入差距的影响主要是通过直接和间接作用协调配置的。直接作用机制主要是通过金融机构的空间布局、服务项目的横向拓展以及门槛效应来达到目的，而间接作用机制则是通过溢出效应和经济增长效应来对城乡收入差距达到作用目的。其中金融机构的空间布局、金融服务项目的横向拓展则是对城乡收入差距起着直接减小的作用，而门槛效应、溢出效应和经济增长效应对城乡收入差距的作用方向未知。结合文献参考提出普惠金融的发展对城乡收入差距有可能存在非线性关系，具体的普惠金融发展与城乡收入差距作用机制如图 5. 3 所示：

本节通过对金融发展水平的测度，选取普惠金融服务的便捷性、使用情况和银行贷款的质量性指标来构建普惠金融评价指数，并且将普惠金融指数作为变量，测算普惠金融门槛效应的门槛区间和阈值；参考信息论中经常使用到的熵形式，将熵与泰尔指数结合作为度量城乡收入差距的指标，采取我国 31 个省级行政区 2007—2017 年的面板数据探求相应的模型，发现我国的金融发展水平对城乡收入差距曲线符合库兹涅茨趋势。随着金融水平层次的不断复杂化，出现库兹涅茨现象是因为金融市场的垄断性以及虹吸效应。金融

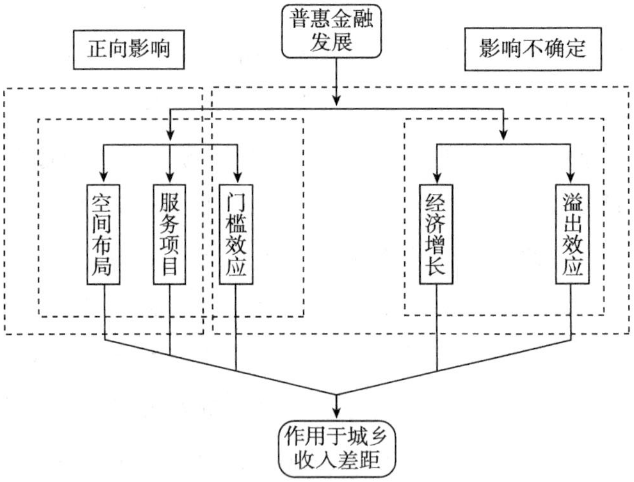

图 5.3　普惠金融发展对城乡收入差距的机制作用图

水平发展的初期，大量的金融资本向城市不断聚集，导致金融资本更多地是为城市中的富人带来正向的积极效应，富人有着足够的成本去驱使金融资本创造价值。加上我国地理单元的复杂性以及人口密度，金融机构的成本也是普惠金融发展的重要因素之一。以上原因导致金融资本在城市内不断聚集，造成城市的虹吸效应，不管是对农村人口还是农村资本，导致农村的贫困人口无法很好地享受金融资本带来的服务，收入差距会进一步扩大；金融发展到一定水平之后，低收入者开始接洽金融市场，收入差距会因为溢出效应而减少。如果想要进一步缩小城乡收入差距，必须加强对弱势群体以及农村区域的普惠金融推行力度，进一步提升弱势群体以及农村地区对普惠金融的信息透明度，以期达到最终减少收入差距的目的。

本节的创新之处在于以下几点：首先是数据的选取，本节采用中国 31 个省级行政区域2007—2017 年共11 年的面板数据，考虑到我国城乡二元结构下的城乡收入差距是度量中国整体收入分配的重要指标，国内已有的研究一般是直接采用城乡收入差距来度量整体收入差距，本节采用城乡收入之比来度量城乡收入差距。其次是本节重点研究了普惠金融与城乡收入差距之间的非线性关系，大量的实证研究表明，金融发展与城乡收入差距存在非线性关系，但也存在许多不足之处，一是很多学者在研究门槛效应时基于线性关系研究，而且并没有讲清具体的门槛值以及门槛值究竟会给收入差距带来哪些效应。二是库兹涅茨效应最终是使得收入分配趋向相对公平的情况，不会导致贫富差距的加大，而 Greenwood 和 Jovanovic（1990）提出库兹涅茨效应导致贫富差距的加大，所以对于金融发展与收入分配之间的库兹涅茨效应需要进行非线性研究。本节在基于非线性研究的同时，强调了非线性关系造成的门槛效应，通过对门槛值的研究，探索门槛值的左右区间对城乡收入差距的影响。

（3）变量选取和模型构建

①变量选取。

a. 被解释变量。

本节的目的是寻求城乡收入差距与普惠金融之间的关系，城乡收入差距（CR）作为研究所需的被解释变量，受到多种变量的作用。度量城乡收入差距的办法大体上分为两种，第一种是采取基尼系数来度量城乡收入差距，计算思想是基于洛伦兹曲线判断收入平等，基尼系数是国际上通用的度量指标，基尼系数趋近于 0 表示收入分配是趋向平等的，基尼系数趋近于 1 表示收入分配极其不平等。第二种是采用信息论中常用的熵概念来计算收入差距，由于是泰尔 1967 年首次使用，所以又称为泰尔指数，度量城乡收入差距的泰尔指数计算公式如下：

$$CR_t = \left(\frac{p_{1,t}}{p_t}\right)\ln\left(\frac{\frac{p_{1,t}}{p_t}}{\frac{z_{1,t}}{z_t}}\right) + \left(\frac{p_{2,t}}{p_t}\right)\ln\left(\frac{\frac{p_{2,t}}{p_t}}{\frac{z_{2,t}}{z_t}}\right) \tag{5.6}$$

其中 p_t 表示居民在时期 t 内的收入，z_t 表示 t 时期的人口总数；$p_{1,t}$、$p_{2,t}$ 表示的是城镇居民和农村居民的收入总额；$z_{1,t}$、$z_{2,t}$ 分别表示城镇和农村的总人口数。

基尼系数较为广泛的计算方法是分组计算法，类似于定积分定义计算积分单方法，在 x 轴上寻找 n 个分点，将洛伦兹曲线下方的曲线划分为 n 等分，每部分以直方代替曲边的计算近似面积。计算收入差距时基尼系数将收入人群进行划分，由图示可知和计算方法可知，基尼系数对中间收入人群的收入水平较为敏感，而对低收入和高收入人群则不能很好地度量收入差距。泰尔指数不仅计算了城乡收入差距之比，而且还对城乡人口结构进行度量，综合考虑了人口结构和城乡收入双重因素，能够很好地度量基于城乡二元结构下的收入差距变化，因此我们选择泰尔熵指数作为度量城乡收入差距的测度方法。

b. 控制变量。

研究普惠金融发展与城乡收入差距模型的同时，所考虑的控制变量如下：

产业结构（ID）。产业结构能体现出地方产业结构的有机组成，反映了地方产业的现代化程度。因为农村地区的产业基本上以农业为主，因此本文以各地区的第二三产业的占比反映经济结构水平，而且该指标越高代表产业结构越好。

城镇化水平（UR）。城镇化水平一直在不断地向前发展，反映了国家现代化建设的重要进程。农村地区大量的劳动力涌入城市，因此选取城市常住人口并不能反映城镇化水平，本文选取城市户籍人数占比来度量城镇化水平，指标越高，代表城镇化水平越高。

教育水平（EDU）。教育水平的提高能够提高居民的机会成本，从而使得居民对金融服务产生需求的同时能够获得更高的信息水平，其次教育水平对城乡收入不平等也能够起到一定的缓解作用。考虑到数据的可行性，本文采取教育财政支出作为衡量教育水平的指标，较高的教育财政支出能够反映对教育事业的合理支持。

财政支出（AGI）。针对城乡收入差距，地方政府出台了一系列相关的政策来使得收入分配趋向公平。地方政府的财政支出会直接或间接地影响城乡收入，代表性的财政支出为政府对三农问题的支出，而农村地区的三农问题直接影响着农村居民的收入水平，使得城乡收入水平差距减小。因此本文考虑政府当年对农业的财政支出占比衡量，财政支出为控制变量。

经济发展水平（PDGP）。经济水平的发展会对地区城乡收入差距产生重要影响，采取各省人均 GDP 作为控制变量。

数据选取于大陆 31 个省级行政区 2007—2017 年面板共 341 个数据进行模型构建与分析，指标中相关的原始数据来源于中国国家统计局、各省级统计年鉴、中国经济网数据库、中国农业部网站、中国产业信息网、wind 数据库以及《中国统计年鉴》。上述变量指标描述性统计如表 5.10 所示：

表 5.10　变量描述性统计表

变量	样本容量	均值	方差	最小值	最大值
普惠金融指数（IFI）	341	0.095854	0.094106	0.026383	0.602298
城乡收入差距指数（CR）	341	0.149919	0.144165	0.000033	0.776863
产业结构（ID）	341	0.8932757	0.0542789	0.7	0.996
城镇化水平（UR）	341	0.5316821	0.1423911	0.215	0.896
教育经费（EDU）	341	3.116813	0.3483083	2.201598	4.223292
农业财政支出（AGI）	341	5.624828	0.771185	3.133836	6.930622
经济发展水平（LNPGDP）	341	0.1750204	1.044621	-3.377198	2.193944

②模型构建。

参考其他学者的研究成果和前面的推断，普惠金融的发展与城乡收入差距存在非线性关系。因此建立非线性门槛面板模型研究普惠金融发展是否对城乡收入差距之间存在门槛效应，借鉴 Hansen（1999）和顾晓安（2019）的计量方法，使用教育水平作为门槛变量，具体模型如下：

$$CR_{i,t} = \alpha_i + \beta_1 IFI_{i,t}\varphi(EDU_{i,t} \leqslant \gamma_1) + \beta_2 IFI_{i,t}\varphi(\gamma_1 < EDU_{i,t} \leqslant \gamma_2) + \ldots + \beta_n IFI_{i,t}\varphi(\gamma_{n-1} < EDU_{i,t}) + \lambda_i con_{i,t} + \varepsilon_{i,t}$$

$CR_{i,t}$为被解释变量，$IFI_{i,t}$表示的是解释变量，α_i 表示的是个体效应，β_i 表示的是第 i 个门槛值的弹性系数，φ（·）表示示性函数，当括号里面满足条件时，φ 取值为 1，否则为 0。γ_i 表示第 i 个门槛值，$con_{i,t}$为控制变量，λ_i 表示控制变量系数。

门槛模型建立之后需要对门槛模型进行假设检验，当模型为单一门槛模型时，原假设为 H0：$\beta_1 = \beta_2$，备择假设为：$\beta_1 \neq \beta_2$，检验统计量为 F 检验，$F1 = \frac{S_0 - S_1(\gamma)}{\sigma^2}$。$S_0$ 为原假设成立时的残差平方和，原假设成立时门槛值 γ_1 是无法得到的。因此针对门槛估计值进行的无偏检验，门槛值的估计值采取“自抽样”的方法来获取临近值。原假设 H0：$\gamma = \gamma_0$，检验统计量为似然比检验：$CR_1(\gamma) = \frac{S_1(\gamma) - S_1(\gamma_0)}{\sigma^2}$。参考顾晓安对双门槛模型的检验，本文首先采取单一门槛检验，综合 Hansen 的门槛值搜索法，首先对单一门槛进行门槛值已知的假设，构建泰尔指数 $CR_2(\gamma) = \frac{S_1(\gamma) - S_1(\gamma_0)}{\sigma^2}$ 来估计两个门槛的残差平方和是否存在差异。若 CR_2 通过显著性检验，则表明第二个门槛值存在，继续递推为第三个门槛值进行搜索和检验，直到搜索的门槛值不再具有显著性为止。对门槛值递推估计公式如下：

$$S_n^{\ r}(\gamma_n) = \begin{cases} S(\hat{\gamma}_{n-1}, \gamma_n) & if\ \hat{\gamma}_{n-1} < \gamma_n \\ S(\gamma_n, \hat{\gamma}_{n-1}) & if\ \gamma_n < \hat{\gamma}_{n-1} \end{cases} \text{和} \hat{\gamma}_n^r = \operatorname{argmin} S_n^{\ r}(\gamma_n)$$

（4）实证检验

本节借鉴 Hansen 的自抽样检验法，使用中国大陆 31 个省级行政区 2007—2017 年的面板数据，首先是判断普惠金融发展是否对城乡收入差距存在门槛效应，再者对门槛类型进行检验，判断门槛类型，最后再对得出的门槛模型进行检验。

①门槛模型检验。

门槛效果类型判断、门槛估计区间。本节采取了单门槛、双门槛、三重门槛分别对门槛模型进行判断，使用 stata 分别建立门槛模型，得出门槛类型以及门槛类型检验判断如表 5. 11 所示：

表 5. 11　门槛类型检验

门槛类型	F 检验	P 值	估计区间		
			10%	5%	1%
单一门槛	34. 48 *	0. 09	33. 3971	41. 5673	54. 7865
双重门槛	31. 94 *	0. 0533	26. 9277	32. 5138	42. 8502
三重门槛	11. 05	0. 8133	32. 5659	39. 0296	53. 2715

由表 5. 11 可知，将教育水平（EDU）作为门槛变量时，单一门槛面板模型在 10% 的显著水平下通过检验，双重门槛面板模型在 10% 的显著水平下通过，而三重门槛效应的 P 值为 0. 8133，没有通过显著性检验。通过门槛面板模型可以证明我国普惠金融发展对城乡收入差距存在非线性门槛效应，为进一步验证门槛效应，本文继续在单一门槛的基础上构建双重门槛模型，对双

重门槛模型进行深层次研究。

②门槛值估计。

作出门槛模型的门槛值如图 5.4 所示。从图 5.4 中可以了解，以教育水平（每十万在校大学生人数）作为门变量时，单一门槛的估计值为 2.6858，在 95% 的置信水平下的估计区间为［2.6714，3.6436］。双重门槛的第一个门槛值为 2.6858，估计区间为［2.6485，3.2300］，双重门槛面板模型的第二个门槛值为 3.1459，估计区间为［3.4519，3.6436］。根据双重门槛的门槛值，将我国普惠金融发展对城乡收入差距影响区间划分为 IFI（EDU ≤2.6858）、IFI（2.6858 < EDU≤3.1459）、IFI（EDU >3.1459）。

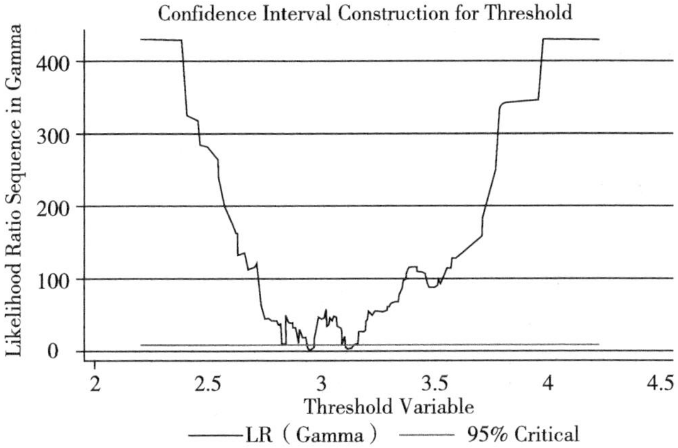

图 5.4　双重门槛的估计值和置信区间图

③门槛模型参数估计。

针对面板模型的参数，本节使用 t 检验和豪斯曼检验，针对每个变量的系数进行显著性检验，判断各个变量对城乡收入差距的具体影响，建立个体固定效应。因此采用最小二乘法（OLS）对面板模型进行估计，得出各个变量的参数和估计标准误。表 5.12 列出了普惠金融发展对城乡收入差距的面板门槛模型估计结果。

表 5.12 面板模型估计①

变量	非线性面板模型	线性面板模型
ID	-0.2299 * (0.1257)	0.3550505 (0.3925408)
IFI		-1.053383 *** (0.096702)
EDU	-0.2422 *** (0.0238)	-0.0349559 (0.046853)
UR	-0.7825 *** (0.0990)	-0.6760961 *** (0.2223478)
AGI	0.0066 (0.0089)	0.007323 (0.0059115)
PGDP	-0.7825 *** (0.0176)	-0.0573179 *** (0.0163747)
IFI (EDU≤2.6858)	0.3407 ** (0.1705)	
IFI (2.6858 < EDU≤3.1459)	-0.5074 *** (0.1230)	
IFI (3.1459 < EDU)	-0.2616 *** (0.0898)	
_ cons	1.497658 (0.141)	0.1693197 (0.4489019)

④门槛模型的实证分析。

教育水平的不同发展对城乡收入差距的影响呈现出不同的效果。当教育水平发展较低并且处于较低水平时，IFI（EDU≤2.6858），普惠金融发展对城乡收入差距的影响系数为0.3407，并且在5%的显著性水平下通过检验，这说明在此时普惠金融发展并没有使得城乡收入差距减少，反而使得城乡收入差距在逐步增大。当教育水平继续向前发展达到第一个门槛值时，IFI（2.6858＜EDU≤3.1459），普惠金融发展对城乡收入差距的影响系数为-0.5074，通过1%显著水平下的检验。相比于第一阶段，此时普惠金融发展的

① 括号内为估计标准误。

影响系数有着明显的减小，说明在第二阶段普惠金融发展对城乡收入差距有着显著的缩小效应。当教育水平进一步发展达到第二个门槛值，此时普惠金融发展对城乡收入差距的影响系数为 -0.2616 并且通过 1% 置信水平下的检验，说明此时普惠金融的发展对于城乡收入差距的有着显著的缩小效应。

由非线性双重门槛估计表可知，其他控制变量对于城乡收入差距的影响为：教育水平（EDU）的系数为 -0.2422，且在 1% 的显著水平下通过检验，说明教育水平的发展对于城乡收入差距有着缩小的效应；产业结构（ID）的影响系数为 -0.2299，并且通过 10% 显著性水平检验，说明产业结构的不断升级对于城乡收入差距有着缩小效应；城镇化水平（UR）的影响系数为 -0.7825且通过 1% 显著性水平检验，说明城镇化水平的不断发展在不断缩小城乡收入差距。农业财政支出（AGI）的影响系数为 0.0066 且没有通过显著性检验，说明农业财政支出与其他变量可能存在多重共线性，使得系数为正；经济发展水平（PGDP）的影响系数为 -0.7825，且在 1% 的显著性水平下通过检验，说明人均 GDP 的发展对于城乡收入差距有着缩小的效应。

⑤不同教育水平下的门槛效应结果分析。

2007—2017 年我国的普惠金融发展与城乡收入差距之间的关系是非线性的，并且存在门槛效应。随着教育水平的不断上升，城乡收入差距首先是随着普惠金融的发展呈现明显增加，随之是显著减小，最后减小趋势逐渐变为平缓，三个阶段使得普惠金融发展与城乡收入差距之间的关系呈现“倒 U 型”。

第一阶段：教育水平的发展处于较低的阶段，同时金融机构的体系不够完整，金融资源的分配有着明显的偏向性。农村低收入人群因货币资本的不足以及教育水平的偏低造成其享受金融服务的门槛，使其无法享受到金融服务带来的收益性。与此同时城镇金融资源的富集以及城镇居民的文化教育水平使得城镇居民对金融服务有着一定的了解，金融机构与城镇居民之间的信息交互度较大，加上城镇居民的原始货币积累使得城镇居民有信心也有条件去获取金融服务，享受到金融服务到来的收益。在此阶段教育水平的不足以及普惠金融的发展水平较低形成门槛效应，共同造成了城乡收入差距的扩大。

第二阶段：教育水平发展到一定程度时，普惠金融也在发展，表现为金融市场的体系在逐渐完善，金融市场也在不断地透明化以及金融资源配置的升级。金融的深度以及广度在不断发展，农村地区的金融机构普及率在提升，对农村地区来说更多人能够有机会享受到金融服务，同时教育的普及导致了农村地区对金融服务的信息交流度在逐步提升，从而享受金融服务的门槛值在降低，低收入人群的收入在增长，造成城乡收入差距仍然在缩小，门槛效应对城乡收入的影响慢慢减弱。

第三阶段：教育水平和普惠金融在进一步发展。城乡居民对于金融的信息交流能力也在逐步上升，同时金融机构的广度和深度的进一步发展使得金融服务的门槛值再次降低。农村地区低收入人群享受着多元化的金融服务，金融服务的质量也在提升，对城乡居民而言普惠金融的发展造就了收入水平的进一步提升，普惠金融从“火种”跨越到“燎原之火”，对城乡收入差距扩大的抑制作用更加明显，造成了城乡收入差距缩小的现状。

⑥省级门槛区间效果说明。

在对全国省级行政区进行整体门槛效应估计时，为了进一步探寻省级行政区各自的门槛效应，按照已经给出的门槛区间，将全国 31 个行政区划分为 3 个区间，第一个区间为（EDU≤2.6858），第二个区间为（2.6858 < EDU≤3.1459），第三个区间为（3.1459 < EDU），三个区间由低到高，作出三个区间每个年份的门槛变量与门槛值比较图，具体如图 5.5 所示；2007 年、2017 年我国各省份门槛图如图 5.6 和图 5.7 所示。

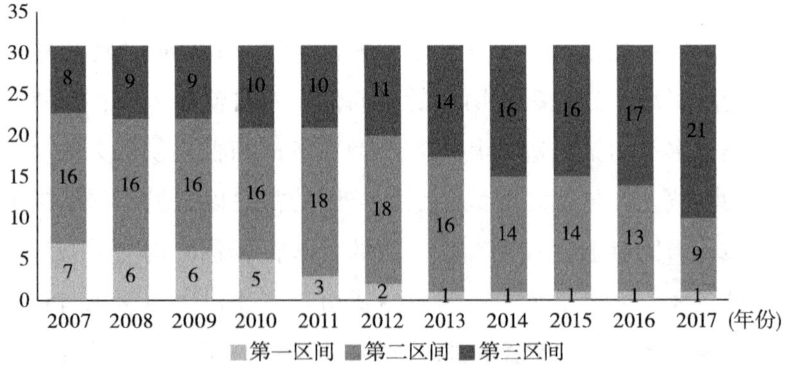

图 5.5　EDU 门槛区间以及各省份数量分布

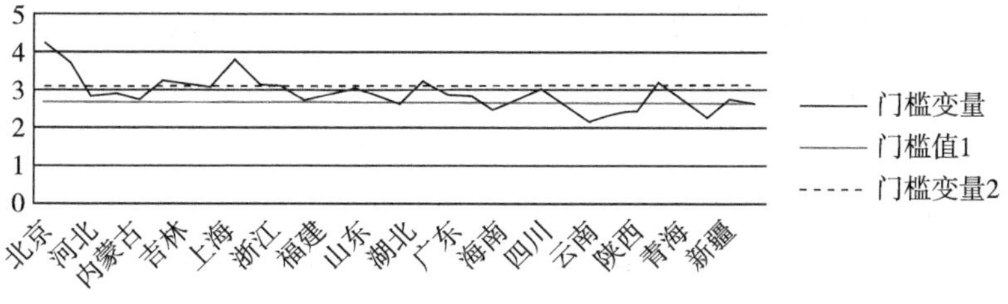

图 5.6　2007 年各地区门槛变量图

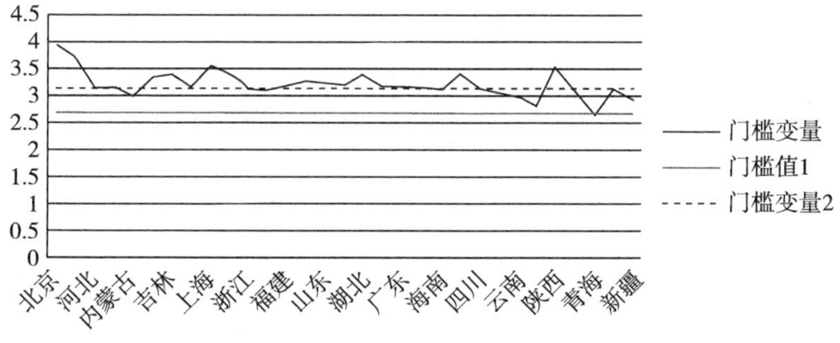

图 5.7　2017 年各地区门槛变量图

由图 5.7 可知，全国的省级面板的门槛变量在 2007 年有 7 个省级行政区位于第一区间，它们分别为河南、广西、贵州、云南、西藏、新疆、青海，几个省级行政区大部分位于西部，说明普惠金融的发展在这几个地区对城乡收入差距的影响是扩大的；而在第二个门槛的区间省份达到 16 个；位于第三个门槛区间的省级行政区为北京、天津、上海、辽宁、吉林、江苏、湖北、陕西；截止到 2017 年跨入第三个区间的省级行政区为 21 个，而跨入第二个区间的省级行政区为 9 个，只有青海还未跨越第一门槛值。从数据来看各个省份的教育水平在不断上升，全国所有的省份跨越第一门槛值指日可待，进而达到缩小城乡收入差距的作用区间。

⑦稳健性检验。

根据全国省级面板数据得出非线性门槛模型之后，全国数据可能对个别地区的门槛效应结果存在掩盖效应而造成结果的误差。同时我国地区辽阔，各个地区之间地理环境、人口结构、经济发展水平之间存在着些许差距，所以根据我国地理环境将全国划分为北部、南部、西北、青藏四大地理区域，因青藏地区省级行政单位只有青海和西藏，故本节将西北和青藏地区合称为西部地区，划分为北部、南部、西部三大区域，分别对这三大区域进行门槛效果估计，判断结果是否稳健。

表 5.13 分区域普惠金融发展对城乡收入差距影响

变量	北方地区（固定效应）	南方地区（门槛效应）	西部地区（组间效应）
ID	-0.1962826 (0.194343)	-0.2169227 (0.1742553)	1.328504 ** (00217493)
IFI	-0.2440913 * (0.130332)		-3.02492 ** (00845768)
EDU	-0.32212 *** (0.092450)	-0.2509815 *** (0.0252895)	0.756738 ** (0.002039)
UR	-0.55284 *** (0.183558)	-0.14764671 (0.1404695)	-1.624415 *** (0.0138946)
AGI	-0.0277891 ** (0.013740)	0.0155217 (0.0114011)	0.0903996 ** (0.0052182)
PGDP	0.0705694 (0.024685)	-0.0916915 *** (0.0269868)	-0.0447559 *** (0.0035031)
IFI（EDU≤2.9982）		0.0051732 (0.2305055)	
IFI（2.9982＜EDU≤3.1459）		-0.7608696 *** (0.1290937)	
IFI（3.1459＜EDU）		-0.275228 *** (.1064337)	
_cons	1.812611 *** (0.198818)	1.497658 (0.141)	-0.7998665 *** (0.0431421)

通过表 5.13 可知，南部地区存在双重门槛效应，门槛值分别为 2.9982 和 3.1459，门槛效应的 P 值和 F 值分别为 0.0267、34.02，此门槛模型在 1% 置信水平下显著。北部和西部地区虽不存在门槛效应，但是我们仍然建立回归模型进行对比，分别以固定效应和组间效应对两区域进行回归分析，以回归分析结果进行对照。从北部地区的回归结果可以看出，人均 GDP 对城乡收入差距的影响为 0.0705694，但并没有通过显著性检验；而西部地区的普惠金融指数发展对城乡收入差距的影响为 -3.02492，通过了 5% 置信水平下的显著性检验。我们发现，普惠金融的发展对城乡收入差距的缩小

有着显著作用。

由于最小二乘法和门槛效应模型都难以处理样本数据集中的极端值或异常值，回归结果的真实性和可信度在一定程度上受到影响，因此本节接下来分别采用异质性检验、安慰剂检验、增加控制变量、剔除“中心城市”的方法来对回归模型进行稳健性检验。

a. 异质性检验。

考虑到我国幅员辽阔，本节顺应国家地区分类并结合上文结果将样本省份分为东部、中部、西部分别进行门槛效应估计，以验证经过地理空间的分类后，估计结果是否仍然显著。

通过门槛效应统计检验后，本节发现：东部地区存在单门槛效应，门槛值为 3. 416086，F 值为 103. 34，P 值为 0. 0000。中、西部地区不存在门槛效应，根据上文各最小二乘法回归模型的拟合效果，本节选取固定效应模型对中、西部地区进行基准回归。表 5. 14 汇报了分东中西部地区普惠金融发展对城乡收入差距的门槛估计结果，总体来看：普惠金融仍然对城乡收入差距具有收敛效应，根据系数的绝对值比较，西部的收敛效应最大，东部其次，中部地区的收敛效应在此模型中不显著。此外本节发现在模型（8）~（10）中，城市化程度的系数皆为负数且在 1% 的显著性水平下通过检验，说明城市化程度对城乡收入差距仍然存在收敛效应。

表 5. 14　分东中西地区普惠金融发展对城乡收入差距的门槛估计结果

变量	(8)	(9)	(10)
	东部地区	中部地区	西部地区
Urban	−0. 0050384 ***	−0. 0111071 ***	−0. 0180286 ***
	(0. 0009279)	(0. 000956)	(0. 0013079)
area	0. 0007376	−0. 0019302	0. 0002189 ***
	(0. 0034524)	(0. 0026163)	(0. 0000527)
pgdp	0. 0008348	0. 0030637	0. 0332378 ***
	(0. 0026924)	(0. 0034234)	(0. 004587)
Lndex_ 1	−0. 0510061 *		
	(0. 0287638)		

续表

变量	(8)	(9)	(10)
	东部地区	中部地区	西部地区
Lndex_ 2	-0. 0387313 (0. 0288304)		
Index		0. 0134489 (0. 2007831)	-0. 2126773 ** (0. 0809311)
Constant	0. 5245241 ** (0. 1202513)	1. 331929 *** (0. 1514744)	1. 437347 *** (0. 0559658)
Observations	310	310	310
R - squared	0. 6718	0. 6720	0. 6470
Number of prvince	11	8	12

注：*、**、***指代在 10%、5%、1%的显著性水平下显著。

b. 安慰剂检验。

安慰剂检验通常通过替换因变量或核心解释变量所取的指标加以实现。本节引用张泓和张鸿儒（2019）的普惠金融加权指标（采用加权算术平均法）对本文原普惠金融综合指标值进行了替换，并进而进行了门槛效应估计。其中普惠金融加权指标的系数皆为负数且在 1%的显著性水平下通过了检验，这表明普惠金融发展对缩小城乡收入差距依然具有显著作用，具体表现为普惠金融加权指标每上升一个单位，泰尔指数则会下降 0. 21 或 0. 20 个单位，与上文采用综合指标的系数接近，这进一步验证了门槛效应估计的稳健性。

表 5. 15　普惠金融发展对城乡收入差距的安慰剂检验

变量	Urban	area	pgdp	Lndex_ 1	Lndex_ 2	constant
系数	-0. 0091 *** (0. 000841)	-0. 00004 (0. 0001)	0. 0136 (0. 00229)	-0. 2097 *** (0. 0197813)	-0. 2014 *** (0. 0200442)	1. 2729 (0. 04690)

注：*、**、***指代在 10%、5%、1%的显著性水平下显著。

c. 增加控制变量法。

为进一步验证门槛效应估计结果的稳健性，采用增加控制变量的方式进行稳健性检验。表 5. 16 中 Industry 表示省际产业结构层面的控制变量，其指标为第二产业比重与第三产业比重之和，该指标能从侧面反映省际的农业结构以及“三农”情况。将 2008 年至 2017 年的省际面板数据进行门槛效应估计后发现：普惠金融综合指标的系数均为负数且在 1% 的显著性水平下通过检验，其系数的绝对值 0.21 和 0.20 与上文结果相近，总体结果与上文门槛效应估计结果一致。其中，产业结构的显著性虽没有通过检验，但在总体估计中做出了贡献。

表 5.16　普惠金融发展对城乡收入差距的控制变量法检验

变量	Urban	area	pgdp	industry	Lndex_ 1	Lndex_ 2	constant
系数	-0.0101***	0.0002***	0.0112***	-0.0042	-0.2115***	-0.2023***	1.2536***
	(0.0008)	(0.00005)	(0.0024)	(0.1117)	(0.0196)	(0.0199)	(0.1013)

注：*、**、***指代在 10%、5%、1% 的显著性水平下显著。

d. 剔除“中心城市”法。

考虑到直辖市地区（中心城市）在城乡收入差距的分布中存在非随机的问题，本节参考龙玉等（2017）和张梦婷等（2018）的做法，采用“外围省份”（剔除“中心城市”）的样本重新进行检验。将 27 个省份 2008—2019 年的面板数据进行门槛效应估计后发现：普惠金融综合指标的系数均为负数且在 1% 的显著性水平下通过了检验，具体表现为普惠金融综合指标每上升 1 个单位，泰尔指数则下降 0.23 或 0.22 个单位，这进一步证实了普惠金融发展对城乡收入差距的收敛作用。其中根据与上文系数绝对值的对比，发现剔除“中心城市”后的系数绝对值有所提升，本节推断：在直辖市以外的省份，普惠金融对城乡收入差距的收敛效果更加强力。

表 5.17　普惠金融发展对城乡收入差距的剔除“中心城市”法检验

变量	Urban	area	pgdp	Lndex_ 1	Lndex_ 2	constant
系数	-0.0131	0.0003***	0.0201***	-0.2306***	-0.2227***	1.3366***
	(0.0007)	(0.00004)	(0.00205)	(0.0154535)	(0.0157715)	(0.0399)

注：*、**、***指代在 10%、5%、1% 的显著性水平下显著。

（5）结论和建议

①研究结论。

基于我国 2007—2017 年省级面板数据模型显示：城乡收入差距与普惠金融发展之间存在非线性门槛效应，普惠金融的发展从时间上来说能够抑制城乡收入差距的进一步扩大，从地区上来说普惠金融的发展自西向东能够缩小城乡收入差距，这与我国普惠金融发展的地区趋势相关。普惠金融指数西部地区的发展增速要大于东部和中部地区。东部地区是我国教育发展水平较高的地方，全国的教育资源也是呈现东西分布不均衡的现象，随着各省的门槛变量也就是教育水平资源的合理发展，西部地区的教育水平在逐年上升，2017 年西部地区除青海省位于第一区间外，其他省份都跨越了第一个门槛值，进入第二区间。目前全国大多数省份都跨越了第二个门槛值，处于第三区间内，此区间普惠金融的发展虽然对城乡收入差距的影响存在着显著的缩小作用，但是相比于第二阶段的缩小效应有着一定的降低。只有 9 个省份在 2017 年的教育水平跨越第一门槛，对城乡收入差距的发展有着缩小的效应，且位于此区间的城乡收入差距缩小效应较为明显。

普惠金融的发展受到地区发展水平、产业结构、教育发展水平和金融服务信息了解度等影响。从省级情况来看，经济发达地区的教育资源在向着经济欠发达地区转移，教育资源影响着地区居民对金融服务的信息交流度，信息交流度低导致金融生态环境逐步趋向恶劣，金融生态环境恶劣，进而导致城乡收入差距进一步扩大的恶性循环。我国普惠金融对城乡收入差距存在非线性的影响，以地区教育水平作为门槛变量，划分不同时期的教育水平下的门槛效应。从实证结果来看，随着教育资源的合理发展，普惠金融发展与城乡收入差距之间呈现出先是显著增加，再是平缓增加，最后是显著减小的“倒 U 型”非线性关系，此种关系反映的是基于不同教育水平下的普惠金融发展对城乡收入差距的多种影响机制共同造成。

②政策建议。

首先进一步推动教育资源的合理优化配置，打破金融服务与地区居民之间的信息门槛，提升金融服务使用程度。教育水平尤其是在西部地区需要加快提升，西部地区教育基础设施差，教育资源稀少，人口密度小，这是西部地区面临的窘境。为了解决这一窘境，国家应该加大对西部地区的扶持与帮助，国家财政支出适当地向着西部地区倾斜，加大对西部地区低收入人群的补贴支持和基本社会生活保障，进一步普及西部地区教育资源，增加西部地区享受金融服务的机会，使得低收入人群收入增加，缩小城乡收入差距。

其次是改善经济不发达地区的金融生态环境。金融生态环境在缩小城乡收入差距的过程中起着主体作用，金融扶贫是针对我国收入差距问题的一大法宝。经济欠发达地区尤其是西部地区和农村地区的金融生态环境的进一步改善会使得居民享受金融服务机会增加，对于此类地区的金融生态环境建设以保障性金融为主，商业性金融为辅，以金融生态环境发展较好的地区带动金融生态环境欠发达地区，在保障此类地区的基础生活条件后进一步提升居民收入，缓解此类地区的生存问题和生活问题，增加弱势群体享受金融服务机会和渠道，缩小此地区城乡收入差距。

第6章

数字普惠金融发展及其三维效应研究

6.1 数字普惠金融时空差异与动态演化

普惠金融的包容性缓解了金融行业的金融排斥效应，增加农村地区弱势贫困群体获得金融支持的机会，从而改善其收入状况，成为农村地区弱势贫困群体摆脱贫困的重要途径。已有较多的学者指出了普惠金融的包容性对于农村地区减贫的重要作用（如 Greenwood et al.，1990；朱一鸣等，2017）[391、424]。但也有学者指出普惠金融不是做慈善，直接给予优惠，而是为中小微企业和低收入人群等提供获得金融服务的权利，普惠金融发展就面临着商业可持续性和普惠性双重绩效目标难题，最终会影响金融机构的可持续健康发展（贝多广，2018；钱海章等，2020）[425-426]。当前我国普惠金融发展体系尚不健全，成本较高、结构化信息不易获取、定位不明确的问题仍较突出。农村普惠金融发展中既面临农民信用水平不高、抵押品少、金融知识缺乏等困境，也存在金融服务供给与农村内在需求不吻合、农村金融产品创新明显不足等问题。此外，传统普惠金融的发展基于传统金融机构，必然存在着因网点分布而导致的空间性差异（李牧辰等，2020）[427]。张珩等（2017）也指出我国普惠金融发展水平整体偏低，且存在地区差异，不同地区的农村普惠金融发展差异较大[428]。

近年来，随着智能传感、云计算、大数据技术、物联网、区块链及人工智能等新技术的发展，数字技术在金融领域的应用和快速发展，普惠金融迎来了新的发展机遇，数字普惠金融应运而生。我国的数字金融可追溯到 2004 年支付宝上线，2013 年余额宝的正式上线开启中国数字金融发展的元年。2016 年 G20 杭州峰会《G20 数字普惠金融高级原则》首次官方提出数字普惠金融的概念，鼓励各国依据国情充分发挥数字技术为金融服务提供的强有力的支持作用。过去数年，中国数字金融取得了长足发展，在全球都产生了很大影响力（黄益平和黄卓，2018）[429]。

依托数字技术及互联网平台，金融机构实现了交易成本的降低，提高了信息可获得性，极大提升了金融的触达能力，使得过去难以享受金融服务的中小企业和农民等弱势群体得以享受金融服务的便利，为普惠金融带来了更多发展空间，有效地增强了金融服务实体经济发展和民生改善的能力和水平，促进了金融机构财务可持续目标与服务农户和小微企业的信贷需求双重绩效目标困境的解决。数字金融依靠云计算、大数据、物联网、区块链等现代信息技术能克服融资中的信息不对称和交易成本问题，引导普惠性金融资源配置到有需要的地方（汪亚楠等，2020）[430]。数字普惠金融解决了普惠金融的内生要求，已成为传统金融机构和新兴互联网金融共同的价值追求（贝多广、李焰，2017）[431]。

将数字信息技术的发展与普惠金融相结合，催生出了数字普惠金融这一新兴的金融模式，数字普惠金融的出现代表数字经济下金融领域的一系列变革，数字普惠金融这一概念一经提出，便受到众多学者关注。尹志超、张号栋（2017）指出借助数字技术支持形成的数字普惠金融比传统普惠金融作用更大[432]。黄浩（2018）认为互联网是渠道的革命，互联网公司借助电子商务和社交网络建立了宽广的渠道，使得弱势群体可以通过网络渠道进行金融交易，而不受地理限制[433]。数字技术也将信息的传播速度推至极限，并通过技术手段汇聚碎片化的信息，构建全面的信用体系，根据客户的差异提供精准的金融服务，合理控制风险，降低了金融服务的成本，可以有效地解决普惠金融经营可持续性等问题，使得传统的普惠金融模式得到了进一步的发展。张彤进、任碧云（2017）发现包容性金融收敛城乡收入差距主要在于降低成本，其中数字普惠金融的覆盖广度效果显著，且数字普惠金融只在中西部显著，小额信贷的收敛效应不显著[434]。李建军、韩珣（2019）指出支付、信贷和数字金融服务可得性维度对农村包容增长有促进作用，投资的作用不明显，仅数字支付对城乡收入差距的收敛有效[435]。

有学者利用中国数字普惠金融指数①研究了数字普惠金融发展对于我国经济发展地影响（钱海章等，2020；李牧辰等，2020；易行健、周利，2018）[426-427,436]。有学者从经济高质量发展的角度出发，基于系统 GMM 和门槛模型得出数字普惠金融可显著促进中国经济的高质量发展，但存在地区差异性（贺健、张红梅，2020）[437]。类似的，蒋长流、江成涛（2020）基于258 个城市的实验数据发现数字普惠金融对中国经济高质量发展存在一定的门槛效应，在大城市中存在"收敛门槛"，而在中小城市中则体现为"加速门槛"[438]。郝云平和雷汉云（2018）使用空间自回归模型研究了数字普惠金融与经济增长之间的关系，发现两者之间存在着三次曲线关系[439]。詹韵秋（2018）进一步研究了数字普惠金融对经济增长数量和经济增长质量的影响，发现数字普惠金融对经济增长质量具有促进作用，对经济增长数量具有抑制作用，且分别呈现"U"型和倒"U"型关系[440]。但也有学者提出普惠金融可能不利于经济增长，已有研究认为，一个以间接金融为主并过度依靠银行等金融中介提供流动性的金融体系可能会在某种程度上损害经济增长，主要集中于以下几种思考。Hellwig（1991）[441]、Rajan（1992）[442]等认为由于银行的逐利性，会使其可能向企业索取超出贷款利率部分的超额收益，从而挫伤企业的投资积极性。Weinstein 等（1998）发现当经济周期处于衰退或萧条阶段时，持续性的银行"借贷"则会阻碍技术创新效率的提高与经济增长。经济增长可能还会受到银行等金融中介的内部风险的影响，当发生金融危机时，银行无法有效地缓冲金融风险，反而会收缩其流动性水平，从而进一步加剧金融危机[443]。最后，Beck（2012）认为若银行规模相对实体经济而言过大，则会对实体经济产生额外成本，也不利于经济增长[444]。因此叶大清（2018）等人曾明确指出：经济高质量发展需要数字普惠金融的配合，二者是相辅相成、互相融合的关系[445]。

也有学者研究了数字普惠金融对居民收入的影响。傅秋子和黄益平（2018）

---

① 中国数字普惠金融指数由北京大学数字金融研究中心和蚂蚁金服团队共同编制，详见郭峰等(2019)[465]。

研究了数字普惠金融对不同类别农村正规金融需求的影响，发现数字金融的发展同时增加了农村居民对生产性正规信贷和消费性正规信贷的需求[446]，因而在缩小城乡收入差距上，张贺和白钦先（2018）[415]、张子豪和谭燕芝（2018）[447]等分别运用泰尔指数和空间计量模型研究发现数字普惠金融的发展显著缩小了城乡居民收入差距；黄倩等（2019）通过构建动态面板模型，发现数字普惠金融确实能显著降低贫困发生率，并指出数字普惠金融有效减缓贫困的一个重要机制是改善收入增长与分配[448]。张勋等（2019）基于微观数据证实了数字普惠金融有助于促进包容性增长，对农民收入提升更加显著，且通过异质性分析，发现数字普惠金融对农村低收入居民和低社会成本居民的创业影响更加显著[449]。谢文武等（2020）等则发现数字普惠金融使用深度对农村创业具有积极的促进作用，但数字普惠金融的覆盖广度并不是缓解农村创业融资约束的关键因素；也有学者提出了数字普惠金融发展存在的风险与隐患[450]。

同时也有研究已经关注到了数字普惠金融解决农村贫困问题的重要作用，已有的研究成果均表明了数字普惠金融发展有助于解决农村贫困问题（宋晓玲，2017；龚沁宜、成学真，2018；梁双陆、刘培培，2019）[451-453]，但数字普惠金融对贫困的作用并非线性，两者的关系受到经济发展水平的影响，并表现出显著的单一门槛特征（郑志强、严思屏，2020）[454]。耿良、张馨月（2019）发现了数字普惠金融减贫增收的空间溢出作用，数字普惠金融相较于传统的普惠金融更加能改善农村地区的贫困水平，缩小城乡之间的收入差距，数字普惠金融的空间溢出效应主要取决于其数字服务支持程度，数字普惠金融对农民的非农收入同样也存在着空间溢出效应[455]。

此外，还有学者研究了数字普惠金融对居民消费的影响（徐铭延等，2019）[456]。数字普惠金融通过提供便利支付和缓解流动性约束两种渠道促进了居民消费，且这种促进效应在欠发达地区和低收入人群中表现得更加明显（易行健和周利，2018）[436]。田娟娟等（2020）研究表明数字普惠金融能够对现代农业经济发展和农业产业结构调整产生正向作用[457]；汪亚楠等（2020）认为数字普惠金融能够显著地提升社会保障水平[430]；喻平等（2020）发现数字普惠金融的发展通过缓解融资约束能很好地促进中小微企业的技术创新[458]。也有学者从影响数字普惠金融的因素出发，认为互联网是有效解决普惠金融覆盖率不高的途径（马九杰、吴本健，2014；马九杰、薛丹琪，2012；王曙光、杨北京，2017）[459-461]。Lamberton（1998）从宏观角度指出互联网能够缓解信息不对称、降低交易成本，从而加速金融市场的发展壮大[462]。Liang 等（2015）研究发现现代通信设备的使用会增加投资者股票市场参与。还有学者提出了数字普惠金融发展存在的风险与隐患[463]。贺刚等（2020）研究发现数字普惠金融在数字创新（如信息安全风险等）、普惠创新（衍生风险、运营风险等）以及金融创新（市场、信用及法律风险等）三个方面存在着一定风险，需要进一步加强风险监管机制，结合互联网技术重构金融监管范围，完善风控体系[464]。

本节主要运用数字普惠金融指标数据量化分析我国各省数字普惠金融发展现状，使用核密度估计法、标准差椭圆法、探索性空间统计分析法（ESDA）等从时间与空间两个维度对我国数字普惠金融的发展现状与时空动态演变进行分析。

6.1.1 中国数字普惠金融时间动态演化

（1）数据来源

本节中国数字普惠金融数据来源于北京大学数字金融研究中心课题组（2019）[465]公布的我国 2011—2018 年数字普惠金融指数，该指数从数字普惠金融覆盖广度、使用深度及数字化程度三个维度、33 个具体指标构建出数字普惠金融指标体系，如表 6.1 所示。

表 6.1 数字普惠金融指标体系

一级维度	二级维度	具体指标
覆盖广度	账户覆盖率	每万人拥有支付宝账号数量
		支付宝绑卡用户比例
		平均每个支付宝账号绑定银行卡数
使用深度	支付业务	人均支付笔数
		人均支付金额
		高频度（年活跃 50 次及以上）活跃用户数占年活跃 1 次及以上比例
	货币基金业务	人均购买余额宝笔数
		人均购买余额宝金额
		每万支付宝用户购买余额宝的人数

续表

一级维度	二级维度	具体指标
使用深度	信贷业务	个人消费贷：每万支付宝成年用户中有互联网消费贷的用户数、人均贷款笔数、人均贷款金额
		小微经营者：每万支付宝成年用户中有互联网小微经营贷的用户数、小微经营者户均贷款笔数、小微经营者平均贷款金额
	保险业务	每万支付宝用户中被保险用户数
		人均保险笔数
		人均保险金额
	投资业务	每万人支付宝用户中参与互联网投资理财人数
		人均投资笔数
		人均投资金额
	信用业务	自然人信用人均调用次数
		每万支付宝用户中使用基于信用的服务用户数（包括金融、住宿、出行、社交等）
数字化程度	移动化	移动支付笔数占比
		移动支付金额占比
	实惠化	小微经营者平均贷款利率
		个人平均贷款利率
	信用化	花呗支付笔数占比
		花呗支付金额占比
		芝麻信用免押笔数占比（较全部需要押金情形）
		芝麻信用免押金额占比（较全部需要押金情形）
	便利化	用户二维码支付的笔数占比
		用户二维码支付的金额占比

（2）我国数字普惠金融演变分析

由图 6.1 可知，我国数字普惠金融自 2011 年以来便呈持续上升态势，数字普惠金融指数均值由 2011 年的 40.004 上升到 2018 年的 300.208，涨幅达 650.44%，这说明 2011 年以来我国数字普惠金融发展速度迅猛。

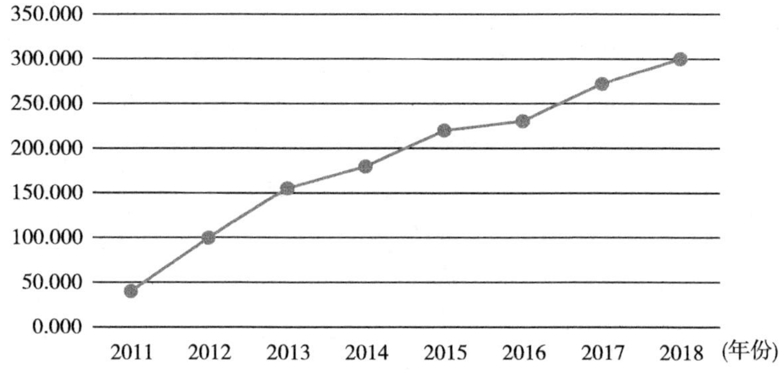

图 6.1　2011—2018 年 31 个省（区、市）数字普惠金融指数均值变化趋势

表 6.2　2011—2018 年 31 个省（区、市）数字普惠金融统计特征

省份	均值	平均值排名	变化幅度	变化幅度排名	省份	均值	平均值排名	变化幅度	变化幅度排名
上海	245.92	1	371.04%	29	内蒙古	176.78	17	840.01%	10
北京	242.78	2	364.10%	30	湖南	176.67	18	777.63%	12
浙江	232.80	3	361.88%	31	山西	176.62	19	749.00%	16
福建	212.78	4	441.52%	25	广西	176.57	20	753.50%	15
广东	212.49	5	377.72%	28	河南	176.49	21	941.41%	8
江苏	212.34	6	438.05%	26	黑龙江	174.25	22	718.14%	17
天津	205.41	7	423.08%	27	河北	172.79	23	772.21%	13
湖北	195.94	8	702.31%	18	宁夏	172.00	24	771.67%	14
海南	191.70	9	579.81%	23	云南	171.81	25	1047.29%	6
重庆	190.01	10	619.81%	22	吉林	171.48	26	1026.40%	7
辽宁	188.81	11	572.10%	24	新疆	168.08	27	1236.48%	5
山东	188.31	12	681.14%	19	贵州	162.66	28	1399.24%	2
安徽	184.58	13	818.75%	11	甘肃	162.22	29	1316.24%	4
陕西	184.32	14	622.53%	21	西藏	156.85	30	1591.31%	1
四川	183.77	15	632.82%	20	青海	155.32	31	1335.46%	3
江西	179.88	16	896.07%	9					

由表 6.2 可知，我国各省 2011—2018 年平均数字普惠金融指数排名前十位的分别是上海市、北京市、浙江省、福建省、广东省、江苏省、天津市、湖北省、海南省及重庆市，其中排名最高的上海市数字普惠金融指数均值达

245.92，排名前七的省（区、市）数字普惠金融指数均值皆高于200，而排名前七的省（区、市）皆处于东部沿海地区，这说明东部沿海地区的数字普惠金融发展态势较好；排名后十位的分别是河南省、黑龙江省、河北省、宁夏回族自治区、云南省、吉林省、新疆维吾尔自治区、贵州省、甘肃省、西藏自治区以及青海省，排名最后的青海省数字普惠金融均值仅为155.32，与排名最高的上海市相差值近100，排名后十位的省（区、市）多为西部及中部经济欠发达地区，这说明在西部及中部等经济欠发达地区数字普惠金融尚未得到很好的发展。从各省（区、市）数字普惠金融的变化幅度来看，变化幅度排名前十位的分别是西藏自治区、贵州省、青海省、甘肃省、新疆维吾尔族自治区、云南省、吉林省、河南省、江西省及内蒙古自治区，排名后十位的分别是重庆市、海南省、辽宁省、福建省、江苏省、天津市、广东省、上海市、北京市及浙江省，可以发现均值排名前十的省（区、市）大多位于变化幅度排名的后十位，如上海市、天津市等，而均值排名后十位的省（区、市）则大多位于变化幅度排名的前十位，如西藏自治区、青海省等。其中变化幅度最大的西藏自治区2011—2018年数字普惠金融的增幅达1335.46%，而变化最小的浙江省数字普惠金融的增幅也达到了361.88%。总的来说我国各省（区、市）数字普惠金融呈现出良好的发展态势。

（3）核密度估计

核密度估计是一种非参数估计方法，可以对随机变量概率密度进行平滑估计得到随机变量的分布形态，其公式为：

$$f(x) = \frac{1}{nh}\sum_{i=1}^{n} K(\frac{x - X_i}{h}) \tag{6.1}$$

其中，K（·）为核函数，h为带宽，n为观测值的个数，X_i 为观测值，x 为观测值的均值。本节将选择高斯核函数对我国数字普惠金融指数的分布态势与时间动态演进过程进行分析。

图6.2选取了2011年、2013年、2016年和2018年我国数字普惠金融指数进行分析，可以发现：从核密度函数的分布位置来看，从2011年到2018年核密度曲线的中心位置明显右移，这表明我国数字普惠金融2011—2018年呈现显著上升态势，这与前文得出的结论一致；从核密度图的形态来看，主

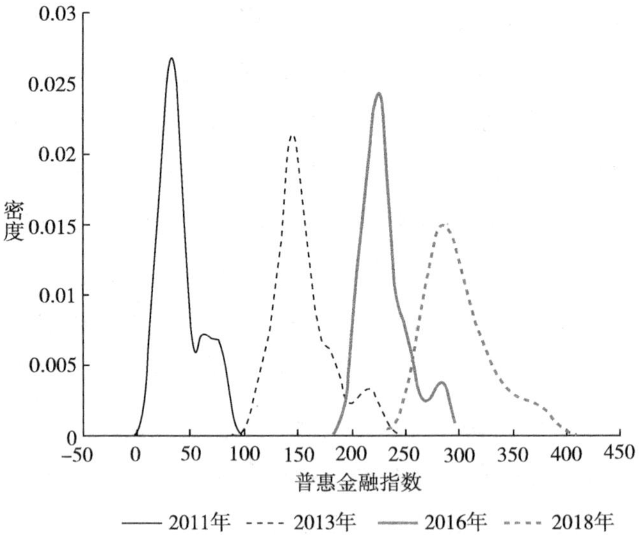

图 6.2 我国数字普惠金融指数的核密度图

峰峰值呈现先下降后上升再下降的态势，总体而言呈下降趋势。这说明我国数字普惠金融指数极化趋势呈现为先下降再上升再下降的变化，各省（区、市）数字普惠金融的绝对差异也经历了先缩小再扩大再缩小的波动，但总体而言我国各省（区、市）数字普惠金融之间的差异在缩小；此外，核密度曲线波峰整体呈现为由“多峰”变“单峰”发展态势。2011 年、2013 年及 2016 年数字普惠金融的核密度曲线均存在两个及以上波峰，而 2018 年数字普惠金融的核密度曲线则仅存在一个波峰，这说明我国数字普惠金融的两极分化程度在逐渐降低。

6.1.2 中国数字普惠金融时间空间特征与动态演化

6.1.2.1 空间分布特征

（1）空间分布分析

依据自然断点分级法将我国 31 个省（区、市）的数字普惠金融均值分为高、中低三个水平层次，其中高水平层次数字普惠金融指数均值大于 195.94 小于等于 245.92，中水平层次数字普惠金融指数均值大于 174.25 小于等于 195.94，低水平层次数字普惠金融指数均值大于等于 155.32 小于等于 174.25。在这三个水平层次中，上海市、北京市、天津市、江苏省、浙江省、福建省及广东省等 7 个省（市）的数字普惠金融指数处于高水平层次，内蒙古自治区、辽宁省、山西省、陕西省、四川省、重庆市、河南省、山东省、湖北省、湖南省、安徽省、江西省、广西壮族自治区及海南省等 14 个省（区、市）的数字普惠金融指数处于中水平层次；黑龙江省、吉林省、河北省、西藏自治区、新疆维吾尔自治区、青海省、甘肃省、宁夏回族自治区、云南省及贵州省等 10 个省（区）的数字普惠金融指数处于低水平层次。可以发现东南沿海地区各省由于经济发达、金融基础设施更为完善以及数字技术发展迅猛，其数字普惠金融发展水平较高，而中部地区多数省（区、市）数字普惠金融发展水平处于中等，有较大的发展潜力。西部地区与东北地区的数字普惠金融发展水平则处于最末流，数字普惠金融还需要一定时间发展建设。

（2）空间方向分布

为了更为直观地分析我国数字普惠金融的空间分布及动态演进，通过 Arcgis 软件运用标准差椭圆分析法对我国数字普惠金融指数的空间方向分布进行分析。

表 6.3　数字普惠金融标准差椭圆参数

年份	2011	2012	2013	2014	2015	2016	2017	2018
方位角	65.59°	73.93°	75.82°	75.60°	75.87°	75.37°	75.88°	76.04°
面积比	—	1.13	1.03	1.01	1.02	0.99	1.00	1.00
平均形状指数	0.74	0.70	0.69	0.68	0.67	0.67	0.67	0.67

我国数字普惠金融标准差椭圆呈“东北—西南”走向，其重心位于河南省与湖北省的交界附近，表现为朝西北方向移动趋势。

表 6.3 展现了数字普惠金融标准差椭圆的相关参数，从标准差椭圆方位角的旋转来看，我国数字普惠金融标准差椭圆的方位角呈上升趋势，由 2011 年的 65.59° 增加到 2018 年的 76.04°，标准差椭圆由西北—东南方向向正东—正西方向旋转了 10.45°；从标准差椭圆的面积变化来看，2012 年到 2015 年我国数字普惠金融标准差椭圆的面积与前一年的面积比皆大于 1，这意味着在此期间标准差椭圆面积呈增加趋势，而 2016 年至 2018 年数字普惠金融标准差椭圆的面积与前一年的面积比均为 1 或接近于 1，标准差椭圆面积变化不

大；从标准差椭圆的分布形状来看，标准差椭圆的长轴表示数据的分布方向，短轴则表示数据的分布范围，短轴长度与长轴长度之比则是标准差椭圆的平均形状指数，2011 年至 2014 年数字普惠金融的标准差椭圆的平均形状指数呈下降趋势，这说明在此期间数字普惠金融标准差椭圆形态更加狭长，空间分布的均质性降低，而 2015 年至 2018 年平均形状指数均为 0. 67，此时标准差椭圆的形状保持不变。

6. 1. 2. 2　空间相关性分析

（1）全局空间自相关

全局 Moran's I 是最早应用于检验空间关联性和集聚问题的探索性空间分析的指标，它能够反映整个研究区域内，各个地域单元与邻近单元之间的相似性，其计算公式如下：

$$I = \frac{\sum_{i=1}^{n}\sum_{j\neq i}^{n} w_{ij}(x_i - \bar{x})(x_j - \bar{x})}{S^2 \sum_{i=1}^{n}\sum_{j\neq i}^{n} w_{ij}} \tag{6.2}$$

其中：I 表示全局 Moran's I，x_i 表示各省经济发展质量指数，w_{ij} 表示空间权重矩阵，权重矩阵基于 Rook 的空间邻接方式，$S^2 = \frac{1}{n}\sum_{i=1}^{n}(x_i - \bar{x})^2$，$\bar{x} = \frac{1}{n}\sum_{i=1}^{n} x_i$，本节将通过全局莫兰指数来考察我国数字普惠金融的空间相关性。

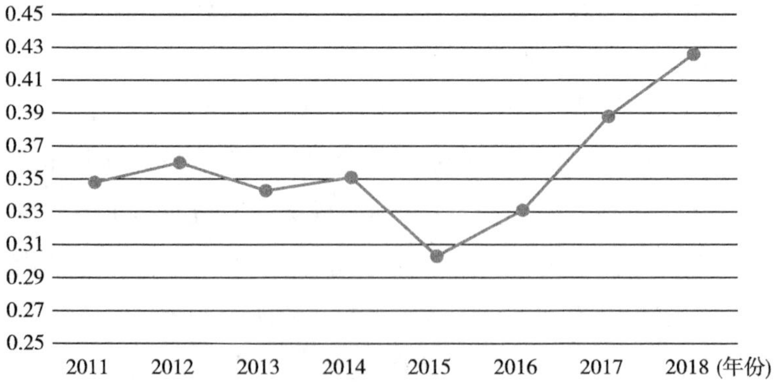

图 6. 3　2011—2018 年中国数字普惠金融指数全局 Moran's I 指数

表 6.4　2011—2018 年中国数字普惠金融指数全局 Moran's I 检验情况

年份	2011	2012	2013	2014	2015	2016	2017	2018
Moran's I	0.348	0.360	0.343	0.351	0.303	0.331	0.388	0.426
z 值	3.509	3.647	3.509	3.585	3.146	3.416	3.953	4.283
p 值	0.000	0.000	0.000	0.000	0.002	0.001	0.000	0.000

全局 Moran's I 的取值范围是［-1，1］。若全局莫兰指数大于0，则表示我国数字普惠金融指数较高（低）的区域在空间上趋于显著集聚相邻，存在空间正相关；若全局莫兰指数小于0，则表示我国数字普惠金融指数具有空间差异，普惠金融指数较高（低）的区域在空间上不相邻，存在空间负相关；若全局莫兰指数等于0 则表示空间不相关，各省经济发展质量指数在空间上随机分布。

结合图 6.3 与表 6.4 可知，2011—2018 年我国数字普惠金融指数皆为正值且通过 5% 的显著性检验，即我国数字普惠金融指数在空间上具有显著的空间正相关性，数字普惠金融发展好的省（区、市）与数字普惠金融发展好的省（区、市）相邻，而发展差的省（区、市）与较差的集聚；从 Moran's I 的变化趋势来看，2011—2014 年我国数字普惠金融指数 Moran's I 整体变化不大，Moran's I 值在 0.35 处波动变化；2014—2015 年我国数字普惠金融指数 Moran's I 由 0.351 下降到 0.303，说明这段时间我国数字普惠金融的空间集聚效应有所下降；2015—2018 年我国数字普惠金融指数 Moran's I 持续上升，由 0.303 上升到 0.426，增幅为 22.41%，这表明 2015 年后我国数字普惠金融的空间集聚效应越来越强。

（2）局部空间自相关分析

表 6.5　中国 2011—2018 年 31 省（区、市）数字普惠金融指数空间相关演化

年份	HH 象限	LL 象限	HL 象限	LH 象限
2011	江苏、浙江、福建、上海	新疆、西藏、青海、云南	四川	江西
2012	江苏、浙江、福建、上海	新疆、西藏、青海、云南、甘肃	四川	江西
2013	江苏、浙江、福建、上海	新疆、西藏、青海、云南、四川	—	江西
2014	江苏、浙江、福建、上海、安徽	新疆、西藏、青海、云南、四川	—	江西

续表

年份	HH 象限	LL 象限	HL 象限	LH 象限
2015	江苏、浙江、福建、上海	新疆、西藏、青海、云南、四川	—	江西
2016	江苏、浙江、上海	新疆、西藏、青海、云南、四川、内蒙古、甘肃、	—	江西
2017	江苏、浙江、福建、上海	新疆、西藏、青海、四川、内蒙古、甘肃、	—	江西、安徽
2018	江苏、浙江、福建、上海、安徽	新疆、西藏、青海、四川、内蒙古、甘肃、黑龙江、宁夏、辽宁	—	江西

在 LISA 集聚图中分为 HH 象限、LL 象限、HL 象限以及 LH 象限四个象限，若某省（区、市）位于 HH 象限则代表该省（区、市）数字普惠金融的发展规模与其周边省（区、市）数字普惠金融的发展规模都很大，二者空间差异程度较小；若某省（区、市）位于 LL 象限表示该省（区、市）数字普惠金融的发展规模与其周边省（区、市）数字普惠金融的发展规模都很小，二者空间差异程度也较小；若某省（区、市）位于 HL 象限意味着该省（区、市）数字普惠金融的发展规模较大而其周边省（区、市）数字普惠金融的发展规模则很小，二者空间差异程度较大；若某省（区、市）位于 LH 象限意味着该省（区、市）数字普惠金融的发展规模较小而其周边省（区、市）数字普惠金融的发展规模则较大，二者空间差异程度同样较大。整体来看，我国 31 个省份 2011—2018 年数字普惠金融的局部空间相关性的演化可以分为两个阶段。在 2011—2012 年这一阶段中，江苏省、浙江省、福建省及上海市位于 HH 象限，新疆维吾尔自治区、西藏自治区、青海省、云南省位于 LL 象限，四川省位于 HL 象限，江西省位于 LH 象限。这表明在 2011—2012 年期间江苏、浙江、福建及上海等省市及其周边省（区、市）的数字普惠金融指数皆处于较高水平，新疆、西藏、青海及云南等省（区、市）及其周边省（区、市）数字普惠金融指数皆处于较低水平，形成了 HH 型与 LL 型空间集聚；四川省的数字普惠金融指数要高于其周边省（区、市），即四川省数字普惠金融的发展要远快于其周边省（区、市），形成了 HL 型空间集聚；江西省的情况则相反，其数字普惠金融的发展要慢于其周边省（区、市），形成了 LH 型空间集聚；在 2013—2018 年这一阶段中，HH 象限、LL 象限以及 LH 象限省

（区、市）与上一阶段相差不大，不同在于 2014 年与 2018 年安徽省也属于 HH 象限，2016 年至 2018 年内蒙古自治区、甘肃省、黑龙江省、宁夏回族自治区及辽宁省等省（区、市）也陆续加入 LL 象限。值得注意的是，四川省由原来的 HL 象限变化到 LL 象限，这说明 2013 年以来四川省的数字普惠金融发展态势有所减缓，从高于周边省（区、市）的规模变为低于周边省（区、市）的规模，在空间上形成 LL 型集聚区。

总的来说，我国各省（区、市）存在局部空间集聚，具有局部空间相关性，当然也存在部分省份的局部自相关，但并不显著，存在一定的空间差异性。

6.1.2.3 空间敛散性分析

β 收敛是指不同经济变量的增长率与其初始水平的关系是负相关的，可分为绝对 β 收敛与条件 β 收敛，假定各省宏观经济状况、财政支出、产业结构、开放程度等完全相同，随着时间的推移，各省（区、市）的数字普惠金融指数逐渐收敛到相同的水平，则存在绝对 β 收敛；假定各省宏观经济状况、财政支出、产业结构、开放程度等并不相同，随着时间的推移，各省（区、市）的数字普惠金融指数逐渐收敛到各自的稳定水平，则存在条件 β 收敛。

（1）绝对 β 收敛分析

绝对 β 收敛的基础模型为：

$$\ln(f_{i,t}/f_{i,t-1}) = \alpha + \beta\ln(f_{i,t}) + \varepsilon_{i,t} \quad (6.3)$$

其中，$f_{i,t}$ 表示第 i 省在 t 期的数字普惠金融指数，$f_{i,t-1}$ 表示第 i 省在 t－1 期的数字普惠金融指数，α 是常数项，$\varepsilon_{i,t}$是服从正态分布的误差项，若回归系数 β＜0，则存在绝对 β 收敛。考虑到空间效应，本节将建立空间面板模型进行分析。空间面板模型分为空间滞后模型与空间误差模型，我们可根据 LM 检验来选择空间滞后模型或者空间误差模型，若 LMERR 较 LMLAG 显著，R－LMERR 显著而 R－LMLAG 不显著，则空间误差模型（SEM）更适合，反之则空间滞后模型（SLM）更适合。

表 6.6　绝对 β 收敛空间相关性检验结果

LM 检验	Statistic	p - value
Moran's I	0. 153	0. 879
Lagrange multiplier（error）	0. 045	0. 832
Robust Lagrange multiplier（error）	0. 269	0. 604
Lagrange multiplier（lag）	1. 079	0. 299
Robust Lagrange multiplier（lag）	1. 303	0. 254

根据表 6. 6，我们可以发现绝对 β 收敛的 LMERR 与 LMLAG 的 P 值分别为 0. 832 与 0. 299，皆未通过显著性检验，但 LMLAG 较 LMERR 更为显著，故应当选择空间滞后模型。构建空间滞后模型（SLM）与空间误差模型（SEM）如下：

$$\ln(f_{i,t}/f_{i,t-1}) = \alpha + \beta\ln(f_{i,t-1}) + \rho W\ln(f_{i,t}/f_{i,t-1}) + \mu_{i,t} \quad (6.4)$$

$$\ln(f_{i,t}/f_{i,t-1}) = \alpha + \beta\ln(f_{i,t-1}) + \varepsilon_{i,t}$$

$$\varepsilon_{i.t} = \lambda W\varepsilon_{i.t} + \mu_{i,t} \quad (6.5)$$

其中，$f_{i,t}$ 表示第 i 省在 t 期的数字普惠金融指数，$f_{i,t-1}$ 表示第 i 省在 t - 1 期的数字普惠金融指数，ρ 为空间滞后系数，λ 为空间回归系数，反映空间效应的大小；W 是空间权重矩阵；$\mu_{i,t}$ 表示服从正态分布的误差项，$\varepsilon_{i,t}$ 表示随机误差项。

表 6.7　绝对 β 收敛结果

	空间滞后模型 SLM	空间误差模型 SEM
lnfl	-0. 269 ***	-0. 509 ***
	(-6. 67)	(-8. 77)
rho	0. 438 ***	
	-5. 44	
lambda		0. 866 ***
		-15. 49
R^2	0. 682	0. 930
LL	286. 3	387. 6
AIC	-566. 7	-769. 1
BIC	-556. 5	-759

续表

	空间滞后模型 SLM	空间误差模型 SEM
N	217	217

注：***、**、*分别表示在5%、1%、0.1%水平上显著，括号内为t值。

由表6.7可知，在空间滞后模型中，我国数字普惠金融的空间自回归系数通过1%的显著性检验，这说明我国数字普惠金融存在明显的空间相关性。此外，β值皆显著并小于0，即在各区域宏观经济状况、财政支出、金融发展及产业结构等条件不变的情况下，随着时间的推移，各省的经济发展质量指数逐渐收敛到相同的水平，存在绝对β收敛。

（2）条件β收敛分析

从政府、产业结构、地区金融发展及开放程度等方面选择控制变量构建条件β收敛模型：

$$\ln(f_{i,t}/f_{i,t-1}) = \alpha + \beta\ln(f_{i,t}) + \varphi Z + \varepsilon_{i,t} \tag{6.6}$$

其中：

①政府财政（gov）=地区财政支出/地区生产总值，可以衡量地区的政府财政支出状况；

②产业结构（industry）=当年第三产业增加值/地区生产总值，用以衡量地区产业结构状况；

③开放程度（trade）为当年外商投资企业投资总额，按照当年人民币与美元汇率进行换算，用以衡量地区对外贸易的开放程度；

④金融发展（finance）=当年金融业增加值/地区生产总值，用以衡量地区金融业发展水平。

表6.8　描述性统计

指标		均值	标准差	最小值	最大值
普惠金融指数	phjr	208.20	68.39	61.47	377.73
政府财政	gov	0.24	0.22	0.00	1.38
产业结构	industry	0.47	0.09	0.31	0.81
对外开放程度	trade	10361.78	17106.12	71.25	127554.60
金融发展水平	finance	0.07	0.03	0.02	0.17

以上数据来源于国家统计局，同样进行 LM 检验对模型进行选择。

表 6.9 条件 β 收敛空间相关性检验结果

LM 检验	Statistic	p - value
Moran's I	0.349	0.727
Lagrange multiplier (error)	0.292	0.589
Robust Lagrange multiplier (error)	0.063	0.801
Lagrange multiplier (lag)	1.329	0.249
Robust Lagrange multiplier (lag)	1.101	0.294

注：其中 S 表示统计值，p 表示 p 值。

同理，虽然 LMLAG 与 LMERR 皆未通过显著性检验，但 LMLAG 较 LMERR 更为显著，故应选择空间滞后模型。建立空间滞后模型（SLM）与空间误差模型（SEM）如下：

$$\ln(f_{i,t}/f_{i,t-1}) = \alpha + \beta\ln(f_{i,t-1}) + \rho W\ln(f_{i,t}/f_{i,t-1}) + \beta_1 \ln gov + \beta_2 \ln industry + \beta_3 \ln trade + \beta_4 \ln finance + \varepsilon_{i,t} \tag{6.7}$$

$$\ln(f_{i,t}/f_{i,t-1}) = \alpha + \beta\ln(f_{i,t-1}) + \beta_1 \ln gov + \beta_2 \ln industry + \beta_3 trade + \beta_4 finance + \varepsilon_{i,t}$$

$$\varepsilon_{i,t} = \lambda W\varepsilon_{i,t} + \mu_{i,t} \tag{6.8}$$

其中，ρ 为空间滞后系数，λ 为空间回归系数，反映空间效应的大小；W 是空间权重矩阵；$\mu_{i,t}$ 表示服从正态分布的误差项，$\varepsilon_{i,t}$ 表示随机误差项。

表 6.10 条件 β 收敛结果

	空间滞后模型 SLM	空间误差模型 SEM
lnfl	-0.476***	-0.566***
	(-13.77)	(-15.96)
lngov	-0.0109**	-0.0380***
	(-3.13)	(-3.87)
lnindustry	0.419**	0.14
	(3.24)	(1.44)
lntrade	0.112***	0.0518**
	(8.56)	(3.19)

续表

	空间滞后模型 SLM	空间误差模型 SEM
lnfinance	-0.000257	0.0419
	(-0.00)	(0.79)
rho	0.210 ***	
	(3.83)	
lambda		0.816 ***
		(10.8)
R^2	0.666	0.928
LL	357.2	414.3
AIC	-700.5	-814.6
BIC	-676.8	-790.9
N	217	217

注：***、**、*分别表示在5%、1%、0.1%水平上显著，括号内为t值。

由表6.10可知在空间滞后模型中空间系数通过5%的显著性检验，即我国数字普惠金融指数存在明显的空间相关性，空间滞后项系数为正，表明数字普惠金融具有正向溢出效应。另外，模型中β值小于0且通过5%的显著性检验，存在条件β收敛。即在地区宏观经济状况、财政支出、金融发展及产业结构不同的情况下，随着时间的推移，各地区的数字普惠金融指数逐渐收敛到各自的稳定水平。

在空间滞后模型中，政府财政、产业结构及对外开放程度等控制变量皆通过5%显著性检验，其中政府财政的系数$\beta_1 < 0$，产业结构与对外开放程度的系数$\beta_2, \beta_3 > 0$，这说明政府财政与数字普惠金融的发展呈负相关，与产业结构及地区对外开放程度呈正相关，地区第三产业占比越大，对外开放程度越大，越有利于促进地区数字普惠金融的发展，而地区财政支出越多，反而会对地区数字金融的发展起阻碍作用，因而要进一步推动地区数字金融的发展需要大力发展地区第三产业，进一步对外开放，增加对外贸易往来。

本节主要运用数字普惠金融指标数据量化分析我国各省数字普惠金融发展现状，从时间与空间两个维度对我国数字普惠金融的发展进行评估，首先基于核密度估计的方法探索我国数字普惠金融的时间动态演变差异；其次通过标准差椭圆法对我国数字普惠金融的空间分布特征与动态演变进行分析，最后用全局与局部莫兰指数及 LISA 聚集图探索我国 31 个省（区、市）数字普惠金融的空间相关性，得出以下结论：

第一，2011 至 2018 年我国数字普惠金融持续发展且发展速度较快。经济发达的东部沿海省（区、市）（诸如上海市、浙江省等）数字普惠金融发展水平较高，而经济欠发达的中西部省（区、市）（诸如西藏自治区、贵州省等）数字普惠金融发展水平则偏低，值得注意的是中西部省（区、市）虽然数字普惠金融发展水平偏低，但其增长速度迅猛，我国数字普惠金融的发展虽然存在地区差异，但整体呈现良好的发展态势。

第二，2011 至 2018 年我国数字普惠金融各省（区、市）间的绝对差异也经历了先缩小再扩大再缩小的波动变化，但总体来说各省（区、市）的差距在缩小，两极分化程度在降低。

第三，2011 至 2018 年我国数字普惠金融的标准差椭圆呈“东北—西南”走向，其重心朝西北方向移动。2011 至 2015 年标准差椭圆面积呈增长趋势，形状也更为狭长化，空间分布的均质性降低。而 2016 至 2018 年标准差椭圆的面积与形状几乎保持不变。

第四，2011 至 2018 年我国数字普惠金融具有显著的空间正相关，但局部相关并不显著，存在一定的空间异质性。存在绝对 β 收敛与条件 β 收敛，具有较强的地区收敛性。地区第三产业占比越大，对外开放程度越高，地区的数字普惠金融越能得到好的发展。

6.2　数字普惠金融的经济发展效应研究

随着信息技术、大数据技术等的进一步发展，普惠金融已然向数字普惠金融的方向发展，随着我国经济步入“新常态”，我国经济已经转入中高速发展，那么要想促进经济的高质量发展，必然需要寻找新的发展点来推动经济的发展，因此数字普惠金融带来的经济影响备受关注。已有不少学者从创新创业、产业结构升级、收入差距等多个角度出发，对数字普惠金融的影响进行了研究，然而上述的这些研究都是从经济的一个角度出发，并不能揭示数字普惠金融对经济的总影响。鉴于此，本节从地区经济的角度出发，探究数字普惠金融对地区经济的影响，讨论数字普惠金融的空间溢出作用以及对地区经济的差异化影响，并且通过中介效应模型以期打开数字普惠金融对地区经济影响的路径“黑箱”。进而为更好地推动数字普惠金融服务于经济发展提供科学依据，这对于推动数字普惠金融的发展，实现我国经济的长远发展具有重要的理论和实践意义。

6.2.1 理论与机制分析

普惠金融源于金融排斥。McKinnon（1973）最早提出了金融排斥理论——经济社会中一部分群体无法享受到或者无法以合理的成本享受到便捷有效的金融服务[293]。之后，部分学者进一步研究，提出了机会排斥、条件排斥、价格排斥、市场排斥和自我排斥等五种金融排斥形式（Kemson and Whyley，1999；Sarma et al.，2010）[112-113]。普惠金融的发展使得被传统金融机构排斥在外的缺乏信用记录以及抵押品的低收入人群和弱势群体能够享受到一定的金融服务，即扩大了金融服务的使用情况，有效缓解了金融排斥，也帮助低收入人群或贫困人口使用金融服务实现自我发展，从而实现减贫增收以及经济的包容性增长（郑志强、严思屏，2020）[454]。由此提出：

H1：数字普惠金融可促进经济的增长。

那么数字普惠金融是通过什么途径促进地区经济的增长的？数字普惠金融是大数据技术、信息技术等与普惠金融的结合，随着第三产业的发展，对大数据技术等的需求越来越大，而大数据等技术的发展更是为第三产业的发展打下了良好的基础，因此数字普惠金融的发展可极大地促进第三产业的发展，运用新的技术可拓宽第三产业的发展边界，第三产业是一国经济未来发展的新基点，数字普惠金融为第三产业的发展打下了良好的基础，也是为我国经济的未来打下了结实的基础，进而促进我国的经济发展。与此类似，第二产业虽是以制造业为主，但是随着新技术的出现，在不同产业之间或者同一产业内部的不同行业之间出现融合，从而使得原有的产业边界变得模糊甚至消融，直至出现新产业。如何提高制造业的绩效，是我国现阶段实现产业转型升级中最为关键的问题，是我国突破“中等收入陷阱”的根本之所在，而金融业与制造业的融合与制造业大部分行业的绩效呈正相关，金融业与制造业的融合能够显著提高制造业的绩效（穆显平，2014）[466]，因此数字普惠金融可通过促进第二产业的发展进而促进经济的发展。由此提出：

H2：数字普惠金融可通过促进第二产业和第三产业的发展，进而促进经济发展。

但由于中国各个地区的经济发展状况、区位优势等都不尽相同，经济社会因素等的差异会造成各个地区的数字普惠金融对该地区的经济发展可能存在一定的差异。并且由于互联网的高速发展，地区与地区之间的界限不断被模糊，因此在互联网大数据等的作用下，数字普惠金融可能存在空间溢出作用，影响相邻地区的经济增长。由此提出：

H3：数字普惠金融对地区经济的影响存在差异，且存在空间溢出效应。

6.2.2 模型与数据

6.2.2.1 模型的设定

根据上文的理论分析，为研究普惠金融对地区经济的影响，建立了如下模型：

$$\ln gdp_{it} = \alpha_0 + \alpha_1 finance_{it} + \alpha_2 Control_{it} + \varepsilon_{it} + v_i + \lambda_t \qquad (6.9)$$

其中，$\ln gdp_{it}$为被解释变量，即 i 省（区、市）在 t 年的经济发展水平，$finance_{it}$为核心解释变量，即 i 省（区、市）在 t 年的普惠金融指数，$Control_{it}$为控制变量，包括政府干预（gov）、对外开放（fdi）、第二产业比重（industry2）、第三产业比重（industry3）、资源禀赋（kl）、城乡收入差距（gap）和创新研发投入（lnrd），ε_{it}为残差项，v_i和 λ_t分别为个体效应和时间效应，分别控制了影响经济发展但不随着时间变动的个体效应和随时间变化影响所有省（市）的时间因素。但考虑到互联网使得地区间连接成一个整体，一个地区经济的普惠金融发展会通过空间溢出性影响相邻地区的普惠金融的发展，进而影响地区的经济。因此有必要进一步考虑邻近地区的普惠金融的发展对地区经济发展的间接影响，将普惠金融的空间影响纳入其中。

本节决定采用空间杜宾（SDM）建模，其原因在于：一是 SDM 不仅能够反映某一地区普惠金融发展的变化对该地区经济发展的直接影响，而且能够捕捉到该地区普惠金融发展的变化对其他地区经济发展的溢出效应；二是现实中不同地区经济活动中竞争与合作并存，导致经济变量之间存在空间相关性和空间交互作用，如果忽略这些，模型的估计会产生偏误，而 SDM 不但考虑了因变量和自变量的空间交互作用（Elhorst，2014）[467]，还考虑了解释变量的空间相关性，可解决遗漏变量的问题，是所有空间计量模型中唯一能够产生无偏估计量的模型（Lesage 和 Pace，2009）[468]，因此可将式（6.9）转换为空间计量模型：

$$\ln gdp_{it} = \alpha_0 + \beta Control_{it} + \rho \sum_{j=1}^{N} W_{ij} \ln gdp_{jt} + \theta \sum_{j=1}^{N} W_{ij}\, Control_{jt} + v_i + \lambda_t + \varepsilon_{it} \tag{6.10}$$

式中，$\ln gdp_{it}$代表第 i 省（区、市）在 t 年的经济发展状况；$Control_{it}$代表 1×5 维的解释变量集，包括包括政府干预（gov）、对外开放（fdi）、第二产业比重（industry2）、第三产业比重（industry3）、资源禀赋（kl）、城乡收入差距（gap）和创新研发投入（lnrd）；β 代表相应的 5×1 维系数向量；W_{ij}代表 $N\times N$ 的空间权重矩阵中第 i 行第 j 列的元素，N 为省份个数；$\sum_{j=1}^{N} W_{ij}\ln gdp_{jt}$ 被称为因变量的空间滞后项，代表了第 i 省的相邻省份在 t 年按照空间加权矩阵计算的经济发展水平差距，其系数 ρ 代表了第 i 省的相邻省份城乡收入差距对城乡收入差距的影响；$\sum_{j=1}^{N} W_{ij}\, Control_{jt}$ 为解释变量的空间滞后项，其系数 θ 代表了相邻省份的解释变量对第 i 省的经济发展的影响。为简化解释变量的空间溢出效应表示形式，本节假定被解释变量与解释变量的权重矩阵相同。扰动项 ε_{it}均值为 0，方差为常数；v_i和 λ_t分别为空间效应和时间效应，其引入用于反映空间和时间维度上的异质性，其中空间效应用于控制不随时间变化但随空间变动的因素，时间效应控制不随空间变化但随时间变动的因素。时间效应和空间效应的形式设定均可采用固定效应或随机效应，在固定效应模型中，各空间和时间个体使用虚拟变量表示，在随机效应模型中，v_i和 λ_t是随机变量，均值为 0，方差恒定。

6.2.2.2 模型的检验

在使用空间杜宾模型（SDM）之前，需要进行相关的模型设定检验，一是进行 Hausman 检验，该检验可判别是采用随机效应模型或者是固定效应模型；二是进行 LR 检验，以确定空间杜宾模型（SDM）是否可以退化为空间滞后模型（SAR）和空间误差模型（SEM），若 LR 的 p 值拒绝原假设则确定选用空间杜宾模型（SDM）；三是确定本节的模型是存在空间固定效应，还是时间固定效应，或是时间和空间双固定效应；四是使用 Wald 检验进一步确认 SDM 是否比空间滞后模型（SAR）和空间误差修正模型（SEM）更适合，其原假设为：$\theta=0$ 和 $\theta+\rho\beta=0$。该检验结果可判别 SDM 模型是否可退化为空间滞后相关模型（SAR）或空间误差模型（SEM）。如果 Wald 检验的两个原假设都被拒绝了，则 SDM 比 SAR 和 SEM 更适合。如果 Wald 检验结果与前面的 LM 检验结果矛盾，仍然可采用 SDM，因为 SDM 是一个更一般的模型（Elhost，2014）[467]。

选择合适的空间权重矩阵来反映观测值之间地理关系的紧密度，对空间计量分析很重要（Cho et al.，2011）[469]。然而，目前关于最佳空间权重矩阵尚未达成一致标准（Anselin，1988）[470]，本节采用的相邻空间权重矩阵 W_1 中，当省 i 和省 j 有共同的边界，$W_{ij}=1$，否则为 0。

6.2.2.3 直接效应和间接效益

在考虑了空间交互效应的 SDM 模型中，系数 ρ 和 θ 不能简单视为被解释变量关于解释变量的偏导数（Lesage and Pace，2009）[468]。Lesage 和 Pace（2009）提供了一种将总的边际效应分解为直接效应和间接效应的方法，该方法能够更好地捕捉和解释存在空间交互效应时解释变量的边际效应[468]。具体而言，直接效应包括初始效应（Initial Effect）和反馈效应（Feedback Effect），其中初始效应表示某一地区解释变量变化引起该地区被解释变量变动，反馈效应表示某一地区解释变量变化引起相邻地区被解释变量变动，又反馈到该地区，导致其被解释变量变动。间接效应即溢出效应，用于测度某个地区的解释变量变化对所有其他地区被解释变量的影响。将式（6.10）改写为式（6.11）向量形式（Elhorst，2014；童光荣等，2014）[467,471]可更好地说明空间面板模型中解释变量边际效应的形成：

$$\ln gdp_t=(I-\rho W)^{-1}\alpha l_N+(I-\rho W)^{-1}(X_t\beta+WX_t\theta)+(I-\rho W)^{-1}\zeta \tag{6.11}$$

式（6.11）中，I 表示单位矩阵，l_N表示 $N\times1$ 的单位向量，ξ 包含扰动项 ε_{it}、空间固定效应和时间固定效应。求 lngdp 关于第 1 至第 N 个地区的第 k 个解释变量 X_k的一阶偏导，可得到 $N\times N$ 维矩阵表示的边际效应为：

$$\frac{\partial \ln gdp}{\partial X_k} = (I - \rho W) - 1(\beta_k I + W\theta_k) \tag{6.12}$$

式（6.12）中，β_k、θ_k分别为 SDM 中第 k 个解释变量 X_k系数的估计值，式（6.12）对应的 $N\times N$ 矩阵可表示某一地区第 k 个解释变量变动一单位时，对所有地区被解释变量的影响。Lesage 和 Pace（2009）提出可通过式（6.12）的主对角和非主对角元素的均值来计算直接效应和溢出效应，其中直接效应为矩阵主对角元素之和除以 N，而溢出效应为矩阵非主对角线元素之和除以 N。

基于式（6.12）的 $N\times N$ 矩阵，还可计算出既定地区某一解释变量变动一个单位时，对其他地区被解释变量的影响。例如，第 1 个（$i=1$）地区的交通基础设施变动 1%，其边际效应可表示为式（6.13）（Lee，2012）：

$$\frac{\partial \ln gdp}{\partial finance_{i=1}} = (I - \rho W)^{-1}(i_1\beta_{\text{finance}} + W i_1\theta_{\text{finance}}) \tag{6.13}$$

式（6.13）中，$i'_1 = [1, 0, \cdots, 0]_N$，$\beta_{finance}$和 $\theta_{finance}$为式（6.10）中估计的系数。

6.2.2.4 变量的选取

（1）被解释变量

可以衡量经济发展的指标较多，但本节选用最直观的各省（市、自治区）的 GDP 总量来表示经济发展（lngdp），即被解释变量，此外为了避免异方差的影响，对该变量进行了取对数的处理。

（2）核心解释变量

核心解释变量为数字普惠金融指数（finance），借鉴现有文献和国际组织对传统普惠金融的测度体系，本节将从数字金融覆盖广度、数字金融使用深度和普惠金融数字化程度等 3 个维度来构建数字普惠金融指标体系，参考北京大学数字普惠金融指数（2011—2018 年）。

在指数合成前仍须将性质和计量单位不同的指标进行无量纲化处理，目前学术界对于无量纲化的方法主要有线性功效函数法和指数型功效函数法

(Sarma et al., 2010，伍旭川和肖翔，2014；焦瑾璞等，2015)[112,472-473]，故提出如下对数功效函数公式：

$$d = \frac{\log x - \log x^{l}}{\log x^{h} - \log x^{l}} \times 100 \tag{6.14}$$

其中，对于正向指标，取固定2011年各地区指标数据实际值的95%分位数为上限 x^h，5%分位数为下限 x^l；对于逆向指标，取固定2011年各地区指标数据实际值的5%分位数为 x^h，95%分位数为 x^l。此外，为了平滑指数，避免种种原因导致的极端值的出现，我们对超过指标上限的地区进行“缩尾”处理，从而计算出某年某地区某指标无量纲化后的数值。

其次确定不同指标合成时的权重，确定权重的方法有很多，根据计算权重时原始数据的来源不同，大体上可分为主观赋权法和客观赋权法两大类。本节采用主观赋权与客观赋权相结合的方法来确定权重。先利用变异系数法求各具体指标对上一层准则层的权重，再通过层次分析法求各准则层指标对上层目标的权重，最后求得总指数。权重向量如表6.11、表6.12和表6.13所示。

表6.11 数字普惠金融体系下三个维度权重向量

维度	覆盖广度	使用深度	数字化程度
权重	54.0%	29.7%	16.3%

表6.12 使用深度下六个业务维度权重向量

业务维度	支付	货基	信用	保险	投资	信贷
权重	4.3%	6.4%	10.0%	16.0%	25.0%	38.3%

表6.13 数字化程度下四个指标的权重向量

业务维度	信用化	便利化	实惠化	移动化
权重	9.5%	16.0%	24.8%	49.7%

最后使用算术加权平均法对指数进行合成，公式如下：

$$d = \sum_{i=1}^{n} W_i d_i \tag{6.15}$$

其中，d 为综合指数，W_i 为各评价指标归一化后的权重，d_i 为单个指标的评价得分，n 为评价指标的个数。

（3）控制变量

政府干预（gov）：该地区政府一般预算支出与该地区 GDP 总量的比值（%）。政府干预过多影响市场活力，但干预过少也会造成市场经济的弊端无法得到很好的解决，不论是何种情况都会对经济发展造成影响。

对外开放（fdi）：该地区外商直接投资（FDI）与该地区 GDP 总量的比值（%）。对外开放的深入尽管为地区带来了新的技术或新的管理制度，促进经济的增长，但也会对地区的环境造成破坏，也即“污染避难所假说”，进而不利于经济发展。

第二产业比重（industry2）：该地区第二产业产值占地区 GDP 的比重（%）。第二产业仍是我国的支柱性产业，带动我国经济的发展，但同时也会造成污染，不利于经济的发展。

第三产业比重（industry3）：该地区第三产业产值占 GDP 的比重（%）。第三产业与市场经济的联系最紧密，且随着经济社会的发展，第三产业的比重会越来越高，进而影响地区经济的发展。

资源禀赋（kl）：该地区全社会固定资产投资总额和该地区从业人员的比值（%）。一个地区的资源禀赋状况会决定该地区的经济发展模式，进而影响经济的发展。

城乡收入差距（gap）：该地区城镇居民人均可支配收入与农村居民人均可支配收入的比值（%）。城乡收入差距的扩大也使贫富不均的程度在扩大，容易引起社会矛盾，造成社会经济发展的不均衡、不充分。

研发投入（lnrd）：该地区 R&D 经费内部支出占该地区 GDP 的比重，并对其取对数。创新是引领发展的第一动力，创新投入越高，经济发展状况应当越好。

6.2.2.5 数据来源与描述性统计

本节使用了 2011—2018 年中国 30 个省（区、市）① 的面板数据。以上数据来源于各省统计年鉴，以及通过 EPS 数据库搜索得到。本节使用线性插值

① 鉴于西藏自治区的相关数据缺失较多，因此本文不予考虑，选用 30 个省（区、市）为样本。

法对少量缺失数据进行修补。变量的描述性统计如表 6.14 所示。

表 6.14 变量的描述性统计

变量名称	含义	观测值	均值	标准差	最小值	最大值
lngdp	经济发展	240	9.7679	0.8434	7.4208	11.4853
finance	数字普惠金融	240	188.1858	84.9798	18.3300	377.7300
gov	政府干预	240	0.2467	0.1019	0.1103	0.6269
fdi	对外开放	240	0.0276	0.0198	0.0004	0.0989
industry2	第二产业比重	240	44.6861	8.4571	18.6300	59.0000
industry3	第三产业比重	240	45.4778	9.5359	29.7000	80.9800
kl	资源禀赋	240	6.5840	2.7252	2.1668	29.6256
gap	城乡收入差距	240	2.6583	0.4298	1.8451	3.9792
lnrd	研发投入	240	3.4776	1.5281	-0.5296	7.8258

6.2.3 实证结果分析

6.2.3.1 空间相关性检验

在进行空间计量分析时要对被解释变量进行空间相关性检验。本节采用 Moran's I 反映省际地区经济发展空间关联程度的总体特征，其表达式如下：

$$I = \frac{n\sum_{i=1}^{n}\sum_{j=1}^{n}W_{ij}(y_i - \bar{y})(y_j - \bar{y})}{\sum_{i=1}^{n}\sum_{j=1}^{n}W_{ij}\sum_{i=1}^{n}(y_j - \bar{y})} \tag{6.16}$$

式（6.16）中：n 为省区样本数；y_i和 y_j分别为地区 i 和地区 j 的经济发展情况；$\bar{y}$ 为全样本经济发展的均值；W_{ij}代表 $M \times N$ 的空间权重矩阵中第 i 行、第 j 列的元素。

表6.15 是 2011—2018 年中国经济发展的 Moran's I。Moran's I 的值介于 -1至 1 之间，若 Z 值大于 0 且在统计上显著，则表明省域间的经济发展具有明显的空间自相关。在地理距离权重矩阵下，衡量空间相关性的 Moran's I 统计值均能够在 1% 的显著性水平下通过检验，且各个 Moran's I 值均为正值，这表明我国经济发展在空间上存在明显的正相关关系，即空间集聚性，经济发展较好（较差）的省（区、市）相对趋于与经济发展较好（较差）的省（区、市）相邻。因此，较之于传统的计量方法，运用空间计量技术研究数字

普惠金融对中国地区经济发展的影响效应更为妥当。

表 6.15　2011—2018 年中国经济发展的 Moran 指数

年份	Moran's I	Z 值	P 值
2011	0.085	3.353	0.000
2012	0.083	3.302	0.000
2013	0.082	3.271	0.001
2014	0.082	3.274	0.001
2015	0.085	3.369	0.000
2016	0.090	3.501	0.000
2017	0.093	3.569	0.000
2018	0.093	3.578	0.000

图 6.4 为中国省域经济发展在地理距离权重下的 Moran's I 散点图，可看出大部分省份位于第一象限（HH）和第三象限（LL）。在第一象限中，经济发展为高值的省份为浙江、江苏、上海、安徽、福建等地；在第三象限中，经济发展为低值的省份为青海、宁夏、甘肃、新疆等地。Moran's I 散点位于第一象限和第三象限的省份的数量占样本总数的 80%，说明中国省域经济发展存在显著的空间依赖性，因此分析其影响因素时不能忽略空间效应。

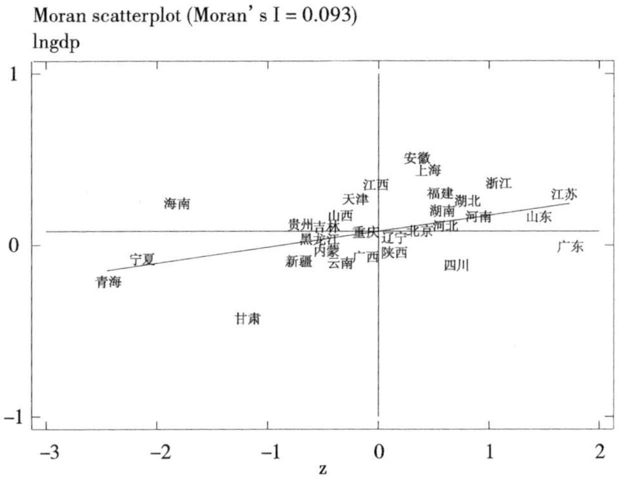

图 6.4　中国省域经济发展的 Moran's I 散点图（地理距离矩阵）

式（6.9）估计结果见表 6.16，其中模型（1）和模型（2）为单控制个体效应的回归，其中模型（1）未加入控制变量；模型（3）和模型（4）为同时控制时间效应和个体效应的回归，其中模型（3）未加入控制变量。

表 6.16　未考虑空间交互效应时式（6.9）的面板估计结果

	(1)	(2)	(3)	(4)
	lngdp	lngdp	lngdp	lngdp
finance	0.0022 *** (39.41)	0.0023 *** (19.76)	0.0048 *** (5.31)	0.0025 *** (4.38)
gov		−1.2360 *** (−4.97)		−1.0880 *** (−4.97)
fdi		0.3740 (0.93)		0.6220 * (1.91)
industry2		0.0196 *** (4.78)		0.0146 *** (4.19)
industry3		0.0116 *** (2.83)		−0.0006 (−0.16)
kl		0.0098 *** (4.70)		0.0078 *** (4.51)
gap		−0.0366 (−1.30)		−0.0756 *** (−2.91)
lnrd		0.0085 (1.59)		0.0090 (1.01)
_ *cons*	9.360 *** (829.69)	8.220 *** (22.16)	9.275 *** (240.55)	9.046 *** (27.83)
时间效应	否	否	是	是
个体效应	是	是	是	是
R^2	0.881	0.940	0.896	0.963
N	240	232	240	232

注：＊＊＊、＊＊、＊分别表示通过1%、5%和10%显著性水平检验；括号中的数值为t值。

由表6.16可知，数字普惠金融均显著促进经济发展，均在1%的水平下显著，考虑到不同省份在经济发展程度、区位优势等方面的差异，以及由时间宏观经济波动带来的种种因素，因此在回归中，加入控制变量的同时，控制了时间效应和个体效应，也即模型（4）。在模型（4）中，数字普惠金融在1%的水平下显著促进经济增长，控制变量中政府干预增强和城乡收入差距的扩大都显著阻碍了经济的发展，其原因可能是我国为社会主义市场经济，政府干预过多会阻碍经济活力，城乡收入差距的扩大亦不利于经济的发展。此外，对外开放水平、第二产业比重、资源禀赋的提高均会显著促进经济增长。然而，当变量之间存在空间交互效应时，面板模型的估计结果是有偏差的。因此继续进行空间面板模型的估计，分别对空间误差模型（SEM）、空间滞后模型（SAR）和空间杜宾模型（SDM）进行回归，结果如表6.17所示。

尽管存在固定效应和随机效应两种设定，经验表明，现在空间计量经济学趋向于处理在完整的研究区域里相邻空间单元的时空数据。否则，空间权重矩阵不能被定义。所以，通常采用一个省所有的县或者一个国家所有的地区来作为研究区域。在这种情况下，固定效应模型显然比随机效应模型要更为合适。首先，当对空间面板数据建模时，固定效应通常比随机效应要更为合适。其次，Lee 和 Yu（2014）认为固定效应很稳健，同时计算上与随机效应模型一样简便[474]。最后，因变量 Y 之间和（或）自变量 X 之间的空间交互效应要远比误差间的空间交互效应重要。如果忽略了 W_Y 和（或）W_X，剩下的参数估计量会变得不一致。相反，忽略误差项的空间交互效应，则只是损失一些效率而已。因此本节采用固定效应模型。接下来通过 LR 检验来确定在 SAR、SEM、SDM 模型中，应当选用哪一个模型，具体结果在表6.17，LR 的 p 值均小于0.05，也即拒绝原假设“空间杜宾模型可简化为空间滞后模型”和“空间杜宾模型可简化为空间误差模型”，因此本节应选择空间杜宾模型（SDM）。此外，表6.17还给出了 Wald 空间滞后检验的结果，Wald 检验的 p 值均拒绝原假设，也即 SDM 模型不能简化为 SAR 模型和 SEM 模型。所以在地理距离权重矩阵下，SDM 模型优于 SAR 模型和 SEM 模型。

表6.17　数字普惠金融对经济发展的空间回归

	(5)	(6)	(7)
	SEM	SAR	SDM
finance	0.00229*** (4.38)	0.00276*** (5.26)	0.00192*** (3.84)

续表

	(5)	(6)	(7)
	SEM	SAR	SDM
gov	-1.390 *** (-7.38)	-1.198 *** (-6.12)	-1.440 *** (-7.97)
fdi	0.458 * (1.85)	0.552 ** (2.11)	0.602 ** (2.54)
industry2	0.0143 *** (4.66)	0.0130 *** (4.09)	0.0161 *** (5.44)
industry3	-0.000504 (-0.16)	-0.00112 (-0.34)	-0.000343 (-0.11)
kl	0.00926 *** (6.12)	0.00887 *** (5.75)	0.00872 *** (5.87)
gap	-0.102 *** (-4.58)	-0.0958 *** (-4.05)	-0.0895 *** (-4.19)
lnrd	0.00720 (1.42)	0.00529 (0.97)	0.00736 (1.48)
LR test spatial lag		45.98 [0.0000]	
LR test spatial error		29.14 [0.0003]	
Likelihood	465.4780	457.1904	480.1824
Wald spatial lag test		54.62 [0.0000]	
Wald spatial error test		30.88 [0.0001]	
R^2	0.594	0.592	0.312
N	240	240	240

注：***、**、*分别表示通过1%、5%和10%显著性水平检验；括号中的数值为z值。

表6.17中，SEM、SAR和SDM模型下的数字普惠金融（finance）均显著促进地区经济发展（lngdp），对外开放水平的提高、第二产业比重的提高、资源禀赋的提高均可显著促进地区经济的发展，但政府干预的加强和城乡收入差距的扩大会显著阻碍经济的发展。由此可见，对外开放带来的技术溢出效应等仍在促进经济发展的范围内，第二产业也仍是我国经济发展的支柱性产业，且拉动我国经济增长的仍是全社会固定资产投资。假设1得到了验证。

可将空间杜宾模型（SDM）的系数继续分解为直接效应和溢出效应，其分解结果见表6.18。

表 6.18　SDM 在地理距离矩阵下的直接效应和溢出效应

	(8)
	lngdp
Direct Effects	
finance	0.00228 *** (4.35)
gov	-1.239 *** (-6.61)
fdi	0.768 *** (3.16)
industry2	0.0153 *** (4.81)
industry3	-0.000112 (-0.03)
kl	0.00898 *** (6.06)
gap	-0.0840 *** (-3.63)
lnrd	0.00355 (0.67)
Indirect Effects	
finance	0.00285 * (-1.91)
gov	-1.754 *** (-2.68)
fdi	-1.152 * (-1.69)
industry2	0.00624 (0.53)
industry3	-0.00197 (-0.15)
kl	-0.00154 (-0.26)

续表

	(8)
	lngdp
gap	-0.0455 (-0.63)
lnrd	0.0309* (1.80)
Total Effects	
finance	-0.000569 (-0.39)
gov	-2.993*** (-4.83)
fdi	-0.384 (-0.58)
industry2	0.0215** (1.96)
industry3	-0.00208 (-0.17)
kl	0.00743 (1.30)
gap	-0.130* (-1.94)
lnrd	0.0344** (2.19)
R^2	0.312
N	240

注：***、**、*分别表示通过1%、5%和10%显著性水平检验；括号中的数值为z值。

由表6.18，数字普惠金融（finance）对经济发展的直接效应为正，且在1%的水平下显著，其溢出效应在10%的水平下显著为正，也即一个地区的数字普惠金融的发展会促进该地区的经济发展，也会显著促进邻近地区的经济发展。控制变量中，政府干预（gov）的增强不仅显著阻碍该地区经济的发展，还会阻碍邻近地区经济的发展，其可能的原因是地方政府间也存在竞争，在行政手段的实施上很有可能会借鉴邻近地区的政策。该地区的对外开放程度（fdi）的提高、第二产业比重（industry2）的增加、资源禀赋的提高均会显著促进该地区的经济发展，但对邻近地区没有显著的影响；该地区的城乡收入差距（gap）的扩大会对该地区的经济产生不利的影响，但对邻近地区没有显著的影响。假设 3 的前半部分得到了验证。

6.2.3.2 数字普惠金融对地区经济的稳健性检验

对回归的被解释变量进行替换，以减少结论的偏误，使结论更稳健。本节选用地区人均 GDP 来替换地区 GDP 总量以反映地区的经济增长，并重新进行了空间杜宾模型的回归，回归结果如表 6.19 所示。

表 6.19 数字普惠金融对地区经济的稳健性检验

	(9)
	pgdp
finance	315.1 *** (6.43)
gov	-27272.1 (-1.54)
fdi	32375.5 (1.39)
industry2	-4.204 (-0.01)
industry3	-1108.1 *** (-3.72)
kl	80.73 (0.55)
gap	5893.7 *** (2.76)
lnrd	687.8 (1.41)
R^2	0.094
N	240

注：＊＊＊、＊＊、＊分别表示通过 1%、5% 和 10% 显著性水平检验；括号中的数值为 z 值。

由表 6.19，数字普惠金融（finance）仍显著促进经济发展，且在 1% 的水平下显著，与前文结果一致，证实了前文结论的稳健性。

6.2.3.3 数字普惠金融对地区经济的异质性检验

由于各省份的所处地理位置、历史文化、工业基础等都不尽相同，因此本节将30个省份分成八大经济区：东北综合经济区（简称：东北）、北部沿海综合经济区（简称：北部）、东部沿海综合经济区（简称：东部）、南部沿海经济区（简称：南部）、黄河中游综合经济区（简称：黄河）、长江中游综合经济区（简称：长江）、大西南综合经济区（简称：西南）、大西北综合经济区（简称：西北）[①]。分别对这八大经济区的面板数据进行固定面板模型回归，并且同时控制了时间效应和固定效应，回归结果如表6.20所示。

表6.20 数字普惠金融对地区经济的异质性检验

	(10)	(11)	(12)	(13)	(14)	(15)	(16)	(17)
	东北	北部	东部	南部	黄河	长江	西南	西北
finance	-0.0011	0.0070***	-0.0029	0.0025	-0.0008	0.0015*	-0.0051***	0.0005
	(-0.38)	(3.53)	(-1.84)	(1.15)	(-0.88)	(1.83)	(-3.45)	(0.46)
gov	-2.321***	0.573	-1.064	0.826	-2.101***	0.0020	-1.388***	-0.590**
	(-6.29)	(0.70)	(-1.26)	(1.45)	(-4.99)	(0.00)	(-3.54)	(-2.33)
fdi	1.314*	0.178	0.0988	0.0837	-0.564	0.768	1.431**	0.875
	(2.14)	(0.13)	(0.11)	(0.21)	(-0.84)	(1.59)	(2.70)	(1.31)
industry2	-0.0001	-0.0329*	-0.0344	0.0244	0.0600***	-0.0019	-0.0305***	0.0146*
	(-0.04)	(-2.05)	(-0.79)	(1.74)	(9.28)	(-0.24)	(-5.04)	(2.08)
industry3	0.0017	-0.0348**	-0.0281	0.0224*	0.0555***	-0.0062	-0.0339***	0.0099
	(0.36)	(-2.18)	(-0.69)	(2.38)	(9.02)	(-0.99)	(-6.34)	(1.22)
kl	0.0339***	-0.0154	0.0132	0.0362**	0.0077***	-0.0013	0.0104	0.0008
	(8.50)	(-0.97)	(0.86)	(2.86)	(3.77)	(-0.17)	(0.81)	(0.73)
gap	-0.0649	-0.197**	0.120	0.193	-0.0479	-0.0543	0.0286	0.0772
	(-1.10)	(-2.78)	(1.06)	(1.23)	(-0.94)	(-1.13)	(0.71)	(1.62)

① 东北综合经济区：辽宁省、吉林省和黑龙江省；北部沿海综合经济区：北京市、天津市、河北省和山东省；东部沿海综合经济区：上海市、江苏省和浙江省；南部沿海经济区：福建省、广东省和海南省；黄河中游综合经济区：陕西省、山西省、河南省和内蒙古自治区；长江中游综合经济区：湖北省、湖南省、江西省和安徽省；大西南综合经济区：云南省、贵州省、四川省、重庆市和广西壮族自治区；大西北综合经济区：甘肃省、青海省、宁夏回族自治区和新疆维吾尔自治区。

续表

	(10)	(11)	(12)	(13)	(14)	(15)	(16)	(17)
	东北	北部	东部	南部	黄河	长江	西南	西北
lnrd	-0.0687***	0.0299	-0.0084	0.0074	0.0050	-0.0491***	-0.0132	0.0117
	(-4.34)	(1.73)	(-0.53)	(0.68)	(0.68)	(-3.41)	(-1.33)	(1.12)
_ *cons*	10.14***	13.13***	13.41**	6.477***	4.907***	10.24***	12.44***	6.928***
	(28.10)	(9.37)	(3.35)	(4.18)	(7.59)	(14.82)	(25.42)	(11.95)
R^2	0.997	0.989	0.998	0.999	0.998	0.999	0.998	0.996
N	24	32	24	24	32	32	40	32

注：***、**、*分别表示通过1%、5%和10%显著性水平检验；括号中的数值为t值。

由表6.20，北部沿海综合经济区和长江中游综合经济区的数字普惠金融（finance）对当地的经济发展有显著的促进作用，北部沿海综合经济区是我国的高新技术研发和制造中心之一，互联网和金融的发展程度都较高，由此衍生的数字普惠金融发展程度也较高，且与社会经济的融合程度更高，因此更有利于促进数字普惠金融发挥其对经济的促进作用。大西南综合经济区的数字普惠金融（finance）显著阻碍当地的经济发展，且在1%的水平下显著，大西南综合经济区的发展仍以工业、旅游业为主，因而在互联网、金融上的发展并不突出，数字普惠金融的发展并不符合该地区的经济发展需要，反而对经济发展起阻碍作用。控制变量中，政府干预（gov）的增强均会阻碍经济的发展，东北综合经济区和大西南综合经济区提高对外开放（fdi）可显著促进经济的发展，黄河中游综合经济区和大西北综合经济区第二产业比重（industry2）的上升会促进经济的发展，这是因为这两个地区的经济增长仍处于较为粗犷的发展模式，第二产业仍是推动经济发展的主要动力。东北综合经济区和黄河中游综合经济区的资源禀赋（kl）的提高，也即加大社会固定资产投资会促进经济的发展。城乡收入差距（gap）的扩大会对各地区的经济产生负面的作用。东北综合经济区和长江中游综合经济区的研发投入（lnrd）的提高反而不利于经济的发展，这是因为这两个地区对第三产业的需求并不高，主导其经济发展的仍是第二产业。假设3的后半部分得到了验证。

6.2.3.4 数字普惠金融对地区经济发展的影响机制检验

根据上文的分析，数字普惠金融的发展不仅对当地的经济发展起显著的促进作用，还显著促进相邻地区的经济发展，但其中的机制路径仍是未知的，因此选用中介效应模型对数字普惠金融对地区经济发展的影响机制进行检验。中介效应是一种重要的统计方法，自变量 X 对因变量 Y 的影响是通过中介变量 M 来间接作用于因变量 Y，此类效应即为中介效应。参照 Baron 和 Kenny 的方法，本节对式（6.9）进行进一步的扩展并建立以下中介模型：

$$\ln gdp_{it} = \alpha_0 + \alpha_1 finance_{it} + \alpha_2 Control_{it} + \varepsilon_{it} + v_i + \lambda_t \tag{6.17}$$

$$M_{it} = \beta_0 + \beta_1 finance_{it} + \beta_2 Control_{it} + \varepsilon_{it} + v_i + \lambda_t \tag{6.18}$$

$$\ln gdp_{it} = v_0 + v_1 finance_{it} + v_2 Control_{it} + v_3 \sum_j M^j_{it} + \varepsilon_{it} + v_i + \lambda_t \tag{6.19}$$

其中，M_{it}为中介变量，即数字普惠金融可能影响经济发展的传导途径。系数 α_1代表数字普惠金融对经济发展影响的净效应，系数 β_1代表数字普惠金融对中介变量的效应，系数 v_1是在控制了中介变量的影响后，数字普惠金融对经济发展产生的影响，系数 v_3是在控制了数字普惠金融的影响后，中介变量对经济发展的影响。$\beta_1 v_3$为间接效应，即中介效应。中介效应模型的检验步骤具体如下：（1）如果 α_1显著，则可能存在中介效应；如果 α_1不显著，则存在遮掩效应；（2）进一步在 β_1显著的基础上，在 β_1和 v_3都显著时，如果 v_1不显著，则存在完全中介效应；（3）如果 v_1显著，且 $\beta_1 v_3$与 v_1同号，则为部分中介效应；如果 v_1显著，且 $\beta_1 v_3$与 v_1异号，则为遮掩效应。对中介效应模型的回归结果如表 6.21 所示。

表 6.21　数字普惠金融对地区经济的影响机制检验

	lngdp	gov	lngdp	fdi	lngdp	industry2	lngdp	industry3	lngdp
finance	0.0028***	−0.0005***	0.0035***	−0.0001	0.0048***	0.1001***	0.0027***	−0.0850***	0.0031***
	(4.71)	(−2.82)	(4.41)	(−0.13)	(5.32)	(3.40)	(3.97)	(−3.04)	(4.26)
中介变量			−2.2248***		0.4526		0.0202**		−0.0198***
			(−8.15)		(0.99)		(12.72)		(−11.10)
间接效应		0.0011		−0.0000		0.0020		0.0017	
	lngdp	kl	lngdp	gap	lngdp	lnrd	lngdp		
finance	0.0028***	0.0199	0.0044***	0.0038**	0.0056***	0.0062	0.0047***		
	(4.71)	(0.82)	(5.60)	(2.37)	(6.77)	(0.97)	(5.25)		

续表

	lngdp	gov	lngdp	fdi	lngdp	industry2	lngdp	industry3	lngdp
中介变量			0.0179 *** (7.90)		-0.2307 *** (-6.35)		0.0061 (0.62)		
间接效应		0.0004		-0.0009		0.0000			

注：* * *、**、*分别表示通过 1%、5%和 10%显著性水平检验；括号中的数值为 t 值。

根据表 6.21 的回归结果，当中介变量为政府干预（gov）时，先对式（6.17）进行基准回归，回归结果显著为正，且在 1%的水平下显著，表明数字普惠金融（finance）可显著促进经济的发展。再对式（6.18）进行回归，也即数字普惠金融与中介变量之间的关系，将中介变量政府干预（gov）作为被解释变量进行回归，回归系数为 -0.0005，且在 1%的水平下显著，即数字普惠金融（finance）显著阻碍了政府干预（gov）。最后对式（6.19）进行回归，即将数字普惠金融和中介变量同时纳入模型，经济发展（lngdp）为被解释变量，数字普惠金融（finance）的回归系数在 1%的水平下显著为正，也即数字普惠金融可促进经济的发展，但政府干预（gov）的回归系数在 1%的水平下显著为负，也即政府干预会阻碍经济的发展，又由 v_1 显著，且 $\beta_1 v_3$ 与 v_1 同号，则为部分中介效应。以同样的方法对中介变量第二产业比重（industry2）、第三产业比重（industry3）、资源禀赋（kl）进行回归检验，均为部分中介效应，在此不再赘述。而当中介变量为对外开放（fdi）和研发投入（lnrd）时，v_3 不显著，则为遮掩效应，当中介变量为城乡收入差距（gap）时，以中介变量为被解释变量时，数字普惠金融（finance）显著拉大了城乡收入差距，且在 5%的水平下显著，将中介变量和数字普惠金融同时放入模型回归，中介变量收入差距显著不利于经济发展，数字普惠金融显著促进经济发展，尽管 v_1 显著，但因为 $\beta_1 v_3$ 与 v_1 异号，则为遮掩效应。所以数字普惠金融对经济发展的影响存在以政府干预（gov）、第二产业比重（industry2）、第三产业比重（industry3）、资源禀赋（kl）为中介变量的中介路径。假设 2 得到了验证。

本节选用 2011—2018 年中国 30 个省（区、市）的相关数据，通过固定面板模型，空间杜宾模型对数字普惠金融对地区经济发展的影响，回归结果表明，一个地区的数字普惠金融的发展会促进该地区的经济发展，也会显著促进邻近地区的经济发展。控制变量中，政府干预的增强不仅显著阻碍该地区经济的发展，还会阻碍邻近地区经济的发展，其可能的原因是地方政府的决策很有可能会借鉴邻近地区的政策。该地区的对外开放程度的提高、第二产业比重的增加、资源禀赋的提高均会显著促进该地区的经济发展，但对邻近地区没有显著的影响；该地区的城乡收入差距的扩大会对该地区的经济产生不利的影响，但对邻近地区没有显著的影响。并且通过将中国 30 个省（市、自治区）划分为八大经济区进行异质性检验发现北部沿海综合经济区和长江中游综合经济区的数字普惠金融对当地的经济发展有显著的促进作用，北部沿海综合经济区的互联网和金融的发展程度都较高，更有利于促进数字普惠金融发挥其对经济的促进作用。大西南综合经济区的数字普惠金融显著阻碍当地的经济发展，大西南综合经济区的发展仍以工业、旅游业为主，因而在互联网、金融上的发展并不突出，数字普惠金融的发展并不符合该地区的经济发展需要，反而对经济发展起阻碍作用。再通过中介效应模型检验数字普惠金融对地区经济的影响是否存在中介效应，检验发现数字普惠金融对经济发展的影响存在以政府干预（gov）、第二产业比重（industry2）、第三产业比重（industry3）、资源禀赋（kl）为中介变量的中介路径。本节的研究为推动数字普惠金融更好地促进地区经济的发展提出了若干启示：

一是要从顶层设计出发，减少对数字普惠金融发展的干预，强化多元监管。数字普惠金融的发展是基于互联网、金融以及市场经济，政府过多地干预反而会导致市场经济缺乏活力，进而不利于数字普惠金融的发展，但不可避免的是市场经济会出现市场失灵、信息不对称等情况，此外，数字技术和普惠金融的结合也会产生新的信用风险。因此也是需要政府联合其他监管方对数字普惠金融进行适当干预的，但干预程度应控制在合理的范围内，尤其要在行业准入门槛、信用体系等方面进行严格的监管。

二是从各区域出发，要加强区域间的合作，加快数字普惠金融在各个地区的进一步发展。数字普惠金融对地区经济发展存在一定的溢出效应，甚至会对邻近地区的经济产生促进作用，因此很有必要加强邻近省市之间有关数字普惠金融发展的交流，欠发达地区可利用当地的区位优势、资源禀赋等，与发达地区签订合作协议等，消除地理空间和融资可得性上的束缚，进而实现“以点带线，以线带面”地发展更高层次的数字普惠金融。

三是协调数字金融与传统金融的关系，实现优势互补。科学对待数字金融和传统金融之间的关系，规避其短处，并实现两者的互补，发挥传统金融在配套设施建设上的优势，打好数字金融发展的基础，同时也要引导数字金融帮助传统金融依据时代需要、市场需要进行转型。

6.3 数字普惠金融对收入水平增长影响的实证研究

居民的收入问题一直是社会经济问题中的热点话题，随着国民经济的不断向前发展和市场经济体制的日渐完备，我国的居民收入水平也在逐年提高。在相关的研究文献中将居民收入水平与普惠金融相结合，得出普惠金融能够显著提升居民收入水平，但随着数字经济时代的不断发展，普惠金融也逐渐向数字普惠金融迈进。数字普惠金融依托大数据技术、深度学习、云计算和文本分析技术作为底层技术支持，能够降低金融服务门槛，释放居民投资热情，增加居民收入并优化地区间金融资源配置。那么数字普惠金融与居民收入水平之间的影响机制是如何形成的，数字普惠金融对收入水平的作用是否与普惠金融类似，数字普惠金融是否存在地区间的空间相关性进而产生溢出效应？针对以上提出的问题，本节使用北京大学编制的数字普惠金融指数，引入空间权重矩阵构建计量模型用以分析数字普惠金融与居民收入水平之间的作用关系以及是否存在溢出效应，最后按照国务院发展研究中心《地区协调发展的战略和政策》报告中划分的区域范围进行差异化研究，分析不同经济区域内数字普惠金融作用的差异性。

数字普惠金融服务是在传统普惠金融服务的基础上结合相应的技术升级而来，因此数字普惠金融继承了传统普惠金融服务对经济的影响作用，即数字普惠金融能够对提升收入水平。梁双陆和刘培培（2019）使用我国 2011—2015 年省级面板数据，将 31 个省份的泰尔指数作为衡量收入差距的指标，采用面板回归分析研究了数字普惠金融指数与泰尔指数之间的相互关系，证实了数字普惠金融水平不仅能够提升收入水平并且能够有效减少城乡收入差距[453]。陈啸和陈鑫（2018）不仅使用空间计量模型分析研究了数字普惠金融与城乡收入水平差距之间的相互关系，并且将数字普惠金融与城乡收入水平差距之间的相互关系与普惠金融与城乡收入水平差距之间的相互关系进行了对比，发现数字普惠金融相比于普惠金融更能缩小城乡收入水平差距，并且数字普惠金融还具备一定的空间溢出效应，该溢出效应能够缩小临近省份的收入差距[475]。张贺等（2018）从数字金融普惠角度出发，使用北京大学编制的数字普惠金融指数，从金融排斥所造成的城乡收入差距问题入手提出数字普惠金融对城乡收入差距的收敛机制，通过构建线性面板门槛回归模型并采取省级面板数据进行实证研究，最终得出数字普惠金融能够缩小城乡收入差距，但结果忽略了数字普惠金融指数与影响居民收入增长的其余因素的空间相关性[415]。

上述文献关注的重点还是基于数字普惠金融与城乡收入水平差距之间的影响机制及其相关作用，也有一部分学者关注于数字普惠金融水平与居民收入之间的相互关系。张勋等（2019）使用CFPS数据分析研究了数字普惠金融与城乡收入水平之间的相互作用，研究发现数字普惠金融能够显著提升农村地区的收入水平，特别是在落后的农村地区中的低收入人群数字普惠金融对收入水平的增长效应更明显，因此张勋等人认为数字普惠金融能够作为我国的扶贫政策手段之一[449]。宋晓玲（2017）使用中国31个省市自治区的面板数据，将普惠金融结合“互联网+”技术构建数字普惠金融指数，分析数字普惠金融指数与城乡收入水平之间的相互关系，实证表明结合了“互联网+”技术的普惠金融指数能够明显地提升城乡收入水平[451]。刘丹（2019）则是考虑了数字普惠金融的空间相关性，自行构建了数字普惠金融指数体系，使用省份面板数据分析了所构建的数字普惠金融指数与收入水平之间的空间相关性，结果表明数字普惠金融指数在省际单位间存在正向的空间溢出系数[476]。孔杏（2020）则是与刘丹的研究结果相悖，认为数字普惠金融指数在省际单位间的空间溢出效应为反向的，即存在数字普惠金融资源竞争现象使得对邻近单元的收入水平具有反向的效应[477]。

基于以上研究文献成果，本节试图使用空间计量模型分析数字普惠金融与收入水平之间的相互关系，将空间因素引入计量模型进而分析数字普惠金融的空间溢出效应。本节接下来的行文安排如下：首先是研究设计，其次是实证分析，最后则是实证结论以及相应的建议。

6.3.1 研究设计：模型设定与变量说明

6.3.1.1 模型设定

为研究数字普惠金融指数对居民收入增长的影响，首先是建立基础的最小二乘法（OLS）回归模型：

$$\ln(income_{i,t}) = \beta_0 + \beta_1 finance_{i,t} + \beta_2 control_{i,t} + \mu_i + \varepsilon_{i,t}, \varepsilon \sim N(0, \sigma_{i,t}) \tag{6.20}$$

在式（6.20）中，i，t 分别代表第 i 个省份第 t 年的数据，左边为自变量即需要解释的变量 ln(*income*) 为居民的人均可支配收入，为消除不同指标量纲的影响，对文中研究的变量进行对数化处理。式（6.20）中的核心解释变量，为数字普惠金融指数（finance），其余为控制变量，包括地区生产总值（GDP）、财政支出占总支出的比重（gov）、对外开放程度（fdi）、第一产业占比（industry 1）、第二产业占比（industry 2）、资源禀赋（kl）、城乡生产总值差异（gap）、研发投入（rd）。μ_i 表示地区之间存在的无法观察到的个体异质性，$\varepsilon_{i,t}$ 为服从正态分布的随机扰动项。

基础的 OLS 回归模型忽略空间因素对被解释变量之间的影响作用，因此需要纳入空间因素分析空间因素和解释变量对被解释变量的影响效应。此外空间面板模型可以改变数据无关联性和均质性假说，同时考虑到数字普惠金融存在一定的扩散作用能够对本区域之外的居民收入增长带来一定的影响，故在式（6.20）中引入空间变量 W 建立空间杜宾模型（SDM）：

$$\ln(income_{i,t}) = \alpha_1 \sum_{j=1}^{N} w_{i,j} finance_{i,t} + \alpha_2 \sum_{j=1}^{N} w_{i,j} control_{i,t} + \mu_i + \lambda_i + \varepsilon_{i,t}, \varepsilon N(0, \sigma_{i,t}(SDM)) \tag{6.21}$$

式（6.21）中在式（6.20）的基础上引入了空间权重矩阵，式（6.20）中的 $w_{i,j}$ 为空间权重矩阵 W 的第 i 行第 j 列数据元素，它度量空间单元结构之间的相关程度，此外式中还引入了时间固定效应 λ_i。

6.3.1.2 空间权重矩阵构建

查阅相关文献资料后发现现有的空间权重矩阵构建方法中主要有以下

几种。

（1）空间邻接矩阵：数学形式为01矩阵，使用0和1来表示不同单元之间的相邻关系，定义矩阵中的空间单元与自身不相邻即矩阵的对角线元素为0。

$$W = \begin{cases} 1, \text{当区域 i 与区域 j 相邻} \\ 0, \text{当区域 i 与区域 j 不相邻} \end{cases} (i \neq j) \tag{6.22}$$

（2）地理距离权重矩阵：矩阵中的元素表示为每个空间单元之间的地理距离平方的倒数，通常是使用空间单元的行政中心之间的距离作为地理距离，与邻接矩阵相似定义空间单元之间的地理距离为0即对角线元素均为0。

$$W_{geo} = \begin{cases} 1/d^2, \ i \neq j \\ 0, \ i = j \end{cases} \tag{6.23}$$

（3）经济距离空间权重矩阵：在地理距离权重矩阵的基础上进行完善，由于大多数的经济问题与地区之间的经济相关性有联系，故考虑使用经济距离空间权重矩阵来研究空间计量经济问题，主要的构建形式如下：

$$W_{eco} = W_{geo} diag(\frac{\overline{y_1}}{\bar{y}}, \frac{\overline{y_2}}{\bar{y}}, \cdots, \frac{\overline{y_n}}{\bar{y}}) \tag{6.24}$$

使用2011—2018年的省级人均可支配收入数据构建经济距离空间权重矩阵，其中 W_{geo} 为地理距离权重矩阵，$\overline{y_1} = \frac{1}{n}\sum_{t=t_0}^{t=t_1} y_1$ 即第一个省份在样本考察期间居民人均可支配收入的平均值，同理可知 $\bar{y}$ 为所有省份在样本考察期间的居民人均可支配收入。

3. 变量选取和数据来源

本节研究的问题是数字普惠金融与居民收入增长之间的相互作用关系，因此使用居民人均可支配收入 income 作为被解释变量，以考察数字普惠金融对居民收入之间的影响。使用的数据来源于统计年鉴，研究的样本时间为2011年到2018年，研究的样本对象为中国大陆的省级行政单位。由于西藏自治区人均可支配收入数据在样本时间内缺失，故剔除此研究样本，因而本节研究的样本数量为30个省（区、市）。

研究的核心解释变量为数字普惠金融指数，近年来由于移动支付手段技术的快速发展，数字普惠金融得到了极大的提升与使用，以微信和支付宝移动支付为主的支付手段已经深入经济生活中。基于数字普惠金融的快速发展背景，北京大学数字金融研究中心编制了数字普惠金融指数，该指数从支付宝以及其衍生服务的使用情况出发，设计了覆盖广度、使用深度和数字化程度三个一级维度来对数字普惠金融指数进行计算，对数字普惠金融指数作出比较详细的描述。因而此处使用该指数来度量我国数字普惠金融程度，数据来源于北京大学数字金融中心，时间跨度为 2011 年到 2018 年。

居民可支配收入水平还受到许多相关变量的影响，需要将此类变量作为控制变量来建立研究框架，选取的具体控制变量包括地区生产总值（GDP），通常是使用地区生产总值（GDP）来衡量地区的经济发展水平，故此处将地区生产总值纳入控制变量中进行研究；财政支出占总支出的比重（gov），政府在经济活动中扮演了重要的角色，故需要使用政府财政支出占比（gov）来衡量政府对经济活动的参与程度，此外政府的财政支出直接影响到居民收入水平与地区生产总值，故将政府财政支出同样纳入控制变量中进行相应的分析研究；对外开放程度（fdi）为各地区进出口贸易占地区生产总值的比例，由于对外开放能够促进区域经济增长同时丰富居民物质资源与生活水平，参考孔杏（2020）的变量方法使用进出口贸易占比作为衡量对外开放程度的变量，并将其纳入研究对象中；产业结构能够保障国民经济的正常运行同时产业结构升级也是经济发展的动力所在，因此将地区产业变化纳入分析体系中以研究不同产业结构变化，选取的产业结构变量包含了第一产业和第二产业，将第二产业占比（industry 2）和第三产业占比（industry 3）纳入研究体系中；资源禀赋（kl）为全社会固定资产投资总额和地区从业人员比值；城乡生产总值差异（gap）为分地区城乡生产总值的比值；对科研技术的研发投入（rd）同样能够为地区经济水平发展和居民收入水平提供动力支持，因此使用分地区规模以上工业企业研究投入经费衡量地区间的科研技术投入水平。

对以上控制变量数据时间跨度为 2011 年到 2018 年，研究的样本为中国大陆除西藏之外的 30 个省（区、市），数据来源于《中国统计年鉴》。

6.3.2 实证分析

6.3.2.1 空间相关性检验

在研究分析数字普惠金融与居民收入增长之前首先对研究数据进行空间相关性检验以判断是否存在空间依赖性，存在空间依赖性是进行空间计量分析的前提条件。针对本节的研究问题空间相关性检验的是居民人均可支配收入是否存在空间相关性，通常测度空间相关性的指标为莫兰指数，具体的计算方法见式（6.25）。

$$I = \frac{\sum_{i=1}^{N}\sum_{j=1}^{N} w_{i,j}(x_i - \bar{x})(x_j - \bar{x})}{S^2 \sum_{i=1}^{N}\sum_{j=1}^{N} w_{i,j}} \tag{6.25}$$

其中 S^2 为样本内方差，$w_{i,j}$ 为地理权重矩阵中的元素，用于衡量空间单元之间的相关性，x 为人均可支配收入。根据式（6.25）可以推断莫兰指数值域为 $[-1,1]$，如果存在空间相关性则莫兰指数的绝对值越趋近于1，若不存在相关性则趋近于0。使用stata软件对我国2011—2018年人均可支配收入进行莫兰指数计算并进行检验，得出结果如表6.22所示。从表6.22可以得知居民可支配收入之间存在空间正相关性，并且全部通过显著性水平检验，可以继续进行空间计量分析。其次从莫兰指数的数值而言居民的人均可支配收入莫兰指数是在逐年下降的，表明空间正相关性正在逐年减弱但减弱的幅度比较小。

表6.22 我国2011—2018年城乡居民人均可支配收入的莫兰指数检验

年份	居民可支配收入	
	莫兰指数	Z值
2011	0.154***	5.313
2012	0.150***	5.221
2013	0.146***	5.116
2014	0.145***	5.099
2015	0.143***	5.050
2016	0.141***	5.000
2017	0.140***	4.955
2018	0.138***	4.909

进一步绘制空间相关指数莫兰散点图识别某一时间点内空间单元与其余单元的空间相关性，若散点图集中分布在第一象限则表明这一单元的空间聚集性水平较高且邻近单元的聚集性水平同样也高（HH）；若散点图集中分布于第二单元则说明此单元的聚集性水平较低而邻近单元的聚集性水平高（LH）；若分布在第三象限则此单元与邻近单元的聚集性水平同样较低（LL）；若分布在第四象限则此单元集聚水平高而临近单元集聚水平低（HL）。

此处以 2018 年数据为例，分别使用地理距离矩阵和邻接矩阵绘制各省份人均可支配收入莫兰散点图（见图 6.5，省份编码见表 6.23）。可以看到我国居民收入水平集聚性水平集中分布在第三象限（LL），且主要是我国的内陆省份，表明我国大多数省份单元与其临近的省份单元的聚集性水平较低，虽然也有相当一部分省份单元（主要为我国沿海省份）分布在散点图的第一象限，但数量少于第三象限，无论是采用地理距离矩阵和邻接矩阵结果差异不大。莫兰散点图的结果可以再次验证我国收入水平存在空间性差异的假设。

表 6.23　省份编码

province	id	province	id
北京	1	河南	16
天津	2	湖北	17
河北	3	湖南	18
山西	4	广东	19
内蒙古	5	广西	20
辽宁	6	海南	21
吉林	7	重庆	22
黑龙江	8	四川	23
上海	9	贵州	24
江苏	10	云南	25
浙江	11	陕西	26
安徽	12	甘肃	27
福建	13	青海	28
江西	14	宁夏	29
山东	15	新疆	30

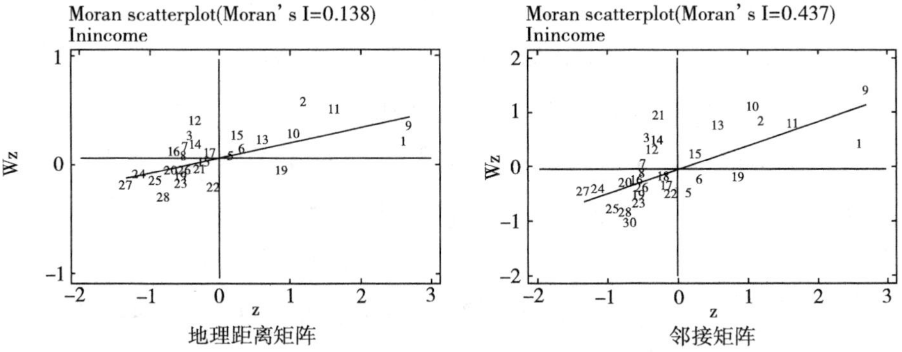

图 6.5　2018 年居民可支配收入莫兰散点图

6.3.2.2　最小二乘法（OLS）回归

对面板数据根据式（6.20）进行基准回归分析，在不考虑空间相关性的基础上首先分析解释变量与被解释变量之间的关系。在基准回归分析中考察了未引入时间效应和未引入控制变量时，数字普惠金融指数与居民可支配收入的相互关系，实证结果见表 6.24。

表 6.24 中的（1）和（2）中未引入虚拟时间变量，（3）和（4）中加入了虚拟时间变量；其次（1）和（3）未引入控制变量，（2）和（4）中引入了控制变量。表 6.24 中（1）的回归结果显示数字普惠金融指数的系数为 0.00269 并且在 1% 显著性水平通过检验，表明数字普惠金融程度的普及能够增加居民收入。（2）在（1）的基础上加入了控制变量，可以看到数字普惠金融指数的系数减少至 0.00141 但同样通过 1% 显著性水平检验，说明在引入一系列控制变量后数字普惠金融仍然对居民收入增长有着正向的作用，控制变量中的地区生产总值（gdp）、政府财政支出水平（gov）、科研投入（rd）对居民收入水平增长同样存在正向作用并通过检验。（3）和（4）引入了时间虚拟变量考察不同年份间是否存在趋势，（3）中的数字普惠金融系数虽然为正但数值达到 10^{-4} 级别，（4）中的数字普惠金融指数直接不显著，因此从实证结果来看不同年份间不存在时间效应或时间效应比较微弱可以忽略不计。

表 6.24 基准回归分析

	(1)	(2)	(3)	(4)
	lnincome	lnincome	lnincome	lnincome
finance	0.00269 ***	0.00141 ***	0.000680 **	-0.000164
	(101.19)	(15.17)	(2.14)	(-0.63)
lngdp		0.385 ***		0.221 ***
		(11.60)		(7.30)
gov		0.334 ***		0.0735
		(2.69)		(0.74)
fdi		-0.121		0.0777
		(-0.73)		(0.63)
industry2		-0.00374 *		-0.000755
		(-1.84)		(-0.48)
industry3		0.00279		-0.000448
		(1.41)		(-0.29)
kl		0.000638		0.000792
		(0.61)		(1.01)
gap		-0.0479 ***		-0.0356 ***
		(-3.57)		(-3.11)
lnrd		0.00241 ***		-0.00141
		(0.94)		(-0.55)
_cons	9.380 ***	5.932 ***	9.486 ***	7.569 ***
	(1720.92)	(18.05)	(694.67)	(24.31)
R^2	0.980	0.991	0.991	0.995
N	240	240	240	240

注：t statistics in parentheses。

* $p < 0.1$, **$p < 0.05$, ***$p < 0.01$。

6.3.2.3 空间计量分析

(1) 空间杜宾模型（SDM）

此处将地理距离矩阵引入空间杜宾模型，在 stata 软件中对模型进行豪斯曼检验并判断在实际分析中是使用固定效应模型还是随机效应模型，stata 软件的检验结果显示此处应使用固定效应模型进行分析。在确定使用固定效应模型的基础上进一步提出假设，即地区固定效应、时间固定效应以及双固定效应，三种效应模型哪个最适合本节的研究。分别将三种不同效应模型进行实证分析得出结果如表 6.25 所示。

表 6.25 为不同类型的固定效应空间计量结果，表 6.25 的（1）到（4）依次对应的是固定效应、地区固定效应、时间固定效应和双向固定效应。本节研究的核心解释变量为数字普惠金融指数，因此表 6.25 的实证结果省略了其他变量的回归结果，从第一行的结果对本地区的影响作用来看只有（3）时间固定效应模型的数字普惠金融指数的系数为正，其余模型的系数均为负并且不显著，存在显著的原因可能是由于共线性的存在。第二行对其他地区的影响结果系数中（1）OLS 和（4）双向固定的结果为正，（2）地区固定和（3）时间固定系数为负且不显著。第三行空间溢出结果中（2）地区固定和（3）时间固定系数为负且显著，产生此现象的原因可能为地区数字普惠金融的发展对其余地区用户的虹吸作用，地区高度发展的数字普惠金融技术吸引大量的就业人口从而提升了本地区数字普惠金融技术的使用广度，无形中对其余地区产生了反向的空间溢出效应。表 6.25 的五到七行为对固定效应进行分解的似然比检验，只有（2）地区固定效应在直接效应、间接效应和总效应中数字普惠金融指数的系数为正并且通过检验，（1）（3）（4）的似然比检验结果不如（2），存在未通过检验的系数。综合似然比检验结果和地区影响系数结果，地区固定效应符合研究问题，故假设中应该选择地区固定效应模型来进行问题研究。

表 6.25 固定效应分析

	（1）OLS	（2）地区固定	（3）时间固定	（4）双向固定
	lnincome	lnincome	lnincome	lnincome
Main				
finance	−0.0000749 (−0.31)	−0.000174 (−0.76)	0.00661*** (15.42)	−0.0000749 (−0.31)
Wx				
finance	0.000609** (2.03)	−0.000273 (−0.18)	−0.000844 (−0.22)	0.000609** (2.03)

续表

	(1) OLS	(2) 地区固定	(3) 时间固定	(4) 双向固定
	lnincome	lnincome	lnincome	lnincome
Spatial				
rho	0.0562 (0.30)	-1.276*** (-3.98)	0.722** (2.57)	0.0562 (0.30)
Variance				
sigma2_ e	0.000244*** (10.95)	0.000195*** (10.39)	0.00346*** (12.07)	0.000244*** (10.95)
LR_ Direct				
finance	-0.0000645 (-0.26)	-0.000164 (-0.66)	0.00678*** (15.37)	-0.0000645 (-0.26)
LR_ Indirect				
finance	0.000639** (2.07)	-0.0000150 (-0.02)	0.00338* (1.67)	0.000639** (2.07)
LR_ Total				
finance	0.000574*** (2.58)	-0.000179 (-0.24)	0.00340** (1.66)	0.000574*** (2.58)
N	240	240	240	240

注：t statistics in parentheses。

* $p < 0.1$，** $p < 0.05$，*** $p < 0.01$。

（2）其余空间计量模型

上文中已经对空间计量模型的空间杜宾模型（SDM）进行了分析，在上文的实证分析中已经表明该研究模型中运用的是地区固定效应，此部分主要是研究分析除 SDM 模型之外的其余空间计量模型。在此处选择介绍的空间计量模型为空间误差模型（SEM）和空间自回归模型（SAR），其中 SEM 模型用于反映误差项的空间相关性，SAR 模型则是测度被解释变量人均可支配收入的空间溢出效应。由于 SEM 模型和 SAR 模型的特点不同因而存在一定的缺陷，其中 SEM 模型并没有考虑到被解释变量的空间溢出效应，SAR 模型则是忽略了误差的空间相关性导致了估计精度的降低。空间杜宾模型则是结合了 SEM 模型和 SAR 模型的优点，同时包含了被解释变量的空间相关性和误差相关性。此部分将此两种空间计量模型的实证结果与空间杜宾模型的实证结果展现在表 6. 26 中，比较不同模型之间在研究问题中的差异。

表 6. 26 分别展示了 SEM、SAR、SDM 三种不同形式的空间计量模型结果，第一行对本地区的影响系数结果中，核心解释变量数字普惠金融指数的系数三种模型均为正且通过检验。第一行中（1）SEM 模型和（2）SAR 模型的系数数值较为接近而（3）SDM 模型的系数略小于前二者，系数结果说明数字普惠金融能够促进居民收入增长。表 6. 26 中 rho 行表示的是地区人均可支配收入对周边地区的溢出效应测度，三种计量模型中 SEM 没有考虑到被解释变量的空间溢出效应，在（2）中的空间溢出效应为 0. 168，而（3）中为 0. 722，远超过（2）的空间溢出效应。（2）SAR 模型和（3）SDM 模型被解释变量空间的溢出系数均通过了 5% 显著性水平检验，具有一定的可信性。表 6. 26 中仅有（3）SDM 模型分析了核心解释变量对其他地区的空间溢出效应，虽然在实证结果数字普惠金融指数对其他地区的空间溢出系数为负数但未能通过检验，因此在此部分无法明确数字普惠金融指数的空间溢出作用方向。此外表 6. 26 中 SDM 模型的 R 方值最高为 0. 812，说明此模型的度量能力强于 SEM 模型和 SAR 模型。

表 6. 26　空间计量模型

	(1) SEM	(2) SAR	(3) SDM
	lnincome	lnincome	lnincome
Main			
finance	0. 00708 ***	0. 00717 ***	0. 00661 ***
	(14. 73)	(14. 99)	(15. 42)
lngdp	0. 0546 ***	0. 0477 ***	0. 0493 ***
	(3. 54)	(3. 24)	(3. 48)
gov	0. 238 *	0. 186	0. 311 **
	(1. 86)	(1. 54)	(2. 44)
fdi	0. 0779	0. 260	0. 175
	(0. 23)	(0. 80)	(0. 65)
industry2	0. 0131 ***	0. 0132 ***	0. 0120 ***
	(9. 60)	(9. 64)	(9. 92)

续表

	(1) SEM	(2) SAR	(3) SDM
	lnincome	lnincome	lnincome
industry3	0.0242*** (14.87)	0.0239*** (15.29)	0.0245*** (17.88)
kl	0.0116*** (4.89)	0.0112*** (4.82)	0.00942*** (4.63)
gap	-0.171*** (-10.13)	-0.176*** (-10.59)	-0.168*** (-12.07)
lnrd	-0.0140** (-2.31)	-0.0146** (-2.46)	0.0130* (1.93)
Spatial			
lambda	-0.376 (-1.11)		
rho		0.168** (2.14)	0.722** (2.57)
Variance			
sigma2_ e	0.00574*** (10.87)	0.00565*** (11.04)	0.00346*** (12.07)
Wx			
finance			-0.000844 (-0.22)
lngdp			0.570*** (4.69)
gov			3.764*** (2.78)
fdi			-6.607*** (-3.02)
industry2			-0.0107 (-1.09)
industry3			0.0418*** (3.47)
kl			-0.0127 (-0.68)

续表

	(1) SEM	(2) SAR	(3) SDM
	lnincome	lnincome	lnincome
gap			-0.0720 (-0.45)
lnrd			-0.0556 (-1.06)
R^2	0.722	0.662	0.812
N	240	240	240

表6.26中的（3）是使用地区固定效应空间杜宾模型，在前文中只是对核心解释变量数字普惠金融指数做出度量，此部分对控制变量与被解释变量之间的相互作用关系做出度量。首先看到main部分，地区生产总值（gdp）、政府财政支出（gov）、第二产业占比（industry2）、第三产业占比（industry3）、资源禀赋（kl）、科研投入（rd）对本区域内的居民收入增长有着显著的正向增长效应，对外开放程度（fdi）对本区域内的居民收入增长有着不显著的正向增长效应，而城乡生产总值差异（gap）对本区域内的居民收入增长有着显著的反向增长效应。表6.26中的Wx部分描述的是变量对区域外的空间溢出系数，地区生产总值（gdp）、政府财政支出（gov）、第三产业占比（industry3）有着显著的正向空间溢出系数，第二产业占比（industry2）、资源禀赋（kl）、城乡生产总值差异（gap）、科研投入（rd）的空间溢出系数不显著，因此不能确定方向。

（3）空间计量模型检验

在上一部分分析了SEM、SAR、SDM三种空间计量模型，同时也介绍了SDM模型是在SEM和SAR模型的基础上变化而来，此处使用LR检验和WALD检验分析判断空间杜宾模型（SDM）是否可以简化为空间自相关模型（SAR）和空间误差模型（SEM），并对简化后的模型适配性进行检验，检验的结果见表6.27。从表6.27的（1）（2）结果可以看到SDM模型可以简化为SAR模型和SEM模型，LR检验的p值小于10^{-4}即为可以转化。表6.27的（3）（4）分别对SAR模型和SEM模型的适配性进行WALD检验，分析得知，SAR模型和SEM模型同样适用于此研究问题中。尽管表6.27中使用

LR 检验和 WALD 检验证实了 SAR 模型和 SEM 在研究问题中的可行性，但此二类模型存在的天然缺陷在上文中已得到明确的表示，即 SEM 模型并没有考虑到被解释变量的空间溢出效应，SAR 模型则是忽略了误差的空间相关性，导致了估计精度的降低。因此在研究此类空间计量模型问题时，大部分都是使用空间杜宾模型（SDM）进行分析，SDM 模型实证结果在上一部分得到了详细的表述，但现有的研究文献大多数是用直接效应和间接效应分析，因为实证中的系数可能不准确，故下一部分则是使用最大似然比方法对效应进行分解。

表 6.27　空间计量模型检验

	(1) SDM to SAR	(2) SDM to SEM	(3) SAR WALD	(4) SEM WALD
$\chi2$	85.62	88.71	113.85	129.15
p	0.0000	0.0000	0.0000	0.0000

表 6.28 为 LR 效应分解结果，使用 LR 将总效应分解为直接效应与间接效应进行实证分析，对比直接效应、间接效应与总效应之间的变化。表 6.28 第一部分展示的是变量的直接效应，在此部分数字普惠金融指数对居民收入增长的影响系数为 0.00678 并且通过 1% 显著性水平检验。数字普惠金融的系数表明对居民收入增长有着正向的影响，数字普惠金融指数平均每提高 1 个单位将会直接导致居民收入平均增长 0.00678 个单位。控制变量中地区生产总值（gdp）、政府财政支出占比（gov）、第二产业占比（industry2）、第三产业占比（industry3）、资源禀赋（kl）和研发投入（rd）对居民收入水平有着正向的影响并且通过了显著性检验，对外开放程度（fdi）的影响系数为正但不显著，城乡生产总值差异（gap）的影响系数为负并且通过显著性检验，表明 gap 对居民收入水平有着消极的影响作用。

表 6.28 的第二部分是对变量的间接效应进行分析，核心解释变量数字普惠金融指数的系数为 0.00338 且通过显著性水平检验，具有一定的统计学意义。数字普惠金融的系数表明对居民收入增长有着正向的影响，数字普惠金融指数平均每提高 1 个单位将会间接导致居民收入平均增长 0.00338 个单位。控制变量中对居民收入水平显著的为地区生产总值（gdp）、政府财政支出占

比（gov）、对外开放程度（fdi）、第三产业占比（industry3），这些变量的影响系数均为正即说明对居民收入水平有着间接的增长作用。第二产业占比（industry2）、资源禀赋（kl）、城乡生产总值差异（gap）和科研投入（rd）系数未能通过显著性水平检验，因此无法判定间接效应的方向。

表6.28的第三部分是对变量的总效应进行分析，变量的总效应包含了变量的直接效应和间接效应，其中核心解释变量数字普惠金融指数的系数为正且通过显著性水平检验，说明数字普惠金融指数对居民收入水平增长的总效用为正向的。控制变量中对居民收入水平显著的为地区生产总值（gdp）、政府财政支出占比（gov）、对外开放程度（fdi）、第三产业占比（industry3），这些变量的影响系数均为正且通过检验，说明对居民收入水平增长的总效应为正向的。资源禀赋（kl）、城乡生产总值差异（gap）和科研投入（rd）系数未能通过显著性水平检验故无法判断效应的方向。从此研究问题中的直接效应、间接效应和总效应的显著性和方向来看，总效应水平与直接效应和间接效应的显著性及方向相关，总效应水平的显著性和方向与直接效应和间接效应是一致的。

表6.28　LR变量效应分解

	(1)
	lnincome
LR_ Direct	
finance	0.00678 *** (15.37)
lngdp	0.0337 ** (2.46)
gov	0.215 ** (2.03)
fdi	0.369 (1.28)
industry2	0.0126 *** (10.17)

续表

	(1)
	lnincome
LR_ Direct	
industry3	0. 0239 *** (17. 81)
kl	0. 00994 *** (4. 97)
gap	-0. 170 *** (-13. 19)
lnrd	0. 0112 * (1. 86)
LR_ Indirect	
finance	0. 00338 * (1. 67)
lngdp	0. 332 *** (3. 83)
gov	2. 221 *** (2. 61)
fdi	4. 227 *** (2. 85)
industry2	-0. 0119 (-1. 86)
industry3	0. 0148 ** (2. 28)
kl	-0. 0129 (-1. 10)
gap	0. 0327 (0. 35)
lnrd	-0. 0291 (-0. 87)
LR_ Total	
finance	0. 01016 * (1. 66)

续表

	(1)
	lnincome
lngdp	0.366 *** (4.12)
gov	2.437 *** (2.72)
fdi	3.857 *** (2.59)
industry2	0.000635 (0.10)
industry3	0.0387 *** (6.16)
kl	-0.00292 (-0.24)
gap	-0.137 (-1.46)
lnrd	-0.0402 (-1.10)
R^2	0.812
N	240

注：t statistics in parentheses。

* $p < 0.1$，**$p < 0.05$，***$p < 0.01$。

6.3.3 稳健性检验

为验证实证结果的稳健性，此部分从变量、地理分布和空间权重矩阵三个方面进行稳健性检验，评估实证结果的稳健性。

6.3.3.1 增加解释变量

已有研究文献表明居民收入水平还与居民教育程度相关，提高居民的教育程度能够提升其知识储备进而使其掌握一定的专业知识能力，在掌握了一定的专业知识能力后在社会分工中能够取得相对优势从而提升自我收入水平。此处将地区人均受教育年限（sch）纳入空间杜宾模型中，研究分析在加入人均受教育年限变量后实证结果是否仍然保持稳健。地区人均受教育年限来源于中国统计年鉴，与其余研究变量时间跨度和样本选择一致，为中国大陆 30 个省市自治区 2011—2018 年的数据。在加入地区人均受教育年限（sch）后得到的实证结果见表 6. 29。

表 6. 29 中的（1）是加入人均受教育年限后的空间杜宾模型，与表 6. 26 的结构形式相似，此处在表 6. 26 中（3）空间杜宾模型的基础上引入了人均受教育年限。在空间计量模型中已经对解释变量数字普惠金融指数做出度量，此部分加入人均受教育年限变量（sch）与被解释变量（人均可支配收入）之间的相互作用关系做出度量。表 6. 29 中 main 的核心解释变量数字普惠金融指数的系数为 0. 00656，略大于未引入 sch 之前的杜宾模型中的系数，说明在引入 sch 后核心解释变量的解释作用变得更加稳健，Wx 部分中的系数虽然为负但不显著，因此不能确定核心解释变量的作用方向。其次是看到被解释变量部分，main 对本地区的影响系数部分，地区生产总值（gdp）、第二产业占比（industry2）、第三产业占比（industry3）、资源禀赋（kl）、人均受教育年限（sch）对本区域内的居民收入有着显著的正向增长效应，对外开放程度（fdi）对本区域内的居民收入增长作用不显著故而不具备可信性，而城乡生产总值差异（gap）对本区域内的居民收入增长有着显著的反向增长效用。表 6. 26 中的 Wx 部分描述的是变量对区域外的空间溢出系数，政府财政支出（gov）、第三产业占比（industry3）、科研投入（rd）、人均受教育年限（sch）有着显著的正向空间溢出系数，第二产业占比（industry2）、资源禀赋（kl）、城乡生产总值差异（gap）的空间溢出系数不显著因此不能确定方向。表 6. 29 中的 rho 行表示的是被解释变量居民人均可支配收入的空间溢出系数，该系数为 0. 542 并且显著，说明引入人均受教育年限后人均可支配收入仍旧有着正向的空间溢出系数。综合表 6. 29 的实证结果可以发现，引入人均受教育年限后的实证结果与未引入之前的实证结果基本一致，可以初步验证实证结果的稳健性。在表 6. 29 的实证结果中出现了一部分系数突然不显著或是系数方向发生改变，原因可能为加入新的变量后增加了共线性现象从而导致系数显著性和方向发生变化。

表 6.29 加入人均受教育年限后空间杜宾模型

	(1)
	lnincome
Main	
finance	0.00656*** (14.51)
gov	−0.00165 (−0.02)
fdi	0.262 (0.91)
industry2	0.0130*** (10.24)
industry3	0.0238*** (16.29)
kl	0.00819*** (3.73)
gap	−0.136*** (−9.48)
lnrd	0.00176 (0.31)
sch	0.0438*** (3.30)
Wx	
finance	−0.00281 (−0.72)
gov	1.634** (−2.07)
fdi	−6.560*** (−2.86)
industry2	−0.0162 (−1.61)
industry3	0.0336*** (2.76)

续表

	(1)
	lnincome
kl	-0.0231 (-1.20)
gap	0.376 (2.71)
lnrd	0.0772* (1.68)
sch	0.121*** (1.30)
Spatial	
rho	0.542** (1.97)
Variance	
sigma2_ e	0.00380*** (11.64)
R^2	0.907
N	240

6.3.3.2 分区域研究

在先前的空间杜宾模型的研究中是将中国大陆30个省（区、市）进行空间分析研究，并未考虑到各单元之间的区域差异，可能对结果产生误差。此处将研究单元按照国务院发展研究中心《地区协调发展的战略和政策》报告中划分的区域范围进行差异化研究。划分标准将中国划分为八大经济区域，使用此标准分析研究八大经济区域的计量实证结果与上文中的差异，具体的区域划分标准见表6.30。在本节的研究中由于研究样本西藏的数据缺失严重故剔除，对剩余30个样本进行区域实证分析得出实证结果见表6.31。

表 6.30 八大经济区域划分标准

经济区	组成单位	经济区	组成单位
东北经济区	黑龙江、吉林、辽宁	黄河中游经济区	内蒙古、山西、陕西、河南
北部沿海经济区	北京、天津、河北、山东	长江中游经济区	湖南、湖北、江西、安徽
东部沿海经济区	江苏、浙江、上海	西南经济区	贵州、重庆、四川、云南、广西、西藏
南部沿海经济区	福建、广东、海南	西北经济区	新疆、青海、甘肃、宁夏

表6.31展示了八大经济区域内，数字普惠金融指数对居民收入水平的实证结果，（1）到（8）分别是东北经济区、北部沿海经济区、东部沿海经济区、南部沿海经济区、黄河中游经济区、长江中游经济区、西南经济区、西北经济区。表6.31第一行展示的是数字普惠金融指数的系数大小，其中（2）北部沿海经济区、（3）东部沿海经济区、（4）南部沿海经济区、（6）长江中游经济区的系数为正并且通过检验。从以上四个经济区域回归系数的大小来看（3）东部沿海经济区的系数最大，其次是（4）南部沿海经济区，再次是（2）北部沿海经济区，最后则是（6）长江中游经济区，回归系数逐级递减表明数字普惠金融指数对居民收入水平的增长幅度是逐渐减弱的，产生此现象的原因是我国区域收入水平和数字普惠金融水平发展的不平衡，总体而言沿海地区大于内陆地区。表6.31的（1）东北经济区、（5）黄河中游经济区、（7）西南经济区、（8）西北经济区的数字普惠金融指数系数不显著，其中（1）东北经济区、（5）黄河中游经济区的系数为负，表明此区域内数字普惠金融指数对居民收入水平有着反向的作用，（7）西南经济区、（8）西北经济区的数字普惠金融指数则对居民收入水平有正向的作用。由于此四区域的系数不显著因此实证系数结果不可信。表6.31中第二行是地区生产总值对收入水平的影响结果，在影响系数中只有（2）北部沿海经济区、（4）南部沿海经济区、（7）西南经济区的系数为正并且显著，表明在此三个区域内地区生产总值对居民收入水平的增长有正向的作用，其余地区的影响系数有正有负但不显著，无法根据不显著的系数判断地区生产总值对收入水平的影响方向。

政府财政支出部分中（3）东部沿海经济区、（5）黄河中游经济区的系数为正并且显著，表明在此区域内政府财政投入对居民收入水平的增长有正向的作用，其余地区的影响系数有正有负但不显著故不作详细的分析。对外开放程度部分中（2）北部沿海经济区、（3）东部沿海经济区、（4）南部沿海经济区系数为正并且显著，在此区域内进出口贸易发达且位于我国的沿海地区，相对于内陆地区有着支持大规模进出口的贸易港口，故在此区域内进出口贸易对居民收入水平的增长有正向的作用，其余地区的系数不显著无法准确地判断出对居民收入水平的作用方向。产业结构布局中（2）北部沿海经济区的第二产业占比对区域内的收入水平有正向的作用，（3）东部沿海经济区、（4）南部沿海经济区的第三产业占比对区域内的收入水平有正向的作用，其余地区的产业结果对居民收入水平的影响系数不显著。资源禀赋（kl）部分（3）东部沿海经济区、（5）黄河中游经济区系数为正且显著，表明资源禀赋（kl）对区域内的收入水平有正向的作用，（6）长江中游经济区、（7）西南经济区的系数为负且显著，表明资源禀赋（kl）对区域内的收入水平有反向的作用。城乡生产总值差异（gap）部分（5）黄河中游经济区、（7）西南经济区系数为正且显著，表明城乡生产总值差异（gap）对区域内的收入水平有正向的作用，其余地区系数不显著。最后则是科研投入部分（rd），在此部分八大主要经济区的系数有正有负但不显著，无法判断科研投入对居民收入水平的影响。

综合表6.31的结果看，各大区域内的数字普惠金融指数对居民收入水平的作用存在差异，此外相关的控制变量也存在一定的差异，但数字普惠金融指数影响系数显著的区域内为正向，表明数字普惠金融指数对收入水平的增长有正向的作用。考虑到我国区域间经济发展要素的差异性，且数字普惠金融发展也存在一定的空间差异，结合表6.31的系数结果使用空间计量模型分析我国数字普惠金融指数对居民收入水平具有可行性，同时也验证了前文空间计量模型结果的稳健性。

表 6.31　八大综合经济区域回归结果

	(1)	(2)	(3)	(4)	(5)	(6)	(7)	(8)
	lnincome	lnincome	lnincome	lnincome	lnincome	lnincome	lnincome	lnincome
finance	-0.000177	0.000238 **	0.000435 ***	0.000298 *	-0.00276	0.000176 *	0.000492	0.000086
	(-0.54)	(0.47)	(0.23)	(0.64)	(-2.44)	(0.43)	(0.49)	(2.20)
lngdp	0.0277	0.0937 *	-0.00227	0.0205 ***	0.0495	-0.182	0.357 ***	0.105
	(0.57)	(-1.86)	(-0.06)	(0.25)	(0.15)	(-1.45)	(2.95)	(1.04)
gov	-0.128	-0.0202	0.0487 **	-0.0278	0.697 **	0.270	-0.439	0.00977
	(-1.07)	(-0.13)	(0.54)	(-0.21)	(0.83)	(1.34)	(-1.62)	(0.09)
fdi	0.0294	0.458 *	0.00992 **	0.0378 **	0.837	0.313	-0.201	-0.367
	(0.31)	(1.87)	(0.11)	(0.47)	(1.04)	(1.31)	(-0.60)	(-1.41)
industry2	-0.000392	0.00608 *	0.000780	0.00425	0.0114	-0.00290	0.00559	-0.00393
	(-0.96)	(1.80)	(0.18)	(1.25)	(0.55)	(-0.81)	(1.14)	(-1.33)
industry3	0.0000282	0.00480	0.00654 *	0.00527 *	0.00491	-0.00431	0.00425	0.000350
	(0.05)	(1.41)	(0.41)	(2.05)	(0.25)	(-1.46)	(0.85)	(0.11)
kl	-0.000427	-0.00444	0.00368 *	-0.00376	0.0101 **	-0.00935 **	-0.0234 ***	-0.000117
	(-0.25)	(-1.49)	(2.37)	(-0.98)	(2.94)	(-2.67)	(-3.30)	(-0.28)
gap	-0.00499	-0.0103	-0.00514	-0.0481	0.120 *	0.0257	0.0622 **	0.0199
	(-0.65)	(-0.63)	(-0.44)	(-1.39)	(1.95)	(1.12)	(2.81)	(1.04)
lnrd	0.000998	0.00274	0.000181	0.000467	0.000828	-0.00383	0.00624	-0.00739 *
	(0.26)	(0.78)	(0.12)	(0.21)	(0.10)	(-0.43)	(1.11)	(-1.87)
_cons	9.383 ***	10.26 ***	10.000 ***	9.170 ***	7.627 ***	11.37 ***	5.445 ***	8.495 ***
	(19.15)	(14.43)	(15.39)	(15.22)	(4.34)	(8.57)	(3.57)	(11.61)
R^2	1.000	1.000	1.000	1.000	0.999	1.000	0.999	1.000
N	24	32	24	24	32	32	40	32

6.3.3.3　更换权重矩阵

在模型介绍中已经介绍了三种不同的空间矩阵构建形式，在前文的分析中选择使用的是地理距离矩阵建立空间计量模型，为验证前文实证结果的稳健性需要更换空间权重矩阵进行分析。在此处的稳健性检验中将地理距离矩阵更换为邻接矩阵，邻接矩阵的构建已经得到了详细的描述，在更换空间矩阵后实证结果见表 6.32。

表 6.32 中的（1）是使用邻接矩阵的空间杜宾模型，与表 6.29 的结构形

式相似，此处在表 6. 29 模型的基础上更新了空间矩阵，同时使用了最大似然比方法对效应进行分解。表 6. 32 中 main 的核心解释变量数字普惠金融指数的系数为 0. 00691，与表 6. 29 中的系数差别不大，说明在使用邻接矩阵时核心解释变量的作用方向和显著性不发生变化，即此系数具有一定的稳健性。

Wx 部分中的系数虽然为正但不显著，因此不能确定核心解释变量的作用方向。其次是看到被解释变量部分，main 对本地区的影响系数部分，地区生产总值（gdp）、政府财政支出（gov）、第二产业占比（industry2）、第三产业占比（industry3）、资源禀赋（kl）对本区域内的居民收入有着显著的正向增长效应，对外开放程度（fdi）对本区域内的居民收入增长作用不显著，故而不具备可信性，而城乡生产总值差异（gap）对本区域内的居民收入有着显著的反向增长效应。

表 6. 32 中的 Wx 部分描述的是变量对区域外的空间溢出系数，地区生产总值（gdp）、政府财政支出（gov）、第二产业占比（industry2）、第三产业占比（industry3）、对外开放程度（fdi）有着显著的正向空间溢出系数，资源禀赋（kl）、科研投入（rd）的空间溢出系数不显著因此不能确定方向。表 6. 32 中的 rho 行表示的是被解释变量居民人均可支配收入的空间溢出系数，该系数为 0. 263 并且显著，说明更换权重矩阵后人均可支配收入仍旧有着正向的空间溢出系数。

表 6. 32 中还展示了 LR 效应分解结果，使用 LR 将总效应分解为直接效应与间接效应进行实证分析，对比直接效应、间接效应与总效应之间的变化。表 6. 32 中 LR_ Direct 部分展示的是变量的直接效应，在此部分数字普惠金融指数对居民收入增长的影响系数为 0. 00698 并且通过 1% 显著性水平检验。数字普惠金融的系数表明对居民收入增长有着正向的影响，数字普惠金融指数平均每提高 1 个单位将会直接导致居民收入平均增长 0. 00698 个单位。控制变量中地区生产总值（gdp）、政府财政支出占比（gov）、第二产业占比（industry2）、第三产业占比（industry3）、资源禀赋（kl）和研发投入（rd）对居民收入水平有着正向的影响并且通过了显著性检验，对外开放程度（fdi）的影响系数为负但不显著，城乡生产总值差异（gap）的影响系数为负并且通过显著性检验，表明 gap 对居民收入水平有着消极的影响作用。

表 6. 32 中的 LR_ Indirect 部分是对变量的间接效应进行分析，核心解释

变量数字普惠金融指数的系数为 -0.000761 但未通过显著性水平检验。控制变量中对居民收入水平显著的为地区生产总值（gdp）、政府财政支出占比（gov）、第三产业占比（industry3），这些变量的影响系数均为正即说明对居民收入水平有着间接的增长作用。第二产业占比（industry2）、城乡生产总值差异（gap）和科研投入（rd）系数未能通过显著性水平检验因此无法判定间接效应的方向。对外开放程度（fdi）、资源禀赋（kl）的影响系数为负并且通过显著性检验，表明对外开放程度（fdi）和资源禀赋（kl）对居民收入水平有着消极的影响作用。

表 6.32 的 LR_ Total 部分是对变量的总效应进行分析，变量的总效应包含了变量的直接效应和间接效应，其中核心解释变量数字普惠金融指数的系数为正且通过显著性水平检验，说明数字普惠金融指数对居民收入水平增长的总效用为正向的。控制变量中对居民收入水平显著的为地区生产总值（gdp）、政府财政支出占比（gov）、第二产业占比（industry2）、第三产业占比（industry3），这些变量的影响系数均为正且通过检验，说明对居民收入水平增长的总效应为正向的。资源禀赋（kl）和研发投入（rd）的系数未能通过显著性水平检验，故无法判断效应的方向。

在更新空间矩阵后通过对实证结果以及效应分解结果来看，前文的空间实证结果仍然具有一定的可信度，表 6.32 的实证结果与表 6.28、表 6.29 中的结果区别不大，特别是在核心解释变量数字普惠金融指数的系数上，新的空间矩阵没有改变系数的显著性和方向，再次说明空间计量实证结果具有稳健性。

表 6.32　邻接矩阵空间计量结果

	(1)
	lnincome
Main	
finance	0.00691 *** (14.77)
lngdp	0.0887 *** (5.84)
gov	0.688 *** (5.27)

续表

	(1)
	lnincome
fdi	-0.378 (-1.24)
industry2	0.0112 *** (7.74)
industry3	0.0241 *** (15.42)
kl	0.00705 *** (3.05)
gap	-0.228 *** (-13.05)
lnrd	0.0192 *** (-3.35)
Wx	
finance	0.000876 (0.92)
lngdp	0.134 *** (4.10)
gov	1.544 *** (4.33)
fdi	2.651 *** (3.79)
industry2	0.00679 * (1.84)
industry3	0.0184 *** (4.22)
kl	-0.00803 (-1.54)
gap	-0.0861 ** (-1.97)
lnrd	0.00534 (0.41)

续表

	(1)
	lnincome
Spatial	
rho	0.263*** (2.78)
Variance	
sigma2_ e	0.00424*** (10.96)
LR_ Direct	
finance	0.00698*** (13.92)
lngdp	0.0818*** (5.49)
gov	0.616*** (5.27)
fdi	-0.237 (-0.73)
industry2	0.0110*** (7.76)
industry3	0.0234*** (15.51)
kl	0.00754*** (3.34)
gap	-0.228*** (-14.33)
lnrd	0.0192*** (3.44)
LR_ Indirect	
finance	-0.000761 (-1.15)
lngdp	0.0942*** (3.45)

续表

	(1)
	lnincome
gov	1.171*** (3.98)
fdi	-2.176*** (-3.45)
industry2	0.00341 (1.10)
industry3	0.0103*** (3.49)
kl	-0.00868** (-2.05)
gap	-0.0207 (-0.63)
lnrd	0.00865 (0.78)
LR_ Total	
finance	0.00622*** (9.92)
lngdp	0.176*** (6.81)
gov	1.787*** (5.63)
fdi	-2.412*** (-4.02)
industry2	0.0144*** (4.70)
industry3	0.0338*** (11.84)
kl	-0.00114 (-0.22)
gap	-0.249*** (-6.64)

续表

	(1)
	lnincome
lnrd	-0.0105 (-0.84)
R^2	0.727
N	240

注：t statistics in parentheses。

* p < 0.1，**p < 0.05，***p < 0.01。

本节使用北京大学数字金融中心编制的数字普惠金融指数，结合我国30个省市自治区2011—2018年面板数据，采用OLS回归模型和空间杜宾模型分析数字普惠金融与居民收入水平之间的相互关系，在使用OLS的基础上结合相应的空间矩阵构建空间计量模型分析数字普惠金融与居民收入水平之间的相互关系在不同区域内的表现形式与差异，最后使用三种稳健性检验验证结论。经过以上一系列实证操作得出以下结论：第一，OLS回归和空间杜宾模型均证明数字普惠金融对居民收入水平有着显著的正向的影响作用，数字普惠金融水平提高能够直接增加居民的人均可支配收入；第二，空间杜宾模型的空间溢出效应存在且显著，在使用地理距离矩阵的杜宾模型中该系数为正，该结果的出现表明区域外的数字普惠金融发展水平的提高会提高本区域内的收入水平；第三，从我国八大主要经济区的实证结果来看，沿海经济区的数字普惠金融发展水平对本区域内的收入水平增长有着直接的效应，其余经济区的数字普惠金融发展水平对本区域内的收入水平影响系数不显著。

基于以上实证结果得出的结论，主要提出几点建议：

首先是加强数字普惠金融服务体系的建设，数字普惠金融服务体系应当做到针对不同群体进行差异化服务体系建设，推动数字普惠金融发展水平进而实现数字普惠金融满足不同人群的差异化需求，同时对现有数字金融服务体系中存在的缺陷使用大数据技术进行相应的优化升级以完备数字普惠金融技术的安全阈值。此外需要将数字普惠金融服务与传统的金融部门相结合，利用传统的金融机构在地区间的分布广度与深度推动数字普惠金融促进实体收入水平的增长。例如传统金融部门可以加强与蚂蚁金服、腾讯等数字金融服务较为完备的互联网金融公司之间的协作，提升数字金融服务的供给水平；根据不同地区的经济水平以及不同群体的收入区别，因地制宜因人而异设计能够解决实际需求的金融服务产品；根据现有的大数据技术优势降低金融服务的门槛并且提升金融安全阈值，不仅可以为低收入人群和小微企业的金融安全提供保障并且为此类群体的经济水平发展提供相应的金融支持。

其次是发挥数字普惠金融优势地区表率作用加强区域间协作水平，不仅为本区域内的收入水平增长提供动力支持还可为区域外的收入水平发展带来积极影响，避免因数字金融资源竞争造成的恶劣影响。数字普惠金融技术需要大数据技术、深度学习、云计算和文本分析技术作为底层技术支持，目前数字金融技术较为成熟的互联网金融公司蚂蚁金服和腾讯分别位于我国的东部沿海和南部沿海经济区，故东部和南部应当充分利用数字金融技术，在充分研究和遵循金融科技创新发展规律的基础上，将市场配置金融科技资源的基础性作用与政府科学引导作用有机结合，发挥优势地区的新型金融服务表率作用进而提升本区域收入并为其余地区提供经验借鉴。

最后则是各区域之间加强对数字普惠金融服务的基础技术研究，通过与地区间互联网金融公司和地区金融部门开展协作共同培养金融技术人才，并与区域内的高等院校共同培养大数据技术、深度学习、云计算和文本分析技术等基础技术人才，为数字普惠金融技术提供基础人才储备。

6.4 数字普惠金融对减贫增收影响的实证研究

金融不仅在一国经济和社会高效运转中发挥润滑剂作用，在解决贫困与发展不平衡等问题方面也具有强大的力量（Yaron, 1994; Faruqee et al., 1996; Khandker, 2005）[27,4,478]，但金融排斥现象却为众多国家提出了难题，极大地制约了经济高质量发展。作为世界上最大的发展中国家，不容忽视的现实是，严重的金融排斥是中国城乡二元经济结构的重要表征之一，金融结构失衡和金融排斥现象仍然困扰着中国经济高质量发展。增强所有有权利（有资质）的个人与企业的金融可得性，着力提升金融的服务功能和服务水平，对破解经济发展不平衡、不充分问题，实现中国经济高质量发展具有重要现实意义[479]。党和国家高度重视中小微企业和低收入人群等金融可得性问题，无论是普惠金融在中国大地的落地开花结果，还是金融供给侧改革的全面有效铺开，抑或“中央一号文件”已经连续十多年对金融支持“三农”发展的关注，均彰显了解决好金融可得性问题已成为全党工作的重中之重。

现有的文献指出了数字普惠金融发展对于农村地区贫困水平降低的重要作用，但是目前绝大多数文献主要还是集中于农村绝对贫困的角度对这种关系进行阐述，而对于相对贫困问题的研究相对较少。2020 年是我国全面进入小康社会的关键一年，也是我国打赢脱贫攻坚战的收官之年。随着我国绝对贫困问题的不断减少，相对贫困问题的重要性将会逐步凸显。因此，本节主要从相对贫困的角度分析数字金融的发展对于农村居民相对贫困水平和生活水平的影响，针对地区间数字金融减贫的作用和异质性进行了深层次的分析，为我国各地区相对贫困减缓提供一定的思路。本节的主要贡献在于：一是构建了农村地区相对贫困的指标——恩格尔系数，以此研究数字普惠金融发展对于农村相对贫困水平下降的影响程度和影响路径。二是通过分区域的分组回归研究了地区间数字普惠金融减贫的异质性问题。

6.4.1 模型构建、变量选取与数据说明

6.4.1.1 模型构建

本节主要研究了我国数字普惠金融发展对于农村贫困水平的影响，由于农村致贫因素复杂，会受到其他非金融因素的影响，因而需要引入农村人均受教育程度（lnsch），农村经济发展水平（lngdp），财政支农支出（gov）、第一产业占 GDP 比重（first）、第二产业占 GDP 比重（second）、农村固定资产投资水平（lnfix）、城镇化水平（city）以及对外开放水平（fdi）等七个控制变量。我国数字普惠金融发展对农村贫困水平影响的计量模型如式（6.26）所示：

$$
\begin{aligned}
en_{it} = {} & \beta_0 + \beta_1 ifi_{it} + \beta_2 \ln sch_{it} + \beta_3 \ln gdp_{it} + \beta_4 gov_{it} + \beta_5 first_{it} + \\
& \beta_6 second_{it} + \beta_7 \ln fix_{it} + \beta_8 city_{it} + \beta_9 fdi_{it} + \varepsilon_{it}
\end{aligned}
\tag{6.26}
$$

其中，i 为全国 31 个省份截面数据，t 表示年份；en 为被解释变量，代表贫困程度；ifi 为核心解释变量，代表了数字普惠金融的发展水平；其余的均

是控制变量；β_i（$i = 1,2,\cdots 9$）为待估参数；ε_{it} 为随机扰动项。

6.4.1.2 变量选取

（1）被解释变量

本节采用农村居民家庭恩格尔系数作为衡量农村贫困水平的指标①。各省份 2011—2018 年农村相对贫困水平（恩格尔系数）如表 6.33 所示。就全国层面而言，我国农村居民的相对贫困水平是在不断地下降的，由 2011 年的 0.41 下降到了 2018 年的 0.30，下降了近 27%，我国农村地区的相对贫困水平正在不断地变好。而在 2013 年以前，我国东部地区与中部地区的贫困水平并没有较大的差别，而西部地区农村居民的相对贫困程度最高。2013 年以后，我国中西部地区农村居民的相对贫困水平较之于东部地区开始加速下降，西部地区的下降速度最快，由 2011 年的 0.42 下降到了 2018 年的 0.30，下降了约 29%，而样本期内相对贫困水平最低的是中部地区。可能的原因是，东部地区的城市经济飞速发展，城乡之间收入差距扩大，农村居民相对贫困程度下降较慢。而中西部地区的城乡之间的发展则相对均衡，农村地区的相对贫困水平随着经济的发展而较快地下降。而且恩格尔系数也与地区的物价水平有着较大的关系，东部地区经济发达，物价水平较高导致农村地区居民生活成本增加，也是东部地区农村居民相对贫困水平下降缓慢的重要原因。

表 6.33 农村贫困水平

年份	2011	2012	2013	2014	2015	2016	2017	2018
均值	0.406216	0.398019	0.38169	0.346245	0.335065	0.326377	0.315507	0.30295
最大值	0.3	0.2972	0.2989	0.2744	0.275	0.2647	0.2527	0.2527
最小值	0.5181	0.5257	0.5257	0.5257	0.5219	0.5244	0.4908	0.418107
标准差	0.057024	0.056842	0.058238	0.057474	0.0578	0.058825	0.056498	0.040983
东部	0.399618	0.396764	0.382818	0.353591	0.341173	0.331318	0.326464	0.312562
中部	0.393475	0.382575	0.365938	0.318225	0.312088	0.305538	0.289363	0.288935
西部	0.420758	0.409467	0.391158	0.358192	0.344783	0.335742	0.322892	0.303481

① 恩格尔系数的划分标准为：60% 为贫穷；50% ~60% 为温饱；40% ~50% 为小康；30% ~40% 为相对富裕；20% ~30% 为富足；20% 以下为极其富裕。

（2）核心解释变量

本节使用的中国数字普惠金融数据来源于北京大学数字金融研究中心课题组公布的我国2011—2018年数字普惠金融指数，该指数从数字普惠金融覆盖广度、使用深度及数字化程度三个维度、33个具体指标构建出数字普惠金融指标体系，详见郭峰等（2019）[465]。2011—2018年各省份数字普惠金融发展指数如表6.34所示，总体来看，我国数字普惠金融指数呈现出逐步上升的趋势，分地区的结果也表现出了这一特点。其中东部地区的数字普惠金融始终高于中西部地区，上升的幅度也远远高于中西部地区，我国东部地区的数字普惠金融发展状况较好，而中西部地区始终低于全国水平，数字普惠金融的增长较慢。而西部地区数字普惠金融的发展程度最低，增长速度较慢，这可能也与西部地区金融基础设施不完善，数字信息技术比较落后有关。

表6.34　数字普惠金融发展

年份	2011	2012	2013	2014	2015	2016	2017	2018
均值	40.00419	99.68548	155.3494	179.7487	220.0084	230.4142	271.9806	300.2081
最大值	16.22	61.47	115.1	143.91	186.38	200.38	240.2	263.12
最小值	80.19	150.77	222.14	239.53	278.11	286.37	336.65	377.73
标准差	18.60893	22.33912	26.17776	23.46164	22.93654	21.18943	24.06277	29.77442
东部	59.15546	121.7427	180.9327	201.6045	242.1782	249.7136	294.0782	327.7773
中部	31.90125	91.93625	146.9363	172.6775	210.3162	224.6225	265.4475	292.0713
西部	27.85083	84.6325	137.5067	164.4283	206.1475	216.5842	256.08	280.3608

由此表6.33和表6.34可知，不同地区的数字普惠金融的发展水平和农村地区的贫困水平存在着差异，因此除了关注数字普惠金融的减贫增收效应以外，其可能存在的地区异质性问题同样值得我们关注。

（3）控制变量

教育发展水平（sch）：人均受教育年限是最频繁用于衡量教育发展水平的指标，是一个省人力资本的直接反映。本节选用农村人均受教育年限来指代农村人力资本状况（姚先国、张海峰，2008；岳书敬、刘朝明，2006；张超，2007）[480-482]。农村经济增长（rgdp）用农村人均GDP来表示（江曙霞、严玉华，2006）[483]。农村固定资产投资（lnfix），用于农业方面的固定资产投资，更新农业方面的机械设备，有利于提高农产品的生产效率，从而达到增加收入，减缓贫困的效果。产业结构水平，本节使用第一产业和第二产业分别占 GDP 的比重作为产业结构的衡量指标，其中，第一产业占 GDP 的比重（first）反映了各省农林牧渔业的发展水平，以及农业对于本省份经济的重要程度。而第二产业占 GDP 的比重（second）反映了地区工业化程度，反映了地区产业结构的发展水平。城镇化水平（city）用城镇人口占总人口的比重来衡量。随着地区间城镇化的推进，越来越多的农村居民转变为城镇居民，而深度贫困的居民则滞留在农村，由此可能导致城乡贫富差距拉大。当然另一方面合理的城镇化发展也可能会带动农村地区的发展，形成城乡间的良性互动，减缓农村地区的贫困水平。因此，城镇化发展对于农村地区贫困水平的影响方向是不确定的。政府财政支农力度（gov）用政府财政支农支出/总支出来表示。对外开放水平（fdi）则参考钱海章等（2020）[426]，使用外商直接投资除以地区的国内生产总值衡量地区的对外开放程度。

表 6.35　变量选取及定义

变量名称	变量含义	度量方式
en	恩格尔系数	食品烟酒支出占消费支出的比重
ifi	数字普惠金融发展	数字普惠金融指数/100
lnsch	农村地区人力资本水平	农村地区人均受教育程度的对数值
lngdp	农村经济发展水平	农村人均 gdp 的对数值
gov	财政支农力度	农林水事务支出/财政总支出
lnfix	农村固定资产投资水平	农村固定资产投资额的对数值
first	产业结构指标	第一产业增加值占 GDP 的比重
second	产业结构指标	第二产业增加值占 GDP 的比重
fdi	对外开放水平	外商直接投资额占 GDP 的比重
city	城镇化率	城市人口占总人口的比重

6.4.1.3　数据来源与描述性统计

表 6.36 给出了各变量的描述性统计分析。其中农村贫困水平来源于各省统计年鉴经过计算得到，根据恩格尔系数的计算公式，用农村人均的食品烟酒支出除以人均生活消费支出即是农村居民恩格尔系数。农村人均 GDP 指标中，农村人口

和第一产业增加值均来自国家统计局数据。政府财政支农力度指标用政府的农林水事务支出除以财政总支出得到。农村人均受教育水平来自《中国人口统计年鉴》，计算方法依据翁辰、张兵（2015）所提供的一个计算人均受教育年限的公式，即人均受教育年限 = （小学人口 ×6 + 初中人口 ×9 + 高中人口 ×12 + 大专以上人口 ×16）/6 岁以上总人口[484]。城镇化率、产业结构及农村固定资产投资数据均来自于国家统计局。为了尽可能地消除异方差的影响，增强回归参数的经济学意义，消除单位不同对参数估计的巨大影响，对一些绝对指标如农村固定资产投资水平（lnfix），农村人均 GDP，受教育年限（sch）进行了对数化处理。

表 6.36 变量的描述性统计

变量名称	观测值	均值	标准差	最小值	最大值
en	248	0.3515	0.0664	0.2378	0.5425
ifi	248	1.8717	0.8508	0.1622	3.7773
lnsch	248	2.0183	0.1281	1.3400	2.2825
lngdp	248	9.6653	0.4143	8.4480	10.6017
lnfix	248	5.2324	1.4835	0.0000	6.8739
first	248	9.8467	5.0333	0.3200	26.1000
second	248	44.4533	8.4347	18.6300	59.0000
gov	248	0.1113	0.0330	0.0289	0.1897
city	248	0.5641	0.1314	0.2271	0.8960
fdi	248	0.3407	0.3434	0.0473	1.7594

6.4.2 普惠金融发展对减贫影响的实证分析

6.4.2.1 基准的回归结果

根据基本的回归模型（1），首先使用普通的 OLS 回归的方法研究数字普惠金融的发展对于农村贫困水平的影响。回归结果如表 6.37 第（1）、（2）列所示，其中数字普惠金融发展指数（ifi）的系数估计结果显著为负，表明了数字普惠金融的发展的确会对农村贫困水平产生影响。考虑到不同时期不同地区的经济发展水平和农村贫困水平的差异，本节进一步采用固定效应模型和随机效应模型对模型（1）进行估计，其中表 6.37 第（3）、（4）列为固定效应模型的估计结果，第（5）、（6）列为随机效应模型的估计结果。可以发现，在不同的模型里，数字普惠金融的系数估计值的符号和显著性并未发生较大变化。hausman 检验的值为 22. 12，显著拒绝了随机效应模型的假设，因此本节基于固定效应模型的估计结果进行分析。如表 6. 37 中第（4）列的结果所示，数字普惠金融的发展水平的估计系数为 -0. 021，在 1% 的显著性水平上显著，表明数字普惠金融的发展推动了农村贫困水平的降低。

表 6. 37　基准回归结果

	OLS		FE		RE	
	(1)	(2)	(3)	(4)	(5)	(6)
ifi	-0. 040 *** (0. 0042)	-0. 042 *** (0. 0049)	-0. 044 *** (0. 0019)	-0. 021 *** (0. 0058)	-0. 043 *** (0. 0019)	-0. 031 *** (0. 0049)
lnsch		-0. 143 *** (0. 0430)		0. 072 (0. 0441)		0. 048 (0. 0433)
lngdp		-0. 011 (0. 0093)		-0. 044 ** (0. 0173)		-0. 030 ** (0. 0134)
lnfix		0. 011 *** (0. 0035)		-0. 023 ** (0. 0105)		-0. 011 * (0. 0062)
first		0. 005 *** (0. 0009)		0. 003 (0. 0022)		0. 004 ** (0. 0015)
second		-0. 001 (0. 0005)		0. 001 * (0. 0008)		0. 001 (0. 0007)
gov		-0. 536 *** (0. 1347)		0. 038 (0. 1571)		-0. 162 (0. 1456)
city		-0. 027 (0. 0231)		-0. 176 (0. 1425)		-0. 052 (0. 0538)
fdi		0. 092 *** (0. 0152)		-0. 013 (0. 0149)		0. 008 (0. 0138)
_ cons	0. 427 *** (0. 0087)	0. 685 *** (0. 0995)	0. 433 *** (0. 0039)	0. 392 *** (0. 1257)	0. 433 *** (0. 0100)	0. 364 *** (0. 1016)
控制变量	No	Yes	No	Yes	No	Yes
r2	0. 271	0. 541	0. 701	0. 751		
N	248. 000	240. 000	248. 000	240. 000	248. 000	240. 000

注：***、**、* 分别表示 1%、5%、10% 的显著性水平，括号内为标准误。

从控制变量的估计结果来看，农村人均受教育程度在固定效应模型中的估计结果为正，但是并不显著，说明现阶段农村地区教育水平的提高无法有效地降低农村地区的贫困水平，主要原因是拥有较高学历的农村居民更加倾向于向城市迁移，由此导致农村人力资本提高的减贫效应有所下降。农村经济发展水平系数为负，且在5%的显著性水平下通过了检验，说明现阶段农村经济的发展也能够抑制农村贫困水平的上升，这与江曙霞、严玉华（2006）得出的结论一致[483]。政府财政支农支出的估计系数为正但是并不显著，说明现阶段政府的财政支农支出的减贫效果并未凸显。在产业结构指标中，第一产业占 GDP 比重的系数估计值为正但是仍然不显著，且系数估计值较小，说明地区农业的发展并不能有效地改善农村居民的贫困水平，及农村地区的产业结构不合理反而会使得农村地区的经济发展滞后，抑制农村地区的贫困水平下降。第二产业占 GDP 的比重显著为正，但是系数估计值较小，说明产业产业结构并不是影响农村贫困水平的主要因素。农村固定资产投资水平的估计系数显著为负，表明改善农村地区的基础设施，以及机械化生产水平的提高都能够有效地降低农村地区的贫困水平。

而城镇化水平和对外开放水平的估计系数为负但是并不显著，现阶段我国城镇化水平的提高并没有实现城乡间的良性互动，无法有效地带动农村地区的经济增长，甚至有可能会扩大城乡之间的差距，对于农村经济发展产生负面的影响。而对外开放程度对于农村贫困水平的降低并没有显著的影响，可能的原因是现阶段我国大多数的内陆地区对外开放的水平并不高，由此导致了外商资本的进入无法对农村地区的贫困水平的降低产生影响。

6.4.2.2 动态面板模型的估计

考虑到农村贫困水平的变化具有一定的惯性，即过去的恩格尔系数可能会影响到当前的农村贫困水平。因此本节在基准回归的基础上引入农村居民恩格尔系数的滞后一阶项，将其扩展成动态面板模型。滞后项的引入能够考虑基准回归模型中未曾考虑到的可能影响农村贫困水平的其他因素，进而降低计量模型设定的偏误，但与此同时也会为模型带来内生性问题。此时 OLS 可能会由于不满足严格外生性的假设，导致系数的估计出现一定的系统性的偏误。针对滞后项的内生性问题，由于本节的数据符合短面板数据的条件，即 GMM 估计所要求的大“N”小“T”。因此本节将采用 Arellano 和 Bond（1991）提出的一阶差分 GMM 与 Blundell 和 Bond（1998）提出的系统 GMM 模型进行模型的内生性问题的探讨。本节将同时采用两种 GMM 进行模型的估计，以检验普惠金融发展对于农村贫困下降的作用是否会因为估计方法的不同而改变，估计结果如表 6. 38 所示。

表 6. 38 中第（1）、（2）列分别表示采用差分 GMM 的估计结果，第（3）、（4）列表示采用系统 GMM 的估计结果。在使用 GMM 模型估计的时候，本节先用核心解释变量和被解释变量的一阶滞后进行了回归，然后加入控制变量进行了系数的估计。其中 sargan 统计量用来检验模型的过度识别假设，以判断工具变量的有效性，原假设为工具变量是有效的，表 6. 38 中的四个模型的 sargan 检验的值都在 10% 的显著性水平上不拒绝原假设，因此本节采取的工具变量是有效的。同时在使用系统 GMM 时，有一个前提是扰动项的一阶差分存在一阶自相关性，但不存在二阶或更高阶的自相关性。因此我们使用 AR（1）统计量和 AR（2）统计量对系统 GMM 扰动项的差分项进行自相关性检验。表 6. 38 中所有模型的结果都显著地拒绝不存在一阶相关性，但无法拒绝不存在二阶相关性假设，本节使用的系统 GMM 方法是合适的。

从表 6. 38 的 GMM 估计的结果中，可以看到无论是差分的 GMM 还是系统的 GMM，普惠金融发展的估计系数都与基准回归结果的估计系数一致，仍然显著为负。同时被解释变量的一阶滞后项显著为正，之前一期的恩格尔系数的确对后一期的农村贫困水平产生了影响。

表 6. 38　基于 GMM 的动态面板模型估计结果

	差分 GMM		系统 GMM	
	(1)	(2)	(3)	(4)
$en_{i,t-1}$	0. 4665 *** (0. 0507)	0. 3238 *** (0. 0493)	0. 6714 *** (0. 0239)	0. 4469 *** (0. 0335)
ifi	−0. 0233 *** (0. 0036)	−0. 0164 *** (0. 0053)	−0. 0134 *** (0. 0017)	−0. 0203 *** (0. 0037)

续表

	差分 GMM		系统 GMM	
	(1)	(2)	(3)	(4)
lnsch		0.0542*** (0.0203)		0.0578*** (0.0101)
lngdp		-0.0040 (0.0141)		0.0265** (0.0119)
lnfix		-0.0237** (0.0121)		-0.0032 (0.0073)
first		0.0013 (0.0018)		-0.0053*** (0.0013)
second		0.0016*** (0.0006)		0.0014*** (0.0003)
gov		0.1384* (0.0832)		0.2374*** (0.0498)
city		-0.1295 (0.1596)		-0.2456** (0.1086)
fdi		-0.0207* (0.0121)		-0.0044 (0.0074)
_cons	0.2187*** (0.0259)	0.2549*** (0.0880)	0.1271*** (0.0125)	0.2178*** (0.0532)
控制变量	NO	YES	NO	YES
N	186.0000	180.0000	217.0000	210.0000
AR (1)	-2.6919	-2.5786	-2.6091	-2.6548
P 值	0.0071	0.0099	0.0091	0.0079
AR (2)	0.22986	0.07886	-0.16143	0.43806
P 值	0.8182	0.9371	0.8718	0.6613
Sargan 统计量	15.07161	19.06924	14.77518	20.60299
P 值	0.1295	0.0394	0.5412	0.1943

注：***、**、*分别表示1%、5%、10%的显著性水平，括号内为标准误。下同。

而且在表6.38第（4）列带有控制变量的系统GMM估计中，在控制了前一期的农村贫困水平以后，数字普惠金融的系数大小较于基准的回归结果有所下降，说明了基准回归模型存在一定的内生性问题，而采用动态面板的模型在一定程度上缓解了模型的内生性，使得估计结果更加准确。总之，基准模型（1）存在的内生性问题对于回归结果的影响在可控的范围之内，并不会影响到数字普惠金融发展推动农村地区贫困水平下降这一重要的结论。基准回归模型的结果是稳健的，而 GMM 模型的估计结果则更加准确。

6.4.2.3 分地区的估计结果

虽然近些年我国数字普惠金融得到较快发展，但由于各地的资源禀赋和经济发展的不平衡，导致我国各地区数字普惠金融发展水平也存在较大差距。因此由于各地区之间存在着异质性，有可能会导致各地区数字普惠金融的发展水平会对地区之间的贫困水平产生不同程度的影响。本节将按照前人的经验和地区间的经济发展的实际情况，将我国的 31 个省市地区划分为东中西三大区域，并采用面板固定效应模型进一步探讨数字普惠金融发展与农村贫困水平的相关关系，分区域回归的结果如表 6.39 所示。

在表 6.39 中，数字普惠金融指标的系数估计值在三个区域的回归估计结果均为负，但只有在东部地区比较显著，而中西部地区不显著。说明我国数字普惠金融的减贫作用存在着一定的地区异质性，经济发达而且数字普惠金融水平较高的地区，数字普惠金融减贫的作用就越发凸显。而经济发展相对落后，数字普惠金融发展程度较低的地区，数字普惠金融的减贫作用还并未凸显。

数字普惠金融的地区异质性检验的实证结果说明现阶段我国的普惠金融的减贫效应存在着两个当面的特征：一方面，地区间数字普惠金融的发展不平衡导致了其减贫效果存在差异，数字普惠金融发展的水平越高，则对于农村地区贫困水平下降的作用就越大。数字普惠金融发展得越好，则金融的普惠性越强，就越能保证有金融需求的农村弱势群体获得金融支持的机会，保证金融的机会公平。同时，普惠金融数字化程度的提高，不仅弥补了偏远的农村地区金融基础设施不完善，普惠金融获取难度较大的问题，使得农户更加便利地获得普惠金融的支持，而且数字化程度提高带来的庞大信息流，为金融机构提供了更加完整和及时的信息，缓解了金融机构面临的信息不对称问题，降低了金融机构在实施普惠金融时面临的各种风险，保证普惠金融作为一种商业模式的可持续性，实现金融机构和客户的双赢。因此，数字普惠金融的减贫效应更多受到数字普惠金融的发展水平的影响。

表 6.39　分地区的面板模型估计结果①

	东部	中部	西部
ifi	-0.0218**	-0.0042	-0.0009
	(0.0096)	(0.0121)	(0.0192)
lnsch	0.0664	0.0873	0.0568
	(0.0735)	(0.0883)	(0.0735)
lngdp	-0.0132	-0.1481***	-0.0386
	(0.0291)	(0.0430)	(0.0540)
lnfix	0.0026	-0.0290	-0.0877***
	(0.0173)	(0.0179)	(0.0236)
first	0.0017	0.0127***	0.0008
	(0.0058)	(0.0038)	(0.0054)
second	0.0018	0.0020	0.0011
	(0.0018)	(0.0013)	(0.0015)
gov	0.2638	-0.4889*	0.1771
	(0.4545)	(0.2577)	(0.2475)
city	-0.1618	0.2736	-0.7500**
	(0.2199)	(0.2672)	(0.3302)
fdi	-0.0190	0.0300	0.0301
	(0.0202)	(0.0631)	(0.0483)
_cons	0.2632	0.0596	1.0121***
	(0.2248)	(0.2565)	(0.2751)
r2	0.6557	0.8861	0.8116
N	88	64	88

另一方面，数字普惠金融减贫的效果也受到了地区相对贫困水平的影响，当地区间城乡之间收入差距较大，相对贫困水平较高，而且下降趋势较为平缓的时候，数字普惠金融可以有效地发挥其包容性的作用，缓解传统金融行

① 东部地区包括北京、天津、河北、辽宁、上海、江苏、浙江、福建、山东、广东、海南；中部地区包括山西、吉林、黑龙江、安徽、江西、河南、湖北、湖南；西部地区包括内蒙古、广西、重庆、四川、贵州、云南、西藏、山西、甘肃、青海、宁夏、新疆。

业存在金融排斥问题，更好地为农村地区的居民提供数字金融的支持，从而保证农村地区弱势群体的金融公平，推动农户的脱贫增收。而当地区相对贫困水平较低，相对贫困水平下降趋势较快的时候，城乡之间差距较小，城乡之间发展形成良性的互动，非数字普惠金融的因素发展有效地降低了农村地区的贫困水平，这时候数字普惠金融的减贫效应就难以凸显。正如地区异质性的回归结果所示，在西部地区的回归模型中，城镇化水平的估计系数为负，且在 5% 的显著性水平下显著，说明西部地区城镇化的发展有效地降低了农村地区的贫困水平，而这种效应在其他地区并不存在。同理，中部地区经济的发展也推动了农村地区贫困水平的下降，但是中西部地区的数字普惠金融发展并不能有效地降低地区的贫困水平。

总之，我国数字普惠金融发展对农村贫困水平来说存在着显著的空间异质性，在进一步促进我国数字普惠金融的发展和农村减贫的过程中，一定要注意到数字普惠金融减贫效果的异质性，因地制宜地利用好数字普惠金融的资源。比如，在城乡发展差距较大的东部地区，相对贫困下降缓慢，可以进一步激发数字普惠金融的减贫效应，使得数字普惠金融的资源更多地向农村地区的贫困人口倾斜，加快农村地区相对贫困水平的下降。而在中西部地区，数字普惠金融的减贫效果还未凸显，一方面可以加快数字普惠金融的发展速度，在保证普惠性的同时，尽可能地提高数字化水平，更好地为农村地区的居民服务，激发数字普惠金融在中西部地区的减贫效应。

6.4.2.4 稳健性检验

（1）双重差分法

2016 年《G20 数字普惠金融高级原则》面世，但结合地区异质性回归的分析结果，数字普惠金融对于中西部地区的农村贫困水平没有显著的影响，数字普惠金融提出的时间可能具有外生性，中西部欠发达地区与东部发达地区相比受到政策的影响强度可能存在显著差异，从而为本节创造了实验组和控制组。基于省级层面的数据，使用双重差分法实证检验数字普惠金融发展对于农村减贫的政策效应。双重差分模型如式（6.27）所示：

$$en_{it} = \gamma_0 + \gamma_1 treat_i \times post_t + \gamma_2 post_t + \gamma_3 treat_i + \gamma_4 \ln sch_{it} + \gamma_5 \ln gdp_{it} + \gamma_6 \ln fix_{it} +$$

$$\gamma_7 first_{it} + \gamma_8 \mathrm{second}_{it} + \gamma_9 gov_{it} + \gamma_{10} city_{it} + \gamma_{11} fdi_{it} + \varepsilon_{it} \quad (6.27)$$

其中，i 代表地区，而 t 代表年份，en 表示地区的农村贫困水平，$treat$ 为地区的虚拟变量（东部地区为 1，中西部地区为 0）；$post$ 为时间虚拟变量，2016 年数字普惠金融理念正式提出以前为 0，2016 年以后为 1。由此，依据数字普惠金融实施的年份将样本划分为处理组和控制组，γ_1 是双重差分模型的核心解释变量的估计系数，若 γ_1 的估计结果的正负性以及系数的大小与基准回归模型的结果并无显著差异，则证明基准回归模型所得结果具有稳健性。其余变量定义与式（6.26）相同，ε_{it} 为随机扰动项。

式（6.27）双重差分模型的回归结果如表 6.40 第（1）列所示，从 DID 的结果来看，对于数字普惠金融政策实施较好，而数字普惠金融发展水平较高的地区而言，数字普惠金融的发展能够有效地降低农村贫困水平。而且对比系数的估计结果，双重差分模型的估计结果与基准回归模型相比，核心解释变量的系数并未发生显著变化，这不仅证明了本节基本结论的稳健性，同时也印证了数字普惠金融减贫效应的地区异质性的结果。

（2）替换核心解释变量

本节采用数字普惠金融指数的对数值（$\ln ifi$）重新衡量数字普惠金融的发展水平，回归结果见表 6.40 第（2）列，数字普惠金融的发展对于农村贫困水平的回归结果仍然为负，并且显著，本节的基本结论未发生变化。

（3）剔除直辖市

由于中国地域广阔，不同地区经济发展极不平衡，这可能导致数字金融发展的减贫效应不一致。因此，本文去掉北京、天津、上海和重庆四个直辖市的数据，估计结果见表 6.40 第（3）列，可见，参数和显著性水平均没有发生明显变化，基准回归模型的结果是稳健的。

（4）缩尾后进行回归

本文对于主要的解释变量进行 1% 水平的缩尾处理，通过面板固定效应模型进行拟合，剔除数据的极端值所导致的估计结果偏误，回归结果如表 6.40 第（4）列所示，参数估计和显著性均没有发生明显变化，说明本文的结果是稳健的。

结合所有的稳健性检验，我们可以看到其回归结果与前文差异不大，参数估计和显著性均没有发生明显变化，均证明本文研究结论稳健可靠。

表 6.40 稳健性检验：数字普惠金融的减贫效应

	(1)	(2)	(3)	(4)
	DID	lnifi	剔除直辖市	缩尾
treat × *post*	-0.0237*			
	(0.0128)			
Ifi		-0.0212**	-0.0213***	
		(0.0086)	(0.0058)	
lnifi				-0.0390***
				(0.0060)
post	-0.0230**			
	(0.0096)			
treat	0.0399			
	(0.0243)			
lnsch	-0.0456	0.0875	0.0716	-0.1093**
	(0.1035)	(0.0539)	(0.0441)	(0.0448)
lngdp	-0.0480**	-0.0631**	-0.0440**	-0.0164*
	(0.0194)	(0.0273)	(0.0173)	(0.0099)
lnfix	0.0023	-0.0256**	-0.0233**	0.0076**
	(0.0071)	(0.0123)	(0.0105)	(0.0036)
first	0.0083***	0.0042	0.0031	0.0058***
	(0.0014)	(0.0027)	(0.0022)	(0.0009)
second	0.0013	0.0018*	0.0015*	0.0001
	(0.0008)	(0.0009)	(0.0008)	(0.0005)
gov	-0.4637	0.0412	0.0381	-0.6110***
	(0.2828)	(0.1663)	(0.1571)	(0.1414)
city	-0.0590	-0.0399	-0.1759	-0.0344
	(0.0649)	(0.1626)	(0.1425)	(0.0243)
fdi	0.0654**	-0.0007	-0.0131	0.0786***
	(0.0307)	(0.0172)	(0.0149)	(0.0159)
_ cons	0.3697	0.2772*	0.3920***	0.5518***
	(0.2590)	(0.1597)	(0.1257)	(0.1013)
r2	0.5053	0.7593	0.7505	0.4896
N	240.0000	208.0000	240.0000	240.0000

从上述四种不同的稳健性检验可以发现，不同的稳健性检验结果与前文差异不大，其参数估计和显著性均没有发生明显变化，有效佐证了本节研究结论是稳健可靠的。

作为一种新型金融发展模式的代表，数字普惠金融的发展是否有效地降低了农村地区的贫困水平，实现农户增收是本节研究的主要问题。本节基于我国2011—2018年31个省份数据，采用农村居民的恩格尔系数衡量农村地区的相对贫困水平，评估数字普惠金融发展对于我国农村地区相对贫困水平的影响，并着重探讨了农村地区相对贫困水平的动态变化，地区间的经济发展水平以及相对贫困水平的异质性问题对于数字普惠金融减贫效应的影响，进一步采用准自然实验的方法验证了数字普惠金融发展对于农村地区相对贫困水平下降的因果关系，实证检验了数字普惠金融发展的减贫效应，得到了以下有益的结论：

第一，数字普惠金融发展和农村地区贫困水平存在着不同的区域特征。从数字普惠金融的角度来看，数字普惠金融的发展速度较快，但是总的趋势是东部地区始终快于中西部地区，而且东部地区数字普惠金融的发展程度最高，而西部地区最低。农村地区的贫困水平的发展特征则有所不同，在样本期内，我国农村地区的相对贫困水平总体也是在不断下降的，但是西部地区农村的相对贫困水平下降速度最快，中部地区的下降速度也要快于东部地区。在2013年以前，中东部地区的农村贫困水平差距不大，而2013年以后，中部地区农村贫困水平逐步降至最低，而东部地区农村相对贫困水平最高。这表明由于我国东部地区经济的快速发展，城乡之间发展不平衡的问题越发凸显，导致农村地区相对贫困水平下降速度较缓。

第二，数字普惠金融的发展有效地降低了农村地区的贫困水平，存在着减贫效应。在考虑了农村贫困水平的动态变化以后，上一期的农村贫困水平会正向地影响当期农村地区的贫困水平，但是数字普惠金融发展对于农村贫困减缓仍然具有显著的正向影响。进一步地使用双重差分法，以2016年《G20数字普惠金融高级原则》面世为一个准自然实验，对比了数字普惠金融开展以前和以后相同地区内的贫困水平的变化，结果表明数字普惠金融政策实施的地区，农村地区的贫困水平有了明显的下降，数字普惠金融的发展与农村地区贫困水平的下降存在着因果关系。一系列的稳健性检验的结果表明本节的研究结论是可靠的。

第三，在地区异质性的分组回归的结果中，数字普惠金融的发展只能够有效地推动东部地区农村贫困水平的下降，而在中西部地区的减贫效应并未凸显。异质性检验的结果表明了数字普惠金融的减贫效应存在两方面的特征：一方面，数字普惠金融的减贫效应与数字普惠金融的发展程度相关，随着数字普惠金融发展水平的提高，其普惠性和数字化的水平也会不断地提升，从而能够更加公平有效地为有需求的农村地区弱势群体提供金融支持，也保证了普惠金融作为一种商业模式的可持续性，降低了金融机构的风险，实现机构与客户之间的共赢。另一方面，数字普惠金融的减贫效应也会受到地区相对贫困程度的影响，若农村地区相对贫困水平较高，并且下降的趋势平缓，则更能凸显数字普惠金融的包容性特征，有效地激发数字普惠金融的减贫效应。而当农村地区相对贫困水平较低，并且下降的速度较快时，非数字普惠金融的因素能够更加有效地影响到农村地区的贫困水平，主要原因可能是当存在其他的因素发展能够有效地缩小城乡之间的不平等，进而促进农村地区相对贫困水平下降时，数字普惠金融的包容性特征就难以凸显，其减贫作用也会受到抑制。

本节对于中国实施数字普惠金融发展战略的减贫效应进行了细致的研究，为推进我国农村地区的相对贫困水平降低，缩小城乡之间的收入差距，实现共同富裕的目标提供了有益的经验证据。为了更好地利用数字普惠金融模式推动我国贫困水平的降低，可以从以下三方面入手。

第一，从政府的角度而言，要充分意识到数字普惠金融的发展对于农村地区减贫增收的重要作用，可以通过建立一系列的政策措施，积极引导数字普惠金融更多地支持有需要的农村弱势群体，提高数字普惠金融的利用效率。同时推进金融体制改革，完善相应的金融体制机制，规范数字普惠金融市场上各个主体的行为，利用法规政策为数字普惠金融的平稳健康发展保驾护航。

第二，针对中西部地区数字普惠金融减贫效应凸显的问题，要大力推动数字普惠金融的创新，不断提高数字化水平。政府要使金融资源更多地向中西部欠发达地区倾斜，为中西部地区的金融创新提供支持，完善相应的信息基础设施的建设，全力突破普惠金融难以深入广大偏远地区的难题。利用数字化的技术以扩大数字金融发展的覆盖广度，激发数字普惠金融在中西部地区脱贫攻坚工作中的重要作用。

第三，加强对贫困地区弱势群体的教育扶持，注重对金融知识和互联网知识普及教育，根据人群特点对低收入群体和中老年群体开展数字金融技能的区别培训，从供求双方协同发力，缓解金融排斥难题，有效推动数字金融服务发展。

第7章

普惠金融发展的国际比较与经验借鉴

7.1 普惠金融发展水平的国际比较分析

7.1.1 描述统计分析

本章通过构建7个指标，比较中国与金砖国家和OECD发达国家的普惠金融发展水平，以考察中国普惠金融在国际上的发展水平及差距。由于世界发展指数中的商业银行分支机构拥有量指标没有韩国的数据，全球金融包容数据库中没有墨西哥和土耳其两个国家的数据，所以本章的比较对象OECD国家中没有包含韩国、墨西哥和土耳其3个国家。中国与其他的四个金砖国家和OECD国家的各项指标的数据如表7.1所示。其中，金砖国家（除去中国）和OECD国家各项指标值都是取平均值。

纵向比较方面。中国从2011年到2014年的各项指标值都有所增长，金融机构账户拥有率提高最显著，从63.82%增长到78.93%，增加了15.11%的账户拥有率，说明随着时间的推移和经济的发展，中国的金融发展水平得到了提高。金砖国家三年来的各项指标值也有所增加，金融机构账户拥有率的增长速度最快。2014年OECD国家的ATM布放量和商业银行分支机构拥有量较2011年略有下降，其他指标都有不同程度的增长。

横向比较方面，主要比较2014年各国间的普惠金融水平。在金融机构账户拥有率方面，中国的金融机构账户拥有率（78.93%）比金砖国家（64.26%）的平均水平高，但远远不及OECD国家的金融机构账户平均拥有率（93.65%），这说明了中国与 OECD 国家的金融机构账户拥有率差距很大。金砖国家的金融账户平均拥有率比中国低的原因是印度的金融机构账户拥有率较低，拉低了金砖国家的平均水平。在 ATM 布放量方面，中国的 ATM 布放量（37.51）远远少于金砖国家（92.94）和 OECD 国家的 ATM 布放量（104.71），说明中国在 ATM 布放量方面与国际相距甚远。在贷款和存款比率方面，金砖国家和 OECD 国家的贷款比率均比中国的高，但相差不大。而中国的存款比率高于金砖国家，这与中国传统的消费观念和理财观念有关。在信用卡和借记卡拥有率方面，中国的信用卡和借记卡拥有率与金砖国家的相差不大，借记卡拥有率甚至略高于金砖国家，但远远不及 OECD 国家的信用卡和借记卡拥有率。在商业银行分支机构拥有量方面，中国的水平与金砖国家和 OECD 国家相差较大。

从总体上看，中国的普惠金融发展水平与国际水平相差较大，具体的差距主要体现在金融机构账户拥有率、ATM 布放量、信用卡拥有率、借记卡拥有率和商业银行分支机构拥有量方面。

表 7.1　各项指标的国际对比情况

指标	OECD 国家		中国		金砖国家	
	2011	2014	2011	2014	2011	2014
金融机构账户拥有率（%）	91.39	93.65	63.82	78.93	48.23	64.26
ATM 布放量（台/10 万人）	105.94	104.71	30.29	37.51	84.41	92.94
来自金融机构的贷款比率（%）	14.45	17.91	7.26	9.55	7.65	10.18
在金融机构的存款比率（%）	46.01	51.12	32.09	41.15	13.71	18.72
信用卡拥有率（%）	46.24	45.60	8.24	15.83	12.11	17.67
借记卡拥有率（%）	72.16	81.76	41.02	48.56	32.97	45.11
商业银行分支机构拥有量（家/10 万人）	34.80	30.21	7.72	8.06	25.80	27.07

数据来源：World Bank Global Findex Database 和世界发展指数。

7.1.2　因子分析

利用 2011 年和 2014 年的面板数据进行因子分析，进一步比较中国普惠金融发展水平在国际上所处的地位。

（1）数据检验。在对数据进行标准化处理后，进行因子分析的 KMO 检验和 Bartlett 球度检验，结果如表 7.2 所示。由表可知，KMO 检验的统计量为

0.781，大于 0.7，Bartlett 球度检验统计量为 316.306，检验的 P 值接近于 0，这表明金融机构账户拥有率（account）、每 10 万人 ATM 布放量（ATM）、来自金融机构的贷款比例（loan）、在金融机构的存款比例（save）、信用卡拥有率（credit）、借记卡拥有率（debit）和商业银行分支机构拥有量（家/10 万人）（institution）这 7 个变量之间有较强的相关关系，适合进行因子分析。

表 7.2　KMO 检验和 Bartlett 球度检验

Kaiser - Meyer - Olkin Measure of Sampling Adequacy.		0.781
Bartlett's Test of Sphericity	Approx. Chi - Square	316.306
	df	21
	Sig.	0.000

（2）因子提取。采用主成分法提取因子，结果如图 7.1 所示。由表可知，提取的前三个因子总共解释了原始变量方差的 87.263%，表明因子分析的效果较理想，故可提取三个因子反映原始变量的绝大部分信息。

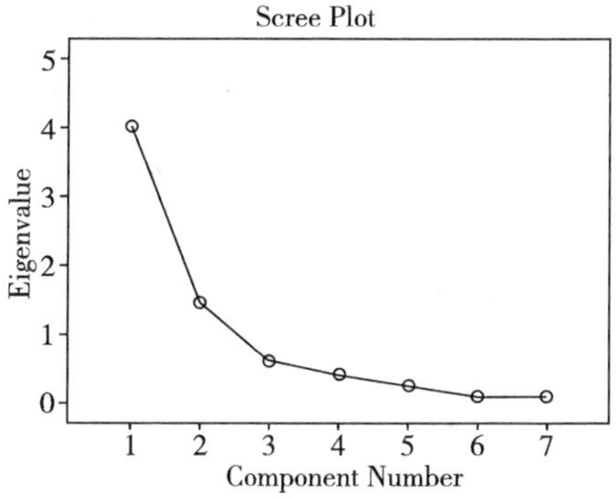

图 7.1　因子分析的碎石图

（3）因子命名和解释。采用 Varimax（方差最大正交旋转）来进行因子旋转，因子载荷矩阵如表 7.3 所示。由表 7.3 可知，第一个因子是金融机构账户拥有率（%）、信用卡拥有率（%）、借记卡拥有率（%）、来自金融机构的贷款比率（%）和金融机构的存款比率（%），这 5 个变量的载荷系数较大，主要解释了这 5 个变量。从实际意义上看，这 5 个变量主要反映了金融服务的使用性，因此可将因子 1 命名为“金融服务的使用性”。而第二因子是 ATM 布放量，反映了金融服务的可得性，因此可将因子 2 命名为“金融服务的可得性”。第三因子是商业银行分支机构拥有量，反映了金融服务的地理渗透性，因此将因子3命名为“金融服务的地理渗透性”。因此，建立三个普惠金融维度：第一个维度（因子）是金融服务的使用性，由金融机构账户拥有率（%）、信用卡拥有率（%）、借记卡拥有率（%）、来自金融机构的贷款比率（%）和金融机构的存款比率（%）5个变量（指标）构成，第二个维度（因子）是金融服务的可得性，由ATM布放量一个变量（指标）构成。第三个维度（因子）是金融服务的地理渗透性，由商业银行分支机构拥有量组成。原始的7个变量与3个因子的关系为：

$$x_1 = 0.020f_1 + 0.199f_2 + 0.977f_3$$
$$x_2 = 0.897f_1 + 0.195f_2 + 0.077f_3$$
$$x_3 = 0.075f_1 + 0.959f_2 + 0.201f_3$$
$$x_4 = 0.830f_1 + 0.360f_2 + 0.197f_3$$
$$x_5 = 0.905f_1 + 0.074f_2 - 0.049f_3$$
$$x_6 = 0.827f_1 - 0.132f_2 + 0.035f_3$$
$$x_7 = 0.952f_1 + 0.008f_2 - 0.073f_3$$

表7.3　旋转后的因子载荷矩阵

	Component		
	1	2	3
商业银行分支机构拥有量（家/10万人）	0.020	0.199	0.977
金融机构账户拥有率（%）	0.897	0.195	0.077
ATM布放量（台/10万人）	0.075	0.959	0.201
信用卡拥有率（%）	0.830	0.360	0.197
借记卡拥有率（%）	0.905	0.074	-0.049
来自金融机构的贷款比率（%）	0.827	-0.132	0.035
在金融机构的存款比率（%）	0.952	0.008	-0.073

（4）计算因子得分。根据因子得分系数矩阵可将公因子表示为各变量的线性组合，得到的因子得分函数为：

$$f_1 = -0.012x_1 + 0.220x_2 - 0.098x_3 + 0.182x_4 + 0.236x_5 + 0.242x_6 + 0.257x_7$$
$$f_2 = -0.242x_1 + 0.069x_2 + 0.966x_3 + 0.205x_4 - 0.007x_5 - 0.267x_6 - 0.075x_7$$
$$f_3 = 1.041x_1 + 0.005x_2 - 0.220x_3 + 0.066x_4 - 0.085x_5 + 0.110x_6 - 0.081x_7$$

根据因子得分表达式可以计算出 2011 年和 2014 年各个国家的因子得分，据此算出三个因子的综合得分和因子得分增长率，综合得分和因子得分增长率。因子得分增长率的计算方法是：用 2014 年的因子综合得分 - 2011 年的因子综合得分之后，再除以 2011 年的因子综合得分，所得到的值就是因子得分增长率，具体结果见表 7.4 和表 7.5。

表 7.4　金砖国家因子得分结果表

国家	2011 年综合得分	2014 年综合得分	因子得分增长率
中国	-3.3422 (4)	-2.65879 (4)	-0.2044791 (3)
巴西	-0.45561 (1)	0.11649 (2)	-1.2556792 (5)
俄罗斯联邦	-0.94671 (2)	0.16818 (1)	-1.1776468 (4)
印度	-4.49174 (5)	-3.89466 (5)	-0.1329284 (1)
南非	-3.06789 (3)	-2.46390 (3)	-0.1968747 (2)

表 7.5　OECD 国家因子得分结果表

国家	2011 年综合得分	2014 年综合得分	因子得分增长率
澳大利亚	1.78611 (5)	1.74036 (5)	-0.0256143 (13)
奥地利	-0.24433 (19)	-0.13146 (18)	-0.4619572 (23)
比利时	0.95217 (8)	0.77374 (13)	-0.187393 (19)
加拿大	2.22139 (3)	2.5248 (3)	0.13658565 (8)
捷克共和国	-1.64125 (24)	-1.4885 (24)	-0.0930693 (17)
丹麦	0.39939 (14)	-0.1395 (19)	-1.3492827 (24)
芬兰	-0.43201 (20)	-0.5537 (20)	0.28168329 (7)
法国	0.74894 (11)	0.79696 (12)	0.06411729 (9)
德国	-0.12586 (18)	0.17728 (15)	-2.4085492 (26)
希腊	-1.10965 (22)	-1.43081 (23)	0.28942459 (6)
匈牙利	-2.22846 (26)	-2.37128 (25)	0.0640891 (10)
爱尔兰	0.24485 (15)	-0.11784 (17)	-1.4812742 (25)
意大利	0.49185 (13)	0.96192 (9)	0.95571821 (1)
日本	0.78484 (10)	1.35692 (7)	0.7289129 (4)
卢森堡	3.27419 (1)	3.08832 (1)	-0.0567682 (14)
荷兰	-0.50635 (21)	-0.93402 (21)	0.84461341 (3)
新西兰	0.84116 (9)	0.83738 (11)	-0.0044938 (12)
挪威	-0.04576 (17)	0.85091 (10)	-19.595061 (27)

续表

国家	2011 年综合得分	2014 年综合得分	因子得分增长率
波兰	-1.76079（25）	-2.37222（26）	0.34724754（5）
葡萄牙	2.0426（4）	1.62114（6）	-0.2063351（21）
斯洛伐克共和国	-1.49369（23）	-1.36968（22）	-0.0830226（15）
西班牙	3.03987（2）	2.7747（2）	-0.0872307（16）
瑞士	0.96857（7）	0.72767（14）	-0.2487172（22）
瑞典	0.19084（16）	0.16983（16）	-0.1100922（18）
英国	0.55328（12）	1.06794（8）	0.93019809（2）
美国	1.73982（6）	1.78426（4）	0.02554287（11）
中国	-3.3422（27）	-2.65879（27）	-0.2044791（20）

由表 7.4 可知，金砖五国中，每个国家在 2014 年的综合得分都比 2011 年的高，说明三年来，随着各国对普惠金融的逐渐重视，各国的普惠金融水平都得到了不同程度的提高。在金砖五国中，俄罗斯和南非是发达国家，中国、巴西和印度是发展中国家。对比 2014 年的因子综合得分，巴西是发展中国家得分最高的，得分为 0.11649，与排名第一的发达国家俄罗斯不相上下，甚至比发达国家南非的得分高，而中国在的综合得分为 -2.65879，仅排名第四，与发达国家（俄罗斯）和接近发达国家（巴西）的差距很大，说明中国的普惠金融发展水平还需加大发展力度。另外，通过对比五国间的因子得分增长率，中国、巴西、俄罗斯、印度和南非分别排名第三、第五、第四、第一和第二。可见，中国的普惠金融发展速度较快，说明中国的普惠金融水平的发展潜力较大。

为了进一步衡量中国的普惠金融水平在国际上的发展程度，对比中国与 OECD 国家的因子综合得分和因子得分增长率（见表 7.5）。由表 7.5 可知，中国的因子综合得分在 2011 年和 2014 年均排在末尾，在 2014 年的因子综合得分是 -2.65879，与排名第一的发达国家卢森堡相差了 5.74711，与排名倒数第二的发展中国家波兰相差不大，说明了中国与发达国家的普惠金融水平相差甚远，中国的普惠金融水平还未达到国际水平。另外，中国较 OECD 国家的普惠金融发展潜力如何？中国在 27 个国家中的因子得分增长率排名 20，而同样是发展中国家的波兰的因子得分增长率排名第 5，进一步说明中国的普惠金融发展速度较快，说明中国的普惠金融水平的发展潜力较大。

综上所述，中国与发达国家的普惠金融水平相差甚远，中国的普惠金融水平还未达到国际水平。但是，中国的普惠金融发展速度较快，普惠金融发展潜力较大。

7.2 普惠金融发展的国际经验比较与借鉴

中国的农村金融问题并非独有，事实上，所有的发展中国家都有类似的农村金融问题。产生这一问题的最主要原因，是发展中国家的二元经济结构。“他山之石，可以攻玉”。考察国外农村金融市场发展状况，对比并总结国外农村金融市场发展的经验教训，对研究我国农村金融市场的成长机制与模式，无疑具有重要的现实借鉴意义。第二次世界大战后至 20 世纪七八十年代，许多战后独立的发展中国家普遍推行了工业化发展战略，为了最大限度地为工业化战略积累资金，政府通过农产品贸易价格转移机制、“强制储蓄” 和人为压低利率等压榨农业的政策来实现资金从农业部门向工业部门的转移，加速工业资本的形成。但这也使得经济的发展呈现出强烈的二元特征，原本就处于不利地位的农业产业的发展受到了极大的抑制，农业发展出现停滞。如何打破二元结构的刚性、如何促进农村部门的快速发展，成了世界各国面临的难题。

而以美国、法国、日本、德国等为代表的发达国家，由于其金融体系较为成熟，农业产业化、规模化经营特征明显，农村居民收入较高，征信体系完善。在这样的环境下，一般性质的商业金融能够为农村、农业、农民提供较为规范化、流程化的金融服务，这些商业化的服务亦能满足农村的基本金融需求。

本章选取部分发达国家和发展中国家作为典型样本，总结其“三农” 金融成功运行的经验，以期为解决中国农村中小企业融资难和低收入农户融资难找到解决症结的“金钥匙”。

7.2.1 “三农” 金融在发达国家的实践

美国是世界上农业最发达的国家，多元复合型、完备的农村金融组织体系是其农业发展的重要支撑。美国农业金融组织体系以商业金融机构（特别是商业银行）和个人信贷为基础，以发达的农业合作信贷系统为主导，以政府农贷机构为辅助，形成了一个分工协作、相互间密切配合的立体化网络。

农业在法国经济构成中占有较大的份额，农业生产水平处于西欧前列。这与法国农村、农业金融体系的发展健全以及高效率的运作分不开。在法国，农业信贷银行、信贷互助银行、土地信贷银行、平民银行、农业保险机构等构成了完备的正规金融组织体系。同时，法国拥有发达的农村合作金融，最具特色的组织形式是半官半民模式的互助银行模式，它由地方农业信贷互助银行、省级农业信贷互助银行和中央农业信贷银行三个层次构成。地方农业信贷互助银行是最基层的农业信贷组织，具有最为明显的互助合作性质，最主要的服务对象是农民。省级农业信贷互助银行和中央农业信贷银行的行政层级依次提高，后者是全国性农业合作金融机构，受农业部和财政部的双重领导，其资金来自政府拨款、央行和社会捐赠等渠道，并负责逐级向下级机构分配。

日本具有小农经营的历史传统，但农村金融组织体系较为发达健全。日本形成了以合作金融为主导、以政策性金融为辅助、以政府补助为支撑的日本农村金融体系。作为农协办理的农村信用事业，合作金融是日本农村金融市场的主要支柱，其分支机构几乎覆盖了农村的全部金融市场，贷款总额占各项支农贷款的90%以上。农业政策性金融是日本农业金融的辅助手段，以弥补合作金融可能存在的不足之处，对农村和农民发展、粮食生产等相关领域的经济活动起到了较为重要的直接支持作用。除了合作金融、政策性金融以及一般性的商业金融外，日本各级政府还为农民和农业提供一定的补助，主要体现为利息补助和贷款担保。

德国是农村金融体系发展历史最长、运行较为成功的国家，形成了在政府倡导下，农民有序地自发组织建立，由合作金融占主导的层级分明、功能完善的农村金融组织体系和管理体系。德国的农村合作金融主要由合作银行体系提供，该体系具有单元金字塔式的结构特征。金字塔的最高层为德意志中央合作银行，其是全国合作金融组织的中央协调机关；中间层由区域性合作银行构成，都是中央合作银行的股东，但同时又是更基层的合作社银行形成的较高级联盟；最基层由成千家合作社银行、信用合作社构成。直接面向农村和农业，与农户往来最为频繁的一层是基层信用合作社，它主要为信贷需求方提供短期和中期的信用，其绝大部分资金来自农户、小农场主、自由职业者、小企业主等。中间一层的机构，即区域性和地区性的合作银行主要向基层信用社提供资金支持和短期再融资服务等，并包括一定的证券投资和国际金融业务；处在最高层的中央合作银行除了对下级提供指导和再融资业务外，还可开展多种相关金融业务。

7.2.2 “三农”金融在发展中国家的实践

孟加拉国是世界上最贫穷，也是自然灾害频发的国家之一，然而其独特的商业化小额扶贫贷款模式早已成为发展中国家广泛学习的榜样，其中，最令人称道的是已成为孟加拉国乡村银行代名词的格莱珉银行。格莱珉银行的运行有以下几个主要特征：第一，从服务的对象看，主要是贫穷妇女。即借款者必须是真正意义上的穷人，制度设计之初就规定“只有没有土地或者没有财产的贫困人口才有资格申请小额贷款”，而主要将妇女作为服务对象的主因很可能是制度设计者认为妇女在谨慎、节俭方面具有优势，同时女性地位亟待提升，给贫困女性提供信贷服务可能在一定程度上提升她们的社会地位。第二，从贷款模式上看，是无抵押的团体相互贷，贷款周期较短（一般为一年）、贷款规模较小、贷款用途主要为生产性项目，且贷款利息比普通银行贷款高。第三，从配套服务方面来看，格莱珉银行为借款者提供技术培训和指导，提高她们赚取收入的能力。第四，目前已经形成较为完备的组织体系。其最高管理和决策机构是设在首都的总行，主要负责筹款、与政府部门协调以及对下级部门的管理；遍布全国的借款小组和乡村中心则是其得以运行的保障和基础。第五，经营方式不断革新。在以为穷人服务为根本目的的基础上，拓宽业务领域，如形成灵活的贷款产品、有吸引力的存款产品、保险产品、养老产品、教育基金等，并推进管理系统的信息化、现代化等。

印度尼西亚同样以提供小额农村金融著称，但目前已在政策规范下形成了以印尼人民银行为基础，商业银行、农村银行、乡村信贷协会、非正规金融共同参与的多位一体的农村金融供给体系。

巴西是一个农业大国。尽管巴西仍然是一个发展中国家，但其金融业已经较为发达，具有成熟的金融市场和健全的金融机构及监管体系，形成了以中央银行为核心、以国有商业银行为主导、以其他商业银行为补充、以政策性金融机构为支撑、其他金融机构协同发展的现代金融体系。从组织架构来看，巴西农村金融体系包括三个主要层次：最高层级是负责农业和农户信贷政策制定和决策的国家货币委；然后是金融体系的监管层，即央行，它主要根据国家货币委的信贷政策，制定包括农业信贷在内的实施细则，并对具体的实施过程进行监督；最后是“三农”金融的执行层，主要是由商业银行、政策性银行和其他相关的金融机构来完成。与农户金融活动产生直接联系的是“三农”金融的执行层，其中的商业银行包括巴西银行、亚马逊银行等大型国有商业银行以及上百家规模不一的民营商业银行。政策性银行指的是巴西农业银行、经济开发银行，其他涉农金融机构还包括一些农业合作银行、地区或州立开发银行、非银行类金融机构等。

在国外发展中经济体中，印度是一个国土面积大、人口多、经济结构复杂的国家，与中国具有较强的可比性。农村和农业发展基础较弱、农业机械化水平低、金融服务需求大是其典型特征。印度独立之后，鉴于农业在国内的基础地位以及多数居民（乡村的农民）处在贫困中，政府高度重视对农村和农民的支持，逐步形成了覆盖广泛的官办农村金融网络，并鼓励培育一批农村合作金融机构、涉足农村金融的私人银行、国有商业银行等，与政府相关部门和农业政策性金融机构一道，构成了较为完备的多元复合型“三农”金融供给体系。

7.2.3 国际“三农”金融实践的经验启示

肇始于中国的改革开放，经济的快速增长带动了中国农村经济的飞速发展。但必须看到，当前，我国农村经济发展中仍存在着许多亟待解决的问题，其中包括农民问题贷款难、中小企业农业融资难、资金链脱节、信息不对称严重。这些问题的根源在于资金支持不足，服务模式单一，服务模式落后。而农村经济的发展和农民生活的改善在很大程度上取决于农村金融服务体系。虽然近年来，我国“三农”领域的金融活动得到了决策部门的持续重视，农村金融体系日臻完善。目前，政府部门、政策性银行、商业银行、村镇银行、农村信用社、农商行、其他金融机构等均能够为农村和农业领域提供融资服务，但“三农”领域的金融服务便捷性问题仍然没有解决，农村金融供给存在大量真空地带。中国人民银行农村金融服务研究小组（2017）也指出，农村金融仍然是我国金融体系的薄弱环节，特别是对照推进农业供给侧改革这一政策主线和乡村振兴这一发展战略的要求，农村金融服务还有较大的发展改善空间，改革创新的任务仍然艰巨[485]。从农村金融供需矛盾来看，我国农村金融仍存在发展目标不够清晰，补短板聚焦不足；支持政策与发展目标之间的激励相容不够；体系建设不够完善，服务实体能力不足。当前中国农村金融体系问题的症结在于，中国金融市场供求结构性矛盾突出，多层次的农村金融需求方与供给方之间的意愿尚未形成有效的对接机制，正规金融机构的授信条件与资金需求方的个性化特征之间存在矛盾，特别是农村中小企业和农户的金融需求最难满足。“三农”金融的有效供给不仅是农业现代化的关键，也是新型城镇化顺利推进的关键。

本章通过考察美、法、日、德等发达国家“三农”金融的实践，也考察了孟加拉国、印度尼西亚、巴西和印度等发展中国家“三农”金融的实践。通过对以上几个典型国家“三农”金融实践模式的总结，可以看出，农业金融运行顺畅的经济体都具有较为成熟的农村金融组织体系，重视合作金融和政策性金融的主体地位和导向作用，商业金融、民间金融以及农业保险之间形成良好的配合互补之势。基于国际“三农”金融实践的成功经验，充分考虑中国作为最大的发展中国家国情，以及较为严重的城乡“二元”经济结构，联系中国人民银行农村金融服务研究小组（2017）所提出的我国农村金融体系发展困境，中国“三农”金融服务的完善，需要不断通过创新制度，探索多种有效的供给方式，将农村地区金融需求强烈但难以符合当前正规金融机构服务条件的农户或企业纳入覆盖[485]。通过法律和制度的完善，将小额信贷、非正规融资、民间金融、网络借贷等行为纳入规范化框架，使所有人，特别是低收入群体都得到服务，真正走上普惠金融的道路。鉴于此，本章特提出以下发展策略：

一是要明确未来中国农村金融体系发展思路。当前中国农村金融主要问题表现在农户信贷需求得不到有效满足，农户被排除在正规金融的大门之外，供需矛盾愈演愈烈，解决中国农村金融问题关键还得从供给侧进行改革。重视发挥金融在服务“三农”中的核心作用，提升农村金融服务水平是当前和今后一个时期农村金融改革创新的本质要求。按照习近平总书记系列重要讲话特别是在安徽小岗村有关农业农村讲话的指示精神，落实第五次全国金融工作会议的要求，以提升农村金融服务水平为主攻方向，加快健全开放包容、适度竞争、鼓励创新、风险可控的农村金融体系。

二是要内外联动，构建中国农村金融体系发展的组合拳。一要强化农村金融市场发展扶持政策体系。西方国家相对先进的农村金融法律制度和政策支持、土地抵押贷款和担保的主要方法可以用作参考。透视国外“三农”金融服务较为成功的国家，一个典型的特征就是政府采取了多种方式有力地支持了农村金融市场的发展，政策性金融也就成了一种有效的“三农”金融供给模式。广义的政策性金融不仅应当包括由政策性金融机构提供的产品或服务，还应当包括由其他金融机构为执行政府政策而设立的产品或服务。各种类型的农业政策性金融通过直接出资、税收优惠、利息补贴、建立风险担保机构等方式，成为各国政府调整农业产业结构、防止农村金融市场失灵的重要手段。近年来，我国农村金融虽然得到了较快发展，但影响农村金融持续发展的体制机制障碍仍然存在，政策落实保障机制尚不健全，政策执行效果容易受到影响。当前要系统梳理完善现有政策措施，提高政策扶持的针对性和有效性，加快建立导向明确、协调配套的长期化、制度化的农村金融政策扶持体系，为金融机构开展“三农”业务提供稳定的政策预期。二要统筹协调商业性金融、农村合作性金融和农村政策性金融的发展机制。目前，美、法、日、德等发达国家均形成了职能分工明确、功能互补的农村金融组织体系。由于农业生产所独具的季节性、风险性、受自然因素干扰明显等特点，加之不同国家的农业发展条件和发展阶段的差异，决定了世界范围内农村金融需求的多样性，它不仅像其他产业一样，需要普通的商业金融为之服务，而且因其特殊性，还需要政策性、合作性金融等其他形式的金融组织形式参与农村金融市场。发达国家几乎都包括各种形式的涉农金融组织，并在功能上相互补充，最大限度地满足了农村、农业和农民的金融服务需求。当前，中国正处于经济社会转型期，现有的农村商业性金融难以满足农村各类融资主体的融资需求，亟须强化商业性金融的功能发挥。因此，要加快农村现有商业性金融结构的改革力度，拓展商业性金融机构的业务范围，培养农村新型金融机构，完善农村金融市场不同金融机构之间的竞争机制。农村合作金融不仅是适应中国“三农”发展的重要金融制度安排，也会是今后一个时期中国农村和农业经济领域的基础性金融。因此，要强化农村信用社的合作性，将农村信用社切实发展成为有效破解农村金融供给不足的重要载体。同时，还要高度重视以中国农业发展银行为核心的农村政策性金融的与时俱进，适时将国家开发银行纳入农村政策性金融服务体系，通过拓展政策性金融在农田水利等基础设施建设、农业科技推广、农业生态资源保护等方面的业务范围，有效满足农村经济发展的需要。三要推进农村金融产品和服务创新。西方国家相对先进的土地抵押贷款和担保的主要方法可以用作参考。如可以通过发展农地金融体系，建立和完善土地产权市场，为农村金融体系的创新提供更多的空间和机会。也可以加强耕地使用权，利用现有的“地方”农村金融机构开展“融资”业务。四要推动农村金融立法，创造良好的金融生态法制环境。农村金融实践永远离不开政府的支持。这是由农村的经济发展条件、农业的产业特征以及农民的收入特征所决定的，因此政府应当采用多种适当的方式，因地制宜，对农村金融体系的完备和健全打出组合拳。同时，政府应当注意通过完善立法等措施，规范农村金融市场，使之在低风险、高效率的环境下运行。

第8章

中国普惠金融体系建设的路径设计与政策建议

随着世界各国金融体制改革的逐步深入，国内外金融界和学术界越来越关注农村金融问题。加快农村金融改革、重构农村金融体系已成为当前解决“三农”问题的紧迫任务，而建立良好的农村金融体系是解决“三农”问题的有力保障。农村金融体系发展与建设是一个系统性课题，有着丰富的内涵和较高的理论政策价值。研究和探讨农村金融发展问题，具有重要的现实意义。从实践来看，由于我国农村金融问题错综复杂，各种矛盾互相交织：有历史遗留的问题，也有新生的问题；有市场的问题，也有制度的问题；有自身的问题，也有社会的问题……总体上来看，我国金融市场，尤其是农村金融市场，市场化不足，竞争不充分，活力不强。农民的贷款，包括中小企业的贷款，经营的风险高，成本比较大，效益相对比较差。针对以上问题，国家最近几年也在推进农村金融的改革和创新，党的十八届三中全会明确提出要发展普惠金融，让金融改革与发展成果更多更好地惠及所有地区、所有人群。普惠金融也称包容性金融，其核心是有效、全方位地为社会所有阶层和群体提供金融服务，尤其是那些被传统金融忽视的农村地区、城乡贫困群体、微小企业。普惠金融为弱势群体提供了一种与其他客户平等享受金融服务的权利，普惠金融能够有效地帮助贫困群体脱贫，普惠金融体系是构建和谐社会的重要推动力。目前在广大农村地区针对农民、农户提供的小额信贷应当被视为普惠金融的一部分。普惠金融对促进城乡一体化发展具有重要意义，也为农村正规金融与非正规金融协调发展带来了新的机遇。

首先，发展普惠金融能够有效推动农村金融体系建设。农村金融是我国金融体系最薄弱的环节。近年来，我国金融监督管部门相继出台系列督促金融机构推进普惠金融的政策文件，在物理网点布局和金融科技投入上双管齐下，取得了显著成绩。根据中国人民银行发布的 2018 年农村地区支付业务发展总体情况数据显示，截至 2018 年末，农村地区拥有县级行政区 2244 个，乡级行政区 3.20 万个，村级行政区 53.14 万个，农村地区人口数量 9.68 亿人；农村地区银行网点数量 12.66 万个；每万人拥有的银行网点数量为 1.31 个，县均银行网点 56.41 个，平均银行网点 3.95 个，村均银行网点 0.24 个。根据中国银监会 2011 年发布的《关于进一步推进空白乡镇基础金融服务工作的通知》文件精神，2020 年底前全面消除金融机构空白乡镇，在具备条件的行政村推动实现金融服务“村村通”。事实充分证明，发展普惠金融能够加快农村金融体系建设，有效提高农村金融服务覆盖的广度和深度。

其次，发展普惠金融能够帮助国家惠农政策延伸服务触角。国家的各项惠农政策如何落到实处始终是一个难题。以新农保项目为例，新农保资金归集、划拨、管理、转移续接、发放的各个环节都需要相应的金融支持，如何安全便捷地把养老金发放到农民手里关系到惠农政策的成败。发展普惠金融，完善农村金融体系能够让农民不再需要长途跋涉到城市网点领取养老金，真正将惠农政策落到实处。

最后，发展普惠金融能够有效推动农村经济发展。发展普惠金融，有利于促进金融业可持续均衡发展，推动经济发展方法转型升级，增进社会公平和社会和谐，引导更多金融资源配置到经济社会发展的重点领域和薄弱环节，尤其是提升小微企业、农民、城镇低收入人群、贫困人群和残疾人、老年人等特殊群体和金融服务覆盖率，可得性和满意度，有效缓解了人民日益增长的金融服务需求和金融供给不平衡不充分之间的矛盾，各地政府加快农村市场和流通体系的建设，农村地区交易活动越来越频繁，规模越来越大，支付结算等基础金融服务的要求也越来越高，这对发展普惠金融提出了更高的要求。正因为如此，党的十八届三中全会将发展普惠金融纳入国家重要战略规划，并提出了总体部署和明确要求。构建中国普惠型农村正规金融与非正规金融协调发展体系是一项复杂的工程，可以从以下几方面入手。

（1）加强农村金融服务设施的建设，增强农村金融硬件条件。

农村金融的发展不是一蹴而就的，它的发展是一个缓慢、曲折的过程，我们只有慢慢改观当前金融发展的状况才能一步步实现农村金融排斥的全面消除。首先，增加农村金融服务机构，如增加农村信用社从业人员数，增加农信社贷款额度，加大农业发展银行对农村经济的支持，增进邮政储蓄银行的贷款功能，加强城市反哺农村，减少农村资金的大量转移。其次，强化小额贷款公司贷款制度，完善相关法律法规。小额贷款公司在农村金融中扮演着重要的角色，要完善贷款公司的制度体系，减少各种贷款环节的费用，提高农村资金利用率。

（2）提高农村金融资源配置效率，建立农村资金回流机制

金融机构的趋利性使其降低农村金融市场的供给，从而造成农村金融荒漠化，农村信贷资金大量外流和金融资源在城乡之间不合理配置不利于小康社会的建设，不利于农业和农村经济的可持续发展，不利于城乡经济结构的协调发展。农业信贷资金投入不足、农民“贷款难”、农村中小企业融资难、农村资金供求矛盾突出等问题都与资金外流有关系。这需要政府能够激励金融机构增加农村金融供给。要建立以工促农、以城带乡的长效机制，必须深化农村金融体制改革，加快建立农村资金回流机制，依法规范农村资金的外流及回流，从根本上解决金融资源配置的不合理问题，以满足农村经济发展所需的多样化金融服务需求。促进工农、城乡的协调发展，需要建立和完善“三农”信贷投入机制，协调金融资源在城乡的合理配置，增加对“三农”的金融资源配给，建立与农村生产要素优化配置相适应的政策安排和金融制度。各大商业银行以及新型金融机构作为辅助的普惠性金融供给体系，尤其是增加政策性银行对农村金融的支持，并通过相关政策优惠扶持农信社以及其他金融机构对农村金融的供给；组建新型金融机构的前提应当是拥有完善的法律法规以及有保障的监管措施，因此相关部门应该尽快成立专门的农村金融的监管部门以及出台相应的监管措施，小额贷款公司等新型金融机构在农村金融中扮演着重要的角色，监管部门需要完善其制度体系，减少各种贷款环节的费用，提高农村资金利用率；针对邮政储蓄银行，应该转变其以往“抽血机”的职能，阻止农业资金的外流，增加城市反哺

农村力度。

（3）加快推进农村信贷产品创新

目前我国农村金融服务类型单一。现阶段最常见的农村金融服务就是贷款，而像保险、期货、期权等金融工具稀少。随着农村金融需求不断发生变化，适应“三农”需要的信贷产品的品种和数量也在不断改变，农村金融产品和服务方式创新的重要意义更加凸显。继续根据各地特色开展包括集体林权抵押贷款、大型农机具抵押贷款、“信贷＋保险”产品、中小企业集合票据和“惠农卡”等在内的金融产品和服务方式创新。对于较为成熟的创新品种可以在一定范围内推广。不断完善创新机制，加强涉农信贷风险管理，因地制宜、灵活多样地创新信用模式和扩大贷款抵押担保物范围。探索适合农村需要的金融中介服务，发挥金融中介联通需求和供给的积极作用。

发展信贷、证券、保险、期货、担保分工配合、相辅相成的农村金融市场体系，加强金融的风险管理功能。改变目前农村金融市场以银行类信贷为主的间接融资模式，扩展直接融资所占比重，探索中小企业集合发债、集合票据、上市等资本市场融资渠道。加快发展农产品期货市场，对已上市的农产品期货品种做深做细，完善市场品种结构，充分发挥期货市场价格发现作用，分散农产品生产销售过程中的市场风险。不断完善农业保险体系，创新农业保险品种，探索建立农村信贷与农业保险相结合的银保互动机制。进一步完善农村地区的信贷市场、保险市场、证券期货市场，形成信贷市场、保险市场和证券期货市场相互配合的农业风险管理体系。

（4）加快建立多层次、多样化、适度竞争的农村金融服务体系

通过信贷优惠政策刺激商业银行重返农村金融市场。政府需要成立相应的第三方金融机构信贷评估机构，该机构通过一系列指标客观评测各大金融机构的业务经营状况，进而根据这一评测结果分配优惠政策；在评估体系中，其中一个重要的指标就是金融机构在农村的信贷情况，信贷业务较多的金融机构评测结果将较优良，进而能够获得更优的政策支持；通过这一评估体系的刺激，追求优惠政策的金融机构肯定需要加大农村金融的供给，进而促进农村金融发展。

进一步放宽市场准入条件，建立适度竞争的农村金融市场。在总结经验的基础上，放宽农村金融组织准入政策，适当降低设立门槛和监管标准，鼓励社会资本和民间资本发起或参与设立新型农村金融机构。保持县（市）独立法人地位总体稳定，在撤并了县域法人的地区要及时补充相应的法人机构，防止农村地区出现金融服务空白。引导小额贷款公司规范有序发展，强化地方政府监管职责。

（5）多管齐下，增加金融宽度

农村信贷歧视的表征是农村金融服务的覆盖面过窄，因为农村信贷资源的相对有限，加之其中一部分通过各种方式从农村中流出，“三农”的信贷可得性问题依旧突出。只有农村中的经营大户、拥有良好前景的产业化项目的那些企业或个人，才有机会获得资金支持，从而会好上加好。而另外一些生活相对窘迫、农业相对歉收、没有机会开办企业或在企业中谋职的人群被市场化运作的金融机构排斥，没有机会接近金融，也就没有机会通过外力来改变生存状况，进而越来越弱势。这种局面会给当地带来很多社会问题。

农村中的弱势群体由于收入低、单笔业务金额小，金融机构出于成本和风险考虑，自然不太情愿与之发生业务关系。因此，实现信贷公平，主要责任应该落在立法部门和行政部门身上。

具体来说，首先，立法部门可考虑尽快将《信贷公平法》的起草提上议事日程。通过立法，强制规定，在农村经营的金融机构，必须将一定比例的存款投向本地，而不能移向别处。《信贷公平法》可进一步规定，对于借款申请人不能因为其民族、年龄、性别、身份、政治面貌等的不同而区别对待，以消除或减轻农村中存在的信贷歧视。为了促使各类金融机构“关怀”弱势群体，立法机构可考虑对现行的税法进行修订，如设置一定的标准对个人和企业进行分类，在金融机构对低标准的个人和企业开展业务（特别是信贷业务）时，减免其营业税和所得税。

此外，有必要通过制度设计让地方政府有充分的激励去监督、考核金融机构在当地的贷款力度和覆盖面。上级政府在对地方政府的政绩进行考核时，应考虑纳入当地“金融宽度”（覆盖人群越广，说明金融宽度越高）指标。

对于眼下的农村地区而言，提高金融宽度要比提高金融深度更加迫切和重要。新一轮的金融改革应着重围绕如何提高农村地区的金融宽度，比如使得当地更多的家庭有机会从银行等金融机构获得贷款，使更多的农村中小企业能够从当地金融机构获得包括贷款在内的各种金融服务。

尽管金融机构对弱势群体开展业务存在成本劣势，但是由于税收减免和财政补贴等的存在，其盈利性并未受到实质性影响。一种理想的境界是，金融机构对于向谁发放信贷持无所谓态度；无论是对于高收入人群，还是对于低收入人群，无论是对于拥有好项目的企业，还是对于拥有一般项目的企业，金融机构不会对他们进行“业务”上的歧视，但在他们中间会存在数量和价格上的差异（获得的贷款额度不一样，贷款利率也可能不一样）。只有切入这一点，农村金融改革才算是一场成功的改革，才能“切中要害”。

（6）优化农村中小金融机构服务工作

加强发展战略监管，督促优化农村地区网点功能，引导探索创新有效的支农服务商业模式，显著增强“三农”金融服务功能和竞争能力。

第一，持续增加涉农信贷投放。越是加快工业化、城镇化进程，越要巩固和加强农业基础地位。随着人口总量增长、城镇化人口比重上升和工业用途拓展，农产品需求刚性增长，供求进入紧平衡阶段。2009 年以来，全球粮食产量连续两年下降，世界粮食供需由基本平衡转向偏紧，价格上涨较多，依靠进口的回旋余地越来越小。从去年 10 月以来，我国北方粮食主产区发生严重旱情，直接威胁夏粮生产，国内粮食产需总量有缺口、粮食库存下降的可能性增大。能否管理好通胀预期、稳定消费价格总水平，关键看农业。对此，党中央、国务院高度重视，连续召开农村工作会议、抗旱减灾专题会议和全国粮食生产电视电话会议，研究部署农业农村工作。各农村中小金融机构要进一步提高思想认识，强化社会责任，在注重防范金融风险前提下，加大涉农信贷投放，确保今年涉农信贷支持力度不减弱，涉农信贷投放增速不低于其他各项贷款平均增速。

第二，深入开展“三农”需求导向的金融创新。一是加强市场细分，加快制定面向“三农”、面向“小企业”、面向“地方经济”的差异化发展战略，把市场细分到具体行业、具体产业。二是加强客户细分，鼓励按照传统小规模经营农户、专业化规模经营农户、专业合作社、农村中小企业、农村小城镇和基础设施建设等划分标准，建立客户信息数据库，为业务发展提供支撑。三是加强产品细分，结合农村信贷规模小、需求急、季节性强和缺乏抵押担保的特点，开发批量化与特色化的金融产品。四是加强渠道建设，要毫不放松地深入推进金融服务全覆盖工作，把重点调整到拾遗补阙、增强功能、提高服务覆盖面和有效性上，各项工作要经得起历史和广大农民群众的检验。五是加强营销队伍和激励约束机制建设，探索招收大学生村官充实农贷营销队伍，给予涉农业务必要的内部资源倾斜政策，合理设定风险容忍度，健全涉农业务目标责任考评机制和激励机制，适当加大涉农不良贷款处置回收的奖励力度。六是继续鼓励结合实际大力探索抵押担保创新。通过上述综合措施，为全面开展农业供应链金融业务打好基础。

第三，科学培育新型农村金融机构。三年多的实践表明，村镇银行是三类新型农村金融机构中生命力最强的机构，批量化培育则是克服农村金融市场缺陷的有效应对方式。这是对发起人和农村金融市场健康发展负责的科学态度。今后，要以批量化培育为重点，大力培育发展村镇银行。具体来讲，就是实施“四个不批，四个优先支持”。“四个不批”，就是对没有明确的农村金融市场发展战略规划的不批、对没有专业的农村金融市场调查的不批、对没有翔实的成本收益分析的不批、对没有全面的风险评估的不批。“四个优先支持”，就是要优先支持有明晰的农村金融市场发展战略的发起人、优先支持批量化组建新型农村金融机构的发起人、优先支持已经成功探索出农村金融商业运作模式的发起人、优先支持自愿到中西部地区设立机构的发起人。要科学引导银行业金融机构对金融市场细分的市场准入导向和自身发展定位作出准确判断，避免超越自身经营管理能力盲目参与组建村镇银行。

第四，加强农村金融服务评价和正向激励政策体系建设。要加快研究出台县域农村金融机构支农服务评价办法，建立多维度考核机制和分层次社会通报机制，推动地方政府完善扶持政策，引导县域机构显著增加农村地区信贷投放。进一步推动财税部门出台地市及以上农村金融机构营业税政策，推动出台重庆和成都农商行享受地震灾区农信社所得税减免政策，积极协调有关部门有序取消住房公积金、社保资金、财政性资金不得存放农村合作金融机构的歧视性政策，帮助增强农村中小金融机构的支农资金实力。

（7）强化农村教育水平，增加金融知识在农村的普及。教育决定着一个地区思想的转变，我国农村现有传统小农思想的改变必然要求教育数量与质量的提高。教育的普及可以促使小农思想的转变，这就为金融知识的传播打下基础，这就需要金融知识的下乡服务。

（8）增加各级政府对农村金融的重视程度。我国新型农村金融供给体系建设必须放弃国家强力主导的陈旧观念，以综合金融的视野统筹考虑，充分调动包括农民和民间资本在内的一切资本的积极性，变政府主导为政府引导、变严格管制为有效监管、变国有控制为多元竞争，充分依靠市场机制，创造商业金融、作金融、政策金融、国有资本以及民营资本充分竞争的政策环境，改变政府主导农村金融体系改革发展的单一模式，探索自上而下引导、自下而上主导的多元化发展道路。各地政府应根据自身农村金融发展状况以及各地区不同的习俗特征推动农村金融发展，尤其是金融发展落后地区应当学习先进地区的改革经验，采取有效的农村金融发展措施，促进农村金融三维均衡发展。

（9）营造良好的金融环境，促进农村金融生态与农村金融效率共同提升

首先，必须建立健全风险保障机制。与富足地区不同，贫困地区的风险保障机制需要更多政策支持。可以采取政策性农业保险公司的形式，承办农村种养业中的巨灾保险，以及农村的财险和寿险业务，从而降低涉农贷款风险。其次，应该建立互助合作保险组织及农业再保险机制，作为农业政策性保险的必要补充。除此之外，政府还应建立贷款损失补偿机制，在贷款发生违约时，由政府实施贷款风险补偿，在遭受重大自然灾害时可实施财政紧急援助政策。

基于当前中国农村金融市场的现状、中国农村金融发展模式的选择以及未来中国农村金融改革的目标，本节认为在具体执行的过程中，应当注重从以下几个方面改善和转变当前中国农村非正规金融的发展现状：

①农村非正规金融立法与监管

对农村非正规金融监管关键要先立法，使农村非正规金融合法合规合理运行。目前，中国农村非正规金融除了合同法之外，一些对农村非正规金融问题相关司法的简单规定和刑法设立了金融机构罪、非法吸收存款罪等规定，尚没有与农村非正规金融相关的其他法律法规。总而言之，并没有对农村非正规金融形成系统规范的法律法规体系。要从立法上使农村非正规金融合法化。从法律上对农村非正规金融进行合理分类，什么样的农村非正规金融是合法的，什么样的农村非正规金融是法律禁止的，应明确加以规定。台湾地区 1999 年通过“民法”，以法律的形式，对合会的合同条款、竞标程序、第一个会员的权利和义务等作出了详细的规定。对此，大陆可借鉴其先进经验，对农村非正规金融机构组织的准入门槛、业务范围、组织形式及贷款利率在法律上做出明确规定，同时限定交易主体权利和义务，明确由此导致的纠纷、违约责任以及解决方式。同时，明确农村非正规金融的监督机制，包括监管职责，监督的范围，许可的要求等，确保农村非正规金融按照法案而行。

实施监管法律法规还需要改进和完善监督体系。首先，明确对农村非正规金融制度的细则和方式的监督。对农村非正规金融的范围进行规范，建立农村非正规金融的监管理念、监管目标、监管模式和监管标准。对有共同需求的自由借贷的农村经济主体之间、农村私人贷款和农村非正规金融中介融资标准和法规要求进行区分。明确合理的非正规金融和非法的非正规金融界限，分类监管不同形式和本质的农村非正规金融。坚决禁止农村非正规金融组织从事洗钱、非法集资、高利贷和其他非法活动。其次，实施多元化的监管。政府要发挥主导原则，由政府设立专门的监管机构，监管网络，实现对农村非正规金融资本流动及利率变化的动态监测。行业自我监管组织的建立，对发挥行业协会作用，加强协调与合作交流，维护农村的非正规金融正常经营，形成良好的竞争秩序，促进中国农村地区非正规金融健康发展有着重大意义。

对农村非正规金融进行立法规范和监督，并非要打压农村地下金融的发展，而是有序地扶持和规范其发展的方向和道路。事实上，支持农村地下金融信贷对中国中小企业、微型企业和民营经济起到了推动作用。地下金融具有灵活性，可以提高经营效率和促进金融创新，应该通过立法，合法化其业务的一部分。发展地下金融合法业务，引入竞争机制到金融体系中，使农村金融的供给主体更加丰富，支持正规金融无法或不愿意发展的区域。部分业务合法化的这些地下金融，有利于政府建立监管制度，加强国民经济宏观调控。银监会和央行发布“指导意见”开展小额信贷公司试点，确定了小额信贷公司公司的法律合法地位，为中小企业的融资提供了方便。农村地区的地下金融范围往往有一定的区域，区域信息优势表现在客户信息方面十分详细，所以信用机制更加灵活。基于地下金融信用法制化，可降低准入的门槛，引导地下金融转变为小额贷款公司，从而对农村信贷供给主体加以丰富，还可以引导农村地区地下金融转变为村镇银行和社区银行，为中小企业提供新融资渠道，为社会资金开辟新投资领域有一定帮助，也让监管部门更容易规范和指导地下金融。

②非正规金融的利率管制与放松

高利率是农村地下金融发展的最重要因素之一。目前中国农村经济较快发展，农民收入增加，农民有获取金融资产回报的需求。在实地调查中发现，一部分农民愿意出借手中的钱以赚取利息。农村地下金融以高回报吸引这些资金，地下金融组织以比银行的利率高几倍的利率吸引这些金融资源。农村非正规金融具有相当大的比例是亲戚朋友邻居间有息或无息贷款，双方几乎没有合同，只有依靠口头协议。没有合同贷款容易产生纠纷，不能保证贷款的合法利益，所以应该鼓励农村合作信用标准化、契约化。当贷款主体纠纷不能私了时，可以在中国现行法律的基础上处理，保护借贷的合法利益。同时，农村信贷合同可以使主要贷款利率以书面形式确定，明确符合国家的法定范围的利率区间，打压高利贷，保护合法贷款权益和借贷双方的利益。因此中国应加强农村金融产品的创新，鼓励多种农村金融机构参与农村金融服务，从而对农村传统的高利贷金融体系形成冲击，降低农户的高利率信贷行为，同时政府部分应该注重对农村高利贷市场的管控。

对于农村金融市场中的高利率需要进行打压，而对于一些低利率金融产品应当给予一定的生存空间。高风险要求有高溢价，因为农村非正规金融保障制度灵活无担保，其经营风险较高，所以资本回报率要求较高。如果把农村非正规金融纳入中国监管制度，目前低利率和有限利率浮动空间无法弥补农村非正规金融的高风险和高成本。所以应给利率管制一定的放松区间，允许农村非正规金融经营利率挂钩风险，以弥补高风险可能带来的损失。进一步放宽农村非正规金融的利率限制，以吸引更多民间资本进入农村，满足农村地区的信贷需求，摆脱金融抑制。

为了配合对利率市场的调整，政策执行者也应调整外汇政策，以更有效地支持农村信贷市场的完善。第一，要对外汇管制逐步放松。由于中国的外汇储备高，可以逐步调整企业结算制度，减少外汇结算，降低企业成本，同时放松对外国企业购买的限制，以满足企业的外汇需求。同时简化对个人因私购汇的审批手续，满足人们对外汇的正常需求。减少银行的外汇手续费率，降低企业及个人的用汇成本。第二，加强外资审查。审查外国投资和其他来源外汇资金的性质，阻止国际热钱通过地下钱庄流入中国。

③规范民间金融，打击金融犯罪

农村地下金融犯罪猖獗主要原因是其涉及面广、破坏性强且难以调查取证。地下金融组织利用国内外金融机构的漏洞洗钱、合法化非法收入，协助资金不通过金融系统顺利出入境，在中国沿海地区的地下钱庄成为一种典型犯罪。地下金融的诈骗、洗钱、外汇黑市、毒品、走私、腐败等层出不穷的有组织犯罪活动，必须坚决打击和整治。

第一，坚决打击地下金融犯罪，取缔违法犯罪的地下钱庄。第二，充分利用各种媒体加强宣传，解释地下金融的危害，使投资者了解非法集资、洗钱和其他地下金融犯罪。同时要建立地下金融举报制度，鼓励群众积极举报地下金融。第三，加强金融机构反洗钱工作。《中华人民共和国反洗钱法》明确规定银行、证券、保险和其他金融机构都有反洗钱义务，金融机构要加强对大额和可疑交易监测并及时报警。只有机构和民众同心协力共同治理，方能从每一个环节上遏制地下金融“漂白”非法所得的违法行为。

参考文献

[1]习近平. 决胜全面建成小康社会 夺取新时代中国特色社会主义伟大胜利——在中国共产党第十九次全国代表大会上的报告[M]. 北京:人民出版社,2017。

[2]ALEXANDER SARRIS. Rural Informal Credit Markets and The Effectiveness of Policy Reform[R]. Food and Agriculture Organization of the United Nations (FAO), 1996.

[3]SHAHIDUR R. KHANDKER, RASHID R. FARUQEE. The impact of farm credit in Pakistan[J]. Agricultural Economics, 2003, 28(3):197 -213.

[4]SAEED QURESHI, IJAZ NABI, RASHID FARUQEE. Rural Finance for Growth and Poverty Alleviation[R]. Policy Research Working Paper, 1996.

[5]JACOB YARON. Successful Rural Finance Institutions[R]. The World Bank Discussion Papers, 1992.

[6]BRIGIT HELMS. Access for All : Building Inclusive Financial Systems[J]. World Bank Publications, 2006, 9(2):247 -264.

[7]MANDIRA SARMA. Index of Financial Inclusion[R]. Indian Council for Research on International Economic Relations New Delhi Working Papers No. 215, 2008.

[8]CGAP(Consultative Group to Assist the Poor). CGAP, World Bank Group Survey Shows Financial Access Growing Despite Effects of Crisis[R]. Press Release, Washington, D. C. : CGAP, 16 September, 2010, http://www. cgap. org/p/site/c/template. rc/1. 26. 14236/.

[9]GPFI(Global Partnership for Financial Inclusion). 二十国集团数字普惠

金融高级原则(G20 High - Level Principles for Digital Financial Inclusion)[R]. GPFI,2016.

[10]世界银行. 2014 年全球金融发展报告:普惠金融[M]. 北京:中国财政经济出版社,2015.

[11]ASLI DEMIRGUC - KUNT, LEORA KLAPPER, DOROTHE SINGER, PETER VAN OUDHEUSDEN. 2014 年全球普惠金融调查报告[R]. 世界银行,2015.

[12]贝多广. 发展普惠金融重要的是要建立一个"生态系统". https://finance. sina. com. cn/money/bank/bank_hydt/2019 - 06 - 13/doc - ihvhiqay5446255. shtml? cre = tianyi&mod = pcpager_news&loc = 23&r = 0&rfunc = 71&tj = none&tr = 4.

[13]世界银行. 世界银行 2018 年度报告(中文版)[R]. 世界银行,2018.

[14]DEMIRGUC - KUNT A. , KLAPPER L. Measuring financial inclusion: The Global Findex Database. World Bank Policy Research working papers no. WPS 6025,2012.

[15]HONOHAN P. Household Financial Assets in the Process of Development. World Bank Policy Research, wp. 3965,2006.

[16]中共中央文献研究室. 邓小平年谱[M]. 中央文献出版社,2020.

[17]胡锦涛. 稳中求进 共促发展——在二十国集团领导人第七次峰会上的讲话[N]. 人民日报,2012 - 06 - 20(002).

[18]中国银行保险监督管理委员会,中国人民银行. 2019 年中国普惠金融发展报告[R]. 中国银行保险监督管理委员会、中国人民银行,2019.

[19]中国人民银行农村金融服务研究小组. 中国农村金融服务报告 2018[M]. 中国金融出版社,2019.

[20]中国银行保险监督管理委员会. 中国普惠金融发展情况报告[R]. 中国银行保险监督管理委员会,2018.

[21]中国银行业协会. 2018 年中国银行业社会责任报告[R]. 中国银行业协会,2019.

[22]皮特·斯帕布姆,艾瑞克·迪弗洛. 中华人民共和国的普惠金融状况:对现有研究和公开数据的分析[R]. 世界银行扶贫协商小组(Consultative

Group to Assist the Poor,CGAP)、中国普惠金融工作组,2012.

[23]GOLDSMITH R W (1969). Financial Structure and Development, New haven, U. S. , Yale University Press.

[24]KING R G, LEVINE, R (1993). "Finance and Growth: Schumpeter Might Be Right," Quar - terly Journal of Economics, 108(3), 717 - 738.

[25]LEVINE R, ZERVOS S (1998). "Stock Markets, Banks, and Economic Growth." American Economic Review, 88(3), 537 - 558.

[26]LEVINE R, LOAYZA N, BECK T (2000). "Financial Intermediation and Growth: Causality and Causes." Journal of Monetary Economics, 46(1), 31 - 77.

[27]JACOB YARON . What Makes Rural Finance Institutions Successful[J]. World Bank Research Observer, 1994, 9 (1) :49 - 70.

[28]MP MENAKADEVI,DML NATARAJAN. A Study on the Problems of Rural Finance and its Distribution for the Balanced Agricultural Development [J]. Vacuum,2016, 22 (4) :171.

[29]MANFRED ZELLER. A comparative Review of Major types of Rural Microfinance Institutions in Developing countries [J]. Agricultural Finance Review, 2006. 66(2):195 - 213.

[30]JIAO FANGYI,REN JIASONG. Research on the important impact factors of rural finance enterprises' dynamic capabilities in the financial ecosystem [J]. International Conference on Management Science & Engineering, 2010, 328 (5981): 1324 - 1330.

[31]E OSEI - ASSIBEY,GA BOKPIN,DK TWEREFOU. Microenterprise financing preference: Testing POH within the context of Ghana's rural financial market [J]. Journal of Economic Studies,2012, 39 (January) :84 - 105.

[32]GASHAW TADESSE ABATE,SHAHIDUR RASHID,CARLO BORZAGA, KINDIE GETNET. Rural Finance and Agricultural Technology Adoption in Ethiopia: Does the Institutional Design of Lending Organizations Matter? [J]. World Development, 2016, 84 :235 - 253.

[33]GAISINA S, KAIDAROVA L. Financial Literacy of Rural Population as a

Determinant of Saving Behavior in Kazakhstan[R]. Rural Sustainability Research, 2017, 38(333).

[34]LOPEZ T, WINKLER A. The challenge of rural financial inclusion – evidence from microfinance[J]. Applied Economics, 2018, 50(14): 1555 – 1577.

[35]FLETSCHNER D, KENNEY L. Rural women's access to financial services: credit, savings, and insurance[M]//Gender in agriculture. Springer, Dordrecht, 2014: 187 – 208.

[36]J COQUE. Rural development and rural finance: the role of financial services cooperatives in the Latin America region [J/OL]. https://ica2016almeria. exordo. com/files/papers/261/final_draft/IBM_JCM_FSC_RuralDevelopment_ICA_2016. pdf.

[37]M GUPTE. Money market, Rural finance and Financial inclusion in India. Abhinav Publication Abhinav International Monthly Refereed[J]. Journal of Research in Management & Technology, 2017, 6(6): 8 – 18.

[38]MADHU SEHRAWAT, A K GIRI. Panel data analysis of financial development, economic growth and rural – urban income inequality: Evidence from SAARC countries[J]. Quality & Quantity, 2016, 50(2): 577 – 590.

[39]AK TIWARI, F ISLAM, M SHAHBAZ. Does financial development increase rural – urban income inequality? [J]. Mpra Paper, 2010, 40 (2): 151 – 168.

[40]NICHOLAS M. ODHIAMBO. Finance – growth – poverty nexus in South Africa: A dynamic causality linkage[J]. Journal of Socio – Economics, 2009, 38 (2): 320 – 325.

[41]N YUSUF. Role of Rural Finance in Reduction of Poverty in the Agriculture Sector: Northern India[J]. Paper & Presentation of Civil Engineering, 2014, 2: 97 – 104.

[42]SA WAGAN, L JINGDONG, S XIAO, S NOONARI, QUA MEMON. Significance of Agricultural Finance in Agricultural and Rural Development of Pakistan "A Case Study of Qambar Shahdadkot District"[J]. Significance, 2016, 7(9): 89 – 94.

[43]VM OCASIO. Rural Finance Schemes Miss the Target: An Empirical Analysis of Gender and Social Inequality Effects[J]. Journal of Applied Business and

Economics,2016,18(6):78 –93.

[44]YUAN Q. Model design of influence of rural financial demand based on structural equation[J]. Journal of Discrete Mathematical Sciences and Cryptography, 2018, 21(2): 271 –276.

[45]GASHAW T. Abate, Shahidur Rashid, Carlo Borzaga, Kindie Getnet. Rural Finance and Agricultural Technology Adoption in Ethiopia: Does the Institutional Design of Lending Organizations Matter? [J]. World Development,2016,84: 235 –253.

[46]QIAN M, HUANG Y. Political institutions, entrenchments, and the sustainability of economic development – A lesson from rural finance [J]. China Economic Review, 2016, 40:152 –178.

[47]SHOLPAN GAISINA, LYAZZAT KAIDAROVA. Financial Literacy of Rural Population as a Determinant of Saving Behavior in Kazakhstan[J]. Rural Sustainability Research,2017,38(333):32 –42.

[48]ON –KIT TAM. Rural Finance in China[J]. China Quarterly,1988, 113 (113) :60 –76.

[49]KS TSAI. Imperfect Substitutes:The Local Political Economy of Informal Finance and Microfinance in Rural China and India[J]. World Development, 2004, 32(9):1487 –1507.

[50]Z LI, H TAKEUCHI. Informal Lenders and Rural Finance in China: A Report from the Field[J]. Modern China, 2010, 36 (3) :302 –328.

[51]何广文. 从农村居民资金借贷行为看农村金融抑制与金融深化[J]. 中国农村经济,1999 (10):42 –48.

[52]谢平. 中国农村信用合作社体制改革的争论[J]. 金融研究,2001 (1):1 –13.

[53]高帆. 我国农村中的需求型金融抑制及其解除[J]. 中国农村经济, 2002 (12):68 –72.

[54]马晓河,蓝海涛. 当前我国农村金融面临的困境与改革思路[J]. 中国金融,2003 (11):11 –13.

[55]陆磊. 以行政资源和市场资源重塑三层次农村金融服务体系[J]. 金融研究, 2003 (6):106 - 114.

[56]张杰. 中国农村金融制度:结构、变迁与政策[M]. 中国人民大学出版社,2003.

[57]JOHN JAMES KENNEDY. Finance and rural governance: centralization and local challenges [J]. Journal of Peasant Studies,2013,40(6):19 - 32.

[58]THORSTEN BECK,LIPING LU,RUDAI YANG. Finance and Growth for Microenterprises: Evidence from Rural China[J]. World Development, 2015, 67 (C):38 - 56.

[59]杨沅鑫. 农村金融机构的发展研究[J]. 现代管理科学,2018(5):70 - 72.

[60]李宏伟. 农村金融改革突破口[J]. 中国金融,2018(1):94 - 95.

[61]祝国平,郭连强. 农村金融改革的关键问题、深层原因与战略重点[J]. 江汉论坛,2018(6):46 - 54.

[62]中国人民银行永州市中心支行课题组,袁曙光,李薇. 城镇化进程对农村金融供需的影响研究——以湖南永州为例[J]. 金融发展评论,2017(6):88 - 96.

[63]覃志立,严红. 农村金融发展现状、困境及破解路径:以四川为例[J]. 西南金融,2018(9):8 - 13.

[64]刘璐. 我国农村金融市场的问题及对策研究[J]. 中国市场,2018(23):32 - 33.

[65]乔东升,郭艳春. 新型城镇化背景下农村金融存在问题分析[J]. 农业经济,2018(5):104 - 105.

[66]胡静,姚凤阁. 我国农村金融体系存在的问题及完善对策[J]. 学术交流,2017(2):140 - 145.

[67]刘中升,陈骐,冯宗邦. 改善农村金融体系 促进家庭农场发展[J]. 宏观经济管理,2018(8):54 - 59.

[68]王江,梁爽. 湖南农村正规金融与农村经济增长的实证分析[J]. 纳税,2017(17):117.

[69]项海苹．农村金融发展路径优化探讨[J]．合作经济与科技,2018(20):76－78.

[70]郭连强,祝国平．中国农村金融改革40年:历程、特征与方向[J]．社会科学战线,2017(12):39－51.

[71]陈放．乡村振兴进程中农村金融体制改革面临的问题与制度构建[J]. 探索,2018(3):163－169.

[72]杜文博．我国农村金融现状及发展对策探究[J]．现代商贸工业,2018,39(8):120－121.

[73]中国人民银行湘西州中心支行课题组．金融支持农业供给侧结构性改革——以湖南省湘西州为例[J]．金融经济,2017(24):151－153.

[74]陈学军,张沁梅,李云芳．湖南民族贫困地区经济发展中金融支持问题与对策研究[J]．中南林业科技大学学报(社会科学版),2016,10(3):50－54.

[75]刘敏楼．农村金融生态环境对金融发展的影响[J]．湖南农业大学学报(社会科学版),2016,17(5):20－26.

[76]姚凤阁,胡静,李福新．我国粮食主产区农村金融服务效率分析[J]．商业研究,2018(7):162－167.

[77]丁志国,张洋,覃朝晖．中国农村金融发展的路径选择与政策效果[J]. 农业经济问题,2016(1):68－75.

[78]张红波．浅析金融信贷发展与农村经济关系[J]．现代商业,2018(17):180－181.

[79]洪晓成．普惠金融理论与我国农村金融扶贫问题调适[J]．山东社会科学,2016(12):83－87.

[80]程百川,金鑫．对我国农村金融体系建设的思考[J]．当代经济管理,2017,39(2):40－43.

[81]王燕红．关于我国农村金融市场建设的问题研究[J]．经贸实践,2018(18):143.

[82]赵洪丹．中国农村经济发展的金融支持研究[D]．吉林大学,2016.

[83]李小勍．促进农村金融发展的财税政策研究[J]．财政与金融,2018

(30):47 -48.

[84]胡枫,陈玉宇.社会网络与农户借贷行为——来自中国家庭动态跟踪调查(CFPS)的证据[J].金融研究,2012(12):178 -192.

[85]彭魏倬加,李中.农村土地确权与农村金融发展关系——基于湖南县域的实证研究[J].经济地理,2016,36(7):160 -166.

[86]谭艳芝,李维扬.地区差异、子女性别差异与农村家庭金融行为——来自 CGSS2013 数据的证据[J].湘潭大学学报,2018,42(1):79 -85.

[87]WEILI DING,YUAN ZHANG. When a son is born: The impact of fertility patterns on family finance in rural China[J]. China Economic Review,2014,6(8):192 -208.

[88]姜松,周虹.我国农业价值链金融服务需求的影响因素实证研究[J].当代经济管理,2018.40(网络首发)

[89]邓先骐,殷蕾蕾.我国新型农村金融机构的发展现状分析[J].未来与发展,2014 (11) :62 -68.

[90]CHENGGANG LI, FENG LI, YAFEI ZHANG. Research on Rural Finance Development Level Evaluation[Z]. 2017 International Conference on Mathematics, Modelling and Simulation Technologies and Applications (MMSTA 2017).

[91]万宣辰.中国农村金融发展研究[D].吉林大学,2017.

[92]柯畅,柯霖.金融扶贫视角下的农村金融发展与改革[J].农业经济,2018(5):98 -99.

[93]陈莉.1990—2014 年我国农村金融效率测算及分析[J].中国农业资源与区划,2018,39(6):184 -192.

[94]姜佳.农村金融机构与互联网金融的深度融合[J].农业经济,2018(6):105 -106.

[95]周天芸.金融扶贫、存款外流与农村金融困境[J].金融发展研究,2018(4):74 -79.

[96]刘松涛,罗炜琳,王林萍,林丽琼.日本农村金融改革发展的经验及启示[J].亚太经济,2018(4):56 -65.

[97]王姣.互联网金融助力中国农村金融创新发展研究[J].农业经济,

2018(9):107 －109.

[98]张莹,许婷."互联网 +"背景下农村金融创新及风险控制研究[J].农村实用技术,2018(9):9 －11.

[99]肖冰,任晓聪,李政道.农村互联网金融的发展现状与转型路径[J].江苏农业科学,2018,46(11):346 －349.

[100]童琳.互联网金融背景下农村普惠金融发展现状[J].当代经济,2018(12):44 －45.

[101]WEILIAN ZENG,JIANHUA BAI,XUEPING SHI. Development and Use of Rural Finance: A Case Study of Village A in Sichuan Province[J]. Asian Agricultural Reasearch,2017, 9(6):13 －18.

[102]KEMPSON E,CRAME M,FINNY A. Financial Services Provision and the Prevention of Financial Exclusion[M]. European Commision Press, 2008.

[103]LEYSHON, A. ,N. THRIFT. The restructuring of the UK financial services industry in the 1990s: a reversal of fortune? [J]. Journal of Rural Studies, 1993, 9: 223 －241.

[104]LEYSHON A,N THRIFT. Access to financial services and financial infrastructure withdrawal: problems and policies[J]. Area, 1994, 26: 268 －275.

[105]LEYSHON A,N THRIFT. Geographies of financial exclusion : financial abandonment in Britain and the United States[R]. Transactions of the Institute of British Geographers, New Series, 1995, 20: 312 －341.

[106]B ROGALY,T FISHER,E MAYO, Ed MAYO. Poverty, Social Exclusion and Microfinance in Britain[M]. Oxfam Professional,1999.

[107]T GARDENER,P MOLYNEUX,S CARBO. Financial Exclusion: Comparative Experiences in Developing Research[R]. Presented at the WS － BI/World Bank Access to Finance Conference,2004.

[108]HOGARTH JM,O DONNELL KH. Being Accountable: A Descriptive Study of Unbanked Households in the U. S[R]. Proceedings of the Association for Financial Counseling and Planning Education,Phoenix,Arizona,1997.

[109]JIANAKOPLOS N A,BERNASEK A. Are women more risk averse? [J]

. Economic Inquiry, 1998,36(4), 620 – 630.

[110]FSA(Financial Services Authority). Financial Capability in The UK Establishing a Baseline. http://www.fsa.gov.uk/pubs/other/fincap_baseline.pdf, 2006 – 4 – 25.

[111]DEVLIN J F. A detailed study of financial exclusion in the UK[J]. Journal of Consumer Policy, 2005, 28: 75 – 108.

[112]SARMA M,PAIS J. Financial inclusion and development. Journal of International Development,2010(3):1 – 16.

[113]KEMPSON E,WHYLEY C,CASKEY J,COLLARD S. In or out? Financial Exclusion: A Literature and Research Review,Financial Services Authority,London,2000. http://www.fsa.gov.uk/pubs/consumer0research/crpr03.pdf.

[114]何广文. 从农村居民资金借贷行为看农村金融抑制与金融深化[J]. 中国农村经济, 1999(10):42 – 48.

[115]高帆. 我国农村中的需求型金融抑制及其解除[J]. 中国农村经济, 2002(12):68 – 72.

[116]何广文. 中国农村金融转型与金融机构多元化[J]. 中国农村观察, 2004(2):12 – 20.

[117]田力,胡改导,王东方. 中国农村金融融量问题研究[J]. 金融研究, 2004(3):125 – 135.

[118]王芳. 我国农村金融需求与农村金融制度:一个理论框架[J]. 金融研究,2005(4): 89 – 98.

[119]张元红. 市场化改革加强金融支农的政策选择[J]. 中国金融,2005(22):24 – 26.

[120]王元. 信息处理、博弈参与和农村金融服务中介[J]. 金融研究, 2006(10):162 – 169.

[121]何大安,丁芳菲. 中国农村金融市场化非均衡推进现象分析[J]. 中国农业经济, 2006 (6):32 – 27.

[122]白莹. 新农村建设中的资金供求与制度设计[J]. 金融研究, 2006(10):170 – 180.

［123］何德旭,饶明．我国农村金融市场供求失衡的成因分析:金融排斥性视角［J］．经济社会体制比较，2008（2）:108－114．

［124］王修华．新农村建设中的金融排斥与破解思路［J］．农业经济问题，2009（7）:42－48.

［125］谭露．基于供给偏好视角下的我国农村金融排斥问题研究［J］．安徽农业科学，2009（16）:7694－7695.

［126］田霖．我国金融排除空间差异的影响要素分析［J］．财经研究，2007（4）:107－119．

［127］田杰,陶建平．农村普惠性金融发展对中国农户收入的影响——来自1877个县(市)面板数据的实证分析［J］．财经论丛，2012（2）:57－63.

［128］谭燕芝,李维扬．中国农村金融排斥困境的成因与破解路径［J］．系统工程,2016(5):15－22.

［129］薛宝贵,何炼成．市场竞争、金融排斥与城乡收入差距［J］．财贸研究,2016(1): 1－8.

［130］CHAO LV. Research on System Construction of Inclusive Supervision of Rural Finance in China. 5th International Education, Economics, Social Science, Arts, Sports and Management Engineering Conference(IEESASM 2017).

［131］SARMA M,PAIS J. Financial inclusion and development［J］. Journal of International Development,2010(3):1－16.

［132］蒋俊鹏,郭沛．中国农村金融组织空间结构分析［J］．中国农村观察，2005（2）:9－13.

［133］许圣道,田霖．我国农村地区金融排斥研究［J］．金融研究,2008（7）:195－206.

［134］徐少君．中国各地区金融排除的影响因素分析［J］．浙江理工大学学报，2012（4）:615－620.

［135］董晓林,徐虹．我国农村金融排斥影响因素的实证分析——基于县域金融机构网点分布的视角［J］．金融研究,2012(9):115－126.

［136］陈莎,周立．中国农村金融地理排斥的空间差异——基于“金融密度”衡量指标体系的研究［J］．银行家，2012（7）:106－109.

[137]刘长庚,田龙鹏,陈彬,戴克明．农村金融排斥与城乡收入差距——基于我国省级面板数据模型的实证研究[J]．经济理论与经济管理,2013(10):17 -27.

[138]王一博,李翠霞,辛立秋．农民专业合作社金融排斥影响因素研究——基于正规金融服务需求角度[J]．农业经济与管理,2018(1):35 -47.

[139] CONATY P. New mutuality in practice: The example of art Rossiter [A]. Rossiter (Ed), Financial Exclusion: Can Mutuality Fill the Gap[C]. London: New Policy Institute,1997:22 -26.

[140]DAYSON K. Improving financial inclusion: the hidden story of how building societies serve the financially excluded[R]. University of Salford, 2004, 10.

[141]K DAYSON,P CONATY,J DAWSON,R MARCHANT,A SALT. Financial inclusion initiatives : economic impact and regeneration in city economies - the case of Leeds[J]. Organic Letters, 2009, 15 (22):286 -289.

[142] A LEYSHON, S FRENCH, P SIGNORETTA. Financial Exclusion and the Geography of Bank and Building Society Branch Closure in Britain[J]. Transactions of the Institute of British Geographers, 2008, 33 (4):447 -465.

[143]Y I MUGALOGLU. Equilibrium Financial Exclusion: A Multi - Layered Capital Markets Structure as a Solution[J]. Journal of Applied Economics & Business Research, 2012,2(3):138 -146.

[144]何广文．中国农村金融组织体系创新路径探讨[J]．金融与经济,2007 (8):11 -17.

[145]王修华,邱兆祥．农村金融排斥:现实困境与破解对策[J]．中央财经大学学报, 2010 (10):47 -52.

[146]马九杰,沈杰．中国农村金融排斥态势与金融普惠策略分析[J]．农村金融研究, 2010 (5):5 -10.

[147]国晓丽．基于金融排斥现象对我国农村金融体系的反思[J]．安徽农业科学,2010(27):1519 -1530.

[148]胡宗义,袁亮,刘亦文．中国农村金融排斥的省际差异及其影响因素[J]．山西财经大学学报,2012(5):51 -60.

[149]田霖．我国金融排斥的城乡二元性研究[J]．中国工业经济，2011(2):36－45.

[150]孟德锋,卢亚娟,方金兵．金融排斥视角下村镇银行发展的影响因素分析[J]．经济学动态，2012(9):70－73.

[151]李小建,周雄飞,卫春江,孔云峰．发展中地区银行业空间系统变化——以河南省为例[J]．地理学报，2006(4):414－424.

[152]祝英丽,刘贯华,李小建．中部地区金融排斥的衡量及原因探析[J]．金融理论与实践，2010(2):70－74.

[153]丁兆浩,吕勇斌．中国农村金融发展收敛性的空间计量分析[J]．湖北经济学院学报(人文社会科学版),2012(3):51－53.

[154]田杰,陶建平．社会经济特征、信息技术与农村金融排除——来自我国1765个县(市)的经验证据[J]．当代经济科学，2012(1):58－65.

[155]徐京平,张荣刚,张秦．农村金融排斥、金融扶贫与政府监管效能[J].财经问题研究,2018(2):102－107.

[156]FUCHANG XU,CHUANDONG WANG. Financial Support for Rural Cooperative Economy in China Based on Grey Correlation Analysis[J]. Asian Agricultural Research,2015,7(7):23－26.

[157]耿刘利,黎娜,陈孟．浅析安徽农村金融发展与经济增长间的关系——基于VAR模型[J]．西南石油大学学报(社会科学版),2018,20(4):23－28.

[158]丁志国,徐德财,赵晶．农村金融有效促进了我国农村经济发展吗[J]．农业经济问题,2012(9):50－56.

[159]赵洪丹．中国农村经济发展的金融支持研究[D]．吉林大学东北亚研究院,2016.

[160]陈啸,宋路军．农村金融效率和农业劳动力转移对农民收入影响的实证分析[J]．统计与决策,2018(15):103－106.

[161]齐红倩,李志创．我国农村金融发展对农村消费影响的时变特征研究[J]．农业技术经济,2018(3):110－121.

[162]吴代红，王定祥．农业现代化进程中的农村金融发展[J]．上海金融

学院学报，2013(1):64－73.

[163]张荣．我国农村金融发展对农民收入增长的影响研究——基于2003—2014年数据的实证分析[J]．技术经济与管理研究，2017(2):119－123.

[164]鲁强，黄芸．农村金融发展对农民收入的影响与冲击——基于VECM模型的实证研究[J]．河北工业大学学报(社会科学版)，2014，6(1)：32－40.

[165]张宏彦，何清，余谦．中国农村金融发展对城乡收入差距影响的实证研究[J]．中南财经政法大学学报，2013(1)：56－64.

[166]谢世明．农村金融发展对城乡收入差距的影响研究[D]．浙江财经大学，2016.

[167]杨德勇，岳川，白柠瑞．基于分形理论模型对京津冀地区农村金融差异的研究[J]．中央财经大学学报，2016，1(1):32－40.

[168]杨刚，管福泉，蔡选超，许丹丹．中国农村金融发展对农民收入增长的动态影响研究——基于状态空间模型的实证检验[J]．金融与经济，2014(12):7－11.

[169]X SHEN，K SONG. The Impact of Rural Informal Finance on the Growth of Farmers' Household Income[R]. Proceedings of the 2017 International Conference on Humanities Science，Management and Education Technology (HSMET 2017).

[170]孙玉奎，周诺亚，李丕东．农村金融发展对农村居民收入的影响研究[J]．统计研究，2014，31(11):90－95.

[171]纵玉英，刘艳华．农村金融集聚对地区农民收入的影响分析[J]．铜陵学院学报，2017，16(6):35－38.

[172]武丽娟，徐璋勇．支农贷款影响农户收入增长的路径分析——基于2126户调研的微观数据[J]．西北农林科技大学学报(社会科学版)，2016，16(6):94－104.

[173]李汉卿．基于农民增收视角的农村金融创新发展研究[J]．时代金融，2018(11):68－69.

[174]高彬．农村金融发展与农民收入关系的研究[D]．山东大学，2018.

[175]吕勇斌, 赵培培. 我国农村金融发展与反贫困绩效:基于2003—2010年的经验证据[J]. 农业经济问题, 2014, 35(1):54-60.

[176]彭向升. 中国农村普惠金融发展研究[D]. 福建师范大学,2016.

[177]苏静,胡宗义,肖攀. 中国农村金融发展的多维减贫效应非线性研究——基于面板平滑转换模型的分析[J]. 金融经济学研究,2014(4):86-96.

[178]傅鹏,张鹏. 农村金融发展减贫的门槛效应与区域差异——来自中国的经验数据[J]. 当代财经,2016(6):55-64.

[179]苏静. 中国农村金融发展的减贫效应研究[D]. 湖南大学, 2015.

[180]黄秋萍,胡宗义,刘亦文. 中国普惠金融发展水平及其贫困减缓效应[J]. 金融经济学研究,2017(6):75-84.

[181]王朝晖. 全面建成小康社会视野下农村金融精准扶贫研究[J]. 农业经济,2018(7):97-99.

[182]金浩,李瑞晶. 农村金融生态减贫的系统动力学仿真——以河北省为例[J]. 系统科学学报,2018(4):106-111.

[183]陈骏. 基于空间计量的农村金融发展对减贫效应研究[D]. 上海师范大学,2018.

[184]张翰林. 农村金融发展对农村减贫的门槛效应研究[D]. 云南财经大学,2018.

[185]张兵,翁辰. 农村金融发展的减贫效应——空间溢出和门槛特征[J]. 农业技术经济,2015(9):37-47.

[186]瞿睿. 农村金融对减少贫困的作用探讨[J]. 时代金融,2016(9):265.

[187]李生鑫. 农村金融对减少贫困的作用探讨[J]. 现代经济信息, 2016(13): 262.

[188]王曙光,杨敏. 农村供给侧结构性改革与县域农村金融创新发展[J]. 农村金融研究,2016(7):55-59.

[189]董晓林,朱敏杰. 农村金融供给侧改革与普惠金融体系建设[J]. 南京农业大学学报(社会科学版),2016,16(6):14-18.

[190]游风,何蒲明. 农业供给侧改革背景下农村三产融合发展研究[J].

合作经济与科技,2018(15):4 -6.

[191] CONROY J. APEC and Financial Exclusion: Missed Opportunities for Collective Action? [J]. Asia Pacific Development Journal, 2005,12 (1):53 -80.

[192] COLLARD S. ,KEMPSON E. ,WHYLEY C. Tackling financial exclusion [M]. Bristol:Policy,2001.

[193] ANZ. A Report on Financial Exclusion in Australia[R]. Chant Link & Associates Report No. 10,2004.

[194] CEBULLA A. A geography of insurance exclusion:perceptions of unemployment risk and actuarial risk assessment[J]. Area,1999,31(2):111 -121.

[195] ALLEN F, DEMIRGUC - KUNT A, KLAPPER L, Pe M. S. M. The Foundations of Financial Inclusion: Understanding Ownership and Use of Formal Accounts, WPS6290, The World Bank, Washington D. C,2012.

[196] MORRISON P. S. ,O' BRIEN R. Bank Branch Closures in New Zealand:The Application of a spatial interaction model[J]. Applied Geography,2001 (21):301 -330.

[197] ELAINE KEMPSON, CLAIRE WHYLEY, SHARON COLLARD, JOHN CASKEY. In or out? Financial exclusion: A literature and research review Financial Services Authority London[R]. Financial Services Authority,2000.

[198] AMERIKS J. ,ZELDES S. How Do Household Portfolio Shares Vary with Age? TIAA - CREF Working Paper, Columbia University, New York,2004.

[199] SANTIAGO CARÓ,EDWARD P. M. Gardener,Philip Molyneux. Financial Exclusion[M]. Palgrave Macmillan Studies in Banking and Financial Institutions, 2004.

[200] GUISO LUIGI,PAIELLA MONICA. Risk Aversion, Wealth and Background Risk[J]. Journal of the European Economic Association, 2008,6(6):1109 -1150.

[201] DEVLIN J. F. A detailed study of Financial Exclusion in the United Kingdom[J]. Journalof Consumer Policy, 2005,28(1):75 -108.

[202] ALWYN YOUNG. Inequality, the Urban - Rural Gap, and Migration [J]. The Quarterly Journal of Economics, 2013, 128 (4):1727 -1785.

[203]RANGARAJAN COMMITTEE. Report of the Committee on Financial Inclusion[R]. The Government of India,2008.

[204]Accion International. Center for Financial Inclusion, Financial Inclusion Glossary 2009 [DB/OL]. http://www.centerforfinancialinclusion.org/Page.aspx?pid=1941.

[205]RAMAKRISHNAN RAMACHANDRAN. BFSI: Best Practices in Financial Inclusion[R]. 22nd SKOCH Summit, 2010.

[206]UO OSILI,A PAULSON. What can we learn about financial access from U.S. immigrants? [J]. Ssrn Electronic Journal, 2006, 22(3):431-455.

[207]C BOLD,S ROTMAN,D PORTEOUS. Social cash transfers and financial inclusion: evidence from four countries (Inglés) [R]. CGAP Working Paper, No. 77,2012.

[208]SWAMY V. Financial inclusion,gender dimension and economic impact on poor households[J]. World Development,2014,56(4):1-15.

[209]CLASSENS S. Access to financial services:A review of the issues and public policy objectives[J]. World Bank Research Observer,2006,21(2):207-240.

[210]T BECK, A DEMIRGUC-KUNT, MSM PERIA. Reaching out: Access to and use of banking services across countries[J]. Journal of Financial Economics, 2007,85(1): 234-266.

[211]T BECK, A DEMIRGÜÇ-KUNT, M PERIA. Banking services for everyone? Barriers to bank access and use around the world[J]. World Bank Economic Review, 2008,22(3):397-430.

[212]KUMAR N. An empirical analysis of financial inclusion across population groups in India[J]. IUP Journal of Bank Management,2012,11(1):97-111.

[213]BOULTON T J,S B SMART,C J ZUTTER. Governance and international IPO underpricing[R]. SSRN Working Paper,No. 928526,2007.

[214]ARORA R. Financial inclusion and human capital in developing Asia:the Australian connection[J]. Third World Quarterly,2012,33(1):179-199.

[215]LOUIS dE KOKER, NICOLA JENTZSCH. Financial Inclusion and Finan-

cial Integrity: Aligned Incentives? [J]. World Development, 2013, 44: 267 - 280.

[216]M A BAYERO. Effects of Cashless Economy Policy on Financial Inclusion in Nigeria: An Exploratory Study[J]. Procedia - Social and Behavioral Sciences,2015,172: 49 - 56.

[217]杜晓山,张保民,刘文璞,白澄宇. 对民间或半政府机构开展扶贫小额信贷的政策建议[J]. 红旗文稿,2004(6):19 - 21.

[218]杜晓山. 普惠性金融体系理念与农村金融改革[J]. 中国农村信用合作,2006(10): 23 - 24.

[219]杜晓山. 建立普惠金融体系[J]. 中国金融家,2009(1): 140 - 142.

[220]杜晓山. 普惠金融,根在农村[J]. 农村工作通讯,2014(4): 41.

[221]焦瑾璞. 构建普惠金融体系的重要性[J]. 中国金融,2010(5): 12 - 13.

[222]马九杰,沈杰. 中国农村金融排斥态势与金融普惠策略分析[J]. 农村金融研究,2010(5):5 - 10.

[223]夏圆圆. 普惠金融视角下小额信贷机制发展研究[J]. 湖北社会科学,2010(9):6 - 10.

[224]李滨. 普惠金融的制度分析与测度研究[D]. 厦门大学,2014.

[225]徐敏. 农村金融服务水平的区域差异及影响因素分析[J]. 西部金融. 2013(3):59 - 63.

[226]王婧,胡国晖. 中国普惠金融的发展评价及影响因素分析[J]. 金融论坛,2013,18(6):31 - 36.

[227]王修华,关键. 中国农村金融包容水平测度与收入分配效应[J]. 中国软科学,2014(8): 150 - 161.

[228]肖翔,洪欣. 普惠金融指数的编制研究[J]. 武汉金融,2014(9): 7 - 11.

[229]陈银娥,孙琼,徐文赟. 中国普惠金融发展的分布动态与空间趋同研究[J]. 金融经济学研究,2015(6): 72 - 81.

[230]马彧菲,杜朝运. 普惠金融指数的构建及国际考察[J]. 国际经贸探索,2016(1): 105 - 114.

[231]AV BANERJEE, AF NEWMAN. Occupational choice and the process of development[J]. Journal of political economy, 1993,101(2):274 -298.

[232]T BECK, R LEVINE, N LOAYZA. Finance and the sources of growth [J]. Journal of financial economics, 2000, 58(1):261 -300.

[233] M ANDRIANAIVO, K KPODAR. Mobile phones, financial inclusion, and growth[J]. Review of Economics and Institutions, 2012,3(2):1 -30.

[234]PRASAD,E. S. Financial sector regulation and reforms in emerging markets:An overview[R]. NBER Working Paper No. 16428,2010.

[235]CULL,R. , A DEMIRGUC -KUNT,T. LYMAN. Financial inclusion and stability:What does research show? [R]. CGAP Working Paper,No. 71305,2012.

[236]F ALLEN, A DEMIRGUC -KUNT, L KLAPPER, M PERIA. The foundations of financial inclusion: Understanding ownership and use of formal accounts [J]. Journal of Financial Intermediation, 2016, 27:1 -30.

[237] SUSANTA K S. Developing a financial inclusion index and inclusive growth in India[J]. Theoretical & Applied Economics,2016,23 (2):187 -206.

[238]TAOFEEK OLUSOLA AYINDE,OLUMUYIWA GANIYU YINUSA. Financial Development and Inclusive Growth in Nigeria: A Threshold Analysis[J]. Acta Universitatis Danubius Oeconomica,2016,12(4):327 -347.

[239]KIM J H. A Study on the Effect of Financial Inclusion on the Relationship Between Income Inequality and Economic Growth[J]. Emerging Markets Finance and Trade,2016,52(2):498 -512.

[240]李涛,徐翔,孙硕. 普惠金融与经济增长[J]. 金融研究,2016(4):1 -16.

[241]许圣道,田霖. 我国农村地区金融排斥研究[J]. 金融研究,2008(7):195 -206.

[242]刘志友,孟德锋,杨爱军. 金融发展、支农目标与微型金融机构的成本效率——以江苏省小额贷款公司为例[J]. 财贸经济,2012(8):56 -63.

[243]星焱. 普惠金融:一个基本理论框架[J]. 国际金融研究,2016(9):21 -37.

[244]谢欣．包容性增长与普惠金融的发展[J]．银行家,2011(1):112－114.

[245]贝多广,张锐．包容性增长背景下的普惠金融发展战略[J]．经济理论与经济管理,2017(2):5－12.

[246]杨燕．普惠金融水平的衡量及其对经济增长的影响——基于中国经济区域2005—2013年的面板数据[J]．金融与经济,2015(6):38－44.

[247]郝云平,雷汉云,董永亮．普惠金融与包容性经济增长——基于中国西部地区面板数据的实证[J]．金融与经济,2018(5):44－49.

[248]江春,许立成．制度安排、金融发展与社会公平[J]．金融研究,2007(6):44－52.

[249]肖晶,粟勤．金融包容、金融发展及其对收入分配的影响:研究评述与展望[J]．金融理论与实践,2014(5):96－100.

[250]谢升峰,路万忠．农村普惠金融统筹城乡发展的效应测度——基于中部六省18县(市)的调查研究[J]．湖北社会科学,2014(11): 59－64.

[251]王宁,王丽娜,赵建玲．普惠金融发展与贫困减缓的内在逻辑[J]．河北大学学报(哲学社会科学版),2014,39(2):127－131.

[252]徐敏,张小林．普惠制金融对城乡居民收入差距的影响[J]．金融论坛,2014,19(9):9－15.

[253]刘波,王修华,彭建刚．金融包容水平与地区收入差距——基于湖南省87个县(市)2008—2012年的经验数据[J]．当代财经,2014(11):46－56.

[254]江春,赵秋蓉．关于构建我国普惠金融体系的理论思考——国外金融发展如何更好地减缓贫困理论的启示[J]．福建论坛(人文社会科学版),2015(3):24－29.

[255]张益明,李慧．普惠金融与中国城乡收入差距——基于中国省际面板数据的实证[J]．金融与经济,2018(5):50－56.

[256]SCHMIED J, MARR A. Financial Inclusion And Poverty: The Case of Peru[J]. Regional and Sectoral Economic Studies,2016,16(2):29－40.

[257]PARK C. Y., JR R. V. M. Does Financial Inclusion Reduce Poverty and Income Inequality in Developing Asia? [J]. Financial Inclusion in Asia,2016,20

(5): 419 -435.

[258]DIAN JIN. The Inclusive Finance Have Effects on Alleviating Poverty [J]. Open Journal of Social Sciences,2017,5(3): 233 -242.

[259]罗斯丹,陈晓,姚悦欣. 我国普惠金融发展的减贫效应研究[J]. 当代经济研究,2016(12):84 -93.

[260]王姣,周颖. 基于贫困减缓视角的普惠金融发展研究[J]. 农业经济,2017(2):13 -15.

[261]马彧菲,杜朝运. 普惠金融指数测度及减贫效应研究[J]. 经济与管理研究,2017,38(5):45 -53.

[262]何学松,孔荣. 普惠金融减缓农村贫困的机理分析与实证检验[J]. 西北农林科技大学学报(社会科学版),2017,17(3):76 -83.

[263]韩晓宇. 普惠金融的减贫效应——基于中国省级面板数据的实证分析[J]. 金融评论,2017,9(2):69 -82.

[264]朱洋,刘阳. 普惠金融发展的贫困减缓效应研究——基于中国省级面板数据的实证[J]. 金融与经济,2018(5):36 -43.

[265]孟飞. 普惠金融生态及其优化[J]. 上海经济研究,2009(6): 88 -92.

[266]焦瑾璞. 我国普惠金融现状及未来发展[J]. 金融电子化,2014(11):15 -17.

[267]王守淦. 普惠金融的理论框架及路径选择[J]. 中国农业银行武汉培训学院学报,2014(3):9 -10.

[268]中国人民银行石家庄中心支行金融研究处课题组. 农村地区普惠金融发展路径探讨[J]. 河北金融,2015(4):14 -18.

[269]黄良谋,黄革,向志容. 普惠制金融理论的述评及在我国贫困地区的应用[J]. 海南金融,2008(1):21 -25.

[270]王修华. 新农村建设中的金融排斥与破解思路[J]. 农业经济问题,2009,30(7):42 -48.

[271]谢丽华. 关于农村金融排斥问题的思考[J]. 西南金融,2012(8): 26 -29.

[272]肖本华. 包容性增长视角下的普惠制金融研究[J]. 上海金融学院学报,2011(6):17－22.

[273]房引宁. 对商洛市农村金融生态环境的调查[J]. 西部金融,2009(4):71－72.

[274]胡振,范静,刘艳. 中国农村金融排斥区域差异的聚类分析[J]. 吉林农业大学学报,2012,34(6):705－710.

[275]董龙训. 治理农村支付服务金融排斥的探索与研究[N]. 金融时报,2012－08－20(10).

[276]韩俊. 加快建立普惠型的农村金融体系[J]. 农村经营管理,2009(2):20－23.

[277]焦瑾璞,黄亭亭,汪天都,张韶华,王瑱. 中国普惠金融发展进程及实证研究[J]. 上海金融,2015(4): 12－22.

[278]周小川. 践行党的群众路线 推进包容性金融发展[J]. 求是,2013(18) : 1－4.

[279]周孟亮,彭雅婷. 我国金融扶贫的理论与对策——基于普惠金融视角[J]. 改革与战略,2015(12): 40－44.

[280]全臻,全承相,全永海. 特惠金融扶贫信贷的风险控制[J]. 湖湘论坛,2016(2): 73－76.

[281]何德旭,苗文龙. 金融排斥、金融包容与中国普惠金融制度的构建[J]. 财贸经济,2015(3): 5－16.

[282]张郁. 结构视角下中国农村普惠金融发展的现实困境与制度选择[J]. 南方金融,2015(9): 91－95.

[283]LOUIS DE KOKER. Money laundering control and suppression of financing of terrorism: Some thoughts on the impact of customer due diligence measures on financial exclusion[J]. Journal of Financial Crime,2006, 13(1): 26－50.

[284]S. PEACHY,A. ROE. Access to finance: what does it mean and how do savings banks foster access[R]. the World Savings Banks Institute (WSBI),2006.

[285]BRIDGEMAN,J. S. Vulnerable Consumers and Financial Services [R]. London,Office of Fair Trading,UK Government,OFT 255,1999.

[286]韩俊. 中国农村金融调查[M]. 上海远东出版社,2000.

[287]MANUEL ARELLANO, STEPHEN BOND. Some Tests of Specification for Panel Data: Monte Carlo Evidence and an Application to Employment Equations [J]. Review of Economic Studies,1991,58(2):277 -297.

[288]ARELLANO M, BOVER O. Another Look at the Instrumental Variables Estimation of Error Components Models[J]. Journal of Econometrics, 1995, 68: 29 -51.

[289]BLUNDELL R W, BOND S R. Initial Conditions and Moment Restrictions in Dynamic Panel Data Models[J]. Journal of Econometrics, 1998,87:115 -143.

[290]BOND S R. Dynamic Panel Data Models A Guide to Micro Data Methods and Practice[J]. Portuguese Economic Journal, 2002(1):141 -162.

[291]谢平. 完善银行信用风险管理[J]. 中国金融,2014(22):36 -38.

[292]苗文龙,刘海二. 互联网众筹融资及其激励约束与风险管理——基于金融市场分层的视角[J]. 金融监管研究,2014(7):1 -22.

[293]MCKINNON, RONALD I. Money and Capital in Economic Development, Washington, D. C,: Brookings Institute. 1973.

[294]SHAW E. Financial deepening in economic development. NewYork: Oxford University Press, 1973.

[295]KAPUR BASANT K. Two approaches to ending inflation, in: Ronald 1. McKinnon, ed. , Money and finance in economic growth and development, essays in horior of Edward S. Shaw (Marcel Dekker, New York) 1976:199 -221.

[296]DONALD J MATHIESON. Financial Reform and Stabilization Policy in a Developing Economy[J]. Journal of Development Economics,1980,7(3):359 -395.

[297] VICENTE GALBIS. Financial intermediation and economic growth in less -developed countries: A theoretical approach[J]. Journal of Development Studies. 1977,13 (2): 58 -72.

[298]MAXWELL J FRY. Money and Capital or Financial Deepening in Economic Development? [J]. Journal of Money, Credit and Banking, 1978,10(4):464 -475.

[299]MAXWELL J FRY. Money, interest, inflation and growth in Turkey[J].

Journal of Monetary Economics,1980,6(4): 535 -545.

[300]MAXWELL J FRY. Saving, investment, growth and the cost of financial repression[J]. World Development, 1980, 8(4): 317 -332.

[301]RAJAN R G,ZINGALES L. Power in a Theory of the Firm[J]. The Quarterly Journal of Economics, 1998,113(2):387 -432.

[302]LA PORTA R, LOPEZ - DE - SILANES F, SHLEIFER A,VISHNY R W. Law and Finance. Journal of Political Economy, 1998,106:1113 -1155.

[303]罗纳德·I. 麦金农. 经济发展中的货币与资本. 北京:中国金融出版社,1990.

[304]爱德华·S. 肖. 经济发展中的金融深化. 上海:上海三联书店,1993.

[305]MAXWELL J FRY. Models of financially repressed developing economies [J]. World Development, 1982, 10(9): 731 -750.

[306]MAXWELL J FRY. Foreign debt instability: an analysis of national saving and domestic investment responses to foreign debt accumulation in 28 developing countries[J]. Journal of International Money and Finance,1989,8(3): 315 -344.

[307]THOMAS HELLMANN, KEVIN MURDOCK, JOSEPH STIGLITZ. Financial Restraint: Towards A New Paradigm[A]. The Role of Government in East Asian Economic Development Comparative Institutional Analysis [C]. M Aoki, H - K Kim, M Okuno - Fujiwara, eds. ,Clarendon Press: Oxford, 1997, pp. 163 -207.

[308]CHOONG LYOL LEE, SHINJI TAKAGI. Assessing the Financial Landscape for the Association of Southeast Asian Nations Economic Community, 2015[J]. Asia & the Pacific Policy Studies, 2015, 2(1):116 -129.

[309]GIOVANNINI A. Saving and the Real Interest Rate in LDCs[J]. Journal of Development Economics, 1985,18:197 -217.

[310]周小川. 完善法律制度, 改进金融生态[N]. 金融时报, 2004 -12 -07.

[311]徐诺金. 论我国的金融生态问题[J]. 金融研究,2005(2):35 -45.

[312]李扬. 中国城市金融生态环境评价[M]. 人民出版社,2005.

[313]杨子强. 金融生态环境与经济健康发展[J]. 银行家,2005(5):

24 -28.

[314]唐旭,邱海洋. 完善动产担保物权制度优化金融生态[J]. 中国金融,2005(16):23 -25.

[315]韩金峰. 政府主导优化金融生态环境 促进经济金融良性互动发展[J]. 中国金融,2006(22):26 -28.

[316]苏宁."金融生态环境"的基本内涵[J]. 金融信息参考,2005(10):6.

[317]穆怀鹏. 改善金融生态推动金融市场发展[N]. 金融时报,2005 -07 -19(2).

[318]宋逢明. 公司治理是改善金融生态的基础[N]. 金融时报,2005 -08 -22.

[319]徐小林. 区域金融生态环境评价方法[J]. 金融研究,2005(11):39 -45.

[320]周志平. 小荷才露尖尖角——张家界市金融生态环境建设纪实[J]. 中国金融,2005(20):21 -22.

[321]中国人民银行洛阳市中心支行课题组. 区域金融生态环境评价指标体系研究[J]. 金融研究,2006(1):167 -177.

[322]谢庆健. 县域金融生态现状分析——来自安徽、江西、河南、江苏、浙江、山东六省的调查报告[J]. 中国金融,2006(4):32 -34.

[323]皮天雷,段宇信. 金融生态中的法律制度探讨———个新制度经济学的角度[J]. 财经科学,2006(3):16 -22.

[324]刘伦,赵喜艳. 如何优化农村金融生态[J]. 江西金融职工大学学报, 2006(3): 3 -7.

[325]黄福宁. 优化农村金融生态环境的几点思考[J]. 经济学家,2005(4).

[326]谢伟,燕东勇. 建设农村金融生态环境的思考[J]. 济南金融,2005(11): 26 -28.

[327]林永军. 金融生态建设:一个基于系统论的分析[J]. 金融研究,2005(8):44 -52.

[328]吴志远,李才平. 对我国农村金融生态建设的思考[J]. 农村经济,2006(11):67-69.

[329]中国人民银行张家界市中心支行课题组. 金融生态的层次结构与金融资源均衡配置:张家界个案分析[J]. 金融研究,2005(11):156-163.

[330]张高军. 建设新农村与改善欠发达地区县域金融生态环境:以天峨县为视角[J]. 南方金融,2006(7):66-67.

[331]谢庆健. 县域金融生态现状分析——来自安徽、江西、河南、江苏、浙江、山东六省的调查报告[J]. 中国金融,2006(4):32-34.

[332]张瑞怀. 基于BP神经网络模型的农村金融生态环境综合评价[J]. 金融理论与实践,2006(10):29-31.

[333]中国人民银行成都分行课题组. 西南民族地区农村金融生态运行特征及行为绩效[J]. 财经科学,2006(8):110-116.

[334]樊纲."苏联范式"批判[J]. 经济研究,1995(10):70-80.

[335]ROLAND I. ROBINSON,DWAYNE WRIGHTSMAN. 金融市场——财富的累积和分配[M]. 王耀兴,译. 幼狮公司文化事业、台北市银行,1984.

[336]A D Bain. The Economics of the Financial System[M]. Oxford:Robertson,1981.

[337]刘飞. 基于DEA的区域金融效率评价研究[J]. 城市发展研究,2007(1):132-135.

[338]王广谦. 经济发展中金融的贡献与效率[M]. 北京:中国人民大学出版社,1997.

[339]叶望春. 金融工程及其对金融效率的作用[J]. 财贸经济,1999(5):3-5.

[340]杨德勇. 对金融效率问题的思考[J]. 甘肃金融,1998(10):3-5.

[341]王振山. 金融效率论——金融资源优化配置的理论与实践[D]. 东北财经大学,1999.

[342]周升业. 金融资金运行分析:机制·效率·信息[M]. 中国金融出版社,2002.

[343]汪永奇,程希骏. 金融效率与金融管理[J]. 价值工程,2002(4):

48 -51.

[344]ADAMS D. W, Graham D. H, Pischke J. D. von. Undermining rural development with cheap credit[M]. Boulder CO: Westview Press, 1984.

[345] A. BRAVERMAN, M. HUPPI. Improving rural finance in developing countries[J]. Finance and Development, 1991,28(1):42 -44.

[346]HEGE GULLI. Microfinance and Poverty[M]. New York:Inter - American Development Bank,1998.

[347]STIGLITZ J. E. , WEISS A. Credit Rationing in Markets with Imperfect Information[J]. The American Economic Review,1981,71(3): 393 -410.

[348]STIGLITZ J. E. Markets, Market Failures, and Development[J]. The American Economic Review,1989,79(2): 197 -203.

[349]LEYSHON A, THRIFT N, PRATT J. Inside/outside: geographies of financial inclusion and exclusion in Britain[A]. Geographies of monetory transformation [C]. London:Routledge,1997:225 -260.

[350]H. T. PATRICK. Financial Development and Economic Growth in Underdeveloped Countries[A]. Money and Monetary Policy in Less Developed Countries: A Survey of Issues and Evidence, 1980:37 -54.

[351]MYRDAL K. G. Economic Theory and Underdeveloped Regions[M]. London: Gerald Duckworth, 1957.

[352]HIRSCHMAN A. O. The Strategy of Economic Development[M]. Yale University Press, New Haven, 1958.

[353]WILLIAMSON O. E. Markets and hierarchies: Analysis and antitrust implications[M]. New York: Free Press,1975.

[354]WILLIAMSON O. Transaction - cost economics: The governance of contractual relations[J]. Journal of Law and Economics, 1979,22:233 -261.

[355]ALLAN N. RAE, CHRIS NIXON, RALPH G. Lattimore. Adjustment to Agricultural Policy Reform - Issues and Lessons from the New Zealand Experience [R]. No 15741, Policy Reform and Adjustment Workshop,2003.

[356]ROGER THOMAS MOYER. Technical Assistance for Rural Finance in

Central Asia [M]. Manila:Asian Development Bank, 2002.

[357]GURENKO E. ,MAHUL O. Enabling Productive but Asset – Poor Farmers to Succeed: A Risk Financing Framework. Insurance and Contractual Savings Practice, World Bank Policy Research Working Paper 3211 Financial Sector Operations and Policy Department,2004.

[358]RON STROCHLIC,CRISPIN SHELLEY. Community Supported Agriculture in California, Oregon and Washington: Challenges and Opportunities[R]. California Institute for Rural Studies,2004.

[359]胡慧敏. 我国金融效率评价指标体系及影响因素分析[D]. 天津财经大学,2006.

[360]白钦先,杨涤. 新资源要素和经济增长发展理论[J]. 中国人口·资源与环境,2001(4):6 –8.

[361]陈建南,廖琪. 基于DEA模型的金融效率评价——以江西各地区金融机构为例[J]. 金融与经济,2008(11):56 –59.

[362]谷慎. 我国农村金融效率实证分析[J]. 西安交通大学学报(社会科学版),2006(5):31 –35.

[363]曾另琼. 湖北省农村金融效率实证研究[D]. 华中农业大学,2009.

[364]殷剑峰. 金融系统的功能、结构和经济增长[D]. 中国社会科学院研究生院,2003.

[365]王刚. 西方各国金融系统演进和功能的制度分析——兼论我国金融系统的改革[D]. 吉林大学,2004.

[366]SCHUMPETER J. A. Theory of Economic Development. Harvard University Press, Cambridge,1911.

[367]MCKINNON,RONALD I. Money and Capital in Economic Development [M]. Washington, D. C,: Brookings Institute. 1973.

[368]GURLEY J. G,SHAW E. S. Financial Aspects of Economic Development [J]. The American Economic Review,1955,15(4): 515 –538.

[369]J. HICKS. A Theory of Economic History[M]. London:Oxford University Press, 1969.

[370]F. BLACK, M. JENSEN,M. SCHOLES. The capital asset pricing model: some empirical tests [J]. Studies in the Theory of Capital Markets, 1972, 19 (6):79 -124.

[371]E. F. FAMA. Risk, return and equilibrium: empirical tests [J]. Journal of Political Economy,1973,71(3):607 -654.

[372]M. REINGANUM. A new empirical perspective on the CAPM [J]. Journal of Financial and Quantitative Analysis, 1981, 43 (3):145 -208.

[373]JOSEF LAKONISHOK,ALAN C. SHAPIRO. Systematic risk, total risk and size as determinants of stock market returns[J]. Journal of Banking & Finance, 1986,10(1):115 -132.

[374]E. F. FAMA, K. R. FRENCH. The cross - section of expected stock returns [J]. The Journal of Finance, 1992,47 (6):427 -465.

[375]施东晖．上海股票市场风险的实证研究[J]．经济研究,1996, 37 (10):44 -48.

[376]陈浪南,屈文洲．资本资产定价模型的实证研究[J]．经济研究, 2000,18(4) :26 -34.

[377]李和金,李湛．上海股票市场资本资产定价模型实证检验[J]．预测,2000,16(5) :75 -77.

[378]李剑锋．资本资产定价模型(CAPM)对上海股市的实证研究[J]．江苏统计,2002 (6) :12 -17.

[379]李金垒,靳军会,张雯．资本资产定价模型在沪市拟合程度检验[J]．上海市经济管理干部学院学报, 2008, 6(6):32 -45.

[380]蔡胜琴．资本资产定价模型的实证研究[J]．现代商业, 2010(29): 7 -9.

[381]朱顺泉．资本资产定价模型 CAPM 在中国资本市场中的实证检验[J]．统计与信息论坛, 2010,25(8):38 -51.

[382]丁琳,刘文俊．中国沪市资本资产定价模型的实证检验——基于动态分组方法[J]．中南财经政法大学学报, 2013,199 (4):95 -99.

[383]周子耀,于苏日娜．资本资产定价模型在中国股票市场的实证研究

[J]. 商, 2015(26):153 - 153.

[384]朱宏泉,余江,陈林. 异质信念、卖空限制与股票收益——基于中国证券市场的分析[J]. 管理科学学报, 2016(7): 115 - 126.

[385]李志冰,杨光艺,冯永昌,景亮. Fama - French 五因子模型在中国股票市场的实证检验[J]. 金融研究,2017(6): 191 - 206.

[386]李起铨,欧芷晴,骆威. 股票异质性的 CAPM 实证检验——基于市场领导和落后的双重视角[J]. 金融发展研究,2018(3):56 - 61.

[387]AMERIKS J,ZELDES S P. How do household porffolio shares vary with age [Z]. Working Paper,Columbia University,2004.

[388]伍旭川. 金融深度、金融宽度与金融发展[J]. 金融纵横,2005(5): 36 - 39.

[389]李猛. 金融宽度和金融深度的影响因素:一个跨国分析[J]. 南方经济,2008(5):56 - 67.

[390]胡宗义,刘亦文,袁亮. 金融均衡发展对经济可持续增长的实证研究[J]. 中国软科学,2013(7):25 - 38.

[391]JEREMY GREENWOOD,BOYAN JOVANOVIC. Financial development, growth, and the distribution of income[J]. Journal of Political Economy, 1990, 98 (5):1076 - 1107.

[392]PATRICK HONOHAN. Household financial assets in the process of development[R]. World Bank Policy Research Working Paper 3965,2006.

[393]刘华军,刘传明,陈明华. 中国工业 CO_2 排放的行业间传导网络及协同减排[J]. 中国人口·资源与环境,2016,26(4):90 - 99.

[394]KARLAN D., MORDUCH J. Access to finance[A]. In D. Rodrik & M. Rosenzweig, Handbook of development economics[C]. Amsterdam: North Holland,2010.

[395] DUPAS P., GREEN S., KEATS A., ROBINSON J. Challenges in banking the rural poor: Evidence from Kenya's Western Province[A]. In S. Edwards, S. Johnson, & D. Neil (Eds.), African successes, volume III. Modernization and development[C]. Chicago: University of Chicago Press,2016.

[396]DUPAS P. ,ROBINSON J. Savings constraints and microenterprise development: Evidence from a field experiment in Kenya[J]. AEJ: Applied Economics, 2013,5(1), 163 -192.

[397]GIULIANO P. ,RUIZ - ARRANZ M. Remittances, Financial Development and Growth[J]. Journal of Development Economics, 2009,90:144 -152.

[398]DIEGO ANZOATEGUI, ASLI DEMIRGÜÇ - KUNT, MARIA SOLEDAD MARTINEZ PERIA. Remittances and Financial Inclusion: Evidence from El Salvador[J]. World Development,2014(54): 338 -349.

[399]中国人民银行合肥中心支行青年课题组,孟凡征. 农村普惠金融发展及其福利效应研究[J]. 金融纵横,2014(12):47 -56.

[400]BECK T. , DEMIRGUC - KUNT A. ,LEVINE R. Financial institutions and markets across countries and over time - data and analysis[R]. World Bank Policy Research Working Paper No. 4943, 2009.

[401]MANDIRA SARMA,JESIM PAIS. Financial Inclusion and Development [J]. Journal of International Dvelopment,2010(12):613 -628.

[402]ANAND S. K, CHHIKARA K. S. A. Theoretical and Quantitative Analysis of Financial Inclusion and Economic Growth[J]. Management and Labour Studies, 2013(38):103 -133.

[403]BARRO R. Determinants of Economic Growth: A Cross - Country Empirical Study[M]. MIT Press, Cambridge,1997.

[404]W. EASTERLY,R. LEVINE. Africa's Growth Tragedy: Policies and Ethnic Divisions[J]. The Quarterly Journal of Economics,1997,112(4):1203 -1250.

[405]SCHMIED J, MARR A. Financial inclusion and poverty: The case of Peru[J]. Regional & Sectoral Economic Studies, 2013, 16: 29 -40.

[406]PARK C Y,JR R V M. Does Financial Inclusion Reduce Poverty and URGAP Inequality in Developing Asia? [A]. Sasidaran Gopalan, Tomoo Kikuchi. Financial Inclusion in Asia[C]. Palgrave Macmillan UK,2016:419 -435.

[407]苏静,胡宗义,唐李伟. 农村非正规金融发展的减贫效应非线性研究——基于 PSTR 模型的分析[J]. 农业技术经济,2014(1):81 -90.

[408]BECK T, DEMIRGÜÇ - KUNT A, LEVINE R. Finance, inequality and the poor[J]. Journal of economic growth, 2007, 12(1): 27 - 49.

[409]FRANCOIS BOUGUIGNON. Inequality and globalization: How the rich get richer as the poor catch up[J]. Foreign Affairs, 2016,95(1), 11 - 15.

[410]章奇,刘明兴,陶然, Vincent,Yiu Por Chen. 中国金融中介增长与城乡收入差距[J]. 中国金融学,2004,3(1):71 - 99.

[411]温涛,冉光和,熊德平. 中国金融发展与农民收入增长[J]. 经济研究,2005(9):30 - 43.

[412]张英丽,杨正勇. 金融发展、城镇化对城乡收入差距的作用机理及动态分析[J]. 统计与决策,2018,34(5):84 - 88.

[413]HUGH T. Patrick. Financial Development and Economic Growth in Underdeveloped Countries[J]. Economic Development and Cultural Change, 1966,14(2): 174 - 189.

[414]SYVIANE GUILLAUMONT JEANENEY,KANGNI KPODAR. Financial development and poverty reduction:Can there be a benefit without a cost[J]. The Journal of Development Studies,2011,47(1):143 - 163.

[415]张贺,白钦先. 数字普惠金融减小了城乡收入差距吗?——基于中国省级数据的面板门槛回归分析[J]. 经济问题探索,2018(10):122 - 129.

[416]杨俊. 金融结构对城乡居民收入差距的影响[J]. 征信,2018,36(1):83 - 89.

[417]刘金全,毕振豫. 普惠金融发展及其收入分配效应——基于经济增长与贫困减缓双重视角的研究[J]. 经济与管理研究,2019,40(4):37 - 46.

[418]TAN H. B,LAW S H. Nonlinear dynamics of the finance inequality nexus in developing countries[J]. The Journal of Economic Inequality,2012,10(4):551 - 563.

[419]KIM D. H. ,LIN S. C. Nonlinearity in the Fnancial Development - income Inequality Nexus [J]. Journal of Comparative Economics,2011(39):310 - 25.

[420]许平祥. 金融控制是收入分配库兹涅茨效应的原因吗?——基于省际数据的动态面板 GMM 分析[J]. 上海经济研究,2011(5):44 - 51.

[421]李志军,张名誉．普惠性金融发展与收入差距的非线性关系研究[J]. 统计与决策,2015(22):158－161.

[422]顾晓安,庄晓栋,沙一心．普惠金融发展对城乡居民收入差距的影响研究——基于我国省级面板数据的门槛效应分析[J]．海南金融,2019(7):3－13.

[423]顾晓安,袁婷婷．金融发展对经济增长影响的门槛效应研究——基于人均收入和人力资本视角的分析[J]．浙江金融,2019(12):11－19.

[424]朱一鸣,王伟．普惠金融如何实现精准扶贫？[J]．财经研究,2017,43(10):43－54.

[425]贝多广．金融发展的次序——从宏观金融、资本市场到普惠金融[J]. 中国城市金融,2018(6):80.

[426]钱海章,陶云清,曹松威,曹雨阳．中国数字金融发展与经济增长的理论与实证[J]．数量经济技术经济研究,2020,37(6):26－46.

[427]李牧辰,封思贤,谢星．数字普惠金融对城乡收入差距的异质性影响研究[J]．南京农业大学学报(社会科学版),2020,20(3):132－145.

[428]张珩,罗剑朝,郝一帆．农村普惠金融发展水平及影响因素分析——基于陕西省 107 家农村信用社全机构数据的经验考察[J]．中国农村经济,2017(1):2－15.

[429]黄益平,黄卓．中国的数字金融发展:现在与未来[J]．经济学(季刊),2018,17(4):1489－1502.

[430]汪亚楠,谭卓鸿,郑乐凯．数字普惠金融对社会保障的影响研究[J]. 数量经济技术经济研究,2020,37(7):92－112.

[431]贝多广,李焰．数字普惠金融新时代[M]．中信出版社,2017.

[432]尹志超,张号栋．金融知识和中国家庭财富差距——来自 CHFS 数据的证据[J]．国际金融研究,2017(10):76－86.

[433]黄浩．数字金融生态系统的形成与挑战——来自中国的经验[J]. 经济学家,2018(4):80－85.

[434]张彤进,任碧云．包容性金融发展与城乡居民收入差距——基于中国内地省级面板数据的实证研究[J]．经济理论与经济管理,2017(5):

90 - 101.

[435]李建军,韩珣．普惠金融、收入分配和贫困减缓——推进效率和公平的政策框架选择[J]．金融研究,2019(3):129 - 148.

[436]易行健,周利．数字普惠金融发展是否显著影响了居民消费——来自中国家庭的微观证据[J]．金融研究,2018(11):47 - 67.

[437]贺健,张红梅．数字普惠金融对经济高质量发展的地区差异影响研究——基于系统 GMM 及门槛效应的检验[J]．金融理论与实践,2020(7):26 - 32.

[438]蒋长流,江成涛．数字普惠金融能否促进地区经济高质量发展？——基于258个城市的经验证据[J]．湖南科技大学学报(社会科学版),2020,23(3):75 - 84.

[439]郝云平,雷汉云．数字普惠金融推动经济增长了吗？——基于空间面板的实证[J]．当代金融研究,2018(3):90 - 101.

[440]詹韵秋．数字普惠金融对经济增长数量与质量的效应研究——基于省级面板数据的系统 GMM 估计[J]．征信,2018(8):51 - 58.

[441]HELLWIG M. Banking, Financial Intermediation, and Corporate Finance [A]. in A Giovannini and C Mayer (eds), European Financial Institutions [C]. Cambridge UK: Cambridge University Press, 1991.

[442]RAJAN R G. Insiders and Outsiders: The Choice Between Informed and Arm's - Length Debt[J]. Journal of Finance, 1992, 47(4): 1367 - 1400.

[443]WEINSTEIN D E, YAFEH Y. On the Costs of a Bank - Centered Financial System: Evidence from the Changing Main Bank Relations in Japan[J]. The Journal of Finance, 1998, 53(2): 635 - 672.

[444]BECK T. Finance and Growth—Lessons from the Literature and the Recent Crisis[R]. Prepared for the LSE Growth Commission, 2012.

[445]叶大清．数字金融驱动中国经济高质量发展[N]．金融时报,2018 - 05 - 26(4).

[446]傅秋子,黄益平．数字金融对农村金融需求的异质性影响——来自中国家庭金融调查与北京大学数字普惠金融指数的证据[J]．金融研究,2018

(11):68 - 84.

[447]张子豪,谭燕芝. 数字普惠金融与中国城乡收入差距:基于空间计量模型的实证分析[J]. 金融理论与实践, 2018(6): 1 - 7.

[448]黄倩,李政,熊德平. 数字普惠金融的减贫效应及其传导机制[J]. 改革, 2019(11): 90 - 101.

[449]张勋,万广华,张佳佳,何宗樾. 数字经济、普惠金融与包容性增长[J]. 经济研究,2019,54(8):71 - 86.

[450]谢文武,汪涛,俞佳根. 数字普惠金融是否促进了农村创业?[J]. 金融理论与实践,2020(7):111 - 118.

[451]宋晓玲. 数字普惠金融缩小城乡收入差距的实证检验[J]. 财经科学,2017(6):14 - 25.

[452]龚沁宜,成学真. 数字普惠金融、农村贫困与经济增长[J]. 甘肃社会科学, 2018(6): 139 - 145.

[453]梁双陆,刘培培. 数字普惠金融与城乡收入差距[J]. 首都经济贸易大学学报, 2019(1): 33 - 41.

[454]郑志强,严思屏. 数字普惠金融减缓贫困的非线性效应研究——来自 PSTR 模型的经验证据[J]. 兰州财经大学学报, 2020, 36(1): 102 - 114.

[455]耿良,张馨月. 普惠金融非均衡发展的影响因素研究——基于空间溢出视角的实证分析[J]. 华东经济管理,2019,33(5):108 - 115.

[456]徐铭延,贺翔,阎永哲. 数字普惠金融助力低收入居民消费扩容升级研究——以浙江省宁波市为例[J]. 经营与管理, 2019(7): 18 - 22.

[457]田娟娟,马小林. 数字普惠金融推动农业转型升级的效应分析——基于省际面板数据的实证[J]. 征信,2020,38(7):87 - 92.

[458]喻平,豆俊霞. 数字普惠金融、企业异质性与中小微企业创新[J]. 当代经济管理,2020(7):1 - 14.

[459]马九杰,吴本健. 互联网金融创新对农村金融普惠的作用:经验、前景与挑战[J]. 农村金融研究, 2014(8): 5 - 11.

[460]马九杰,薛丹琪. 信息通信技术应用与金融服务创新:发展中国家经验分析[J]. 贵州社会科学, 2012(6): 47 - 52.

[461]王曙光,杨北京. 农村金融与互联网金融的“联姻”:影响、创新、挑战与趋势[J]. 农村金融研究, 2017(8): 19 - 24.

[462]DONALD, M, LAMBERTON. Information economics research: Points of departure[J]. Information Economics and Policy, 1998. 10(3): 325 - 330.

[463]LIANG P, GUO S. Social interaction, Internet access and stock market participation—An empirical study in China[J]. Journal of Comparative Economics, 2015, 43(4): 883 - 901.

[464]贺刚,张清,龚孟林. 数字普惠金融内涵、创新与风险研究[J]. 甘肃金融,2020(2):31 - 35.

[465]郭峰,王靖一,王芳,孔涛,张勋,程志云. 测度中国数字普惠金融发展:指数编制与空间特征[R]. 北京大学数字金融研究中心工作论文,2019.

[466]穆显平. 金融业与制造业的融合及其对制造业绩效的影响[D]. 南华大学, 2014.

[467]ELHORST J. P. Matlab Software for Spatial Panels[J]. International Regional Review, 2014, 37(3): 389 - 405.

[468]LESAGE J. P., PACE R. K. Introduction to Spatial Econometrics[M]. Boca Raton:CRC Press,2009.

[469]SEONG - HOON CHO,ROLAND K. Roberts,Seung Gyu Kim. Negative externalities on property values resulting from water impairment: The case of the Pigeon River Watershed[J] Ecological Economics,2011,70(12): 2390 - 2399.

[470]ANSELIN L. Spatial Econometrics: Methods and Models[M]. Springer Netherlands, 1988.

[471]童光荣,李先玲 交通基础设施对城乡收入差距影响研究——基于空间溢出效应视角[J]. 数量经济研究, 2014, 5(1): 82 - 95.

[472]伍旭川,肖翔. 基于全球视角的普惠金融指数研究[J]. 南方金融, 2014(6): 15 - 20.

[473]焦瑾璞,孙天琦,黄亭亭,等. 数字货币与普惠金融发展——理论框架、国际实践与监管体系[J]. 金融监管研究, 2015(7): 19 - 35.

[474]LEE L. F, Yu J. Efficient GMM estimation of spatial dynamic panel data

models with fixed effects[J]. Journal of Econometrics, 2014, 180(2): 174 - 197.

[475]陈啸,陈鑫. 普惠金融数字化对缩小城乡收入差距的空间溢出效应[J]. 商业研究,2018(8):167 - 176

[476]刘丹. 数字普惠金融发展对农民非农收入的空间溢出效应[J]. 金融经济学研究,2019(5):57 - 66.

[477]孔杏. 数字普惠金融、空间溢出效应与收入增长——基于城乡二元总体实证分析[J]. 东北财经大学学报,2020(3):61 - 68.

[478]KHANDKER S R. Microfinance and poverty: Evidence using panel data from Bangladesh[J]. The World Bank Economic Review, 2005, 19(2): 263 - 286.

[479]刘亦文,陈亮,李毅,胡宗义. 金融可得性作用于实体经济投资效率提升的实证研究[J]. 中国软科学,2019(11):42 - 54.

[480]姚先国,张海峰. 教育、人力资本与地区经济差异[J]. 经济研究,2008(5):47 - 57.

[481]岳书敬,刘朝明. 人力资本与区域全要素生产率分析[J]. 经济研究,2006(4):90 - 96.

[482]张超. 经济体制转型与人力资本积累关系的实证分析[J]. 经济研究,2007(12):59 - 71.

[483]江曙霞,严玉华. 中国农村民间信用缓解贫困的有效性分析[J]. 财经研究,2006(10):4 - 16.

[484]翁辰,张兵. 信贷约束对中国农村家庭创业选择的影响——基于CHFS 调查数据[J]. 经济科学,2015(6):92 - 102.

[485]中国人民银行农村金融研究小组. 中国农村金融服务报告 2016[M]. 中国金融出版社,2017.

后　记

要想谷满仓，只有累断肠！行文至此，既有收获的喜悦和内心的释然，更多的是惶恐。由于精力和学识有限，特别是中国普惠金融理论与实践的纵深发展，亟需永不停歇的耐力和韧性才能勇立学术研究前沿。本书于 2011 年进入初稿撰写，2016 年本专著初成并进入出版计划之中。2016 年，由于我的工作出现了较大变动，导致本书出版工作迟迟没有取得进展。令人欣慰地是，本专著有幸得到 2018 年度湖南工商大学学术著作出版基金资助，在本书责任编辑、中国经济出版社孙晓霞女士的大力推动下，本书终于要和读者们见面了。

全书由湖南工商大学资源环境学院的刘亦文副教授进行总体设计和主体内容撰写，湖南大学金融与统计学院的胡宗义教授及其团队成员袁亮、李毅、丁李平、黄秋萍、李明月、辛兴等也参与本书部分内容的写作，最后由刘亦文副教授完成整部书稿的审定和修改。2018 年拙作确定出版以来，根据中国普惠金融理论与实践的前沿发展，我对书稿进行了数易其稿，但始终没有达到预期效果，本书无论是理论的深度、视野的宽度、内容的新度、知识的厚度和政策的效度均有较大提升空间，唯有今后学术论文和专著常新常青了。

对中国普惠金融发展问题的兴趣源自于我读研期间对农村金融的系列研究。2010 年以来，我和我的导师胡宗义教授，以及胡宗义教授团队的部分硕士生、博士生先后在《中国软科学》《统计研究》《山西财经大学学报》等期刊上发表了 30 余篇农村金融领域的科研论文；2013 年，我们敏锐地把握到中国普惠金融研究前沿，决定出版“中国普惠金融研究丛书”，先后出版了《中国农村金融三维均衡发展研究》《农村正规金融与非正规金融发展研究：理论基础、运行机理及发展效应》《金融可得性、市场参与与中国经济高质量发展》等专著，取得了良好的科研绩效。特别是2015年，我和胡宗义教授撰写的专著《中国农村金融三维均衡发展研究》获得第三届金融图书“金羊奖”，极大地鼓舞了我们写作的热情和决心。

本书得以顺利出版，要特别感谢本书责任编辑、中国经济出版社孙晓霞女士的辛勤付出，她为本书的出版付出了大量辛勤的劳动，她的关爱和支持使我信心倍增和深感荣幸。特别感谢湖南工商大学国际商学院院长张漾滨教授、蔡宏宇教授，湖南省地方金融监督管理局党组书记、局长张世平，湖南工商大学科研处颜建军处长、欧阳资生处长给予的鼓励和提供的无私帮助，在此谨致以诚挚的谢意！

本书系湖南省发展改革委员会创新研发项目（湘发改投资〔2019〕875号）的阶段性成果，本书的出版也得到该项目的资助。

刘亦文

2021年3月